LÁZARO CÁRDENAS DEL RÍO:

UN MEXICANO DEL SIGLO XX

RICARDO PÉREZ MONTFORT

LÁZARO CÁRDENAS DEL RÍO:

UN MEXICANO DEL SIGLO XX

TOMO 2

Lázaro Cárdenas
Un mexicano del siglo XX
Volumen II

Primera edición: febrero, 2019

D. R. © 2018, Ricardo Pérez Montfort

D. R. © 2019, derechos de edición mundiales en lengua castellana:
Penguin Random House Grupo Editorial, S. A. de C. V.
Blvd. Miguel de Cervantes Saavedra núm. 301, 1er piso,
colonia Granada, delegación Miguel Hidalgo, C. P. 11520,
Ciudad de México

www.megustaleer.mx

ISBN: 978-607-317-522-7

Impreso en México – *Printed in Mexico*

El papel utilizado para la impresión de este libro ha sido fabricado a partir de madera procedente
de bosques y plantaciones gestionadas con los más altos estándares ambientales, garantizando
una explotación de los recursos sostenible con el medio ambiente y beneficiosa para las personas.

Penguin
Random House
Grupo Editorial

Índice

Capítulo III
Lázaro Cárdenas, presidente de México, 1938-1940. Segunda parte

Capítulo IV
Los años de la Segunda Guerra Mundial, 1941-1945

Prólogo

Empecé a escribir este segundo volumen de la biografía del general Cárdenas a mediados de 2017, poco antes de que apareciera el primer tomo a principios de 2018. El primer volumen había cubierto la vida inicial del General y sus contextos durante los años que iban de 1885 a 1934. El siguiente volumen debía, por lo tanto, dedicarse al periodo que comprendía los años de 1934 a 1970. Mientras avanzaba en la escritura me di cuenta de que abarcar 36 años de la vida del General en un solo libro iba a ser imposible, no sólo por la gran cantidad de información que había acumulado al respecto, sino también porque resultaba cabalmente inadecuado apretar aquellos fructíferos y agitados años en un manuscrito más o menos accesible.

Después de redactar durante varios meses resolví cubrir, en esta segunda parte, solamente los años que van de 1934 a 1945 y dejar para un tercer volumen el periodo que va desde el final de la Segunda Guerra Mundial hasta su muerte en 1970. Acudí entonces con mis queridos amigos de la editorial Penguin Random House, Juan Carlos Ortega, Andrés Ramírez y Ricardo Cayuela, quienes aceptaron la propuesta de buena gana y estuvieron de acuerdo en que la biografía del General se completaría en tres volúmenes. El primero ya estaba publicado y, como ya se dijo, va de 1895 a 1933; el segundo revisaría los años de 1934 a 1945, y el tercero abarcaría de 1946 a 1970. Sin el peso de tratar de resumir media vida del General en un solo libro, y agradeciéndoles enormemente a mis editores, pude concluir este segundo volumen hacia finales de 2018.

A lo largo de este año y medio de escritura y revisión de fuentes, muchos amigos, colegas y conocidos contribuyeron a hacer más llevadero y afable este proceso. En primer lugar debo agradecer al Colegio Internacional de Graduados "Entre espacios, movimientos, actores y representaciones de la globalización", que me permitió pasar nuevamente una temporada en Alemania, escribiendo y afinando buena parte de este manuscrito, bajo los auspicios de la Universidad Libre de Berlín, y con mis entrañables colegas Stefan Rinke, Marianne Braig, Ingrid Simson y Carlos Pérez Ricart. Igualmente me es grato reconocer el apoyo del Centro de Investigaciones y Estudios Superiores en Antropología Social, que es la institución en donde trabajo cotidianamente desde hace más de 35 años. Y personalmente agradezco también al licenciado Luis Prieto, y sobre todo al ingeniero Cuauhtémoc Cárdenas, por sus amables y generosas contribuciones para que este segundo volumen llegara a buen fin.

Finalmente debo reconocer que sin el cariño y el amor de Ana Paula de Teresa, mi mujer; de mis hijos, Benilde, Roy, Marcos, Mati y Diego, y de mis nietas Ana y Luisa, escribir este segundo tomo no hubiese sido posible. A todos ellos les agradezco con el corazón en la mano.

Tepoztlán, Morelos, noviembre de 2018

Introducción

Una gran cantidad de estudios e interpretaciones del pasado latinoamericano reciente se han interesado por los seis años durante los cuales el general Lázaro Cárdenas del Río fue presidente de México. En cambio los años siguientes, es decir, el México de la Segunda Guerra Mundial y el de la preparación para la entrada al llamado civilismo, dejando atrás los regímenes militares surgidos de la Revolución, no han ocupado tanta atención, y muchos aspectos de la historia mexicana de la segunda mitad del siglo XX todavía no han atraído a los estudiosos. Quizá sólo el sexenio alemanista, que tuvo lugar de 1946 a 1952, y algunos aspectos de la década de los años sesenta, particularmente el año de 1968, han despertado un interés académico en los últimos tres lustros. Sin embargo esos años que van de la posguerra a los años setenta todavía no han cosechado suficientes análisis e investigaciones en comparación con los que hoy en día se acumulan sobre el México de los años treinta.

Después de la Revolución mexicana, el sexenio cardenista es quizá el periodo que más páginas ha ocupado en la inmensa bibliografía del siglo XX mexicano, a través de escritos de académicos, periodistas, analistas políticos, aficionados a la historia posrevolucionaria o simples contribuyentes a la formación de la opinión pública. Desde los primeros años cuarenta del siglo XX hasta el primer lustro del siglo XXI, la preocupación por lo sucedido durante la segunda mitad de la década de

11

los años treinta fue creciendo poco a poco y hoy en día el balance historiográfico al respecto puede considerarse particularmente positivo y abundante. Aunque es cierto que todavía quedan muchos rubros dignos de estudios más profundos y de análisis más puntuales que reconozcan la complejidad de lo sucedido en aquel tiempo. Una gran cantidad de especialistas ha contribuido a desarticular los primeros esquemas maniqueos que caracterizaron el abordaje de dicho momento crucial de la historia mexicana contemporánea. Los análisis y los estudios inmediatamente posteriores al sexenio presidido por el general Lázaro Cárdenas marcaron una pauta en la que se colocaba a la administración cardenista en el extremo de polos opuestos: para unos sus logros eran por demás visibles y exitosos; en cambio, para otros, no había más que saldos negativos y dañinos para el país. Según el marco ideológico a partir del cual se abordaba ese sexenio parecía no haber medias tintas. Como dijo la politóloga mexicana Raquel Sosa de manera un tanto categórica, el del general Cárdenas "fue un régimen que no ha admitido hasta ahora espectadores neutros: desde todos los frentes del panorama científico, político e ideológico sus defensores y detractores construyeron de él un retrato en que se incluyen y comprometen".[1]

Las izquierdas y ciertos criterios liberales que aún permanecen en el mundo oficial e institucional, así como un amplio sector del periodismo, del mundo artístico y del intelectual, han valorado el sexenio cardenista como un momento crucial en el cumplimiento de muchos de los postulados más relevantes de la Revolución mexicana. Esa misma apreciación afirmativa se suscitó en la memoria y los imaginarios de quienes fueron beneficiados por sus medidas en materia agraria, laboral, educativa o social. Por ello es posible sostener que en ámbitos populares, campesinos y militares, así como entre líderes obreros y en espacios de burocracia media estatal, el recuento de lo sucedido mientras Cárdenas

[1] Raquel Sosa, *Los códigos ocultos del cardenismo,* Universidad Nacional Autónoma de México/Plaza y Valdés, México, 1996, p. 13.

12

fue presidente tuvo y tiene hasta hoy, por lo general, una carga favorable y hasta de benevolencia nostálgica. En esta valoración positiva también se podrían colocar algunos de los estudios realizados por académicos y periodistas, tanto nacionales como extranjeros.[2]

En cambio, las derechas y un amplio sector empresarial, terrateniente y agroindustrial contribuyeron a construir una imagen más negativa de ese sexenio. La Iglesia católica, los líderes de las agrupaciones de clase media y de aquellas que blasonaron la libertad educativa, así como los pequeños propietarios y los grandes latifundistas o los dueños de las compañías afectadas por las reformas cardenistas, generaron un catálogo importante y particularmente crítico de escritos, argumentos y notas periodísticas en las que abundaron los resentimientos, los agravios y hasta el vilipendio. Para muchos de estos detractores del cardenismo, esa época fue el ejemplo del caos, de la inexperiencia, del jacobinismo y de un socialismo exaltado que en algunos incluso se identificó como "traición a la patria".[3] Ciertos afanes que convinieron con el anticomunismo propio de los inicios de la Guerra Fría identificaron al mismo Cárdenas como un agente "admirador de la Unión Soviética y de la China comunista" y hasta como "un marxista declarado", con toda la carga despectiva que enunciaba dicho discurso conservador.[4]

Las dos posiciones encontradas estuvieron presentes sobre todo en los estudios y los análisis que se realizaron durante los 30 años en que el

---

[2] En esta primera etapa de estudios cardenistas reivindicativos de su labor y su trascendencia destacan los siguientes trabajos de autores foráneos: Pere Foix, *Cárdenas, su actuación y su país,* Editorial Trillas, México, 1947; Frank Tannenbaum, *Mexico the Struggle for Peace and Bread*, Knopf Inc., New York, 1950; William Townsend, *Lázaro Cárdenas; A Mexican Democrat*, George Ward Publishing Co., Ann Arbor, 1952, y Paul Nathan, "México en la época de Cárdenas", en *Problemas agrícolas e industriales de México,* vol. 7, núm. 3, México, julio–septiembre de 1955, pp. 30-38.

[3] Carlos Alvear Acevedo, *Lázaro Cárdenas el hombre y el mito*, Editorial Jus, México, 1961, y Salvador Abascal, *La revolución antimexicana*, Editorial Tradición, México, 1978.

[4] *Life en español*, 10 de julio de 1961, p. 17.

general Cárdenas sobrevivió a su propio sexenio.[5] A partir de los años setenta, poco tiempo después de la muerte del General, una buena suma de memorias, tratados y ensayos rescataron aquella época, y varios de sus analistas reivindicaron los logros de las reformas cardenistas en contraste con el paulatino deterioro que vivía el sistema político mexicano. Para entonces ya resultaba bastante evidente el fracaso del proyecto de desarrollo adoptado a partir del fin de la Segunda Guerra Mundial en áreas como la incompetencia de la burocracia política, el desgaste del proyecto estatal en materia educativa y la tensión en la relación existente entre el mundo empresarial y el gobierno federal. Intelectuales, periodistas, científicos sociales, politécnicos, literatos y artistas recuperaron algunas de las consignas políticas del cardenismo, pero también aparecieron algunos trabajos que intentaron reconstruir de manera menos maniquea la compleja situación nacional vivida durante ese periodo de entreguerras.

Una vez más se habló del anti-imperialismo, de la sociedad burguesa, de los movimientos obreros y campesinos, de la educación anticlerical y del socialismo posible. Pero un puntual interés académico reivindicó el conocimiento detallado y comprobable con fuentes novedosas y poco estudiadas de aquel sexenio, identificándolo como una especie de parteaguas en la historia del siglo XX mexicano.[6] El estudio de la llamada "Época de Cárdenas" ganó una gran cantidad de adeptos a finales de los años setenta y principios de los años ochenta del siglo XX, tanto a nivel nacional pero sobre todo internacional que, aunque desventajosamente, ya competía en cantidad de estudios con el tema de

---

[5] Verónica Vázquez Mantecón, "Lázaro Cárdenas en la memoria colectiva", en *Política y Cultura*, núm. 31, dedicado a "Memoria y conciencia social", UAM-Unidad Xochimilco, México, 2009, pp. 183-209.

[6] Pioneros de esta época son los trabajos de Tzvi Medin, *Ideología y praxis de Lázaro Cárdenas*, Siglo XXI Editores, México, 1973, y Arnaldo Córdova, *La política de masas del cardenismo*, Editorial Era, México, 1974.

la Revolución mexicana.[7] Varias biografías del General conocieron la luz pública durante esa época, aunque muy pocas abandonaron el tono panegirista o displicente.[8]

Un mayor impulso recibió el estudio del cardenismo después de 1988, entendible dados los acontecimientos políticos de aquel año, en que el hijo del General, el ingeniero Cuauhtémoc Cárdenas, encabezó un importante movimiento de oposición al Partido Revolucionario Institucional. A partir de entonces se empezó a hablar de un neocardenismo, que también significó un fomento a los estudios académicos y profundos sobre el sexenio del general Cárdenas.[9] Ya para mediados y final de los años noventa se pudieron hacer algunos recuentos

---

[7] Un claro ejemplo de esta tendencia historiográfica fueron los tres tomos que Fernando Benítez escribió para el Fondo de Cultura Económica titulados *Lázaro Cárdenas y la Revolución mexicana*, FCE, México, 1977. Si bien Benítez no abandonó el tono periodístico, llama la atención cómo el propio Cárdenas de pronto se perdía en el relato para convertirse más bien en una crónica de la Revolución mexicana desde el Porfiriato hasta el Cardenismo. Entre los estudios críticos y más académicos habría que destacar, durante la década de los años setenta, los trabajos del equipo de historiadores comandado por Daniel Cosío Villegas, que se echó a andar, a partir de 1975, en El Colegio de México. Aquel equipo emprendió la monumental *Historia de la Revolución Mexicana,* en 23 tomos, que después de la muerte de don Daniel coordinaría Luis González y González. Alicia Hernández, Victoria Lerner y el propio Luis González se encargaron del estudio del sexenio del general Cárdenas, marcando un hito en la historiografía cardenista hasta ese momento.

[8] Una de las biografías del general Cárdenas que tuvo mayor difusión durante los años ochenta y noventa del siglo XX fue la de Enrique Krauze, *Lázaro Cárdenas. General Misionero*, en *Biografías del Poder* vol. 8, FCE, México, 1987. Si bien Krauze pretendió acercarse a la vida del General con cierta intención crítica y un tanto reivindicativa del sello personal que ciertos protagonistas suelen imponer en los procesos históricos mexicanos, su acercamiento al propio Cárdenas dejó sin explicaciones y también sin contextualizaciones precisas una gran cantidad de aspectos de su vida, sus ideas y sus acciones.

[9] Tal vez el estudio más importante de aquella camada sea el de Adolfo Gilly, *El cardenismo: una utopía mexicana*, Ediciones Cal y Arena, México, 1994.

de mayor envergadura sobre la bibliografía y los análisis suscitados por ese sexenio.[10]

Y durante lo que va del siglo XXI mucho se ha escrito sobre las reformas cardenistas en el agro, sobre su política obrera, sobre su proyecto nacionalista y de defensa de la soberanía nacional, sobre la educación socialista, sobre su relación con el Ejército y la élite política con la que le tocó convivir y lidiar, y hasta sobre su vida personal y su trascendencia moral. Muy recientemente el propio Cuauhtémoc Cárdenas publicó su versión de la historia de su padre, poniendo un particular énfasis en los logros y momentos cumbres de su sexenio.[11]

Por ello y con el fin de no repetir lo que muchos estudiosos ya han dicho con sobrada claridad, en el primer capítulo de este segundo volumen sobre la vida y los tiempos que le tocaron vivir a Lázaro Cárdenas del Río se hace un recuento de la extensiva gira del candidato a la presidencia por el PNR, que duró prácticamente todo el año de 1934. Ese año se conoce poco y suele reducírsele a sólo un momento de transición entre un régimen y el siguiente. Sin embargo, como es evidente al observarlo con detenimiento, resulta crucial tanto para la vida del General como para el proceso del cambio generacional que está viviendo la posrevolución mexicana. Un segundo capítulo versa sobre la vida política y económica de los seis años en que Cárdenas fue presidente, tratando de ampliar algunos aspectos poco conocidos de sus momentos álgidos y reseñando solamente el devenir de aquellos sucesos que otros especialistas ya han abordado con mayor profundidad. El siguiente capítulo presenta una serie de aproximaciones a la vida cultural de México durante aquel sexenio, que han sido temas que han ocupado mi interés durante mucho tiempo y que permiten entrever una faceta

---

[10] Un artículo que marcó también una época en la historiografía cardenista fue el de Alan Knight: "Cardenismo: Juggernath or Jalopy?", *Journal of Latin American Studies*, núm. 26, Cambridge University Press, RU, 1994, pp. 73-107.

[11] Cuauhtémoc Cárdenas Solórzano, *Cárdenas por Cárdenas,* Penguin Random House Grupo Editoria, colección Debate, México, 2016.

poco estudiada de dicho sexenio. Con el fin de demostrar que también en materia de artes, música, arquitectura, literatura y cine, el sexenio del General Cárdenas fue una especie de hito que abrevó del nacionalismo cultural posrevolucionario tanto popular como culterano para proponer un cambio de paradigmas, se exploran diversos aspectos del diario devenir de la sociedad de esa época. Con cierta forma ensayística se recorren los caminos del arte y la literatura a través de la combinación del reconocimiento de valores tradicionales y de un particular cosmopolitismo. Estos dos recursos, la tradición y la vanguardia, lanzaron al mundo de la cultura mexicana en pos de una extraña modernidad que aún hoy es recordada con bastante nostalgia. Esta revisión de las expresiones culturales cardenistas, entreveradas con los acontecimientos políticos, sociales y económicos podría pensarse como una contribución aledaña al estudio de los años treinta.

El último capítulo de este volumen aborda finalmente los contextos, los sucesos y los avatares de ese México y del mundo durante la Segunda Guerra Mundial. En esos primeros años cuarenta del siglo XX, Lázaro Cárdenas atendió la solicitud del presidente Ávila Camacho de continuar en la administración pública y con responsabilidades relevantes en el ejército mexicano. Fue Comandante de la Región Militar del Pacífico, para después ocupar nuevamente la titularidad de la ahora llamada Secretaría de la Defensa. En ambos puestos su función tuvo como principal objetivo garantizar la soberanía nacional y tratar de salvar la mayoría de las reformas que se habían implementado durante su sexenio, pero que precisamente por la compleja situación mundial el gobierno en turno se vio en la necesidad de poner en entredicho. Este segundo volumen de la biografía del general Cárdenas concluye en el momento en que dejó la Secretaría de la Defensa en 1945. Si bien he intentado no abandonar los contextos y los aconteceres que determinaron la historia mexicana de esta etapa del siglo XX, el eje de la narración continúa siendo la vida del General y lo que le sucedió a él, a su familia y al país durante el tiempo tan turbulento e imprevisible.

El general Lázaro Cárdenas en 1933
(Archivo Casa Katz)

I

En el camino a la presidencia
de la República Mexicana
1933-1934

Las tres campañas

> Juzgo muy difícil realizar los postulados del Plan
> Sexenal si no cuento con la cooperación de las ma-
> sas obreras y campesinas organizadas, disciplinadas
> y unificadas.
>
> Lázaro Cárdenas, El Ticuí, Guerrero, 1934

Dos días después de rendir su protesta como candidato a la presidencia de la República Mexicana para el periodo 1934-1940 durante la
segunda convención del Partido Nacional Revolucionario (PNR) en
Querétaro, el general Lázaro Cárdenas tomó un tren que lo llevó a San
Luis Potosí. Ahí se dio inicio, el 9 de diciembre de 1933, a lo que sería
prácticamente un año de giras de propaganda política a favor de su candidatura. Ese día el michoacano se propuso hacer una visita de cortesía
al general Saturnino Cedillo. El potosino no sólo había sido uno de
los primeros en "candidatearlo", sino que lo había apoyado de manera
incondicional durante los reajustes vividos, un año antes, entre el gobierno federal y los gobernadores agraristas. Si bien Lázaro Cárdenas
en Michoacán, Adalberto Tejeda en Veracruz y Saturnino Cedillo en
San Luis Potosí eran considerados los tres gobernadores más radicales

en materia de distribución de la tierra de finales de los años veinte y los primeros años treinta, lo cierto era que para finales de 1933 ya habían seguido caminos distintos. Sin embargo, el vínculo entre dicha tríada se mantenía vigente. Tan sólo habían pasado seis meses desde que, con algunos de sus seguidores agraristas, así como con el propio Cedillo, el licenciado Portes Gil y varios grupos que se formaron bajo la égida del coronel Tejeda y del líder Graciano Sánchez, el mismo Cárdenas había participado en la fundación de la Confederación Campesina Mexicana (CCM). Ahora, como candidato presidencial, mantenía las esperanzas de que dicha organización se convirtiera en una de sus plataformas políticas.

Sin embargo, además de la paulatina cimentación de redes y del intento de consolidación de alianzas que significó el recorrido por todo el territorio nacional, a lo largo de su campaña el General se daría cuenta de que las circunstancias del país eran mucho más complejas de lo que aparecía a primera vista. Para entonces consideraba que si bien apelando a la organización de los trabajadores y los campesinos se podían construir las palancas para transformar esa situación y así tratar de instaurar una justicia social más equitativa y una mejor distribución de la riqueza, la tarea sería realmente titánica. Por un lado el proyecto de gobierno descansaba en el Plan Sexenal y en la aplicación de los principales postulados de la Constitución de 1917, lo cual permitía atenerse a un modelo más o menos factible de desarrollo y de igualdad; pero por otra parte una infinidad de variables locales, determinadas por líderes y organizaciones regionales, así como por los sempiternos conflictos agrarios y laborales, aunados a las disparidades sociales y económicas incubadas desde siglos atrás, hacían que dicho proyecto y la instrumentación de los principios constitucionales se convirtieran en metas muy difíciles de alcanzar. A esto había que añadir los intereses de las organizaciones patronales y la continua oposición de la Iglesia católica, así como los afanes protagónicos de quienes ya habían probado o estaban disfrutando las mieles del poder estatal y federal.

El primer diagnóstico que hizo Cárdenas sobre la realidad mexicana de principios de los años treinta lo externó durante el trayecto de Querétaro a San Luis Potosí declarando que "como regla general puede afirmarse que no hay unidad de ninguna especie en las medidas de gobierno que se adoptan en las distintas entidades de la República. Esta anarquía existe en todos los órdenes de la vida social: en el agro, el cooperativismo, la salud y la instrucción pública". Y calificó esta desintegración como un "mosaico de criterios", que requerían de mayor organización, voluntad y sobre todo de "funcionarios que tuvieran personalidades definidas y fueran hombres de acción".[1]

Con esta afirmación, el General revelaba sus convicciones de militar disciplinado, aunque también hacía una crítica a la falta de una estructura política y un modelo económico claros, que marcaran la pauta del desarrollo local, estatal y federal. Pronto se daría cuenta de que sus declaraciones podían herir algunas susceptibilidades, y si bien fue bastante enfático en la necesidad de mantener con obediencia un rumbo que remediara tal situación, con el tiempo el tono de esa crítica se iría suavizando.

Lo cierto es que el inicio de la campaña se dio de manera bastante atropellada. En primer lugar, el general Cedillo se encontraba enfermo en San Luis Potosí, y por lo tanto el primer mitin del candidato estuvo un tanto desangelado. En segundo lugar, un incidente en Michoacán distrajo al general Cárdenas e hizo que su atención se dirigiera más hacia su terruño que a sus posibles seguidores en la capital potosina. Desde finales de 1932 y principios de 1933 la Confederación Michoacana Revolucionaria de Trabajadores (CMRT), apoyando al Sindicato de Trabajadores de Nueva Italia y Lombardía, había generado una situación conflictiva en esa región terracalentana. El recién electo gobernador de dicha entidad, Benigno Serrato, le había quitado su apoyo a la CMRT y

---

[1] Gustavo Ortiz Hernán, *La jira del general Lázaro Cárdenas. Síntesis ideológica*, Secretaría de Prensa y Propaganda del CEN del PNR, México, 1934, pp. 23-24.

había favorecido a los propietarios, la familia Cusi, en un momento en que se trataban de desmontar las estructuras organizacionales implementadas por el gobierno anterior, que había encabezado nada menos que el general Cárdenas. La inquietud se volvió a sentir en esa región a finales de 1933, y en un enfrentamiento entre campesinos y guardias blancas el saldo fue de varios muertos, entre ellos el secretario general del sindicato y diputado federal Gabriel Zamora. Cárdenas solicitó al jefe de la zona militar, su antiguo rival político en el PNR pero ahora uno de sus principales aliados en Michoacán, el general Manuel Pérez Treviño, que interviniera. Mientras el gobernador Serrato se empeñaba en desmantelar a la CMRT y lo que quedaba del cardenismo en Michoacán, el general Cárdenas hacía uso de sus alianzas políticas para seguir apuntalando a los trabajadores locales y a sus líderes en sus acciones contra los grandes latifundistas de la Tierra Caliente. Así logró que uno de sus incondicionales, el coronel Félix Ireta, quien había estado bajo su mando desde los primeros años veinte, se encargara de la situación en Lombardía y Nueva Italia, con la venia de Pérez Treviño. Los trabajadores, ahora bajo el liderazgo del comunista Miguel Ángel Velasco, mantuvieron la huelga y siguieron en pie de lucha hasta lograr el fallo expropiatorio de esas tierras, mismo que se daría hasta julio de 1938.[2] De cualquier manera, para los primeros días de diciembre de 1933 la región se había convertido en un polvorín.[3]

Todavía desde Querétaro, el general Cárdenas le había escrito al señor Eugenio Cusi, propietario de la hacienda de Lombardía, una carta en la que, con la autoridad que le daba su nueva posición de candidato presidencial, le proponía que pusiera sus tierras en manos de los trabajadores organizados "para que cooperativamente las trabajen en provecho de ellos mismos, liquidándose a usted bajo la base de valor fiscal y plazos

---

[2] *Cuéntame tu historia 1, Múgica, La Nueva Italia*, Gobierno del Estado de Michoacán/Secretaría de Desarrollo Social, Morelia, Michoacán, 2003, p. 16.

[3] Victorino Anguiano Equihua, *Lázaro Cárdenas. Su feudo y la política nacional*, Colección El Libro Oculto, México, 1989, pp. 97-98.

fijos."[4] Desde luego el propietario, fortalecido también por el apoyo recibido de parte del gobernador Serrato, se opuso terminantemente a un arreglo con los líderes del sindicato y la CMRT.

La tensa situación en Nueva Italia y Lombardía se mantuvo así a lo largo de ese año, mientras el gobernador Benigno Serrato daba continuidad a sus intenciones de desarticular cualquier vestigio de organización cardenista en el estado de Michoacán. Desde su toma de posesión en septiembre de 1932 hasta mediados de 1933, el saldo de su política antiagrarista era de poco más de 40 líderes campesinos asesinados, y lógicamente a partir de entonces los repartos de tierras habían disminuido de manera notable. Es más: Serrato se encargaría de devolverles algunos latifundios a sus antiguos propietarios, con lo que le colmaría la paciencia al mismísimo general Cárdenas. La animadversión, en un momento dado, haría exclamar al General la siguiente frase de irritación: "Yo no sé lo que quiere el general Serrato. ¿Que se levante en armas para ir a combatirlo yo?"[5] Pero el futuro todavía les depararía un par de desencuentros a los dos michoacanos, cuyos proyectos políticos claramente apuntaban en sentido contrario.

Después de San Luis Potosí, el candidato presidencial y su comitiva, integrada por algunos oradores y aliados como Ernesto Soto Reyes, Luis I. Rodríguez, Luciano Kubli y Silvano Barba González, tomaron rumbo a Aguascalientes, en donde fueron recibidos el 10 de diciembre. En esa localidad ya tenían más elementos para organizar su propaganda y la organización a favor de la candidatura presidencial tuvo bastante más éxito que durante la jornada vivida el día anterior en San Luis Potosí. Así se pudo constatar durante su asistencia a un congreso agrario local y en una manifestación de apoyo que al parecer alcanzó a movilizar a cientos de campesinos y obreros. En esa ocasión acompañaban al general Cárdenas tanto el gobernador de Aguascalientes, Enrique Osorio

---

[4] Cuauhtémoc Cárdenas, *Cárdenas por Cárdenas*, Debate, México, 2016, p. 251.
[5] Anguiano Equihua, *op. cit.*, p. 108.

Camarena, como el gobernador de Morelos, Vicente Estrada Cajigal. El ambiente festivo de la famosa Feria de San Marcos, que todos los años se celebra en abril, se revivió aquella tarde de diciembre en la Plaza de Toros. Después de los consabidos discursos se soltaron unos novillos para darle a la concentración un toque popular y jaranero. En dicha ocasión también se celebró la belleza de la Reina de la Feria Sanmarqueña de 1933, la señorita Magdalena Sánchez, que acudió con algunas integrantes de su "corte" para agasajar a los concurrentes.[6]

Al día siguiente, que cayó en lunes, Cárdenas recorrió los alrededores de Aguascalientes hasta llegar a la presa Plutarco Elías Calles, que se había construido precisamente durante los años en que el sonorense fue presidente de México, en el municipio de San José de Gracia. Después de visitar algunas comunidades agraristas, el candidato regresó a la ciudad de Aguascalientes a reunirse con los ferrocarrileros, por los rumbos de su magnífica estación, pudiendo reconocer sus muy extensos terrenos y talleres.[7]

El resto de la semana el candidato viajó por el centro del Bajío. Recorriendo esa región, todavía muy bocabajeada por la guerra cristera, el general Cárdenas se dio cuenta de que si realmente quería marcar alguna diferencia entre las campañas anteriores de los sonorenses, la de Pascual Ortiz Rubio y la suya, tenía que llegar hasta los rincones más olvidados por los revolucionarios, y ahí enterarse de las condiciones, las carencias y las necesidades de sus votantes cautivos. Sin embargo, todavía los organizadores de la campaña poco orientaban sus contactos en dirección de la gente común y corriente. Aun cuando se insistía en que las bases del PNR eran campesinas y trabajadoras, los líderes solían sentirse mucho más cómodos entre los terratenientes, los propietarios y los caciques locales. Esto, desde luego, también fue muy útil para el

---

[6] *El Nacional Revolucionario*, 11 de diciembre de 1933.

[7] Lázaro Cárdenas, *Obras. 1. Apuntes, 1913-1940*, t. 1, 3ª ed., UNAM, México, 1986 (1ª ed., 1972), p. 242.

candidato, pues conoció de primera mano quiénes eran quiénes en la política y la economía de cada lugar que visitaba. Tanteaba así no sólo a los líderes populares, sino también a los caciques y a los mandamases regionales con los que también podía establecer alianzas o simplemente los identificaba como posibles adversarios de las reformas que pretendía echar a andar en un futuro cercano.

Ya en territorio guanajuatense, el General arribó con el ferrocarril a San Francisco del Rincón a participar en una manifestación de apoyo a su candidatura. Después, la comitiva siguió en auto hasta León a tratar de estar presentes en otro mitin. Ahí, la intención de acercarse con los campesinos y los obreros no se logró del todo, ya que por ser 12 de diciembre la mayoría se había ido a festejar a la Virgen de Guadalupe, o se encontraba en misa o igual se interesaba poco en las lides políticas. Más bien fueron los industriales y los dueños de los talleres los que acapararon el tiempo y la atención del candidato.[8]

El miércoles 13 de diciembre, Cárdenas se dirigió con su comitiva a Silao y de ahí a Guanajuato. Más que quedarse a encabezar una reunión en aquella ciudad colonial, el General decidió visitar la mina La Valenciana, y ahí trató de entrar en contacto con los mineros. Sin embargo contó con muy poco tiempo para ello porque la comitiva debía estar a mediodía en Dolores Hidalgo, en donde sí participó mucha más gente en una manifestación popular frente a la catedral. Concluido el acto de campaña, el candidato visitó la casa de "El Padre de la Patria", como él mismo lo anotó en sus *Apuntes*.[9] El recorrido fue bastante rápido porque a la una de la tarde el grupo de propagandistas continuó su recorrido hasta San Luis de la Paz y de ahí hasta el Derramadero de Charcas, en donde se llevó a cabo un jaripeo y se les ofreció una comida con las fuerzas vivas de la localidad. La fiesta se alargó y hasta las 12 de la noche el candidato y sus acompañantes regresaron a San Luis de la Paz.

---

[8] *Ídem.*
[9] *Ídem.*

Al día siguiente el general Cárdenas con su cortejo de partidarios se dirigieron hacia los rumbos de Xichú, justo donde arranca la Sierra Gorda que une a los cinco estados de Guanajuato, Querétaro, Hidalgo, San Luis Potosí y Tamaulipas. En aquellos parajes en donde la serranía parece un gigantesco pañuelo arrugado, y que desde el pie de la sierra apenas se vislumbran en las alturas algunos horizontes verdes dibujados gracias a los bosques de pinos y oyameles que pueblan sus cumbres, el fin de la carretera obligó a los integrantes de la comitiva a regresar a San Luis de la Paz, para seguir hasta Celaya, pasando por Los Rodríguez, San Miguel de Allende y Comonfort. De esa localidad era oriundo el entonces gobernador de Guanajuato, Melchor Ortega. Éste se había unido al cortejo cardenista desde su arribo a León, la capital del estado, el 12 de diciembre. Ortega ocupaba la gubernatura de Guanajuato desde 1932, después de haber celebrado unas elecciones extraordinarias. Su gobierno se había distinguido por tratar de contener los brotes cristeros de la llamada "Segunda", como los mismos católicos levantiscos se referían a una especie de resurgimiento de la guerra que supuestamente había concluido en 1929. En dicho estado se percibía la efervescencia instrumentada por la oposición religiosa y muchas comunidades se mantenían hostiles a los maestros y a los enviados del gobierno estatal y federal. El gobernador frecuentemente tuvo que hacer uso de la fuerza pública y del ejército para mantener cierta paz social, aunque justo es decir que los cristeros todavía tenían cierta fuerza y sus huestes brotaban por donde menos se les esperaba.

A Melchor Ortega y a Cárdenas los unía una historia de alianzas políticas desde la época en que el michoacano había lanzado su candidatura al gobierno de su estado natal. Ambos eran especialmente fieles al general Calles, aunque tal vez por eso se podía advertir cierta rivalidad entre el candidato presidencial y el gobernador guanajuatense. Ortega había sido presidente del PNR hasta poco antes de la nominación del michoacano a la candidatura presidencial y en ese momento su relación no había sido del todo tersa. Ortega dejó la presidencia del PNR en manos de

Manuel Pérez Treviño, y se alineó claramente en contra de la candidatura de Cárdenas y a favor del presidente del partido. Esta desavenencia tuvo repercusiones tanto para Pérez Treviño como para Ortega. Sin embargo, esas rivalidades ya parecían superadas, y tanto Ortega como Pérez Treviño se habían disciplinado a los designios del PNR y su candidato presidencial.

Aun así el general Cárdenas se enteraría, al llevar a cabo sus giras por Coahuila, del papel que Pérez Treviño había desempeñado en contra de las demandas de distribución de la tierra suscitadas en La Laguna. Es muy probable que desde entonces la relación entre ambos quedara un tanto supeditada a lo que el michoacano sabía del coahuilense, así como por la posibilidad de afectar sus intereses en esos terruños. Eso sucedería con bombo y platillo entre 1936 y 1937, con la distribución agraria y la construcción del gran ejido de La Laguna, como se verá más adelante. Por su parte, quizá Pérez Treviño también se dio cuenta de que no le convenía enemistarse demasiado con Cárdenas, ya que la estrella del michoacano iba claramente en ascenso mientras la suya seguía muy supeditada a la voluntad de Calles. Ya en la presidencia, el 18 de febrero de 1935, Cárdenas nombraría a Pérez Treviño embajador de México en España, en donde tendría un desempeño un tanto deslucido.[10] En cambio, la relación entre el General y Melchor Ortega tendió a mejorar, aunque el guanajuatense mantuvo una actitud más camaleónica. Frente a Cárdenas se mostraba particularmente dócil, aunque cuando éste apenas volteaba la mirada, iba corriendo con Calles para alimentar sus sospechas y sus desavenencias según los vientos que soplaran en el oriente político.

Sin embargo, mientras se hacía el reajuste dentro del PNR, el general Calles llamó tanto al de Coahuila como al de Guanajuato al orden, y tanto Ortega como Pérez Treviño tuvieron que apuntalar

---

[10] Alejandra Lajous y Susana García Trevesí, *Manuel Pérez Treviño*, Serie Los Senadores, LII Legislatura, Senado de la República, México, 1987, p. 41.

al michoacano.[11] Al parecer, durante aquella semana de diciembre en que la comitiva cardenista viajaba por los terregales guanajuatenses la tensión entre el gobernador de Guanajuato y el candidato presidencial ya había pasado, y ahora ambos aparentaban estar en mejores términos. Aun así el general Cárdenas mantendría a Ortega en la mira y no le devolvería del todo su confianza.

Pero volviendo al grupo de propagandistas políticos que en diciembre de 1933 se encaminaba hacia Celaya, antes de arribar a Comonfort llegaron al paraje de Rinconcillo, por donde pasa hasta el día de hoy el río Laja. Ahí descansaron un poco, y el General aprovechó para echarse un chapuzón en esas aguas todavía cristalinas que recorrían buena parte del Bajío, alimentando la presa de San Miguel de Allende y los rumbos de la Begoña. Unas horas más tarde, Cárdenas fue recibido en Celaya en las instalaciones del gigantesco Molino del Carmen, que fuera pilar de un antiguo emporio harinero del vasco Euskaro Iriarte. Ahí le ofrecieron una comida, y una vez más fue agasajado por los empresarios y las fuerzas vivas del lugar.[12]

El viernes 15 de diciembre la comitiva cardenista se encaminó hacia el noreste del estado de Michoacán, a donde llegarían en la tarde, a un mitin organizado en La Piedad. Pero antes almorzaron, entre los pueblos de Cortázar y Salamanca, en la Hacienda de Vista Hermosa, propiedad del terrateniente don Manuel Irigoyen, cuyas más de 200 000 hectáreas de riego seguramente impresionaron al General. Tanto territorio en manos de un solo propietario iba claramente en contra de sus ideas sobre la distribución equitativa de la riqueza. Por ello esas mismas tierras formarían parte de una de las múltiples dotaciones que impulsaría durante su presidencia hacia 1937.[13]

---

[11] Luis Javier Garrido, *El Partido de la Revolución Institucionalizada. La formación del nuevo Estado en México (1929-1945)*, Siglo XXI Editores, México, 1982, p. 150.

[12] Cárdenas, *Obras...*, *op. cit.*, p. 242.

[13] *Diario Oficial de la Federación*, 12 de octubre de 1995, Sentencia de Juicio Agrario núm. 1329/93.

Al llegar a Salamanca la comitiva y su candidato visitaron algunas industrias y talleres locales, y para el mediodía ya se encontraban en Pénjamo. Ahí fueron recibidos por un contingente que los acompañó a la plaza central, donde realizaron un mitin de campaña. Por la tarde siguieron a La Piedad y en Palo Verde, antes de arribar a su siguiente destino, el gobernador Melchor Ortega se despidió del candidato y de sus acompañantes y regresó a la capital de su estado.

Cárdenas y su cuadrilla primero inauguraron una escuela ejidal en las afueras de La Piedad y en seguida asistieron a la manifestación de apoyo a la candidatura presidencial cardenista organizada en el centro de la población, que desde entonces dedicaba muchas de sus energías a la cría de puercos. Por ello es muy probable que después de inaugurar una planta eléctrica en la quinta Guadalupe el grupo se sentara a comer unas deliciosas carnitas bien bañadas con alguna que otra cerveza o en su defecto un par de vasos de agua de lima. Aun cuando era sabido que al General no le hacía mucha gracia el alcohol, tampoco parece haber sido del todo intolerante. Así que de vez en cuando, y sobre todo si hacía mucho calor, no le hacía el feo a la cerveza o a algún destilado de su discreta apetencia. Algunas fotos de esa campaña así lo pudieron comprobar, cuando la comitiva hacía a un lado sus responsabilidades propagandísticas y se relajaba para disfrutar de un breve descanso o decidía aflojar el ritmo y pararse a comer y beber en algún rincón tranquilo.

Después de una semana de ajetreo y de viaje por los estados de San Luis Potosí, Aguascalientes y Guanajuato, la comitiva encabezada por el general Cárdenas finalmente llegó a Michoacán. Poco a poco estaban acercándose al propio terruño del candidato, a quien seguramente ya le andaba por arribar a su querencia. Aun así, el sábado 16 de diciembre los viajeros decidieron quedarse en La Piedad, en donde les organizaron una velada que al parecer empezó a las 18 horas, pero que no se supo del todo a qué horas terminó. Lo que sí quedó anotado en el diario del General fue que al día siguiente a las 5:30 de la mañana aquel grupo se

El general Cárdenas descansando y departiendo durante su campaña
(Archivo CEHRMLC)

subió al ferrocarril y se dirigió a Yurécuaro, al noroeste de la ciénaga
del lago de Chapala, y después de visitar un paraje en las orillas del río
Lerma, donde se proyectaba construir una presa, siguieron su camino
hacia la población y gran hacienda de La Barca, situada en una amplia
llanura que apenas cruza la frontera de Michoacán y se mete al estado de
Jalisco. De ahí continuaron al sur y, pasando por Sahuayo, nuevamente
en territorio michoacano, arribaron a Jiquilpan la noche del domingo
17 de diciembre. Ahí se quedaría el General hasta el 23 de diciembre,
descansando y departiendo con su familia, hasta la Nochebuena, que
pasaría en Zamora, con un pie camino al rancho California en la Tierra
Caliente, a donde arribaría dos días después. Desde La Barca hasta California, pasando por Zamora, Cotija, Tingüindín, Los Reyes, Peribán,
La Cidra y Buenavista, entre otros pueblos, aquellos viajeros, ahora más

en familia, recorrieron en automóvil un total de 223 kilómetros, según lo anotó el General acuciosamente en sus *Apuntes*.[14]

Antes de que concluyera el año de 1933, Cárdenas todavía asistió al 5° Congreso Estatal de la Confederación Michoacana Revolucionaria de Trabajadores que se celebró en Morelia. Ahí advirtió que dicha confederación, que había sido uno de sus principales apoyos durante su gubernatura en Michoacán, se encontraba dividida y confrontada. Como candidato presidencial con su mensaje conminó a los asistentes a que se unieran, ya que la discordia "sólo actuaría a favor del capital y en contra de los intereses del proletariado". Cárdenas sabía que gran parte de la responsabilidad de esta desunión la tenía el gobernador Benigno Serrato y un grupo importante de sus seguidores. Éstos aprovecharon la reunión de la CMRT para desafiar y provocar al General y a los que seguían siendo sus simpatizantes con discursos que criticaban algunas acciones políticas del pasado reciente. Entre chiflidos, abucheos y aplausos el ambiente se fue tensando, aunque no se llegó más allá del griterío y una que otra mentada de madre. Al finalizar ese magno evento en la Plaza de Toros de Morelia, Cárdenas trató de calmar los ánimos de los serratistas, y al parecer poco a poco se tranquilizó la situación. De cualquier manera quedaba claro que aunque Serrato también se había plegado a la disciplina callista y del PNR, los trabajos para desmontar a la CMRT ya habían minado la influencia del General en los destinos de Michoacán, y en ese sentido también se encaminaba el prestigio del cardenismo en la entidad.[15]

El primer día de 1934 Lázaro Cárdenas, su esposa doña Amalia y varios de sus hermanos lo pasaron en Morelia. En algún momento, tal vez después de la cena, el General se sentó a escribir en sus *Apuntes* diversas reflexiones sobre las responsabilidades "de la generación actual". Entre

---

[14] Lázaro Cárdenas, *Obras. 1. Apuntes, 1967-1970*, t. 4, 3ª ed., UNAM, México, 1986 (1ª ed., 1972), pp. 243-244.

[15] Anguiano Equihua, *op. cit.*, pp. 116-117.

ellas destacó que era imprescindible tratar de "responder a las necesidades sociales" de la población mexicana, en primera instancia, a través de la escuela, con una instrucción impartida por el Estado revolucionario. Dicha educación debía contener una "orientación de trabajo en la industria y en la agricultura, haciendo que el niño y el adulto le tengan cariño a la tierra". Y sobre todo era indispensable "educar al pueblo en un sentido cooperativista".[16]

Es posible que la desunión y la conflictividad que había percibido durante el 5° Congreso de la CMRT en Morelia las atribuyera no sólo a la situación política, sino también a la falta de educación de los líderes y a su incapacidad de entender lo que implicaba trabajar por el bien colectivo. Aunque igualmente sabía que ni al gobernador Serrato ni al propio general Calles les convenía que él mismo tuviera una base política y social consolidada y fortalecida. Por lo tanto, en los próximos meses debía emprender la tarea de ir identificando los puntos débiles, así como las alianzas, de aquel precario sistema político y económico construido durante los muy agitados primeros tres lustros del gobierno constitucional posrevolucionario.

Para nadie era un secreto que Cárdenas le debía la candidatura presidencial al Jefe Máximo Plutarco Elías Calles.[17] Sin embargo, el PNR le daba cierto margen de maniobra, aunque con las limitaciones que lo caracterizaban en ese momento. El partido cargaba con un fuerte estigma de corrupción, mismo que se extendía a buena parte de la élite política. Para colmo, el primer candidato que arribó a la presidencia bajo el signo penerrista, supuestamente gracias a su respaldo político, había resultado muy poco convincente. El presidente Pascual Ortiz Rubio había encabezado un gobierno débil y claramente manipulable, que terminó un tanto vergonzosamente con su renuncia en 1932, dos

---

[16] Cárdenas, *Obras...*, *op. cit.*, p. 247.

[17] Garrido, *op. cit.*, p. 165, y Lorenzo Meyer, Rafael Segovia y Alejandra Lajous, *Los inicios de la institucionalización: la política del Maximato*, en *Historia de la Revolución Mexicana*, vol. 12, El Colegio de México, México, 1978, p. 290.

años antes de que concluyera su mandato. Aun cuando el gobierno constitucional sustituto del general Abelardo L. Rodríguez había tratado de estabilizar al país y de recomponer las redes de las estructuras gubernamentales, el desprestigio de la "clase política" iba en aumento y esto desde luego afectaba la credibilidad y el apoyo clientelar al PNR.

Esa agrupación partidaria sólo parecía tener incidencia en algunos sectores de la burocracia regional, estatal y federal. Para colmo, sus tácticas organizativas eran bastante burdas y no parecía parar en mientes a la hora de mangonear prebendas y exaltaciones demagógicas. Uno de sus estudiosos más puntuales plantearía que, incluso desde sus inicios, el PNR instituyó la clásica práctica del "acarreo", y afirmaba que "la casi totalidad de sus mítines tuvieron que ser organizados con empleados y campesinos obligados a asistir bajo un cierto número de presiones",

El candidato Lázaro Cárdenas en gira por Tamaulipas
(Archivo particular)

mientras que la población en general "permanecía pasiva y en la ignorancia" de lo que sucedía en el mundo del acontecer político a lo largo y ancho de prácticamente todo el territorio nacional.[18]

En medio de ese panorama había que continuar con las giras de proselitismo cardenista, insistiendo en llegar hasta los rincones más apartados de la República y tratando de interesar a las mayorías indiferentes e inmovilizadas para que participaran en la reorganización social y económica del país. También era imperativo ir identificando los conflictos y las tendencias locales, así como a los grupos de interés regionales y a los principales líderes de las comunidades y las organizaciones lugareñas. Los enfrentamientos entre las pequeñas localidades y los caciques municipales eran el pan de cada día en la vida provinciana mexicana. Era necesario, pues, tratar de encontrar soluciones a este ambiente levantisco generalizado. Igualmente era importante consolidar alianzas con las organizaciones involucradas en los cambios revolucionarios, con el fin de que no se pasaran a la oposición; pero sobre todo era imprescindible identificar a esos caciques y líderes lugareños, estableciendo compromisos o diagnosticando dónde y cómo privaban las desconfianzas y los recelos.

El recorrido que emprendería el candidato a partir de los primeros días de 1934 sería, pues, una gran inmersión en la conflictiva problemática nacional y una plataforma privilegiada para percibir de cerca eso que unía, aquello que distanciaba, y sobre todo lo que confrontaba a los hombres del poder con las bases políticas, sociales y económicas del país.

---

[18] Garrido, *op. cit.*, p. 169.

Por las rutas del sureste, el centro y el norte

> Tenemos la esperanza de que los maestros sean los guiadores no sólo de la niñez sino de los hombres de trabajo...
>
> Lázaro Cárdenas, Yucatán, 1934

Después del primer periplo por el Bajío durante el último mes de 1933, la actividad propagandística de la candidatura del general Cárdenas se dividiría en dos grandes temporadas de giras por el territorio nacional. La primera comprendería desde la segunda semana de enero de 1934 hasta la tercera semana de julio, e incluiría diversos viajes por el centro, el sureste y el norte del país; la segunda lo llevaría inicialmente en septiembre a la costa central y norteña del Pacífico, y después al noreste de la República para regresar por el centro a Michoacán y luego a la Ciudad de México a ocupar la presidencia el último día de noviembre.

En las primeras semanas de ese año el candidato estuvo en Michoacán y después visitó el Estado de México, de ahí continuó a Puebla. En seguida se dirigió a Veracruz y, pasando por el istmo de Tehuantepec, siguió su gira hacia Chiapas, en donde permaneció prácticamente todo febrero. Al iniciarse el mes de marzo llegó a Tabasco y de ahí continuó hacia Campeche y Yucatán. De Mérida tomó un avión y estuvo un día en Payo Obispo, hoy Chetumal, Quintana Roo. Regresó a Mérida y de ahí volvió a Tabasco. Luego de una semana viajó a Oaxaca. Dicho estado lo recorrió desde el istmo de Tehuantepec hasta la capital de aquella entidad federativa, para después seguir hacia Puebla cruzando la Sierra Mixteca. En la segunda semana de mayo inició su gira por el estado de Guerrero para regresar por los rumbos de Morelos y llegar a la Ciudad de México el día 21 del mismo mes. En los primeros días de junio salió con su comitiva hacia el estado de Hidalgo, de ahí cruzó por Querétaro hasta San Luis Potosí, de donde voló a Zacatecas y regresó. En seguida siguió rumbo a Tampico y Villa Cuauhtémoc.

De ahí tomó el aeroplano para visitar Ciudad Victoria y luego llegó hasta Matamoros. Del estado de Tamaulipas cruzó al de Nuevo León, cruzando por Linares hasta Monterrey y luego a Torreón, Coahuila. Siguió la comitiva hasta llegar a Chihuahua, pasando por Parral. A finales de junio desde Chihuahua volaron a Durango, en donde emitieron su voto el día 1° de julio. De ahí continuaron a Sinaloa y en barco navegaron desde el puertecito de Altata hasta Guaymas. En automóvil regresaron a Navolato y en avión se lanzaron hasta Hermosillo y luego a Mexicali.

Durante este recorrido que duró alrededor de seis meses la comitiva encabezada por el candidato presidencial recorrió diversos territorios de 24 estados de la Federación. Según sus propias cuentas aquellos hombres cubrieron un total de 27 609 kilómetros. Alrededor de 15 000 fueron transitados en automóviles y ferrocarriles; casi 12 000 los atravesaron por vía aérea; navegaron 735, y los restantes 475 fueron peregrinados a caballo o a pie.[19]

Al concluir este enorme recorrido que tocó diagonalmente el territorio mexicano de un extremo al otro, el General resumió su impresiones por cada entidad federativa, anotando las necesidades de comunicación local y con el resto del país; apuntó dónde era imprescindible la dotación de tierras y cómo debía hacerse; se imaginó y propuso posibles desarrollos regionales, y se percató de diversos conflictos sociales causados por la ignorancia, la segregación, el fanatismo religioso y el abuso de poder.

Si bien este recorrido podría calificarse como el más extenso e intensivo realizado por un candidato presidencial mexicano hasta entonces, el resultado que produjo en cuanto a votantes fue bastante magro. No bastaron la cantidad de kilómetros recorridos, ni la suma de los lugares visitados. Además de que las elecciones del 1° de julio estuvieron plagadas de irregularidades, sólo 14% de la población votante acudió a

---

[19] Ortiz Hernán, *op. cit.*, mapa elaborado por el ingeniero Francisco Vázquez del Mercado.

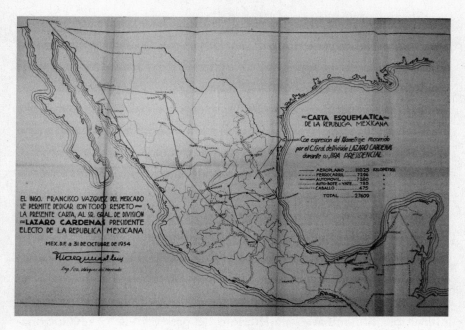

Mapa de las giras del candidato Cárdenas durante el primer semestre de 1934
(Secretaría de Prensa y Propaganda del CEN del PNR)

las urnas.[20] Cierto que el general Cárdenas ganó dichas elecciones con una apabullante mayoría de poco más de dos millones 200 000 votos, seguido por tan sólo 24 690 que obtuvo su opositor más cercano, el general Antonio I. Villarreal. El coronel Adalberto Tejeda logró reunir algo más de 15 500 votos y el candidato del proscrito Partido Comunista Mexicano, Hernán Laborde, tan sólo obtuvo 1 188 sufragios a su favor.[21]

Pero el resultado de aquellas giras no debía medirse únicamente por la cantidad de votos obtenidos o por los miles de kilómetros recorridos. La campaña del general Cárdenas fue un gran ejercicio de ordenamiento de prioridades y de diagnóstico de las necesidades locales que requerían una imprescindible atención para evitar, entre otras muchas

---

[20] Garrido, *op. cit.*, 1982, p. 169.
[21] Ortiz Hernán, *op. cit.*, p. 38.

consecuencias, la desarticulación del poder provocada por la ineficiencia política del sistema construido durante los gobiernos de caudillos y militares revolucionarios. A pesar de los esfuerzos medianamente bienintencionados llevados a cabo por las élites políticamente activas, todavía las acciones partidarias y, en general, las operaciones de la administración pública eran muy deficientes. Rara vez los propósitos relacionados con la transformación revolucionaria rebasaban su condición de promesas. Entre provocaciones y tensiones se había tratado de llegar finalmente a un equilibrio entre las voluntades individuales y los intereses de ciertos sectores sociales, especialmente de la Iglesia católica, de los hombres de negocios y de las organizaciones de trabajadores. Cierto que ya parecía haber pasado la hora de las rebeldías militares y el control del aparato político era ejercido sin mayores discusiones por el general Plutarco Elías Calles, logrando algunos consensos pero con una disposición férrea e implacable. Sin embargo, el deterioro del prestigio de los revolucionarios avanzaba a gran velocidad. Las manipulaciones, las demostraciones de poder y la propia debilidad de las instituciones le habían restado legitimidad al acontecer político y, más aún, el arraigo popular, si es que alguna vez lo tuvo, parecía haberse esfumado. Y si a esto se le añadían las consecuencias de la crisis económica de finales de los años veinte que se seguían padeciendo durante los primeros años treinta, el panorama sociopolítico durante el año de 1934 no podía ser muy alentador.

Sin embargo, aunque parecían organizadas de manera fragmentada y anárquica, las giras proselitistas del general Cárdenas y su comitiva, así como los resultados de su encuentro con múltiples entidades de la realidad mexicana, empezaron a devolver cierto optimismo, primero a la pequeña minoría que participaba en las lides políticas activamente, después a algunas organizaciones campesinas, y finalmente a los organismos representativos de los trabajadores.

En materia de definición de los múltiples proyectos y de la orientación de las aspiraciones revolucionarias que se debían instrumentar como respuesta a las necesidades evidenciadas durante esta primera gira, no cabe duda que los resultados de la misma tuvieron un impacto relevante. La prensa recogió infinidad de declaraciones, tanto del candidato como de sus jilguerillos, así como de las autoridades de las localidades que se iban visitando. A lo largo de esos seis meses el general Cárdenas tuvo la oportunidad de expresar muchas ideas que lo presentaban como un político radical y convencido del cambio socialista, siempre tratando de cuidar que sus declaraciones no contrariaran demasiado al Jefe Máximo. De pronto tenía frases sorprendentemente escuetas e inteligentes, y en ocasiones su radicalismo parecía desatarse; en otras coyunturas su énfasis resultaba machacón y repetitivo, al grado de que él mismo llegó a decir que pensaban, con razón, que parecía "un disco rayado", sobre todo al insistir en la organización y la unión de campesinos y trabajadores.[22] Así el repertorio de citas a los discursos de Cárdenas y de sus oradores se multiplicó de manera exponencial en los periódicos y en las ondas hertzianas, y abarcó los temas más diversos: desde la frase solemne evocadora de las luchas de los héroes patrios hasta la reivindicación de poner la maquinaria en manos de los campesinos como un *deber ser* de la Revolución, pasando por los llamados a la integración de las comunidades indígenas al desarrollo nacional o invocando la necesidad de que, a través de la escuela, se intensificarían las campañas de desfanatización y antialcoholismo.

Entresacando algunas oraciones y enunciados planteados durante aquellas giras se podían encontrar verdaderas perlas, como: "La patria es el disfrute en común de las riquezas del territorio", expresada durante su recorrido por Tabasco,[23] o: "Haré un gobierno de amigos, no para los amigos",[24] frase con la que cerró uno de sus primeros discursos en Toluca. También en el Estado de México lanzó la exigencia a sus partidarios de que conservaran "sus manos limpias de sangre y de

---

[22] *Ibid.*, p. 30.

[23] *Ibid.*, p. 15.

[24] *Ibid.*, p. 26.

codicia",[25] y en Tres Palos, Guerrero, advirtió: "Entregaré a los campesinos el máuser con que hicieron la Revolución para que defiendan el ejido y la escuela".[26] Aunque no dejó de acudir a los lugares comunes de cualquier proselitista político, de pronto los discursos del candidato y de sus oradores podían alejarse de la demagogia y subrayar algunas de las inquietudes de quienes no tardarían en ser los principales destinatarios de las políticas cardenistas.

Desde luego los asuntos agrarios fueron tema recurrente en aquellos discursos. En Chihuahua, por ejemplo, se explayó diciendo: "El problema fundamental que debe ser resuelto cuanto antes es el de la tierra, pues sólo cuando el reparto ejidal se encuentre concluido y satisfechas las necesidades de los pueblos, reinará el espíritu de esfuerzo tenaz, preciso para el mejoramiento integral de las colectividades".[27] Y en Yucatán planteó con particular sencillez: "Si la tierra es entregada a los campesinos y no se les proporcionan medios para cultivarla, todo esfuerzo será nulo y perdido".[28]

En materia de gobierno y de orientación política, el candidato presidencial también tuvo frases claras y contundentes. En Campeche, por ejemplo, volvió a decir: "Siempre he querido que los obreros y los campesinos organizados tengan el poder en sus manos, a fin de que sean los más celosos guardianes de la continuidad de la obra revolucionaria […] contando con la cooperación de la mujer y de la juventud".[29] En Villahermosa, Tabasco, expuso claramente que "toda medida política debe tener un fundamento y un sentido económico" y enfatizó con simpleza pueblerina uno de sus principios doctrinarios: "La principal acción de la nueva fase de la Revolución es la marcha de México hacia el socialismo, movimiento que se aparta por igual de las normas anacrónicas

[25] *Idem.*
[26] *Ibid.*, p. 63.
[27] *Ibid.*, p. 56.
[28] *Ibid.*, p. 61.
[29] *Ibid.*, p. 30.

del liberalismo clásico y de las que son propias del comunismo que tiene como campo de experimentación a la Rusia Soviética". En ese mismo estado sureño, en un mitin en Ciudad Cárdenas, resumió su posición sobre el modelo económico que debía seguir el país: "Creo que en las cooperativas de consumo y de producción descansa el porvenir del país".[30]

Desde entonces, el General se planteó diáfanamente la función del Estado "como regulador de los grandes fenómenos económicos que se registran en nuestro régimen de producción y distribución de la riqueza".[31] Igualmente, a la hora de mencionar el papel que debía desempeñar el Estado, no se le olvidaba su credo en la defensa de los recursos nacionales. En Iguala, Guerrero, expuso que "el capitalismo voraz sólo acude a donde encuentra campos propicios para la explotación del hombre por medio de bajos salarios. No debemos hacernos la ilusión de conseguir la prosperidad de México a base de intereses extraños. Hemos de lograrlo con intereses propios".[32] Y ante los mineros de Zacatecas se preguntó: "México es el productor del 50% de la producción metalúrgica mundial. ¿Acaso ha creado, siquiera, millonarios mexicanos? ¿Han llevado algún aliciente de vida a las manos de quienes entregan millones de pesos a los extranjeros?"[33]

Pero además de las propuestas en materia agraria, de orientación política o de modelo de desarrollo socialista y nacionalista, el general Cárdenas prácticamente no quitó el dedo del renglón a la hora de plantear que muchas soluciones a los problemas mexicanos estaban en el área educativa. En dicho asunto el Estado debía desempeñar un papel fundamental. Relacionándolo con los demás problemas urgentes que la Revolución tenía que atender, en Guerrero remató uno de sus discursos diciendo: "Con la escuela rural, el antialcoholismo y el antifanatismo,

---

[30] *Ibid.*, p. 47.
[31] *Ibid.*, p. 48.
[32] *Ibid.*, p. 55.
[33] *Ibid.*, p. 82.

queda completo el programa revolucionario en materia agraria".[34] En San Luis Potosí incluso se refirió a algunos recursos pedagógicos: "Por medio de juguetes, de libros, de labores escolares, de propaganda gráfica y literatura, los niños deben enseñarse a conocer nuestro suelo para aprovechar más tarde sus innúmeros recursos".[35] Y no desaprovechó la ocasión para reafirmar que no iba a permitir que "el clero intervenga en forma alguna en la educación popular, la cual es facultad exclusiva del Estado".[36]

Y un último tema que también resultó recurrente y que de igual manera se asociaba con la educación, sobre todo después de visitar las comunidades indígenas de Chiapas y Oaxaca, así como las de Chihuahua y de Sonora, fue el de la integración social. En alguno de sus regresos a la Ciudad de México el general Cárdenas declaró a la prensa que había advertido "la necesidad de que el problema indígena, básico para la nacionalidad, se resuelva integralmente, atacándolo en sus fases social, económica y política. Habrá que impulsar campañas de desfanatización, antialcoholismo y alfabetización, combatiendo así a los tres enemigos del progreso del indio".[37] Incluso se adelantó a plantear una solución a la integración de los grupos indígenas al desarrollo de México, misma que se implementaría muchos años después. En mayo, Cárdenas propuso la posibilidad de "desplazar a la población de las regiones estériles y zonas montañosas, donde hay grandes núcleos especialmente indígenas, relegados por los excesos de la conquista, hacia zonas fértiles y de escasa o ninguna población".[38] Evidentemente ésas, como muchas otras de las propuestas hechas durante aquellas giras, requerirían de un esfuerzo gigantesco y, desde luego, de una cantidad inmensa de recursos económicos que todavía el gobierno mexicano no parecía tener.

---

[34] *Ibid.*, p. 62.
[35] *Ibid.*, p. 96.
[36] *Ibid.*, p. 93.
[37] *Ibid.*, p. 114.
[38] *Ibid.*, p. 75.

De cualquier manera, no cabe duda de que las intenciones de mejorar la situación de los indígenas, y en general de la población campesina y obrera del país, quedaban manifiestas en aquellos discursos que poco a poco perfilarían la orientación misma del gobierno del general Cárdenas una vez que asumiera la presidencia en un futuro que ya estaba a la vuelta de la esquina.

Esas giras también fueron reveladoras en cuanto al establecimiento de nuevas alianzas personales o de consolidación de amistades. Asimismo le permitieron afinar su percepción de comportamientos por conveniencia o por el mero afán de obtener algún provecho político o económico. A lo largo del último lustro el general Cárdenas había demostrado tener un peculiar talento para identificar las virtudes y los defectos de muchos miembros de la élite política mexicana, y dicho coloquialmente, había "afilado el colmillo" para darse cuenta de las segundas y las terceras intenciones de quienes lo rodeaban. Había observado de cerca a dos grandes maestros de la intriga política, los generales Álvaro Obregón y Plutarco Elías Calles, y había aprendido, sobre todo del segundo, cómo mover sus piezas, cuándo adelantarse y cuándo retroceder, pero sobre todo a percibir los propósitos ocultos de los distintos actores del escenario gubernamental. En pocas palabras: Cárdenas había aprendido a moverse con especial destreza en el ajedrez político del México dominado por el Jefe Máximo, y ahora él empezaba a ser una pieza clave para lograr un punto de inflexión. Por ello, las giras tuvieron también una especial relevancia en la construcción de un posible equipo de trabajo que debería entrar en funciones a partir del 1 de diciembre de 1934.

Ya se mencionaba la alianza inicial que Cárdenas tuvo con el general Saturnino Cedillo, quien fue el primer gobernador que visitó después de su protesta como candidato. La alianza entre Cárdenas y Cedillo tenía una larga trayectoria que iba desde las andanzas del primero como jefe militar de las Huastecas hasta la formación de la Confederación Campesina Mexicana. Cárdenas sabía de las limitaciones y las veleidades de

Cedillo, aunque lo respetaba como político y militar agrarista. Otros dos gobernadores supuestamente afines a Cárdenas desde un principio fueron los coroneles Saturnino Osorio, del estado de Querétaro, y Vicente Estrada Cajigal, del estado de Morelos. Los dos habían profesado también un agrarismo moderado y cada uno en su entidad había dado pasos certeros en materia agraria y laboral.

Uno de sus principales acompañantes durante recorridos de proselitismo político fue el diputado Ernesto Soto Reyes, quien sería uno de sus operadores políticos más allegados, y que en esos momentos fungía como vocero del partido y del propio candidato presidencial. También lo siguieron Luis I. Rodríguez, quien sería su secretario particular al asumir la presidencia, y Enrique Fernández Martínez, al que le tocaría candidatearse para senador por el estado de Guanajuato, en aquellas lides electorales. Otro personaje muy cercano a Cárdenas durante ese tiempo fue su asistente personal, Silvano Barba González, quien también a veces hacía de orador, de chofer y de correveidile. Aunque ya había sido gobernador sustituto en el estado de Jalisco y diputado federal, su lealtad hacia el general Cárdenas no parecía tener parangón. Soto Reyes, I. Rodríguez y Barba González serían tres piezas de singular importancia en las giras.

En Veracruz, el general Cárdenas estableció una buena relación con Gonzalo Vázquez Vela, quien había llegado a la gubernatura de su entidad postulado por el PNR a sustituir nada menos que al coronel Adalberto Tejeda, con quien lo unía una amistad profunda.[39] Vázquez Vela fue una especie de intermediario entre Tejeda y Cárdenas. Desde hacía aproximadamente un año y medio Tejeda había perdido la confianza del general Calles, quien emprendió el desarme y desmantelamiento de las organizaciones que lo apoyaban y que vivían los beneficios de su política de distribución de la tierra. El agrarista veracruzano se deslindó

---

[39] Gonzalo Vázquez Vela, *1893-1963. Semblanza biográfica*, IPN, Serie Forjadores de la Enseñanza Técnica en México, México, 1989, pp. 13-16.

del PNR y decidió emprender su propia candidatura presidencial con el apoyo del Partido Socialista de las Izquierdas. Aun así, Cárdenas mantenía un particular respeto por Tejeda, a quien pidió tratar con "decencia y caballerosidad",[40] incluso siendo su opositor en la carrera por la presidencia. Vázquez Vela había colaborado con Tejeda y con Heriberto Jara, como secretario de gobierno de ambos, y mantenía una posición de hombre de izquierda institucional. Había ocupado durante tres años la Secretaría de la Comisión Local Agraria y durante su corta gubernatura demostraría una gran preocupación por el fomento agropecuario y por el cooperativismo. Cárdenas le tuvo un especial aprecio desde que lo recibió y apoyó como candidato penerrista, siendo el mismo Vázquez Vela gobernador de Veracruz, al inicio de su viaje hacia el sureste de la República.

En Chiapas acompañaron al general Cárdenas el gobernador coronel Victórico Grajales y el general Adrián Castrejón, quien conocía esas regiones bastante bien por haber librado algunas batallas durante la rebelión delahuertista entre Ocosingo y Palenque.[41] Castrejón era entonces gobernador de Guerrero, y mantenía una estrecha amistad con el candidato, lo cual no se podía decir del gobernador de Chiapas, quien no le causó buena impresión a Cárdenas. El olvido y desamparo en que se encontraba la mayoría de las comunidades indígenas de esa región mostraban que los gobiernos locales poco se habían interesado en algo más que su beneficio particular, manteniendo a dichas comunidades en un estado de sobreexplotación inhumana. Además, era la primera vez que un candidato a la presidencia se presentaba en aquella región, especialmente en Los Altos de Chiapas. El contraste entre la ciudad colonial de San Cristóbal de las Casas y el pueblo indígena de San Juan Chamula llamó la atención de Cárdenas, sobre todo por la pobreza y el descuido en que vivían los mismos chamulas. En sus *Apuntes* dejó

---

[40] Ortiz Hernán, *op. cit.*, p. 31.
[41] Cárdenas, *Obras. 1. Apuntes, 1913-1940, op. cit.*, p. 256.

constancias como la siguiente al referirse al internado indígena de esa localidad: "Mal edificio, sin las condiciones necesarias. Urge atender mejor estos planteles ampliando el número de ellos. Indispensables órdenes terminantes para que la población indígena asista a las escuelas".[42] En Yajalón también le sorprendió que los habitantes del pueblo continuaran siendo contratados como bestias de carga. "Es penoso ver a estos indígenas llevar sobre las espaldas enormes fardos que los agotan hasta convertirlos en tuberculosos", anotó el 1 de marzo.[43] Bajando la sierra, el gobernador Grajales se despidió de la comitiva, dejando al candidato con la sensación de que como funcionario su labor de gobierno dejaba mucho qué desear. Además de su acendrada zalamería callista, dicho servidor público había mostrado muy poca sensibilidad ante la penuria y la desgracia en la que vivía la mayoría de las comunidades indígenas de esa entidad federativa. Contrastaban aquella miseria y abandono con lo que sucedía en el estado vecino de Tabasco.

El muy conocido y radical gobernador de la tierra tabasqueña, el licenciado Tomás Garrido Canabal, así como el jefe de esa zona militar, el general Federico Rodríguez Berlanga, acompañaron al general Cárdenas desde que puso pie en aquel húmedo y pantanoso suelo. El Tabasco de Garrido Canabal sería conocido como "el Laboratorio de la Revolución", título que le endilgó el mismo general Cárdenas por sus acciones agresivamente anticlericales, su reorganización productiva y su enseñanza racionalista.[44] El candidato tuvo la oportunidad de presenciar muchos de los logros que los proyectos revolucionarios garridistas habían puesto en escena, especialmente para su visita en marzo de 1934. Al parecer le impresionaron en forma muy particular las escuelas y sobre todo el campo experimental agrícola El Emporio en la región de

---

[42] *Ibid.*, p. 254.

[43] *Ibid.*, p. 256.

[44] Carlos Martínez Assad, *El laboratorio de la Revolución. El Tabasco garridista*, Siglo XXI Editores, México, 1979, p. 14.

Balancán, que se situaba cerca de los límites que unían a Chiapas con Campeche y con Tabasco.[45]

Además de contar con el apoyo del general Calles, Garrido Canabal parecía tener especial talento para congregar a los políticos penerristas. A Tabasco arribó una pléyade de correligionarios a visitar y a convivir con el candidato presidencial. La mayoría quiso hacerse notar para mostrarle su apoyo incondicional o convenenciero, muy al estilo que se consolidaría dentro de la élite política mexicana desde entonces. En avión llegaron, entre otros, el mismísimo general Calles y sus hijos Rodolfo, Plutarco y Gustavo, junto con el presidente del PNR, Carlos Riva Palacio, acompañados por Melchor Ortega, el licenciado Gustavo Espinosa Mireles, exgobernador de Coahuila, los senadores Manlio Fabio Altamirano y Lamberto Hernández, el periodista Gustavo Ortiz Hernán y el licenciado Ignacio García Téllez. Por cierto que este último se convertiría en uno de los servidores públicos más cercanos al general Cárdenas, una vez que asumió la presidencia. En ese momento García Téllez fungía como secretario de Organización Política del Comité Ejecutivo Nacional del PNR y estaba a cargo de la operación efectiva de la propia campaña cardenista.

También llegaron a Tabasco el general Saturnino Cedillo y el coronel Vicente Estrada Cajigal, ambos distinguidos agraristas y figuras importantes de la recién creada Confederación Campesina Mexicana. Y finalmente arribó el general Francisco J. Múgica, quien todavía ocupaba su puesto como jefe del resguardo penal de las Islas Marías, pero que, mientras era relevado de aquel puesto, se hizo cargo primero de la Dirección de Intendencia y Administración del Ejército mexicano y después de la comandancia de la 32ª Zona Militar, que correspondía a Yucatán.[46] Ahora, por solicitud expresa del general Cárdenas, el general

---

[45] Cárdenas, *Obras. 1. Apuntes, 1913-1940, op. cit.*, p. 267.

[46] Archivo Sedena, Expediente del General Francisco J. Múgica Velázquez, Cancelados XI/III/1-325, t. 3.

Múgica se incorporaba a la comitiva del candidato presidencial. Aquel michoacano radical había sido gobernador constitucionalista de Tabasco entre 1915 y 1916, y desde entonces no había regresado a dicho estado. Si bien él había logrado algunos avances en materia anticlerical y de reformas administrativas durante su gubernatura en aquel confín de la República, al visitar las iglesias convertidas en escuelas y centros culturales, así como los campos reorganizados y productivos, impulsados por el proyecto revolucionario garridista, comentó: "Habría que tabasqueñizar a todo México".[47]

El entusiasmo que provocó la presencia de todos estos penerristas y la acogida que recibieron por parte de la juventud local pareció desbordar las expectativas de los invitados. Dicha juventud tabasqueña, por instancias del propio Garrido Canabal, llevaba por lo menos un lustro organizándose en contingentes llamados "Camisas Rojas", por el atuendo que los distinguía. Aquellos jóvenes apoyaban las acciones y los proyectos desfanatizadores, antialcohólicos y educativos del gobernador. Con gran entusiasmo se pronunciaban a favor de la educación racionalista, del laicismo y de la liberación de las mujeres del yugo machista y la moral cristiana. Tenían un himno que decía en una de sus estrofas:

> Es preciso que formemos una humanidad futura
> que esté libre de prejuicios que encadenen la razón,
> que desterremos los vicios que denigran y que oscuran
> la limpidez de la vida con la más negra abyección.[48]

Los Camisas Rojas eran una especie de vanguardia juvenil que se había extendido en prácticamente todos los municipios del estado y que parecía rendirle pleitesía y lealtad al gobernador Garrido Canabal.

---

[47] Martínez Assad, *El laboratorio…*, *op. cit.*, p. 9, y Carlos Martínez Assad, *Tabasco entre el agua y el fuego*, Filmoteca UNAM, Colección Imágenes de México, 2004.
[48] Martínez Assad, *El laboratorio…*, *op. cit.*, p. 278.

Su presencia en el recibimiento del candidato y sus correligionarios haría decir al general Calles que el Tabasco garridista era "el Faro de la Revolución Mexicana".[49]

En unos cortos de cine documental que se filmaron durante la visita del candidato y los penerristas podía verse el arribo de los políticos, tanto en avión como en barco, y el recibimiento multitudinario que les prodigaron. Calles y Cárdenas dejaron que Garrido se sentara entre ellos en el auto que los llevó del campo aéreo a la plaza de Villahermosa. Campesinos y trabajadores abanderando pancartas de apoyo, jóvenes organizados en desfiles militares, charros a caballo y muchos acarreados parecían convivir en medio de un carnaval y no en una manifestación de apoyo político. Incluso en una escena del filme podía verse al propio Garrido Canabal y al mismísimo general Cárdenas danzoneando y conduciendo rítmicamente a sendas muchachas por una pista de baile, en medio de un discreto abrazo bajo una enramada tropical.[50] El espíritu seductor del General también se percibió en sus *Apuntes* al dejar constancia de su admiración por "las mensajeras de Tabasco", Luz Elena Correa y América Sánchez.[51] Parecía estar pasándola de maravilla al son de la famosa pieza romántica de Pedro Gutiérrez Cortes que decía:

> Tardes de Tabasco
> doradas y bellas,
> tardes pensativas
> llenas de fulgor.
> En vosotras vuelca
> el sol sus centellos
> en vosotras halla
> el sol su cantar.

---

[49] John F. Dulles, *Ayer en México. Una crónica de la Revolución 1919-1936*, FCE, México, 1985, p. 559.

[50] Martínez Assad, *Tabasco...*, *op. cit.*

[51] Cárdenas, *Obras. 1. Apuntes 1913-1940*, *op. cit.*, p. 266.

Tardes encantadas,
tardes deliciosas,
tardes peregrinas
de mayo y de abril,
yo quiero cantaros,
tardes luminosas
de fresco airecillo
que cruza sutil.[52]

Los paseos en lancha y remolcador, la desinhibición de las muchachas y los muchachos, las demostraciones anticlericales, y sobre todo la gran cantidad de campesinos y trabajadores que parecían sustentar el proyecto garridista tuvieron una repercusión muy positiva en el ánimo del candidato y de su comitiva.

Garrido Canabal logró convencer al general Cárdenas de su efectividad como administrador público y lo más probable es que desde entonces amarrara su lugar en el primer gabinete presidencial del michoacano. El Tabasco garridista impactó al general Cárdenas de tal manera que el 1° de julio, de gira por Durango y al depositar su voto electoral para presidente de la República, lo hiciera a favor de Tomás Garrido Canabal.[53]

Sin embargo, todavía había mucho territorio que recorrer y en el camino el General se siguió encontrando con personajes interesantes y capaces de llamar su atención como posibles apoyos locales o quizá como colaboradores más cercanos en un futuro próximo. Aunque igualmente sucedió que durante la gira entrara en contacto con algunos políticos locales con los que de plano no compartía proyectos ni intereses. Tal fue el caso de los gobernadores de Campeche y Yucatán. El campechano

---

[52] Francisco J. Santa María, *Antología folklórica y musical de Tabasco*, arreglo y estudio musical de Gerónimo Baqueiro Foster, Gobierno del Estado de Tabasco, Villahermosa, Tabasco, 1952, pp. 317-319.

[53] Cárdenas, *Obras. 1. Apuntes, 1913-1940, op. cit.*, p. 289.

Lázaro Cárdenas, Plutarco Elías Calles
y Tomás Garrido Canabal en Villahermosa, 1934
(Colección Amado Alfonso Caparroso y Archivo Casasola)
(Tomada del libro de Amado Alfonso Caparroso, *Tal cual fue Tomás Garrido
Canabal*, Libros de México, México, 1985, p. 370)

Benjamín Romero Esquivel no se ocupó mayormente del candidato y sólo lo acompañó en algunos viajes en avión. A pesar de ello, el general Cárdenas disfrutó bastante su estancia en la pequeña ciudad amurallada de Campeche y sus alrededores, pues en sus *Apuntes* dejó asentado: "Me agradaría vivir aquí periódicamente, preferentemente a hacerlo en otras poblaciones. Su gente, su historia y su paisaje, unidos a los atractivos de su playa, justifican esta preferencia".[54] Y más que con el esquivo gobernador campechano, Cárdenas estableció vínculos bastante estrechos con la logia masónica y su Consejo del sureste, especialmente con un joven dentista y literato que destacaría en la política mexicana un par de lustros después. Se trataba de Héctor Pérez Martínez, quien a finales de los años treinta sería electo gobernador de Campeche y posteriormente

---

[54] *Ibid.*, p. 262.

51

secretario de Gobernación durante el régimen de Miguel Alemán. Sus afanes literarios lo llevarían a redactar en *El Nacional* varias notas especialmente elogiosas sobre la visita del candidato a su estado natal.[55] También en Campeche, el general Cárdenas se haría aconsejar por otro joven diputado, masón y buen orador, Fernando Angli Lara, quien lo siguió acompañando durante la gira y que ya siendo presidente le sería bastante útil como operador político, tanto en Campeche como en Yucatán.

Pero al igual que con el gobernador campechano, el general Cárdenas tampoco tuvo mayor empatía con el titular del gobierno yucateco, César Alayola Barrera. Este servidor público de plano se mostró contrario a una extensiva reforma agraria que beneficiara a los campesinos mayas, y no tardó en distanciarse del proyecto cardenista. En Yucatán el candidato más bien hizo migas con el gran maestro de la logia masónica La Oriental Península, Joaquín Ancona Albertos, y sobre todo consolidó su alianza con el exgobernador Bartolomé García Correa, quien sería senador por Yucatán a partir de 1934.

La situación en aquel estado del sureste era particularmente tensa. García Correa, quien había instituido los famosos "lunes rojos" en la Casa del Pueblo en Mérida, y que consistían en reuniones para estudiar la obra de los malogrados pero ahora muy reconocidos socialistas Salvador Alvarado y Felipe Carrillo Puerto, se había enemistado con el influyente periódico *Diario de Yucatán* que dirigía el periodista Carlos R. Menéndez. Al propiciar el cierre por una temporada de aquel periódico, se fundaría el *Diario del Sureste*, estando detrás del mismo el propio García Correa. Desde 1933 la situación política en la península yucateca se había agitado bastante, en gran medida debido al espíritu caciquil y atrabiliario de aquel exgobernador. Un par de violentas represiones en Opichén y en Valladolid, que se produjeron debido a su intransigencia e irresponsabilidad, habían dejado un saldo de más de cien muertos.

[55] *El Nacional*, 10 y 11 de marzo de 1934.

Además, la sucesión en la gubernatura de esa entidad federativa llevada a cabo en julio del mismo año de 1934 no había sido del todo tersa. Varios candidatos se postularon para la primera magistratura del estado, entre los que destacaban José Castillo Torre y Gualberto Carrillo Puerto. Este último era hermano de Felipe Carrillo Puerto, quien ya era considerado un "mártir de la Revolución mexicana", y utilizaba tal prestigio para azuzar a sus correligionarios en contra de García Correa, quien por cierto gozaba del pleno apoyo del general Calles.[56]

A pesar de que García Correa lo había promovido, el nuevo gobernador Alayola Barrera no se entendió bien con su antecesor, a quien acusó de corrupción y de malos manejos financieros. Un chiste político yucateco de entonces presentaba a un visitante, quien iluso dialogaba con un lugareño así:

Visitante: "Buen pavimento este de las calles de Mérida."

Yucateco: "Tan bueno como que lo mandó a hacer Olegario Molina (el gobernador favorito del porfiriato) y parece que acaba de estrenarlo".

Visitante: "Pero los funcionarios socialistas ¿no han hecho nada?"

Yucateco: "Varias casas suntuosas: las mejores de Mérida."[57]

La élite política yucateca se encontraba en pleno reajuste cuando el candidato penerrista visitó la península. Eso no impidió que él mismo se diera cuenta de que las dotaciones agrarias se habían frenado, "pretextando que se afecta la producción si se les dan las tierras a los campesinos". "¡Mentira!", anotó el General en sus *Apuntes*, y tomó nota para cuando volviera a ocuparse de los ejidos henequeneros una vez que asumiera la presidencia.[58] Estando en Mérida, el candidato aprovechó el día 19 de marzo para volar con su comitiva hasta Chetumal, que entonces era una pequeña población conocida como Payo Obispo. El vuelo duró

---

[56] Marisa Pérez de Sarmiento y Franco Savarino Roggero, *El cultivo de las élites. Grupos económicos y políticos en Yucatán en los siglos XIX y XX*, Conaculta, México, 2001, p. 196.

[57] *Ibid.*, p. 198.

[58] Cárdenas, *Obras. 1. Apuntes, 1913-1940, op. cit.*, p. 263.

una hora cuarenta y cinco minutos aproximadamente, y según el General, con tanto meneo el avión parecía estar bailando una "jarana". Al cruzar diagonalmente la península yucateca le maravillaron "las miles y miles de hectáreas de bosques de maderas industrializables".[59] Pero lo que no le pareció tan admirable fue la propensión de la élite política yucateca a mantenerse en un estado de confrontación constante. Además, aquel viaje al extremo suroriental de la península le sugirió la necesidad de volver a separar administrativamente el territorio de Quintana Roo del propio gobierno del estado de Yucatán. En resumen, la visita a la península yucateca le generó más inquietudes que afectos. El general Múgica, con quien Cárdenas también se encontraría en Yucatán, estaba de acuerdo en que "el continuo barajeo de poco número de personas siempre presentes en los puestos públicos desde hace años, sin que haya una efectiva renovación de nombres, es un factor de intranquilidad", tal como lo anotó en una de sus misivas.[60] Y ésa sería una de las rémoras que habría que combatir si se quería que la transformación revolucionaria llegara a este extremo del territorio mexicano.

Y hablando de desunión, Cárdenas también se encontró con que en Veracruz, en la localidad Puerto México, que en 1935 sería rebautizada como Coatzacoalcos y a donde volvió después de pasar por Yucatán, Campeche y Tabasco, los obreros estaban muy divididos. La razón parecía radicar en la imposición que había hecho el PNR veracruzano de las candidaturas de dos figuras emblemáticas de la política jarocha. La primera era Cándido Aguilar, quien después de participar en la rebelión delahuertista estaba tratando de reinsertarse en la representación popular postulándose para senador, y la segunda era nada menos que el joven licenciado Miguel Alemán, quien por primera vez entraba en las lides políticas nacionales lanzándose para diputado. Aguilar era una especie de

---

[59] *Ibid.*, p. 264.

[60] Javier Moctezuma Barragán, *Francisco J. Múgica. Un romántico rebelde*, FCE, México, 2001, p. 282.

Propaganda yucateca a favor del candidato del PNR
(Biblioteca Iberoamerikanisches Institut, Berlín)

padrino político de Alemán, aunque ambos tenían el estigma de haber
estado vinculados a la oposición al régimen de los sonorenses. Aguilar
como exconstitucionalista y delahuertista, y Alemán como hijo de aquel
coronel levantisco que finalmente murió en 1929 como convencido
antirreeleccionista y anticallista.

El general Cárdenas ya conocía a Cándido Aguilar y prefirió mantenerlo a cierta distancia. Sin embargo, el joven Miguel Alemán iniciaría, a partir de su candidatura a la diputación de esa región jarocha,
una carrera meteórica que lo llevaría a la presidencia de la República
en menos de 15 años. Su carácter acomodaticio y su "colmillo" político le permitieron acercarse al candidato presidencial en abril de 1934,
y de ahí hasta bien avanzada la siguiente década ambos mantuvieron

una primera relación de mutuo apoyo, compartiendo supuestamente la misma convicción revolucionaria.

Sin embargo, la impresión con la que el general Cárdenas se quedó de aquel puerto en el sur de Veracruz tampoco fue buena. Los trabajadores estaban confrontados entre sí y la infraestructura portuaria se encontraba muy deteriorada. El General anotó en su diario: "Urge. Muy indispensable reconstruir los muelles y bodegas necesarios".[61] Las malas condiciones del puerto de Coatzacoalcos del lado del océano Atlántico, como de Salina Cruz en el Pacífico, minaban las posibilidades de explotación de la ruta transístmica más importante del continente americano, después del Canal de Panamá. El principal obstáculo para hacerlo parecía más la enconada división entre los trabajadores que el menoscabo de las instalaciones.

De Puerto México la comitiva partió a Tehuantepec para iniciar un recorrido a caballo desde el istmo hasta la ciudad de Oaxaca. Acompañarían al general Cárdenas en la travesía el gobernador de esa entidad federativa, Anastasio García Toledo, el exgobernador Jenaro V. Vázquez y su amigo Maximino Ávila Camacho, hermano de uno de sus colaboradores más cercanos, el general Manuel Ávila Camacho. Este último se había quedado en su puesto de oficial mayor de la Secretaría de Guerra y Marina y mantenía al General al tanto de lo que sucedía en la grillas de la Ciudad de México. Maximino se desempeñaba como jefe militar de Oaxaca y era de sobra conocido por su carácter atrabiliario y su gusto por la buena vida, las mujeres guapas y el dinero. Esteban Baca Calderón, Lucas González y Francisco Luis Castillo, así como los diputados Francisco López Cortés y Fernando Angli Lara, también se montaron en sus caballos para acompañar al candidato y lo mismo hicieron Daniel Rentería, Ignacio Rosas, Eduardo Rincón Gallardo, Lino Salcedo, Lupe García, José María del Río y otros más.[62] Cárdenas mantendría

---

[61] *Ibid.*, p. 269.
[62] *Ibid.*, p. 272.

una buena relación con la mayoría de los integrantes de esta comitiva, pero durante el recorrido estrecharía sus lazos especialmente con Jenaro V. Vázquez y Maximino Ávila Camacho, así como con Esteban Baca Calderón y Eduardo Rincón Gallardo.

Vázquez se convertiría, recién inaugurada la presidencia cardenista, en el primer jefe del Departamento del Trabajo, puesto de singular importancia en materia de solución de conflictos laborales y de organización de sindicatos. Representaba un bando político no tan ligado al general Calles como otro exgobernador de Oaxaca, el juchiteco Francisco *Chico* López Cortés, quien, dicho sea de paso, era el cacique tras el trono del propio gobernador en turno, García Toledo. El llamado "chicolopismo" se había consolidado en la entidad durante el cuatrienio de 1928 a 1932, gracias al control que el gobernador había construido en prácticamente todo el territorio a través de la Confederación de Partidos Socialistas de Oaxaca. Esta confederación muy recientemente se había incorporado al PNR, confirmando el poder regional y federal del propio *Chico* López.[63] Sin embargo, Vázquez parecía mantenerse un tanto al margen de tal cacicazgo, lo cual fue percibido por Cárdenas, quien no se fio mucho de Anastasio García Toledo, como tampoco confiaba en el "chicolopismo".

A Cárdenas y a Maximino ya los unía una vieja amistad, a pesar de su diferencia de temperamentos y personalidades. Mientras el michoacano trataba de mantener cierta discreción y serenidad, Maximino gozaba de una fama bien ganada de fanfarrón, mujeriego, jugador y pendenciero. Además blasonaba de ser anticomunista y hasta de "antiizquierdista".[64] Al encontrarse en Oaxaca, Maximino le presumió al General que ya contaba con un contingente de defensas sociales, es decir

---

[63] Benjamin T. Smith, *Pistoleros and Popular Movements. The Politics of State Formation in Postrevolutionary Oaxaca*, University of Nebraska Press, Lincoln y Londres, 2009, pp. 43-47.

[64] Ricardo Pérez Montfort, "Política y corrupción: tres prebostazgos en el México posrevolucionario, Luis N. Morones, Maximino Ávila Camacho y Gonzalo N.

de "campesinos armados que velaban por el orden y las tierras reparti-
das", que ascendía a más de 1 200 individuos.[65] Su afición por el toreo,
los caballos y los uniformes de gala eran también de sobra conocidos.
Pero en Oaxaca, más que su eficiencia como militar o su elegancia,
lo que había trascendido era su fama de arrebatado y corrupto. Desde
aquellos rumbos Maximino le había escrito al general Plutarco Elías
Calles, asegurándole su lealtad de una manera por demás lambiscona y
arrastrada, al grado de que muy probablemente el propio sonorense se
hubiese ruborizado.[66] En su foja de servicios militares constaban incluso
las quejas de varias deudas no pagadas, y de parte de sus subordinados
y superiores también aparecía un intermitente reclamo por sus ausencias.[67] Aun así, Cárdenas lo apoyó para que llegara a la gubernatura del
estado de Puebla en 1937.

Por su parte, Esteban Baca Calderón también era un viejo conocido del General. Fue uno de los precursores de la Revolución como
dirigente de la huelga de Cananea en 1906; militó en las filas del general Álvaro Obregón y fue diputado constitucionalista colaborador
cercano de Francisco J. Múgica y Pastor Rouaix. También había sido
gobernador de los estados de Colima y de Nayarit, y el general Cárdenas le tenía mucho respeto por su trayectoria y sus opiniones. Eduardo Rincón Gallardo, en cambio, había entrado al ejército siendo un
joven "trompeta", como parte del 22° Regimiento de Caballería bajo

Santos", en *Cotidianidades, imaginarios y contextos. Ensayos de historia y cultura en México 1850-1950*, CIESAS, México, 2008, pp. 397–431.

[65] Smith, *op. cit.*, 2009, p. 67.

[66] Plutarco Elías Calles, *Correspondencia personal, 1919-1945*, Instituto Sonorense de Cultura/Fideicomiso Archivos Plutarco Elías Calles-Fernando Torreblanca/FCE, México, 1996, pp. 220–221, y Alejandro Quintana, *Maximino Avila Camacho and the One-State Party. The Taming of Caudillismo and Caciquismo in Post-Revolutionary Mexico*, Rowman and Littlefield Publishers, Nueva York, 2010, p. 57.

[67] Archivo Sedena, Expediente del General Maximino Ávila Camacho, Can-celados XI/III/1-156, t. 4.

las órdenes del general Cárdenas en la campaña de Sonora y en Michoacán, durante la década revolucionaria. Aun cuando provenía de una familia de hacendados y de prosapia porfiriana, el candidato le tenía una particular confianza, manteniéndolo cerca como uno más de sus operadores políticos y militares. Sería un amigo cercano y eficiente colaborador a lo largo de buena parte de la vida del general Cárdenas.

Pero a quien también tuvo la oportunidad de valorar el General, aunque negativamente durante la travesía, fue al gobernador Anastasio García Toledo. En varias ocasiones le sorprendió el atraso y sobre todo el olvido en el que se encontraban las comunidades indígenas oaxaqueñas. Al ver aquello, el candidato insistió en que era necesario desarticular la educación clerical, el ancestral pago de tributos y algunas costumbres que denigraban a los campesinos, como la de besar la mano de las autoridades.[68] En la sierra mixe el General se molestó por el impuesto tan alto que se les cobraba a los indígenas por tener una o dos cabezas de ganado y de lo cual el jefe de gobierno ni siquiera parecía estar enterado. Fue en el pueblo de Juquila en donde Cárdenas recordó el proyecto de estación cultural que había encabezado Moisés Sáenz en Carapan, e insistió en que era necesario instaurar este tipo de misiones educativas y culturales no sólo en Oaxaca, sino también en Chiapas y Yucatán.[69] No está del todo claro si el General endosó cierta responsabilidad del gran atraso percibido en Oaxaca al gobernador García Toledo. Lo que sí pudo percibirse fue que poco a poco le fue perdiendo la confianza. Más aún cuando la comitiva se encaminó hacia la sierra mixteca, después de pasar unos días en la ciudad de Oaxaca.

A su recorrido por esos rumbos se incorporaron nuevamente el general Múgica y otros dos militares cercanos a Cárdenas, los generales Federico Montes y Rafael Melgar. Estos últimos también tenían

---

[68] Cárdenas, *Obras. 1. Apuntes, 1913-1940, op. cit.*, p. 275.
[69] *Ibid.*, p. 276.

una larga trayectoria como revolucionarios y constitucionalistas. Y justo es decir que los tres tuvieron cargos relevantes durante el sexenio cardenista, pero en ese momento destacó sobre todo el general Melgar. Oriundo del pueblo mixteco de Yanhuitlán, sirvió de guía durante las últimas jornadas oaxaqueñas antes de regresar a la Ciudad de México.

Por cierto que en ese mismo pueblo de Yanhuitlán, en donde se eleva hasta el día de hoy un monumental convento con una sólida y voluminosa parroquia, la comitiva vivió un momento que el periodista Ortiz Hernán convirtió en una odā sublime al cardenismo. Primero narró la anécdota que justificaba la conflictiva relación entre los mixtecos y los zapotecos, consistente en que durante uno de sus múltiples enfrentamientos una metralla había golpeado a la campana de la parroquia "dejándola muda". Esta situación había entristecido mucho a los mixtecos y unos representantes del pueblo quisieron llevar al general Cárdenas a constatar el silencio de la campana. Un cura trató de intervenir, pero el General lo contuvo y fue con aquellos hombres hasta la capilla. Ahí se dio cuenta de que los conflictos habían sido provocados y azuzados por el mismo clero católico. Después de conversar con los líderes, las mujeres y los jóvenes de la comunidad, que poco a poco rodearon al General en el centro de la capilla, todos se sorprendieron de la serenidad y el paternalismo con que el candidato se dirigió a los concurrentes. Al parecer, Cárdenas explicó sencillamente cómo el fanatismo se tornaba en la razón de la discordancia social, y que lo que había que hacer para sortear los conflictos entre las comunidades era organizarse y unirse para solicitar tierras, escuelas y la debida atención que debía correr por parte del Estado revolucionario. El periodista contó que al terminar su discurso la gente ovacionó al General y al PNR, convirtiendo el discreto mitin en un momento emocionante. En la prosa de Ortiz Hernán el encuentro entre el candidato y los mixtecos de Yanhuitlán concluyó así: "En potente coro, los obreros y los campesinos sellaron los gritos de triunfo y parecía entonces que se rasgaba la penumbra lenta de la capilla y que se abría, dando al cielo calcinado de las regiones surianas un ancho tragaluz".[70]

Y así con esta imagen entre cristiana y milagrosa terminaba la gira del general Cárdenas por Oaxaca y el sureste de la República. La comitiva se tomaría un par de semanas antes de emprender un nuevo recorrido proselitista, ahora hacia el norte del país.

★

Un breve paréntesis familiar

Pasé gran parte de mi vida sola.

Amalia Solórzano de Cárdenas, 1979

El candidato y sus acompañantes arribaron a la Ciudad de México en la madrugada del 21 de abril de 1934, después de casi tres meses de gira partidista y de reconocimiento del territorio físico y humano que se les presentó en el sur y el sureste del país. El General llegó a su casa en la calle de Wagner #50 en la colonia Guadalupe Inn, de San Ángel, en donde lo esperaba su esposa Amalia con un embarazo de poco más de siete meses. Cierto que se habían cruzado infinidad de cartas personales durante todo aquel tiempo y el General incluso le había enviado un saludo público mientras volaba, el 8 de marzo, en un trimotor de Ciudad del Carmen a Campeche.[71] Resultaba que, en ese tiempo, como bien reconoció doña Amalia muchos años después, "la mujer no participaba en la vida pública".[72] Habían estado separados durante una larga

---

[70] Ortiz Hernán, *op. cit.*, p. 138.

[71] Cárdenas, *Obras. 1. Apuntes, 1913-1940, op. cit.*, p. 261.

[72] Fernando Benítez, *Entrevistas con un solo tema: Lázaro Cárdenas*, UNAM, México, 1979, p. 91.

temporada y lo seguirían estando dadas la interminables actividades que debía emprender el todavía candidato a la presidencia de la República. Amalia, sin embargo, vivía arropada por los hermanos del General: Alberto, Dámaso y Francisco con sus respectivas esposas que vivían en la misma colonia al sur de la capital del país. Su casa era bastante modesta, pero tenía un jardín muy agradable al fondo, en donde los esposos Cárdenas-Solórzano habían armado un rincón amable con una mesa y unas sillas, en medio de macetones y bancos de plantas con una gran cantidad de flores.

Estando en la Ciudad de México, el General despachaba en las oficinas del edificio del PNR, situadas en el Paseo de la Reforma #18. El 1° de mayo llegó desde temprano y al mediodía dirigió, por la estación de radio XE-PNR, un mensaje a los trabajadores del país "insistiendo en la organización cooperativa", que además de mejorar las condiciones de vida de las clases laborantes "vendrá también a resolver el problema de los "sin trabajo".[73]

Posteriormente asistió a la manifestación que desde las épocas de Victoriano Huerta las organizaciones de trabajadores llevaban a cabo en las principales calles del centro de la capital para demostrar su capacidad organizativa y su voluntad de lucha por mejores condiciones de trabajo y salarios dignos. Amalia se había quedado en su casa padeciendo las primeras señales de que pronto se aliviaría y ese mismo día a las seis de la tarde dio a luz a un rollizo bebé al que sus padres pretendían llamar Cuauhtémoc Lázaro Cárdenas Solórzano. Durante el alumbramiento asistieron a doña Amalia el doctor Alfonso Segura y su esposa la doctora Vergara. No tardaron en llegar el general Francisco J. Múgica y su mujer, la doctora Matilde Rodríguez Cabo. Como el niño se adelantó naciendo con apenas ocho meses de embarazo, la madre no contaba ni con un moisés ni con una cuna. Así que para dormir al recién nacido utilizaron una caja de cartón "de un abrigo de la casa

---

[73] Cárdenas, *Obras. 1. Apuntes, 1913-1940, op. cit.*, p. 281.

Vogue".[74] Este detalle de por sí parecía una contradicción, pues no dejaba de ser un envoltorio desechable, aunque pertenecía a una casa de enorme prestigio y caché en la moda internacional del momento.

Después de cerciorarse de que todo estaba bien y de que el niño había nacido sin mayores complicaciones, el general Múgica se fue a buscar al general Cárdenas para darle la noticia. Por la noche el General llegó a su casa a conocer a su vástago y a estar cerca de su esposa. Sin embargo las tareas de la candidatura no podían detenerse y al día siguiente el General regresó temprano a su oficina en el PNR a seguir despachando y atendiendo la gran cantidad de solicitudes que se le presentaban a diario. Sus ocupaciones le impidieron acompañar a su mujer al registro civil para inscribir a su hijo recién nacido. Por ello les pidió al general Múgica y a su hermano Alberto Cárdenas que fungieran como testigos del registro y llevaran al niño y a su madre a cumplir con ese deber ciudadano. En medio de la confusión y el tramiterío burocrático, los testigos olvidaron incluir el nombre de Lázaro en su registro y el nombre del primogénito quedó sólo en Cuauhtémoc Cárdenas Solórzano.[75] Su hermana mayor, Alicia, tenía entonces 14 años, y al parecer fue un apoyo importante para la madre primeriza. Su relación se mantuvo cariñosa y amable a partir de entonces. Pero al igual que Amalia y Cuauhtémoc, Alicia vio poco al general Cárdenas durante esos días y meses de gran actividad preelectoral. Y justo es decir que aquella pequeña familia tampoco convivió demasiado con los padrinos del recién nacido, pues tanto el general Múgica como Alberto Cárdenas cada vez se fueron integrando más y más al trabajo que tanto ocupó al candidato hasta los últimos días de noviembre. De cualquier manera, doña Amalia supo administrar sus primeros meses de maternidad con sus cuñadas y sus hermanas, y ocasionalmente también con su mamá y sus parientes de Tacámbaro.

---

[74] Amalia Solórzano de Cárdenas, *Era otra cosa la vida*, Nueva Imagen, México, 1994, p. 44.

[75] Cárdenas, *Cárdenas por Cárdenas, op. cit.*, p. 150.

Tampoco faltaron las esposas de los colaboradores del General, quienes de vez en cuando la acompañarían y apoyarían durante las largas ausencias del candidato. Algunas de sus principales acompañantes fueron su hermana María del Carmen y Soledad Orozco, la esposa del general Manuel Ávila Camacho, también conocida como Chole, quien desde entonces sería una de sus mejores amigas, al igual que Eloísa, la esposa de Luis I. Rodríguez. Ellas tres estarían constantemente cerca de Amalia durante los primeros días en que la esposa del candidato cuidaba a su primer y único hijo varón.

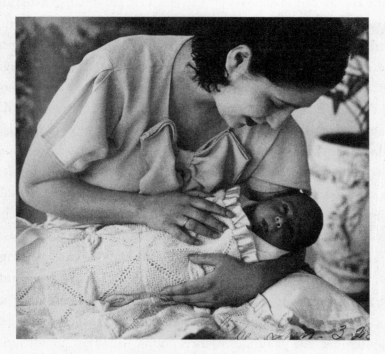

Doña Amalia Solórzano de Cárdenas y Cuauhtémoc en 1934
(Tomada del libro de Amalia Solórzano de Cárdenas,
Era otra cosa la vida, Nueva Imagen, México, 1994, p. 45)

★

Continúan las giras: el centro-sur y el norte

> Nuestro pueblo presenta un mosaico de criterios.
> Trataremos de fundirlo en uno solo.
>
> **Lázaro Cárdenas, septiembre de 1934**

El 10 de mayo Cárdenas y su comitiva prosiguieron, en un convoy de automóviles, sus viajes por el interior de la República y ahora su labor de propaganda política los llevó hacia el estado de Guerrero. Arribaron a Taxco a mediodía y después de una nutrida manifestación siguieron hasta Iguala, para después pasar un par de días recorriendo la sierra guerrerense. Finalmente llegaron a Chilpancingo. A lo largo de su estancia en este estado sureño el General se percató de que el gobernador que acababa de asumir el cargo, el general Gabriel R. Guevara, aun cuando gozaba de un fuerte apoyo de Calles, carecía de dotes como administrador público. Desde Iguala se había dado cuenta de que las organizaciones locales estaban más interesadas en el acarreo y los actos circunstanciales que en la defensa de sus intereses económicos o políticos. También vio que "en materia de culto no hay cumplimiento de la ley" y que el gobierno del estado hacía muy poco esfuerzo para erradicar la ignorancia y el fanatismo.[76] El general Guevara había llegado recientemente al poder en contra de la voluntad del gobernador saliente, el general Adrián Castrejón. Los allegados a la administración anterior obstaculizaban constantemente al régimen de Guevara, y éste insistía en asumir el poder con poca cautela. Esto había generado varios conflictos con saldos sangrientos, y una honda división se percibía entre los pueblos, los campesinos y los trabajadores. Si bien el general Cárdenas identificaba el origen de estas pugnas en las deficiencias administrativas, también se daba cuenta de que desde el poder central de la Federación

---

[76] Cárdenas, *Obras. 1. Apuntes, 1913-1940, op. cit.*, p. 283.

era necesario apuntalar "el derecho de autoridad del general Guevara",[77] aun cuando el mismo general Castrejón era su amigo y correligionario. De todas maneras, el General parecía darse cuenta sobre todo de las limitaciones personales del gobernador recién electo, y le quedaba claro que el mismo no alcanzaba a estar a la altura de las circunstancias del proyecto revolucionario que su comitiva propalaba.

Cinco días después de haber salido de la Ciudad de México el convoy llegó a Acapulco, que entonces era una "hermosísima bahía" con un número muy reducido de habitantes, pero con un contingente militar y naval que manifestaba su presencia con cierto hincapié, tanto en el fuerte de San Diego como en el puerto de Icacos. El General anotó en su diario que fue recibido por una nutrida manifestación el 14 de mayo, y que utilizaría los siguientes cinco días para recorrer algunos parajes de la Costa Grande. Avanzando por la región de Coyuca de Benítez, Atoyac y San Jerónimo, Cárdenas se dio cuenta de la importancia de unir Acapulco con la pequeña bahía de Zihuatanejo, para de ahí planear una línea de ferrocarril hasta Uruapan, Michoacán. Esta red de comunicaciones entre Guerrero y los territorios michoacanos de la Tierra Caliente con la sierra purépecha formaría parte de un proyecto que tardaría muchos años en llevarse a cabo y que finalmente se concluiría más de tres lustros después, cuando el General tuvo bajo su responsabilidad el desarrollo de las cuencas de los ríos Balsas y Tepalcatepec. Pero en 1934 la sinuosa carretera de terracería sólo llegaba desde Acapulco hasta San Jerónimo, cubriendo una región rica en la explotación de copra y coco. Cárdenas advirtió que dicha zona tenía un potencial relevante de explotación agrícola, y que tierra adentro la minería también podría generar cierta riqueza distribuible entre la población, que entonces vivía en medio de carencias y miserias. Aquélla era todavía una región bastante apartada del propio Guerrero, y no se diga del resto del país.

---

[77] *Ibid.*, p. 285.

El 19 de mayo la comitiva regresó a Taxco y de ahí se propuso recorrer el estado de Morelos. En esta entidad, después de pasar por Jojutla, Tlaltizapán y Yautepec, el candidato observó que los campesinos morelenses estaban mucho mejor organizados que en Guerrero. Cárdenas quiso visitar la región del interior morelense en gran medida por tratarse de la zona que albergó al cuartel general de Emiliano Zapata. Para esa época, la memoria del zapatismo seguía alimentando el mito del máximo líder agrario de la Revolución mexicana, y el propio Cárdenas sería uno de sus principales promotores. No en vano muchas poblaciones, escuelas, ejidos e ingenios se apropiarían del nombre del revolucionario sureño a partir de la segunda mitad de la década.[78]

Cuando la comitiva cardenista llegó a Morelos en mayo de 1934 el gobierno del coronel Vicente Estrada Cajigal acababa de concluir y el exdiputado José Refugio Bustamante había entrado en su lugar. El General se entendió bien con el nuevo gobernador, aunque aprovechó para criticar al saliente por haber permitido el establecimiento del Casino de la Selva en Cuernavaca. Tal disposición no le resultaba para nada tolerable. En sus *Apuntes* dejó escrito: "Deja Cajigal la lacra de haber permitido se estableciera en Cuernavaca el Casino de la Selva, lugar de vicio donde ya se han perdido fortunas y causado la desgracia de elementos que han perdido sus ahorros y fondos ajenos. Este centro de vicio destruye por completo todo lo bueno que haya hecho durante su administración". Y remataba con un planteamiento radical: "El vicio nada lo justifica. La Revolución debe poner fin a esto. Cuando esté en mis manos lo haré".[79]

El candidato no era ajeno a que mucho del desprestigio que había logrado acumular la élite política de esos años se debía a su estrecha

---

[78] Ricardo Pérez Montfort, "Zapata y Cárdenas. Notas sobre una relación a destiempo", en *Anuario de Historia de la Facultad de Filosofía y Letras de la UNAM*, vol. 1, México, 2007 (febrero de 2009), pp. 87-100.

[79] *Ibid.*, p. 286.

asociación con casas de juego, de prostitución y de "la mala vida". Además de ser asiduos visitantes del Casino de Selva, los políticos frecuentaban los teatros de revista más populares y atrevidos, dejándose retratar entre partiquinas y cupletistas, apostando en el hipódromo de la Condesa o en el muy pretencioso Foreign Club que se encontraba en la colonia San Bartolo Naucalpan de la Ciudad de México. Tan era así que hasta se les había inventado un acróstico que decía:

> **F**ueron
> **O**rdenados
> **R**ateros
> **E**legantes
> **I**niciativa
> **G**obierno
> **N**acional...
> **C**alles
> **L**ogró
> **U**nificar
> **B**andidos[80]

Y, en efecto, al poco tiempo de asumir la presidencia, el general Cárdenas sometió al Poder Legislativo un decreto en el que se establecía la prohibición del juego y de las casas de apuestas en todos los estados de la Federación. Esto le atraería no pocos enemigos y le causaría algunos dolores de cabeza.

El 21 de mayo el candidato y su comitiva regresaron a la Ciudad de México. El general Cárdenas aprovechó para pasar un tiempo con su familia y sobre todo con su pequeño vástago, que acababa de cumplir

---

[80] Javier Romero, "Cárdenas y su circunstancia", prólogo de Lázaro Cárdenas, *Palabras y documentos públicos de... Mensajes, discursos, declaraciones entrevistas y otros documentos, 1928-1940*, Siglo XXI Editores, México, 1978, p. 62.

20 días de nacido. La joven mamá, doña Amalia, cariñosamente llamada Maly por el General, encontraría en el bebé Cuauhtémoc un consuelo durante las ausencias de su esposo, pues como reconoció muchos años después, "siempre sufrí el tormento de quererlo y no tenerlo".[81] Aun así, cuando volvía de sus giras, el General solía pasar fines de semana y tiempos libres con su familia, sus hermanos, y desde luego con sus dos hijos: Alicia y Cuauhtémoc.

Pero en los primeros días de junio los organizadores de la campaña y el propio candidato iniciaron un largo recorrido por otras regiones del territorio nacional que comprenderían la tercera y última etapa de las giras de proselitismo político con miras a la obtención de votos que lo favorecieran para ocupar la presidencia durante el sexenio de 1934 a 1940. Visitarían los estados de Hidalgo, Querétaro, San Luis Potosí, Zacatecas, Tamaulipas, Nuevo León, Coahuila y Durango. En ferrocarril cruzaron los dos primeros estados hasta llegar a San Luis Potosí. En dicha entidad, el general Cárdenas volvió a reunirse con el gobernador Saturnino Cedillo en su rancho Las Palomas. La localidad había ganado cierta notoriedad, especialmente porque el potosino logró organizar varias colonias agromilitares que parecían un modelo de distribución de la tierra particularmente atractivo para el general Cárdenas; aunque éste bien se daba cuenta de que el potosino estaba muy lejos de ser un revolucionario radical. Cedillo se oponía a la tenencia colectiva de la tierra y en su fuero interno era claramente partidario de la propiedad individual. De cualquier manera, su poder regional "descansaba en los beneficiarios del reparto agrario, ya sea que vivieran en colonias agromilitares o en los ejidos estatales".[82] Según una de las estudiosas más puntuales del poder regional cedillista, los vínculos entre el cacique y los campesinos de San Luis Potosí eran profundos y afectivos, y su base

---

[81] Benítez, *op. cit.*, p. 92.

[82] Dudley Ankerson "La memoria viva del general Saturnino Cedillo", en Carlos Martínez Assad (coord.), *El camino a la rebelión del general Saturnino Cedillo*, Océano, México, 2010, p. 33.

organizada a través de una dinámica semimilitar había resultado ser bastante útil para los gobiernos posrevolucionarios. Sin embargo al concluir la primera mitad de los años treinta sus nexos con los protagonistas del poder se irían fracturando, y una buena cantidad de quejas en su contra empezaron a aparecer entre sus filas y sus malquerientes.[83]

El candidato Lázaro Cárdenas y el general Saturnino Cedillo
en una corrida de toros en San Luis Potosí, 1934
(Colección particular)

De cualquier manera, el general Cárdenas mantenía una especial consideración hacia su correligionario agrarista y fue muy bien recibido en Ciudad del Maíz, donde Cedillo había fincado sus reales en el ya mencionado y muy conocido rancho Las Palomas. Pocos años después el escritor inglés Graham Greene, con cierto aire de superioridad entre visos imperialistas y desdeñosos, se encargaría de ridiculizar la condición

---

[83] Romana Falcón, "Vínculos profundos y afectivos. Saturnino Cedillo y sus bases de apoyo campesino", en Carlos Martínez Assad (coord.), *El camino a la rebelión del general Saturnino Cedillo*, Océano, México, 2010, p. 63.

caciquil de Cedillo, al describir aquel supuesto emporio potosino.[84] Sin embargo, Las Palomas, aun cuando sus instalaciones se parecían a las de una fortaleza, pero con sala de proyecciones, billares y pista de boliche, no dejaba de ser un rancho impregnado de cierta rusticidad.[85] Tenía una pista de aterrizaje y unos baños con aguas termales, y en sus interiores la decoración era *art déco*, combinada con pieles de cocodrilo y pequeñas estatuas de deidades grecorromanas. Pero su dueño estaba lejos de ser el "señor feudal" que el narrador británico trató de retratar en su novela *Caminos sin ley*, también traducida como *En tierra de nadie*, aparecida en inglés en 1939 y vertida al castellano hasta finales de los años cincuenta.

El general Cedillo, durante los momentos en que lo visitó el candidato, parecía tener serias diferencias con el gobernador del vecino estado de Zacatecas, el general Matías Ramos Santos. Este último disfrutaba de la venia del general Calles y no compartía las ideas agraristas de Cedillo, y, por supuesto, tampoco las de Cárdenas. Sin embargo, el general michoacano había valorado positivamente el trabajo de Ramos, a pesar de que en su estado no se había llevado a cabo una distribución agraria relevante. Esto incomodó a Cedillo, y posiblemente contribuyó a que sus vínculos con Cárdenas sufrieran una primera desavenencia. Pero independientemente de ello, lo que sí dejó anotado el candidato en relación con la entidad federativa que gobernaba Ramos fue que ahí era necesario intensificar la labor de organización de los trabajadores mineros, que en Zacatecas eran mayoría. Durante su visita al territorio zacatecano también se dio cuenta de cómo gran parte de la explotación del subsuelo la realizaban compañías extranjeras que poco se preocupaban por el bienestar de sus laborantes.[86] Cárdenas ya había mostrado su incomodidad por este tipo de situaciones desde su actuación como

---

[84] Graham Green, *The Lawless Roads, A Mexican Journey*, Penguin Books, Reino Unido, 2006 (1ª ed., 1939), pp. 50-51.

[85] Romana Falcón, *Revolución y caciquismo. San Luis Potosí, 1910-1938*, El Colegio de México, México, 1983, p. 201.

[86] *Ibid.*, p. 287.

jefe militar de las Huastecas. Durante sus giras como candidato pudo percibir que la explotación de los trabajadores mexicanos por parte de empresas foráneas en el propio territorio nacional era una constante que aparecía sin mayores cortapisas, y que era necesario tomar cartas en el asunto.

De Zacatecas el candidato y sus acompañantes volaron hasta Tampico y de ahí a Ciudad Victoria, para después dar un salto hasta Matamoros y volver al poco tiempo a la capital de Tamaulipas. Desde el aire pudieron ver, al iniciar el vuelo y al cruzar por el sur de aquel estado huasteco, la región de El Mante, en donde el general Plutarco Elías Calles, junto con el licenciado Aarón Sáenz, habían fundado el ingenio azucarero del mismo nombre, y que se sabía era propiedad del primero. Las grandes extensiones de cultivo de la caña reverdecían como queriendo esconder el arduo trabajo, mal pagado, que los cañeros debían realizar durante las temporadas de corte.

En Tampico los recibió el gobernador, el doctor Rafael Villareal Rodríguez, quien no causó buena impresión al candidato. Villarreal había llegado a la gubernatura de Tamaulipas oponiéndose al licenciado Emilio Portes Gil, a quien el general Calles obstaculizó desde que conoció sus intenciones de volver a la gubernatura de su estado natal en 1933. La pugna entre Villarreal y Portes Gil causaba una gran inestabilidad en Tamaulipas, y aunque el general Cárdenas no hizo mención en sus *Apuntes* sobre la situación política en ese estado, la gira por la entidad duró por lo menos cuatro días. Según el mapa del recorrido, desde la región de El Mante la comitiva utilizó tanto el ferrocarril como el automóvil para seguir hacia el norte y arribar a la estación de Linares en el estado de Nuevo León la noche del 17 de junio. De ahí partieron a Monterrey, en donde los recibió el licenciado Pablo Quiroga Treviño, que fungía como gobernador sustituto del gobernador electo Francisco A. Cárdenas. Éste había renunciado en diciembre del año anterior, por diversos conflictos relacionados con los dueños del capital neoleonés que ya se habían convertido en una fuerza suficientemente jactanciosa como para desafiar al poder estatal. Pablo Quiroga había entrado al quite con el apoyo del general Calles, pero todavía se encontraba rearmando sus relaciones entre propietarios, líderes laborales y poderes locales. En la capital del estado neoleonés se vivían ciertas tensiones tanto entre el gobierno y los empresarios como entre las autoridades educativas y la recién fundada Universidad de Nuevo León. Aunque justo es decir que el candidato no fue para nada maltratado por las fuerzas vivas locales, las cuales mantuvieron su distancia pero no dejaron de ser amables y caballerosas. La reticencia de los empresarios regios al proyecto carde-nista se mantuvo al margen de las conversaciones y reuniones entre los representantes locales y el candidato. Aun así, ya se percibía que entre ambos se estaba generando una tensión que rayaba en la desconfianza.

Sin embargo un día después, el 19 de junio, al arribar a Saltillo, Coahuila, la manifestación a favor del general Cárdenas fue mucho más entusiasta. Organizada por el gobernador, el doctor Jesús Valdez Sánchez, y el candidato a senador Nazario Ortiz Garza, la estancia del candidato y su comitiva en Coahuila fue festejada por los habitantes de Saltillo, pues, según él mismo, al recorrer las calles céntricas, numerosas familias salían a las puertas de sus casas a saludarlo personalmente. Los dos anfitriones coahuilenses se mostraron muy afectos al General, quien permaneció cuatro días en el estado, visitando también Torreón y sus alrededores. Ortiz Garza se incorporaría al círculo cercano de Cárdenas al principio de su presidencia. Sin embargo su oposición al reparto de La Laguna y sus vínculos tan estrechos con Calles y con Pérez Treviño hicieron que tuviera salir del país en 1935. Sin embargo, pronto regresó, y dado su carácter acomodaticio, llegaría a ser secretario de Agricultura durante el régimen de Miguel Alemán a partir de 1946. El doctor Valdez Sánchez también sería muy apreciado por Cárdenas, ya que al concluir su mandato estatal el General le ofreció la Secretaría de Salud, pero el médico prefirió retirarse de la vida pública a partir de 1937.

La gira continuó por el estado de Chihuahua, visitando Parral y algunos rumbos que Cárdenas había conocido siendo un joven militar, cuando operaba con la columna expedicionaria de Sonora combatiendo a las fuerzas de Pancho Villa en 1917. Después de seguir la ruta hasta Mapimí visitaron los parajes de Canutillo, Rosario y El Oro, tomando el ferrocarril y volviendo a Parral a bordo del trimotor XA13EC.[87] Durante esos días en Chihuahua los acompañó el gobernador y general Rodrigo M. Quevedo, cuya trayectoria era bien conocida por Cárdenas, ya que habían militado juntos durante la rebelión escobarista, y su cercanía con Calles era por demás sobreentendida. Es más, durante la visita del michoacano al estado de Chihuahua, el mismo general Calles, junto con el presidente del PNR, el general Carlos Riva Palacio, y otros miembros del partido acompañaron al candidato por aquellos rumbos. Juntos tomaron el avión a Durango, en donde fueron recibidos por el gobernador, el general Carlos Real Félix, quien, sobra decirlo, también era un connotado callista. El Jefe Máximo decidió retirarse de la comitiva y voló rumbo a su finca de El Tambor, Sinaloa, a donde el candidato y el presidente del PNR lo alcanzarían dos días después. En Durango le tocaría al general Cárdenas ejercer su derecho ciudadano y acudir a las urnas a votar, haciéndolo, como ya se mencionó, por el licenciado Garrido Canabal para presidente. La prensa se ocupó de dar a conocer el acontecimiento con bombo y platillo.[88]

Al día siguiente se unió a la comitiva el profesor Manuel Páez, quien era el gobernador de Sinaloa. Páez era de sobra conocido por su carácter alegre, bohemio, enamorado, parrandero y jugador, aunque también como "incompetente y corrupto", al decir del cónsul estadounidense residente en Culiacán.[89] Páez era fielmente callista y temperamento jocoso no le generó mayor confianza al general Cárdenas. Aun así, y ya integrado a la comitiva, ésta voló de Durango a Sinaloa el 3 de julio para visitar al general Calles en su finca, y de ahí emprenderla rumbo

[87] *Ibid.*, p. 289.
[88] *Excélsior*, 2 de julio de 1934, y *El Nacional*, 2 de julio de 1934.
[89] Liliana Plascencia, "Cárdenas, Páez y la desaparición de poderes en Sinaloa", en *Río Doce*, Culiacán, Sinaloa, 25 de diciembre de 2015.

a Sonora. En las cercanías de El Tambor, Cárdenas se hizo acompañar por su antiguo subordinado y amigo, el yucateco Rafael Cházaro Pérez, para dar una vuelta por la hermosa bahía de Altata. Cházaro Pérez había sido jefe del estado mayor del General en Jalisco y las Huastecas, y era un compañero con quien compartía, además de una sólida amistad, muchas ideas y proyectos. La playa sedujo a estos dos militares que aprovecharon la ocasión para desafanarse un rato de las turbulencias políticas de la gira proselitista y echarse a nadar, según el propio Cárdenas, durante "una hora 10 minutos".[90]

La estadía en El Tambor duró sólo un par de jornadas, pues el general Calles quiso llevar a su discípulo y correligionario a visitar la zona agrícola del Yaqui en Sonora. Para ello tomarían un bote que los llevaría a una velocidad de 15 millas por hora hasta la bahía de Topolobampo. De ahí regresaron a El Tambor en auto por un camino pésimo durante el cual hasta el general Calles tuvo que bajarse a ayudar a desatascar uno de los automóviles. Pero esto no impidió que durante el trayecto Cárdenas y Calles estrecharan sus alianzas y compromisos. La convivencia entre el Jefe Máximo y su antiguo "chamaco" parecía no tener mayores cortapisas, mostrándose ambos particularmente complacidos por los derroteros que estaba tomando la campaña cardenista. Según el testimonio del propio Cárdenas, ese tramo de mala carretera fue aprovechado para que conversaran sobre las escuelas centrales agrícolas que tanto se habían descuidado durante las últimas administraciones, y que el candidato prometió retomar y restablecer. También hablaron de la posible producción y venta de durmientes para la construcción de ferrocarriles, a la cual podían contribuir las comunidades indígenas de Michoacán.[91] Como ya se vio, Cárdenas, siendo gobernador de su estado natal, había restituido los bosques de la sierra purépecha a las colectividades despojadas por compañías extranjeras. Ahora dichas comunidades

---

[90] Cárdenas, *Obras. 1. Apuntes, 1913-1940*, *op. cit.*, p. 291.
[91] *Ibid.*, p. 292.

podrían encontrar una forma de obtener beneficios de la explotación de sus maderas y así también contribuir al desarrollo de las comunicaciones en el país.

El registro de estas dos conversaciones con Calles demostraría el nivel de control que todavía mantenía el sonorense sobre diversos asuntos tanto económicos como políticos en toda la República. Sus intereses personales estaban imbricados en las comunicaciones, en los desarrollos agroindustriales, en los proyectos educativos y de adiestramiento técnico, así como en la organización partidaria y las decisiones políticas, desde el nivel local hasta el federal. Esto lo mantenía como el individuo que sujetaba prácticamente todas las riendas del acontecer económico, social y político del país. Aunque en la superficie presentaba la imagen de un hombre enfermo y un tanto acabado, pues con frecuencia anunciaba que se retiraba del ambiente político para atenderse de sus múltiples achaques, adentro del sistema ejercía un mando al que difícilmente se le podía resistir. Esto se explicaba, en parte, por lo precario de las alianzas horizontales entre líderes, representantes y bases sociales; pero también por la eficaz estructura personalista de la vida partidaria e institucional que el propio sonorense seguía construyéndose dentro del PNR.[92] Además, el general Calles se encargaba constantemente de poner a prueba esta relación estructural entre su persona y quienes pretendían ejercer cierto poder local o federal. Invariablemente había que acudir a él para ratificar alguna alianza o para obtener alguna autorización a la hora de realizar un negocio, una alianza o incluso hasta para agilizar algún trámite engorroso. La intromisión en prácticamente todos los ámbitos de la administración pública le había costado la presidencia a Pascual Ortiz Rubio. Abelardo L. Rodríguez había logrado, en cambio, ser quien negociara con el Jefe Máximo, y no dejar que cada uno de los

[92] Arnaldo Córdova, *La formación del poder político en México*, Era, México, 1972; Tzvi Medin, *El minimato presidencial. Historia política del maximato, 1928-1935*, Era, México, 1983, y Garrido, *op. cit.*

miembros de su gabinete o cada uno de los gobernadores concertara sus asuntos con Calles. Aun así, el sonorense había logrado mantener su omnipresencia en el sistema político y económico del país de manera inobjetable y contundente. Un ejemplo basta: el 12 de abril de 1934, cuando Calles salió de la Ciudad de México con rumbo a Navolato a una especie de retiro después de una breve convalecencia, todos los miembros del gabinete y el mismo presidente Abelardo L. Rodríguez, así como una mayoría de diputados y senadores, acudieron a la estación de trenes a despedirlo.[93] El tren olivo salió escoltado por varios batallones, incluyendo un convoy explorador que partió 15 minutos en avanzada con el fin de garantizar el paso al Jefe Máximo. El expresidente, ya sin ningún cargo administrativo o político dentro de la estructura nacional, recibía así el trato excepcional que demostraba la continuidad de su autoridad y su influencia en los círculos más relevantes del poder político y económico del país.

A mediados de julio los integrantes de la comitiva proselitista del general Cárdenas regresaron a la Ciudad de México, a despachar en las oficinas del PNR, y desde luego a descansar un par de días de tanto trajín y movimiento. El General aprovechó para llevar a cabo un recuento de las observaciones recogidas durante las giras realizadas hasta ese momento e hizo una lista de pendientes por cada estado que había recorrido. Por lo menos 20 entidades federativas merecieron anotaciones precisas sobre sus posibilidades de explotación agrícola y minera, sobre los proyectos de presas e irrigación o sobre la necesidad de abrir carreteras y tender vías de ferrocarril. Su preocupación por la población indígena parecía ir en aumento, así como su insistencia en la necesidad de extender los servicios escolares por todo el territorio nacional. En el Distrito Federal su atención se concentró en la pobreza y en los barrios que requerían saneamiento e infraestructura. Y desde luego dedicó varias líneas al

---

[93] *El Informador*, 14 de abril de 1934, y Meyer *et al.*, *op. cit.*, p. 169.

combate contra el vicio y el alcoholismo. Finalmente se explayó sobre la necesidad de hacer frente al fanatismo religioso.[94]

En ese sentido pareció coincidir con las declaraciones que el general Calles hizo el 20 de julio de 1934 en la capital tapatía. Conocidas como "El grito de Guadalajara", esas declaraciones contenían la insistencia callista de apoderarse de las conciencias de la niñez y de la juventud mexicanas, pues éstas debían pertenecer a la Revolución, y no caer en manos del clero o de las instituciones privadas. Según uno de los cronistas de la época, lo que dio pie a esta reiteración anticlerical de Calles fue la aparición en los periódicos nacionales de una entrevista hecha a Concepción Acevedo de la Llata, la famosa Madre Conchita, acusada y convicta como coautora intelectual del asesinato del general Álvaro Obregón. Después de arribar a la cárcel de las Islas Marías en 1929, el general Múgica la convenció de que diera su versión de los hechos. Esto no sucedió sino hasta 1934, en que, con cierto alarde propagandístico, la Madre Conchita y su novio Carlos Castro Balda anunciaron que se casarían en dicho centro penitenciario. Castro Balda había plantado un par de bombas en los baños de la Cámara de Diputados en la Ciudad de México, por lo cual fue encarcelado en 1929 y enviado a las Islas Marías junto con la madre Acevedo de la Llata. Ahí dieron a conocer la noticia de que se habían enamorado. La madre Conchita tuvo que viajar a la Ciudad de México en 1931 para que la operaran. Castro Balda pidió que lo transfirieran a México y ahí, en la prisión, los casó clandestinamente un cura que entró de contrabando a Lecumberri, donde se encontraban de momento los dos prisioneros. Una vez que la monja recién casada por la Iglesia se curó, recibió la orden de regresar al penal de las Islas Marías. De nuevo Castro Balda la siguió y en el camino disfrutaron de su "viaje de bodas".[95] En julio de 1934 el anuncio de su matrimonio y la

---

[94] Cárdenas, *Obras. 1. Apuntes, 1967-1970, op. cit.*, pp. 292-298.

[95] Concepción Acevedo de la Llata, *Yo, la Madre Conchita… (La monja mártir de la guerra cristera)*, Grijalbo, 1976, pp. 134-153.

entrevista con la Madre Conchita aparecieron en el periódico *El Mundo* de Tampico. Muchos diarios hicieron eco de aquellas declaraciones y esto generó nuevamente la ira del general Calles, quien manifestó que una vez más quedaba comprobada la mano de la Iglesia católica detrás de la muerte del *Manco de Celaya*.[96]

El llamado del general sonorense apareció como una provocación más al pensamiento conservador de las clases medias y las élites antirrevolucionarias nacionales.[97] La alta jerarquía católica reaccionó virulentamente a este afán de instrumentar un nuevo periodo "psicológico" de la Revolución, y tanto el arzobispo de México, Leopoldo Ruiz y Flores, como el obispo de Huejutla, Jesús Manrique y Zárate, pusieron el grito en el cielo. Ambos alertaron contra "las ideas bolcheviques" que se pretendían imponer en México, y poco a poco las tensiones entre los católicos y los revolucionarios volvieron a confrontarse para dar lugar a lo que los propios cristeros llamaron, como ya se mencionó, "La Segunda".[98] Calles le pidió al general Abelardo L. Rodríguez que expulsara del país a Ruiz y Flores y a Manrique y Zárate, pero ambos ya se encontraban en Estados Unidos, por lo que las represalias en su contra no pudieron instrumentarse.

Sin embargo en el interior de la República, especialmente en los estados de Querétaro, Guanajuato, Jalisco, Michoacán, Nayarit y Colima, pero también en Morelos y en Puebla, varios líderes campesinos vinculados a la Iglesia católica volvieron a llamar a las armas. Ramón Aguilar, Aurelio Acevedo, Lauro Rocha, Andrés Salazar y Enrique Rodríguez, alias *El Tallarín*, encabezaron las movilizaciones que dieron pie a una revitalización de la guerra de guerrillas, que nuevamente lograron que fuera muy inseguro transitar por los caminos y las carreteras del Bajío y del centro del país.[99]

---

[96] Dulles, *op. cit.*, p. 514.
[97] Meyer *et al.*, *op. cit.*, pp. 178-183.
[98] Dulles, *op. cit.*, pp. 515-516.
[99] Meyer *et al.*, *op. cit.*, p. 184.

Aun así, a partir de la segunda semana de septiembre el general Cárdenas y una nueva comitiva de apoyo político emprendieron la tercera y última parte de su gira por el norte del país. Antes de salir, sin embargo, los periódicos de la capital publicaron que en la sesión de la Cámara Baja los diputados, respondiendo a una iniciativa del veracruzano Manlio Fabio Altamirano, se habían otorgado una gratificación de 5 000 pesos cada uno, como premio ante el inicio de la XXXVI Legislatura. Al general Cárdenas dicha remuneración le pareció un atentado contra la moral pública y anotó en sus *Apuntes* que vería que el PNR retirara ese decreto.[100] De cualquier manera la sensación de que los servidores públicos se despachaban con la cuchara grande y, por lo tanto, que la corrupción campeaba el ámbito político nacional, estaba por demás vigente y parecía que nada cambiaría entre los gobiernos de filiación callista y el que en unos cuantos meses encabezaría el candidato michoacano.

El 13 de septiembre a las siete de la mañana Cárdenas y su comitiva salieron desde el campo aéreo de Balbuena en el trimotor del PNR con rumbo a Mazatlán. Durante las seis horas de vuelo sólo bajaron en Durango para repostar, llegando al puerto del Pacífico a las dos de la tarde. Al día siguiente siguieron hasta Hermosillo, bajando una hora en Los Mochis. De manera escueta, el General escribió en sus *Apuntes* que en Sonora "ya se ha iniciado en el estado la liberación espiritual, desarrollando la cultura revolucionaria".[101] El anticlericalismo se había convertido en la base de esa nueva "cultura revolucionaria" impulsada por el gobernador Rodolfo Elías Calles, quien finalmente expulsó a todos los sacerdotes de la entidad y la emprendió en contra de la Iglesia católica a través de las clásicas armas con las que presionaba la administración pública sonorense a la población rural y urbana. Según uno de sus principales estudiosos, esas armas eran la "iconoclasia, los rituales

---

[100] Cárdenas, *Obras. 1. Apuntes, 1913-1940, op. cit.*, p. 298.
[101] *Idem.*

cívicos, la educación, el teatro, el lenguaje, el arte y la poesía".[102] Rodolfo resultó ser bastante más radical que su padre, y había hecho todo lo posible por "desacralizar el antiguo orden cultural" de Sonora. Al parecer estas acciones desfanatizadoras habían tomado como ejemplo lo realizado en Tabasco por el licenciado Tomás Garrido Canabal durante la década anterior. Su visita al estado sureño, hacía tan sólo unos meses, le había corroborado que ése era el camino a seguir. Y para refrendarlo el propio Garrido se apersonó en Sonora al día siguiente del arribo de Cárdenas.

El gobernador de Tabasco llegó a Hermosillo en su famoso aeroplano pintado de rojo y blanco, al que apodaba *El Guacamayo*. En dicho avión Cárdenas y los dos gobernadores, el de Tabasco y el de Sonora, recorrieron los rumbos de Navojoa y Ciudad Obregón, y arribaron a la Sierra del Yaqui, en donde visitaron Bacatete, Bataconcica y Vícam. El General ya conocía la situación de los indígenas yaquis y mayos, los cuales habían sido orillados por los propietarios criollos y mestizos a vivir en condiciones muy precarias. El resentimiento de las comunidades indígenas hacia los explotadores blancos era particularmente palpable. Esta situación era en parte responsabilidad de los gobiernos revolucionarios de Álvaro Obregón y Plutarco Elías Calles, los cuales también la habían emprendido contra los yaquis y los mayos, aduciendo criterios que se basaban en la idea de que se trataba de "tribus salvajes e incivilizadas que era necesario domesticar y pacificar".[103] En la entrevista que sostuvo con algunos de sus líderes yaquis, el candidato escuchó los reclamos sobre los despojos y la represión que habían sufrido. Ahí el General empeñó su palabra y prometió restituirles sus tierras en cuanto ocupara la presidencia de la República. La promesa se cumplió hasta 1937, y Cárdenas la consideró como un ejemplo "de verdadera

---

[102] Adrian A. Bantjes, *As if Jesus walked on Earth. Cardenismo, Sonora and the Mexican Revolution*, SR Books, Wilmington, Delaware, 1988, p. 10.

[103] Véase el vol. 1 de esta biografía, cap. 3.

liberación" y atención integral a "este importante sector indígena de nuestra nacionalidad".[104]

El 19 de septiembre el candidato y su comitiva volaron hasta Mexicali para inspeccionar su enorme valle agrícola. En Baja California también les llovieron solicitudes de reparto agrario al candidato y a su comitiva; pero lo que pareció más urgente fue la necesidad de construir vías de comunicación con el resto del país. La mayor parte de la producción de esos rumbos se ocupaba para satisfacer al mercado estadounidense, en vista de que el mexicano se encontraba a miles de kilómetros de distancia. Cárdenas tomó nota de la situación, aunque también se percató de las grandes extensiones de tierra laborable que estaban en manos de compañías estadounidenses y que ocupaban sobre todo mano de obra mexicana a la cual se le pagaba un salario miserable. En Mexicali igualmente corroboró las condiciones que tanto habían favorecido el auge de casinos, burdeles y "centros de vicio", durante las décadas anteriores y que involucraban a algunos miembros importantes de la administración pública.[105] Si bien dichos giros negros ya se habían mudado a otras ciudades fronterizas como Tijuana y Nogales, con el fin de satisfacer la demanda estadounidense de juego y alcohol durante los últimos años del prohibicionismo, todavía un aire de permisividad y libertinaje se podía respirar en la capital de ese territorio. El General no tardaría en afectar los intereses que lucraban en el mundo prostibulario y del entretenimiento poco afecto a la moral ortodoxa.

[104] Lázaro Cárdenas, *Obras. 1. Apuntes, 1941-1956*, t. 2, 3ª ed., UNAM, México, 1986 (1ª ed., 1972), p. 257.

[105] Eric Michael Schantz, "All Night at the Owl: The Social and Political Relations of Mexicali's Red Light District, 1909-1925", en Andrew Grant Wood (ed.), *On the Border. Society and Culture between the United States and Mexico*, SR Books, Lanham, Reino Unido, pp. 91-143.

El General en plena campaña en el norte del país
(CEHRMLCAC)

Dos días después, el 21 de septiembre, el avión del PNR llevó a los integrantes de aquel grupo de políticos hasta Chihuahua. Ahí los recibió el gobernador, el general Rodrigo M. Quevedo, quien se había destacado como un militar leal a los sonorenses desde la rebelión de Agua Prieta. Durante las rebeliones delahuertista y escobarista se había mostrado diligente y disciplinado, perteneciendo también, como el general Cárdenas, a las Armas de la Caballería. Era, por lo tanto, igualmente un hombre conocedor del mundo equino, y fue uno de los fundadores del criadero de caballos más importante que tendría el ejército mexicano. Dicho criadero estaba cerca de Parral, y llevaba el nombre de Santa Gertrudis. Cárdenas y los generales José Lacarra Rico y Antonio Guerrero, así como los coroneles Gilberto L. Limón y Rodolfo Sánchez Taboada, el senador por Sinaloa Rodolfo T. Loaiza y el licenciado Antonio I. Villalobos, convivieron con potros y trotones durante el par de días que estuvieron en ese paraje. Los militares eran todos buenos jinetes y seguro tuvieron oportunidad de valorar y montar algunos pencos de su preferencia durante aquellas jornadas. El 23 de septiembre continuaron en auto hacia el sur para visitar un sistema de riego del río Conchos, y seguirse hasta Torreón, a donde arribaron al día siguiente en la noche.[106]

De ahí se trasladaron al pueblo de Parras, Coahuila, localidad que por primera vez visitaba el general Cárdenas. Quería visitar el lugar de donde era oriundo Francisco I. Madero, y ahí aprovechó la ocasión para conocer algunas de las propiedades que todavía poseía esa familia en sus alrededores. En la noche llegaron a Saltillo. Al día siguiente volaron a Monterrey y de ahí se fueron en auto a Ciudad Mante, a visitar al general Calles. En el lugar en donde el sonorense tenía su famoso ingenio azucarero se quedaron hasta volver a Monterrey en tren el 28 de septiembre en la noche.[107] Es muy probable que durante esa vista a El Mante, Cárdenas conversara nuevamente con el general Calles sobre la agitación que había percibido en la capital de Nuevo León, en donde el general Antonio I. Villarreal, quien unos meses antes había sido el candidato de la opositora Confederación Revolucionaria Independiente, todavía mantenía algunos seguidores.

A pesar de su revolucionaria trayectoria que se remontaba hasta los pioneros magonistas y maderistas, y de haber sido secretario de Agricultura y Fomento durante el gobierno del general Álvaro Obregón, Villarreal se distanció de los sonorenses, adhiriéndose a la rebelión delahuertista. Después de una temporada en el exilio, apoyó la rebelión escobarista y Calles lo tenía como un traidor a las causas revolucionarias. Cárdenas en cambio lo consideraba "un revolucionario de limpia ejecutoria […] agrarista de convicción", al igual que su otro contrincante, el coronel Adalberto Tejeda.[108] Villarreal también se había manifestado en contra de la cruzada anticlerical callista proponiéndose como candidato

---

[106] Cárdenas, *Obras…, op. cit.*, p. 257.
[107] *Ibid.*, p. 304.
[108] *Ibid.*, p. 307.

opositor tanto en 1928, contra Obregón, como en 1929, año en el que finalmente se inclinó a favor de José Vasconcelos.[109] En 1934 su campaña parecía tener una mayor repercusión, aunque según las cifras oficiales tan sólo logró acumular poco más de 24 500 votos. Los rumores de que planeaba una rebelión empezaron a cundir poco después de las elecciones y en septiembre del mismo año, cuando el general Cárdenas y su comitiva llegaron a Monterrey, las noticias de "la agitación de ciertos sediciosos" preocuparon al general Manuel Ávila Camacho, quien desde la Ciudad de México, en la Subsecretaría de Guerra y Marina, alertó al General. Tratando de cubrirle las espaldas al presidente electo, Ávila Camacho le envió una voz de aviso, a la cual contestó el propio Cárdenas comentándole que tal agitación no era para alarmarse.[110] De cualquier manera es muy probable que Cárdenas y Calles hubiesen comentado qué hacer respecto de Villarreal y sus seguidores, durante su encuentro en El Mante. Y también es posible que hubiesen decidido no tomárselo muy en serio.

El asunto que sí se estaba considerando con bastante cuidado era el de la educación revolucionaria. Las adaptaciones y modificaciones al artículo 3° constitucional en relación con las características que tendría la instrucción primaria y secundaria impartida por el Estado, a partir de la propuesta contenida en el Plan Sexenal aprobado en diciembre de 1933, evolucionaron de manera rápida y propositiva. El 26 de septiembre de 1934 el Congreso de la Unión inició un debate que se extendería hasta el mes de noviembre en el que se insistiría en que la enseñanza debía ser únicamente responsabilidad del Estado y que ésta tendría un carácter "socialista". Además, dicha educación sería el fundamento de la lucha en contra del fanatismo religioso y sería necesaria para promover en los estudiantes un conocimiento racional de su entorno y del universo.

---

[109] Arturo Romero Cervantes, "Anotaciones para una biografía de Antonio I. Villarreal", en *Boletín Bibliográfico de la Secretaría de Hacienda y Crédito Público*, año XX, núm. 491, México, 1° de noviembre de 1973, pp. 18-29.

[110] Lázaro Cárdenas, *Epistolario*, Siglo XXI Editores, México, 1974, pp. 29-30.

El combate a la intransigencia clerical y a los prejuicios quedaría asentado en la reforma que finalmente se publicaría hasta diciembre de 1934.[111]

Pero volviendo a la gira del candidato por el norte del país, todavía la comitiva del general Cárdenas se quedó en Monterrey y sus alrededores hasta los primeros días de octubre, cuando emprendieron su regreso al centro-occidente del país, pasando primero por Saltillo, luego por Zacatecas, de ahí a Aguascalientes y finalmente a La Barca, Jalisco. De ahí, el 5 de octubre, a caballo siguieron su camino hasta Jiquilpan, Michoacán. En su querencia, el General fue recibido con bombo y platillo, aunque no faltaron unos curas aguafiestas que el 12 de octubre festejaron el día de la raza invocando a la cultura hispana y a la religión católica. El mismo general Cárdenas les pidió que abandonaran el pueblo "y no estorbaran el programa educativo que va a intensificarse".[112]

Los jóvenes jiquilpenses se alinearon y, adelantándose unas semanas a su toma de posesión de la presidencia de la República Mexicana, le cantaron entonces los siguientes versos:

De todas partes muchachos
venimos a conocer
a un hombre de Jiquilpan
que ya recibió el poder.[113]

A los pocos días el candidato regresó a la Ciudad de México a despachar en su oficina del PNR y desde luego a reunirse con su familia en su casa de San Ángel.

---

[111] Susana Quintanilla y Mary Kay Vaughan, *Escuela y sociedad en el periodo cardenista*, FCE, México, 1997, pp. 7-46, y Victoria Lerner, *La educación socialista*, en *Historia de la Revolución Mexicana, 1934-1940*, vol. 17, El Colegio de México, México, 1979, p. 30.

[112] Cárdenas, *Obras. 1. Apuntes, 1913-1940*, op. cit., p. 205.

[113] Álvaro Ochoa, *Jiquilpan-Huanimban: una historia confinada*, Instituto Michoacano de Cultura/Morellevado Editores, Morelia, 1999, p. 289.

Todavía en noviembre, para el festejo del XIV aniversario del inicio de la Revolución mexicana, Cárdenas voló a Yucatán, en donde, además de concluir su periplo prepresidencial, conferenció con el general Múgica, quien seguía encargado de la jefatura militar de esa región. Lo más probable es que juntos revisaran la composición del futuro gabinete y que refrendaran su compromiso de impulsar los cambios que el país requería con urgencia para encausarlo por la vía del desarrollo socialista. Múgica se había quedado preparando, por instrucciones del propio general Cárdenas, una serie de propuestas que implicaban la intervención del Estado revolucionario en la reorganización de varias áreas de la producción nacional. El militar instalado en Yucatán ya había hecho un estudio sobre cómo tratar de organizar la producción lechera del país, para que, a través de un organismo controlado por el Estado, dicho líquido estuviese disponible en todos los confines del territorio nacional y así garantizar su consumo entre la niñez mexicana.[114] También se había propuesto reorganizar la Secretaría de Economía, misma que el general Cárdenas le ofreció desde que anduvieron en campaña en Tabasco y Oaxaca. Los dos michoacanos estaban arribando finalmente al espacio del poder que les permitiría instrumentar los cambios sobre los que habían conversado mientras convivieron en las Huastecas, y cuyo compromiso habían refrendado durante los días compartidos a lo largo de las giras del candidato y del presidente electo que estaban por concluir.

---

[114] En el Archivo del general Francisco Múgica Velázquez que guarda el Centro de Estudios Históricos de la Revolución Mexicana "Lázaro Cárdenas", A. C. (desde ahora AFJM-UAER-UNAM), que hoy en día es responsabilidad de la Unidad Académica de Estudios Regionales de la UNAM, en Jiquilpan, Michoacán, se encuentran varios proyectos que Múgica elaboró entre 1934 y 1935 que se refieren a temas tan diversos como el mencionado sobre la leche y su distribución masiva, la construcción de puentes o el establecimiento de una secretaría de Estado que regulara específicamente las inversiones extranjeras en México. Véase AFJM-UAER-UNAM, vol. 29, "Estudios y proyectos 1934-1935".

Nuevamente en la Ciudad de México, el 30 de noviembre, temprano en la mañana llegaron los periodistas al domicilio del general Cárdenas en la colonia Guadalupe Inn. Vestido con un saco negro, chaleco y corbata del mismo color, acompañado por su esposa Amalia y su hijito Cuauhtémoc, el General recibió a un camarógrafo, un sonidista y un entrevistador en el patio trasero de su casa y permitió que los fotografiaran, mientras mandaba, a nombre de su señora y de él mismo, un mensaje de cariñoso saludo "a todos los elementos revolucionarios del país". Doña Amalia sostuvo a Cuauhtémoc para un *close-up*, y el inquieto niño murmuró alguna queja suavemente. Su madre, consciente de que estaba ante las cámaras, amorosamente le susurró al oído: "Sin llorar, sin llorar".[115]

Poco tiempo después, el general Cárdenas subió al automóvil que lo llevaría al Estadio Nacional. Lo acompañaban su jefe de estado mayor, el coronel Ramón Rodríguez, y algunos miembros de su familia. Al arribar al estadio se encontró con que las entradas al mismo estaban custodiadas por jóvenes contingentes garridistas de Camisas Rojas. Al ingresar al recinto lo recibió una multitud impresionante. Las gradas estaban repletas de estudiantes y público en general. Un par de largas filas de militares cubría los costados del camino abierto desde la entrada del estadio hasta la estructura levantada en el centro de la gran cancha. Una banda militar entonó un saludo y luego una marcha solemne.

En medio de una gran ovación Lázaro Cárdenas cruzó la enorme explanada acompañado por diputados, senadores y demás miembros de la burocracia oficial. Lo recibió en el pódium el presidente del Congreso, el diputado Enrique González Flores, y el, por unos minutos más, presidente de la República, general Abelardo L. Rodríguez. Entre los asistentes destacaban también el presidente del PNR, Carlos Riva Palacio, y algunos gobernadores como Matías Ramos Santos, Rodolfo

---

[115] Documental sobre toma de posesión de la presidencia que forma parte del archivo del CERMLCAC, Jiquilpan, Michoacán.

Arribo del general Cárdenas y representantes oficiales al Estadio Nacional
(Casa Katz)

Elías Calles y Benigno Serrato. También llegaron los licenciados Tomás Garrido Canabal, Emilio Portes Gil, Ignacio García Téllez y Narciso Bassols.[116] El presidente del Congreso le dio la bienvenida y el general Abelardo L. Rodríguez dirigió un discurso de despedida y de agradecimiento al pueblo de México por haberle "otorgado el privilegio de servirle". El secretario particular del general Lázaro Cárdenas del Río, Luis I. Rodríguez, le ayudó a colocarse la banda presidencial que el general Rodríguez le entregó, y acto seguido, ante las Cámaras de la Unión y ante el público presente, rindió su protesta como presidente constitucional la República Mexicana.

---

[116] Dulles, *op. cit.*, p. 552.

II

Lázaro Cárdenas, presidente de México

1934-1937

Primera parte

Los primeros zafarranchos

> Pero tengo fe en que podré resolver todo esto apo-
> yado en el pueblo y en la confianza que sepa inspirar
> al país con mis propios actos.
>
> Lázaro Cárdenas, diciembre de 1934

El general Lázaro Cárdenas del Río tomó posesión de la Presidencia de la República el 30 de noviembre de 1934, a mediodía, en las amplias instalaciones del Estadio Nacional. Vistiendo el saco cruzado mandado a confeccionar para la ceremonia y que vino a sustituir el aristocrático frac, con todo y chistera, con que acostumbraban engalanarse sus antecesores en ceremonias oficiales, el nuevo mandatario aparecía un hombre de carácter discreto, "un tanto enigmático" aunque poco complicado, y sí bastante desconocido para muchos, incluso para quienes lo habían promovido hasta la primera magistratura. Tampoco era muy renombrado en los ambientes populares y masivos, pues a pesar de la intensa labor de proselitismo político llevada a cabo durante prácticamente todo el año de 1934, una gran apatía permeaba a la sociedad mexicana, sobre todo a la hora de responder la pregunta de quién era quién en la administración pública. Para la mayoría, Cárdenas era uno

91

más de los que pertenecían al grupo que se enriquecía con el dinero del pueblo y que andaba de un lado a otro con sus jilguerillos prometiendo progreso y bienestar para todos. Además, su cercanía con el general Plutarco Elías Calles no le ayudaba a la hora de tratar de mejorar esa imagen. El desprestigio, la sospecha y la suspicacia se habían apoderado de las percepciones populares sobre los que ocupaban el escenario de la administración pública, las altas jerarquías militares y los escaños de representación gubernamental.

Para muchos miembros de la élite política, así como para gran parte de la población mexicana, el binomio Calles-Cárdenas caracterizaba una especie de doble poder al que ya habían tenido varias oportunidades de conocer en el pasado. Los espectros de las relaciones de conflictiva dependencia entre el Jefe Máximo y Ortiz Rubio, así como de la supeditación de Abelardo L. Rodríguez a la voluntad política del sonorense, seguían muy presentes en el ámbito estatal, refrendadas, desde luego, por la capacidad de manipulación que el propio callismo demostraba a la hora de controlar las principales riendas del PNR. La voz popular le había otorgado a dicho partido la categoría de "Ministerio de la Imposición", y sorprendentemente, aquella organización política y sus corifeos no habían generado las expectativas vernáculas de apoyo con las que se solía acompañar el mundo de los poderosos. Muy pocos corridos, casi ninguna expresión lírica de homenaje, pero sí muchos chistes e ironías, acompañaron la existencia del PNR, con lo cual se evidenciaba cierto hartazgo del ciudadano común y del campesino o del ranchero provincianos. Las manidas prácticas políticas de esos momentos habían logrado que el mundillo de diputados, senadores, gobernadores y caciques locales se impregnara del descrédito y el menosprecio de una buena parte de la población. Un analista diría claramente: "La Revolución no estaba hecha más que de promesas cuando Lázaro Cárdenas llegó a la presidencia".[1]

---

[1] Luis Javier Garrido, *El Partido de la Revolución Institucionalizada. La formación del nuevo Estado en México (1929-1945)*, Siglo XXI Editores, México, 1982, p. 172.

Sin embargo, el michoacano demostraría ser poseedor de convicciones sólidas y una singular habilidad política, a pesar de que gran parte de su herencia provenía del ámbito callista. Algunos estudiosos parecían acertar al decir que su proceder era sólo "la evolución del autoritarismo populista de Calles; su énfasis en la movilización de las masas sólo era una máscara para esconder las tácticas de hombre fuerte que aseguraban el poder del gobierno central".[2] Sin entrar en la discusión específica sobre el populismo que por lo pronto no venía mucho al cuento, es cierto que en un principio se evidenciaba más la continuidad que la ruptura; pero el cambio de ropajes y de estilos de ejercer la presidencia se empezarían a reflejar paso a paso en prácticamente todas las manifestaciones políticas del régimen cardenista. El deslinde entre el pasado y el nuevo régimen se haría, en un principio, sin mayores aspavientos. Sería hasta un año y medio después cuando las diferencias entre uno y otro llevarían a la ruptura definitiva.

En los inicios de su mandato el general Cárdenas comenzó rodeándose de personalidades que demostraban una marcada fidelidad al callismo. Algunos de ellos representaban el ala radical dentro de los parámetros de la Revolución. El nuevo gabinete estuvo formado por figuras como Narciso Bassols, que ocupó la Secretaría de Hacienda y que gozaba de una bien ganada fama de socialista; el conocido operador político del general Calles, Juan de Dios Bojórquez, fue el encargado de la Secretaría de Gobernación. En el Departamento del Trabajo, Cárdenas designó a Silvano Barba González, quien había sido su secretario particular, y en el Departamento Agrario a Gabino Vázquez, quien ya lo había acompañado en varias hazañas agraristas durante su gobierno en el estado de Michoacán. El licenciado Emilio Portes Gil quedó como secretario de Relaciones y el general Aarón Sáenz, quien ya empezaba a ser conocido como "el rey del azúcar", se encargó de

---

[2] Jürgen Buchenau, *Plutarco Elías Calles and the Mexican Revolution*, Rowman and Littlefield Inc., Maryland, 2007, p. 177.

los asuntos del Departamento Central. A la cabeza de la Secretaría de Agricultura quedó el cacique tabasqueño Tomás Garrido Canabal y en la Secretaría de Comunicaciones dejó como titular a Rodolfo Elías Calles. Todos ellos debían pleitesía al callismo, y la mayoría había recibido más de algún favor político o económico de parte del Jefe Máximo. En la Secretaría de la Defensa el presidente Cárdenas nombró al general Pablo Quiroga y en Salubridad al doctor Abraham Ayala. En el Departamento Forestal quedó el ingeniero Miguel Ángel de Quevedo y en la Procuraduría General el licenciado Silvestre Guerrero. Tal vez los más afectos al general Cárdenas fueron Francisco J. Múgica, al que se le encomendó la Secretaría de Economía, e Ignacio García Téllez, que quedó en la Secretaría de Educación.[3]

Aun cuando su gabinete parecía estar formado en buena parte por fieles callistas, Cárdenas tuvo el cuidado de rodearse en la mayoría de los puestos subalternos con un grupo bastante extenso de personas más cercanas a él. No en vano llevaba alrededor de tres lustros construyendo su propia clientela política a partir de alianzas personales e identificando las instancias en donde podía encontrar adeptos.

No había duda de que Garrido Canabal, Pablo Quiroga, Rodolfo Elías Calles y Abraham Ayala debían su presencia en el gabinete a su condición de callistas a ultranza. Sin embargo otros miembros del Poder Ejecutivo tenían sus propios méritos, desde el mismo Emilio Portes Gil o Francisco J. Múgica y Aarón Sáenz, hasta Miguel Ángel de Quevedo, a quien acusaban de viejo porfiriano.

Tal vez lo más novedoso de este gabinete era que estaba conformado por personalidades que en su mayoría eran civiles y con una edad promedio de 40 a 45 años. El propio Cárdenas no era el más joven, pero al asumir la presidencia tenía 39 años de edad. Con su llegada al poder, entró en el escenario político una generación constructora que había

---

[3] Lázaro Cárdenas, *Obras. 1. Apuntes, 1913-1940*, t. 1, 3ª ed., UNAM, México, 1986 (1ª ed., 1972), p. 306.

sido testigo de la Revolución y que aunque muchos no habían participado muy activamente en la lucha armada, sí la tenían íntimamente incorporada a sus vidas. Varios podían ser identificados como partícipes directos, como Múgica o Sáenz, a otros les había tocado en su ámbito regional, como a Pablo Quiroga, o a Gabino Vázquez. Pero llamaba la atención la cantidad de licenciados que se habían incorporado al gabinete: Portes Gil, Garrido Canabal, Juan de Dios Bojórquez, Silvano Barba y Silvestre Guerrero, todos habían pasado por las aulas de alguna facultad de derecho. El único ingeniero era Miguel Ángel de Quevedo, a quien Cárdenas había conocido gracias a su afición por los árboles y la reforestación. Sin embargo este gabinete fue tan sólo un punto de partida, debido a que su plana de colaboradores sufrió una larga serie de modificaciones a lo largo del sexenio.

El primer dolor de cabeza que le causó un miembro de su gabinete al presidente Cárdenas lo protagonizó nada menos que el licenciado Tomás Garrido Canabal en diciembre de 1934. El cacique tabasqueño era sin duda uno de los provocadores anticlericales más connotados del momento. Sus famosos Camisas Rojas tuvieron varios enfrentamientos con creyentes católicos desde que su líder arribó a la Ciudad de México para integrarse al Poder Ejecutivo Federal. A las tres semanas de haber ocupado la Secretaría de Agricultura, el 19 de diciembre, Garrido Canabal, fanfarrón y envalentonado, fue a presumirle al general Cárdenas que en Cuernavaca sus "muchachos" habían derribado una imagen cristiana a la entrada de la ciudad. El presidente lo reprendió y le pidió que no estimulara actos semejantes "que podrían traer graves consecuencias". Según el propio Cárdenas, Garrido se retiró contrariado de la reunión.[4]

Pero el episodio más sangriento se suscitó el 30 de diciembre de 1934 en el atrio de la parroquia de San Juan Bautista en el barrio de Coyoacán, cuando al salir de misa los Camisas Rojas empezaron a insultar a

[4] *Idem.*

los feligreses, terminando el zafarrancho con un saldo de 12 católicos y un garridista muertos. Este hecho le colmó el vaso al general Cárdenas e inmediatamente le pidió a Garrido que contuviera a sus Camisas Rojas y que frenara la andanada anticlerical. Si bien algunos Camisas Rojas fueron aprehendidos y puestos en custodia carcelaria, gracias a las gestiones del secretario de Agricultura todos obtuvieron su libertad a las pocas horas. En cambio, el 1° de enero de 1935, 20 000 católicos marcharon detrás de los féretros de sus mártires y en la manifestación insistentemente se pedía justicia y castigo a los perpetradores de esa matanza.

Manifestantes contra las agresiones de los Camisas Rojas en Coyoacán
(Tomada del libro de Gustavo Casasola, *Historia gráfica de la Revolución mexicana*,
vol. 6, p. 2177)

El recién estrenado régimen cardenista intentó poner orden en los dos bandos.[5] Nuevamente la policía aprehendió a los agresores garridistas provocando la furia de su líder, a quien el presidente, a partir de entonces, prácticamente no perdió de vista, aunque le mantuvo un puntual respeto. Cierto que seguía admirando el proyecto social y económico del tabasqueño, pero no dudó en pedirle su renuncia cuando fue necesario. El propio Garrido se pondría del lado del general Calles, una vez que la tensión entre el michoacano y el sonorense llegó a su máximo nivel. De cualquier manera, al parecer la relación entre Garrido y Cárdenas siguió siendo afectuosa y firme.[6]

Por el lado de la Iglesia católica, poco tiempo después del zafarrancho coyoacanense la policía arrestó y encarceló a monseñor Pascual Díaz Barreto, el arzobispo de México, por haber violado la ley de cultos de 1932 oficiando misa y luciendo los hábitos sacerdotales fuera del recinto de culto. El encarcelamiento del arzobispo provocó una seria protesta internacional, que incluso pretendió que se atendiera a través de una intervención del presidente Franklin D. Roosevelt, quien por cierto se encontraba en plena campaña para reelegirse. El general Cárdenas logró sortear la situación y le comentó al embajador Josephus Daniels que el gobierno de Estados Unidos podía contar con la colaboración del gobierno mexicano, y que le asegurara a su presidente que en México no había persecución religiosa.[7] Pero justo es decir que el clero católico mantuvo su postura antirrevolucionaria durante buena parte del sexenio y, desde luego, los conflictos dentro del gabinete estaban lejos de haber terminado.

---

[5] Carlos Martínez Assad, *El laboratorio de la Revolución. El Tabasco garridista*, Siglo XXI Editores, México, 1979, p. 225.

[6] Cuauhtémoc Cárdenas, *Cárdenas por Cárdenas*, Debate, México, 2016, pp. 277 y 281, y Lázaro Cárdenas, *Obras. 1. Apuntes, 1941-1956*, t. 2, 3ª ed., UNAM, México, 1986 (1ª ed., 1972), pp. 105-106.

[7] Cárdenas, *Obras. 1. Apuntes, 1913-1940*, *op. cit.*, p. 325.

El giro más severo en materia de restructuración del Poder Ejecutivo Federal se dio a mediados del primer año del sexenio cardenista. El 17 de junio de 1935 el general Cárdenas, tras haber comprobado que muchos de los miembros de su gabinete no le manifestaban una fidelidad confiable, y después de escuchar que el general Calles anunciaba su retiro de la política, tomó la decisión de sustituir de tajo a los elementos callistas y escogió en su lugar a personalidades más próximas a su confianza. Un mes antes había escrito en sus *Apuntes*: "Distintos amigos del general Calles, entre ellos algunos de los que forman parte del gabinete, vienen insistiéndole en que debe seguir interviniendo en la política del país". El sonorense le había dicho a Cárdenas: "Ya me canso de decirles a estos… que me dejen en paz", pero bien se sabía que al propio Calles le gustaba la idea de seguir manipulando a sus allegados.[8] De cualquier manera, el presidente Cárdenas tomó la resolución el 14 de junio y reportó eufemísticamente en su diario: "A las 19 horas reuní al Gabinete en Palacio Nacional manifestándoles que considerando embarazosa su situación por la amistad que los liga con el general Calles, aceptaba que presentaran su renuncia, lo que desde luego hicieron".[9] Entre los secretarios confiables quedaron Silvano Barba González, quien pasó a Gobernación; Francisco J. Múgica fue puesto en Comunicaciones y Transportes; Gabino Vázquez se quedó en el Departamento Agrario, lo mismo que Jenaro Vázquez en el Departamento del Trabajo. También permanecieron en su lugar Silvestre Guerrero, Luis I. Rodríguez y Miguel Ángel de Quevedo. En Relaciones Exteriores saldría Emilio Portes Gil y quedaría primero Fernando González Roa y más tarde Eduardo Hay; en la Secretaría de Hacienda saldría Narciso Bassols y quedaría Eduardo Suárez; el general Andrés Figueroa y después Manuel Ávila Camacho sustituirían a Pablo Quiroga en la Secretaría de Guerra, y el licenciado García Téllez fue remplazado por el veracruzano Gonzalo

---

[8] *Ibid.*, p. 318.
[9] *Ibid.*, p. 321.

Vázquez Vela en la Secretaría de Educación. En las secretarías de Economía y de Agricultura quedaron los generales Rafael Sánchez Tapia y Saturnino Cedillo.

Por cierto que este último se había mostrado particularmente inquieto por no haber sido llamado para formar parte del primer gabinete en diciembre de 1934. Desde enero del año siguiente, el general Cárdenas le encargó a Francisco J. Múgica que visitara a Cedillo para que no hiciera caso "del canto" de sus opositores y esperara a que eventualmente se le ofreciera un cargo dentro de la administración. En marzo Cárdenas se enteró de los rumores de un posible levantamiento que preparaba el potosino con apoyo de la compañía petrolera El Águila y del clero católico, y por eso mismo decidió incorporarlo a la Secretaría de Agricultura en el primer cambio de gabinete. Los objetivos del presidente eran claros: "Me interesa más mantener al país sin el menor disturbio, para llevar adelante el plan económico a favor de los trabajadores, que realizar una campaña militar".[10]

El licenciado Narciso Bassols fue invitado por Cárdenas para continuar en el gabinete, en gran medida porque ambos compartían posiciones respecto a la educación socialista, y porque además ninguno de los dos les temía a los cambios radicales. Sin embargo, Bassols prefirió mantener su alianza con el general Calles y a cargo de la Secretaría de Hacienda quedó entonces Eduardo Suárez, quien resultó ser una persona a quien Cárdenas le tuvo particulares deferencias desde que lo había conocido como funcionario de la Secretaría de Relaciones Exteriores. El propio presidente le dijo el día en que le ofreció el puesto: "Mire licenciado... yo le tengo confianza por referencias de personas que conozco bien. Trate usted de conservarla, porque el día que la pierda, tiempo me faltará para despedirlo".[11] Bajo la dirección de

---

[10] *Ibid.*, pp. 312 y 317.
[11] Fernando Benítez, *Entrevistas con un solo tema: Lázaro Cárdenas*, UNAM, México, 1979, p. 18.

Suárez quedaron entonces varios economistas que después destacarían en el propio gobierno cardenista y en los siguientes, como Jesús Silva Herzog, Ricardo Zevada, Efraín Buenrostro y Antonio Carrillo Flores.

La cartera de Economía, que antes había ocupado el general Múgica, le fue ofrecida entonces al general Rafael Sánchez Tapia. Este último había competido con Cárdenas por la nominación del PNR a la candidatura presidencial, para después alinearse con los designios callistas. Sin embargo pronto fue nombrado jefe de la zona militar de Michoacán, y comprobó ser fiel a Cárdenas ante los embates del gobernador Benigno Serrato. Éste murió en un accidente aéreo a finales de 1934, y Sánchez Tapia ocupó provisionalmente la gubernatura de Michoacán. Al nombrarlo secretario de Economía, tal vez Cárdenas prefirió tenerlo más cerca, de la misma manera como lo había hecho con Cedillo.

El licenciado Emilio Portes Gil pasó de la Secretaría de Relaciones a la presidencia del PNR. Si bien el tamaulipeco se había distanciado de Calles, su afán por influir subrepticiamente en las decisiones de Cárdenas demostró que no era del todo confiable y que, por lo general, sólo velaba por sus propios intereses. Por eso Cárdenas no sólo lo removió del gabinete, sino que una vez colocado en el primer puesto del PNR, le puso como segundo a bordo a uno de sus hombres de mayor confianza, el licenciado Ignacio García Téllez, quien había dejado la Secretaría de Educación al veracruzano Gonzalo Vázquez Vela. Como ya se ha visto, este último había hecho buenas migas con el presidente desde que el michoacano anduvo de gira como candidato por tierras jarochas.

Y finalmente otro nombramiento que resultó por demás acertado fue dejar al doctor José Suirob la responsabilidad del Departamento de Salubridad. Este médico liberal, además de reorganizar el departamento a su cargo y de incentivar cambios importantes en materia de salud pública, se convirtió en un hábil operador político cardenista en el ámbito de los profesionistas, los médicos, los técnicos y los servidores públicos en su ramo.

Pero haciendo a un lado la renovación del gabinete, habría que señalar que ésta se dio en medio de una agitación laboral sin precedentes. Después del estallido de una huelga impulsada por el Sindicato de Trabajadores del Petróleo, seguida por otra de los ferrocarrileros, los primeros meses de 1935 se vivieron como una cascada de paros solidarios, ceses justificados de labores y manifestaciones callejeras que mantenían, sobre todo a la Ciudad de México, en un estado de efervescencia que parecía imparable. La escasez de gasolina, el paro de tranviarios y electricistas, aunados al descontento de los universitarios y las clases medias, provocaron una situación de caos que se presentaba bastante fuera de control. Fue entonces cuando varios miembros del gabinete, junto con algunos diputados y senadores, a los cuales se sumaron ciertos gobernadores, acudieron al general Calles buscando apoyo y "vías de solución", identificándolo nuevamente como el imprescindible poder tras el trono. Desde la perspectiva de la prensa, de la élite política, de buena parte de los empresarios y de no pocos líderes laborales, el general Cárdenas parecía no poder dominar la situación. Sin embargo, para él estaba claro que la conducta de las organizaciones de trabajadores al estallar sus huelgas era "consecuencia lógica de la explotación que sufre la clase obrera", y que era justo que lucharan a su favor y en contra del capital.[12] Su argumento era puntual: "Si los obreros siguieran una actitud anárquica seguro que se vendría la depresión económica; pero no ocurre así. Los obreros planean, pulsan su propia situación, estudian el estado económico de las empresas y cuando la investigación les es favorable van a la huelga".[13]

Lo que Cárdenas no parecía estar dispuesto a tolerar era la intromisión de Calles en asuntos de su gobierno y desde luego no tenía la menor intención de permitir que sus colaboradores lo hicieran a un lado para ir en pos de la consigna callista. Mientras la inquietud laboral aumentaba y

---

[12] Cárdenas, *Obras. 1. Apuntes, 1913-1940, op. cit.*, p. 320.
[13] *Ibid.*, p. 317.

las huelgas se multiplicaban sin mayor contención, la finca El Tambor, en Sinaloa, donde se encontraba Calles, parecía una romería de políticos oportunistas en busca de orientación.

Las primeras escaramuzas entre el Jefe Máximo y el presidente tuvieron lugar, así, entre abril y junio de 1935. El general Calles llegó a principios de mayo a la Ciudad de México y se retiró a su casa de Cuernavaca. El general Cárdenas fue por él al aeropuerto, y en la conversación que tuvieron en el camino a la casa de su hija y su yerno en la colonia Roma habían quedado en que el sonorense se retiraría de la política y que no interferiría más en los asuntos que le competían al gobierno en turno. Sin embargo, a los pocos días, reunido en la capital del estado de Morelos con una docena de senadores, entre los que se encontraba el camaleónico Ezequiel Padilla, el general Calles hizo declaraciones en contra de "lo pernicioso de las huelgas y los líderes obreros" que estaban afectando a México en aquel momento. Tales declaraciones se publicaron en el *Excélsior* y *El Universal*, y aunque se conocieron en *El Nacional*, los directivos del periódico y del PNR decidieron no incluirlas en su edición del 12 de junio. Al no aparecer en el órgano oficial del PNR las declaraciones de Calles parecían claramente una provocación. En uno de los párrafos publicados en la prensa independiente el general Calles decía:

Éste es el momento en que necesitamos cordura. El país tiene necesidad de tranquilidad espiritual [...] Hace seis meses que la Nación está sacudida por huelgas constantes, muchas de ellas enteramente injustificadas. Las organizaciones obreras están ofreciendo en numerosos casos ejemplos de ingratitud. Las huelgas dañan mucho menos al capital que al gobierno; porque le cierran las fuentes de la prosperidad. De esta manera, las buenas intenciones y la labor incansable del señor presidente están constantemente obstruidas, y lejos de aprovecharnos de los momentos actuales tan favorables para México, vamos para atrás, para atrás, retrocediendo siempre y es injusto que los obreros causen este daño a un gobierno que tiene al frente a un ciudadano honesto y amigo sincero de los trabajadores, como el General Cárdenas.[14]

Veladamente Calles establecía que esta situación era solapada y tal vez incluso promovida por el propio Cárdenas. Esto provocó una inmediata reacción política a nivel nacional. No tardaron en hacerse públicas las felicitaciones a Calles, dada "su preocupación por la tranquilidad del país". Al mismo tiempo, cundieron los rumores que presagiaban la inminente renuncia del presidente. Los obreros rechazaron las insinuaciones del Jefe Máximo y salieron a la calle con consignas en contra del sonorense. Sin embargo, el 14 de junio el general Cárdenas pidió la renuncia de varios miembros de su gabinete y vio con impasibles ojos la campaña de manifestaciones contrarias al Jefe Máximo. Calles anunció nuevamente su retiro de la política y se fue una vez más del país. Pero aún faltaba el último round.

La interferencia del sonorense en la orientación que Cárdenas estaba tratando de darle a su gobierno recién iniciado fue criticada por dos de sus excolaboradores más cercanos: Narciso Bassols y Manuel Puig Casuaranc. En septiembre de 1935 Bassols le envió una carta al general Cárdenas en que lo felicitaba por la actitud asumida frente a Calles. El exsecretario de Educación y de Hacienda opinaba que el general Calles no debía regresar a México a "encabezar descontentos o desplegar en cualquier otra forma actividades políticas", y remataba su carta diciendo: "El gobierno de usted al obrar como lo ha hecho es congruente consigo mismo, clarifica el ambiente y deja a cada quien en su sitio".[15]

Manuel Puig Casauranc fue más allá y a finales de año le envió desde Buenos Aires, en donde fungía como embajador de México ante el gobierno de la República Argentina, un telegrama abierto al general

[14] *Excélsior*, 12 de junio de 1935.
[15] Cárdenas, *Obras. 1. Apuntes, 1913-1940, op. cit.*, p. 341.

Calles, con copia al general Cárdenas, en el que le recriminaba su intromisión en la política cardenista. Entre otras cosas le decía al sonorense: "Independientemente del juicio a distancia posteridad, no tiene Ud. derecho, aun tratándose de Ud. mismo, de comprometerse en aventura política confusionista con carácter histórico cuya hora ya pasó". Y le insistía al final: "Su deber es aislarse, alejarse, no introducir nuevos gérmenes de confusión".[16]

El general Calles le contestaría muy molesto, y en forma particularmente agresiva le aclaró que sólo "se estaba defendiendo ante las injurias" que le habían hecho y que si Puig Casauranc fuese consecuente también debería hacerse a un lado, puesto que él había formado parte del gobierno cuando el sonorense fue presidente de México. El ir y venir de recriminaciones agitó el ambiente a tal grado que hasta un viejo porfiriano como el escritor Federico Gamboa destacó en su diario cómo tales andanadas lo habían sacado de sus pacíficas cotidianidades para causarle una "sorpresa mayúscula" y para externar una impresión particular de la situación que era compartida por muchos. "Esta política nuestra con olor a cloaca" le molestaba puntualmente, tal como lo anotó en sus escritos personales.[17]

El 20 de noviembre de 1935 otro zafarrancho, ahora en el zócalo de la capital, sacudió los ánimos del gobierno que todavía no acababa de cumplir un año de haberse instalado en el Palacio Nacional. Desde los primeros meses de 1935 la Asociación Mexicanista Revolucionaria, mejor conocida como "Los Camisas Doradas", fue una de las actrices más renombradas en la marquesina de las luchas callejeras. Esta asociación, comandada por el general Nicolás Rodríguez Carrasco, quien se autorreconocía como un antiguo miembro de los "dorados" de Francisco Villa, se manifestaba frecuentemente en el primer cuadro

---

[16] Manuel Puig Casauranc, *Galatea rebelde a varios Pigmaliones. De Obregón a Cárdenas. El fenómeno mexicano actual (1938)*, Impresores Unidos, México, 1938, p. 563.

[17] Federico Gamboa, *Diario 1892-1939*, Siglo XXI Editores, México, 1977, p. 267.

de la Ciudad de México con su caballería, con sus macanas y sus botas, y una que otra arma de fuego. Sus integrantes vestían unas imprescindibles camisas color azafranado y al grito de "Muerte al comunismo" y el clásico "¡México para los mexicanos!" trataban de demostrar sus puntos de vista nacionalistas e intolerantes. Por lo general aparecían cuando grupos obreros o algunas organizaciones de izquierda querían dejarse oír en manifestaciones públicas o marchas de solidaridad. Siguiendo la moda de los Camisas Negras de los *fasci di combattimento* de Benito Mussolini, los Camisas Pardas del nazismo hitleriano, los Camisas Azules del falangismo primorriverista español o los propios Camisas Rojas de Garrido Canabal, el grupo de choque de los "dorados" se distinguía por ser racista, antijudío, antichino y anticomunista. Era una puntual expresión del extremismo obcecado de las derechas seculares de aquel momento, que se concentraban en pequeños núcleos con nombres como el Comité Pro-Raza, la Unión Nacionalista o la Liga Anti-China.[18]

El 20 de noviembre de 1935, cuando se conmemoraban los 25 años del inicio de la Revolución mexicana, los Camisas Doradas arremetieron contra los obreros del Frente Popular, pero especialmente contra el Sindicato de Trabajadores del Volante, los cuales, manejando sus taxis, confrontaron a los caballos con los que atacaban aquellos nacionalistas. Una imagen del enfrentamiento, captada por el fotógrafo de prensa Enrique Díaz, que al día siguiente se publicaría en el periódico *Excélsior*, resumía la situación: mostraba un auto embistiendo a un corcel con las patas delanteras al aire, y el jinete tirado sobre el pavimento, intentando levantarse del golpe, en medio de una multitud expectante. Era la dimensión simbólica de la modernidad *versus* el tradicionalismo: el poder del futuro contra la reacción del pasado.

---

[18] Ricardo Pérez Montfort, "Los camisas doradas", *Secuencia, Revista Americana de Ciencias Sociales*, núm. 4, México, enero–abril de 1986, y *Por la Patria y por la Raza. La derecha secular en el sexenio de Lázaro Cárdenas*, México, Facultad de Filosofía y Letras-UNAM, Colección Seminarios, 1993.

Un obrero del volante embiste a un Camisa Dorada, 1935
(Tomada del libro de Gustavo Casasola, *Historia Gráfica
de la Revolución Mexicana*, vol. 7, p. 2223)

Esta imagen impactó de tal manera a los asiduos usuarios de las calles céntricas de la capital que algunos artistas del momento la tomaron como fuente de inspiración para documentar esos días de incertidumbre y confrontaciones. Tal fue el caso del joven Alfredo Zalce, del Taller de la Gráfica Popular, quien no paró en mientes a la hora de producir un magnífico grabado sobre ese mismo zafarrancho varios años después. El encontronazo entre caballos y automóviles, en medio de una multitud que al parecer permaneció impávida y a la expectativa, debió ser no sólo un acontecimiento plagado de violencia e irracionalidad, sino también una muestra de los extremos a los que podían llegar los resentimientos sociales y los encomios acumulados durante los últimos años. Además del enfrentamiento entre dos convicciones políticas antagónicas, dicho acontecimiento parecía resumir uno de los dilemas fundamentales de la sociedad mexicana justo al mediar la década de los años treinta: el quedarse a vivir evocando a los mitos de una revolución impulsiva y rural o el prepararse para el mañana a partir de la renovación revolucionaria e industrializadora que transformara tanto el campo como el mundo urbano.

Los camisas doradas, grabado de Alfredo Zalce, 1940
(Tomado del libro de Renato González Melo
y Anthony Stanton, *Vanguardias en México 1915-1940*,
INBA/Conaculta, 2013, p. 319)

El saldo de la gresca del 20 de noviembre fue de un par de muertos y muchos heridos, entre los cuales estaba el propio líder de los Camisas Doradas, el general Nicolás Rodríguez. Estando en el hospital al día siguiente se enteró que el gobierno del general Cárdenas había declarado que su organización estaba fuera de la ley. A los pocos días, Rodríguez salió del país pero siguió conspirando desde los Estados Unidos, con sus mismas consignas anticomunistas, antijudías y anti lo que fuera.[19] Tal parecía que la agitación no cedía un ápice y a la menor provocación los obreros organizados, las clases medias, los políticos manipuladores y los campesinos acarreados tomaban las calles de la ciudad. Entre consignas de todos colores y sabores demostraban que tenían mucho por qué pelear y más qué decir sobre cómo interpretaban la situación del país en ese momento.

Pero en diciembre de 1935, después de otra trifulca con todo y balacera en la Cámara de Diputados, que tuvo como saldo la muerte de dos diputados y varios heridos, el propio general Calles volvió por sus fueros. Para muchos no fue una sorpresa, porque todo parecía indicar que las diferencias entre Calles y Cárdenas estaban llegando a su máxima tensión. El propio Calles había declarado a su regreso a la Ciudad de México, el 13 de diciembre, que volvía a defenderse "de las injurias que había recibido" de parte de algunos líderes obreros y de quienes se decía que estaban apoyando al general Cárdenas.[20] Con la venia del presidente, el PNR expulsó entonces a un grupo de notorios callistas de sus filas, entre los que estaban nada menos que Melchor Ortega, José María Tapia, Luis I. León y Fernando Torreblanca, yerno y secretario particular del general Calles.

Ortega, León y Torreblanca llevaban ya tiempo metiendo cizaña en contra del gobierno de Cárdenas, entre declaraciones a los periódicos y discurseando entre gobernadores, diputados y senadores. Se rumoraba también que Tapia, siguiendo las instrucciones de Calles, estaba visitando a diversos militares y gobernadores para iniciar un levantamiento. El general Manuel Ávila Camacho, desde la Secretaría de Guerra y Marina, le había informado al presidente, una semana antes de que aparecieran las declaraciones de Calles en la prensa, sobre esta

---

[19] Alicia Gojman de Backal, *Camisas, escudo y desfiles militares: los Dorados y el antisemitismo en México, 1934-1940*, FCE/UNAM, México, 2000, pp. 446-451.

[20] Javier Romero, "Cárdenas y su circunstancia", en Lázaro Cárdenas, *Palabras y documentos públicos, 1928-1970*, Siglo XXI Editores, México, 1978, p. 76.

situación, y Cárdenas, aunque firme, se había mostrado benévolo con los sediciosos. Anotó en sus *Apuntes*: "Siguiendo la conducta que se ha trazado el Gobierno, no se ejercerá acción drástica contra Tapia y socios. Se procederá sí, si inician la rebelión anunciada". Pero para ese entonces el General ya tenía claro que su gobierno estaba lo suficientemente sólido como para resistir los embates de los opositores, aunque fueran comandados por el propio Calles. "Considero carecen de bandera que arrastre adeptos en número que pudiera sacudir las bases institucionales del Gobierno", anotó en su diario al final del 6 de diciembre de 1935.[21]

Como ya se mencionaba, el 13 de diciembre el general Calles arribó en un vuelo comercial al aeropuerto de la Ciudad de México, acompañado ahora por Luis Napoleón Morones, antiguo líder de la Confederación Regional Obrera Mexicana (CROM), a la que por cierto tampoco le estaba yendo tan bien. Dentro de sus filas ya se mostraban algunas fisuras importantes, en gran medida causadas por la disidencia que derivó en la formación de la Confederación General de Obreros y Campesinos Mexicanos (CGOCM). Esta organización estaba encabezada por el joven líder socialista Vicente Lombardo Toledano, quien poco a poco había empezado a establecer sólidas alianzas con el régimen cardenista. Los generales Joaquín Amaro y Manuel Medinaveytia fueron al aeropuerto a recoger al general Calles y a sus acompañantes, lo cual les valió inmediatamente que el presidente los removiera de sus puestos. El primero fungía como director de Educación Militar y el segundo era el jefe de la Primera Zona Militar. Cárdenas aprovechó su destitución para nombrar a sus incondicionales Rafael Cházaro Pérez, en el lugar que dejaba Amaro, y Rafael Navarro, en el que ocupaba Medinaveytia.

El regreso de Calles a la capital del país provocó una buena cantidad de manifestaciones obreras en su contra, y los rumores sobre un posible cuartelazo preparado por militares callistas se hicieron públicos. El mismo general Cárdenas comentó en su diario: "El general Calles

---

[21] Cárdenas, *Obras. 1. Apuntes, 1913-1940, op. cit.*, p. 330.

debería haberse colocado dentro de una actitud serena y no haber regresado al país […] es víctima de sus amigos y de su propio apasionamiento".[22]

El Senado de la República también aportó su cauda de presión política para desmontar el poder callista. El 16 de diciembre desconoció los poderes de los estados de Guanajuato, Durango, Sinaloa y Sonora. Con esto se dio un duro golpe a Melchor Ortega, Félix Carlos Real, Manuel Páez y Ramón Ramos, quienes respectivamente gobernaban aquellas entidades federativas. Los cuatro habían demostrado su filiación callista sin lugar a dudas. A Ortega y a Páez el general Cárdenas ya se las tenía apuntada desde que había pasado por sus terruños durante las giras que realizó mientras promovía su candidatura. Ortega fue acusado de conspiración y Páez de enriquecimiento ilícito. Félix Carlos Real fue depuesto en Durango, y en Sonora, el mismísimo estado de la Federación donde Calles parecía fincar sus reales, Ramón Ramos, quien acababa de asumir la gubernatura, también fue destituido. En sus lugares quedaron Enrique Fernández Martínez como gobernador en Guanajuato, Severino Ceniceros en Durango, Jesús Gutiérrez Cáceres en Sonora y Gabriel Leyva Velázquez en Sinaloa.[23] Todos ellos mostraban, aunque fuese sólo por esos momentos, su lealtad al presidente Cárdenas.

Unos meses antes, entre julio y noviembre de ese año de 1935, el Senado también había desconocido los poderes de los estados de Tabasco, Colima y Guerrero. En la tierra de Garrido Canabal la situación se había descontrolado cuando un grupo de tabasqueños antigarridistas, encabezados por el licenciado Rodulfo Brito Foucher, intentó participar en la sucesión por el poder estatal. Dicho grupo fue recibido a balazos por los garridistas, especialmente por los famosos Camisas Rojas, produciéndose varias muertes de ambos lados. Brito Foucher, quien

[22] *Ibid.*, p. 331.

[23] Julián Abacuc Hernández Padilla, *El Senado de la República y la desaparición de poderes en el sexenio de Lázaro Cárdenas*, Plaza y Valdés/Senado de la República/LXII Legislatura, México, 2013.

había sido director de la Escuela de Jurisprudencia de la UNAM y profesor distinguido de dicha institución, protestó y solicitó el apoyo de los universitarios, pero especialmente del propio gobierno de Cárdenas. El jurisconsulto tabasqueño formaba parte de la Academia de Profesores de la Facultad de Derecho y era representante de los mismos ante el Consejo Universitario. En 1932 había sido muy crítico ante los afanes del entonces director de la Preparatoria Nacional, Vicente Lombardo Toledano, de imponer un tinte marxista a la enseñanza superior. Como es sabido, el debate entre Lombardo y Antonio Caso terminó con la defensa y la instauración definitiva de la libertad de cátedra, misma que Brito Foucher defendió a capa y espada.[24]

Las máximas autoridades de la universidad fueron a quejarse ante el presidente, quien estaba en gira por el estado de Jalisco, por el maltrato que en su estado natal había recibido un ilustre universitario y por la muerte de varios estudiantes. Cárdenas decidió intervenir y mandó al general Miguel Henríquez Guzmán a sustituir al general Pilar Sánchez, quien se había mostrado particularmente hostil hacia los seguidores de Brito Foucher. El 23 de julio el Senado de la República desconoció los poderes en Tabasco y depuso al gobernador Manuel Granier González, para instalar al general Áureo L. Calles en su lugar.[25] Para entonces el licenciado Garrido Canabal había atendido la petición de Cárdenas de exiliarse y ya no se encontraba en México. Pero las hazañas anticlericales, organizativas y caciquiles que había emprendido en su estado seguirían teniendo consecuencias durante mucho tiempo después.

En agosto las cosas también se pusieron color de hormiga en Colima. El gobernador Salvador Saucedo se declaró abiertamente callista y trató de imponer como su sucesor al profesor José Reyes Pimentel.

---

[24] Gabriela Contreras Pérez, *Rodulfo Brito Foucher, un político al margen del régimen revolucionario*, UNAM/Plaza y Valdés, México, 2008, pp. 166-168, y Beatriz Urías Horcasitas (selección de textos y estudio introductorio), *Rodulfo Brito Foucher. Escritos sobre la Revolución y la dictadura*, FCE/UNAM, México, 2015, p. 58.

[25] Contreras Pérez, *op. cit.*, p. 204.

El presidente del PNR, Emilio Portes Gil, se opuso y sus seguidores confrontaron al gobernador saliente, quien no las tenía todas consigo puesto que su política anticlerical, así como su confrontación con la oligarquía local, le habían generado una fuerte oposición.[26] La agitación provocada por estos desencuentros sirvió como pretexto para que el Senado de la República desapareciera los poderes en la entidad y se nombrara como gobernador sustituto a Miguel C. Santana, quien seguiría los designios del cardenismo, implementando la reforma agraria y buscando la estabilidad política del pequeño estado del occidente de México.[27]

Y en noviembre igual, para seguir ganando cierta credibilidad, fue necesario desaforar al gobernador de Guerrero, Gabriel R. Guevara. La razón no solamente se fincó en su clara filiación callista; Guevara fue acusado de complicidad en el asesinato de varios campesinos en la localidad de Coyuca de Catalán. El 19 de septiembre, durante una corrida de toros en dicha localidad de la Costa Grande guerrerense, se produjo un tiroteo entre dos bandos contrarios: el que capitaneaba el diputado federal Salvador González y el que seguía al líder agrarista Ernesto Gómez. La refriega causó siete muertos y 17 heridos, entre ellos el presidente municipal de Coyuca. Si bien no quedó muy clara la responsabilidad del gobernador Guevara en los sucesos, el Senado de la República aprovechó para removerlo del cargo y en su lugar se nombró a José Inocente Lugo, quien ya había sido gobernador de Guerrero en los lejanos años de 1911 y 1912, pero a quien bien conocía el general Cárdenas desde sus andanzas por la Tierra Caliente en épocas huertistas.[28]

Pero volviendo al conflicto entre Cárdenas y Calles a fines de 1935, la situación se complicó particularmente varios días después de la llegada de este último a la Ciudad de México. El 22 de diciembre una

[26] Pablo Serrano Álvarez, "La oligarquía colimense y la Revolución 1910-1940", en *Dimensión Antropológica,* vol. 1, INAH, México, mayo-agosto de 1994, pp. 57-78.
[27] José Miguel Romero, *Breve historia de Colima*, FCE, México, 1994, pp. 189-190.
[28] Ian Jacobs, *La Revolución mexicana en Guerrero. Una revuelta de los rancheros*, Era, México, 1982, pp. 164-165.

manifestación en contra del callismo y respaldando al gobierno cardenista resultó mucho más nutrida de lo que los convocantes esperaban. El
Comité de Defensa Proletaria, integrado por la CGOCM, la Cámara del
Trabajo, el Sindicato de Ferrocarrileros y varias organizaciones de trabajadores del Distrito Federal, contó que fueron más de 100 000 asistentes,
quienes después de escuchar a varios oradores finalmente recibieron el
mensaje del presidente Cárdenas, en el que refrendó su convicción de
mejorar la situación económica de los trabajadores. Un corrido se hizo
eco de aquella situación y la voz popular anotó los siguientes versos que
rayaban entre la adulación y la recuperación de cierta confianza en el
presidente en turno:

> Con mis palabras sinceras
> nacidas del corazón
> declaro, con todo gusto
> a Cárdenas mi adhesión[…]

> Deseando que nunca vuelva
> a triunfar el capital,
> porque Cárdenas del Río
> es el mejor general.[29]

Unos días antes el general Calles había declarado a un periódico estadounidense que "el país va al desastre" y culpaba de dicha situación a
las organizaciones obreras y al gobierno. En sus *Apuntes* el presidente
finalmente reconoció que la actitud del general Calles era "una traición
a México y a la Revolución".[30] A partir de entonces ya no hubo marcha atrás. Calles y Cárdenas se habían distanciado a tal punto que sólo
faltaría acumular las justificaciones necesarias para dar el golpe final.

---

[29] Héctor Pérez Martínez, *Trayectoria del corrido*, s. e., México, 1935, p. 93.
[30] Cárdenas, *Obras. 1. Apuntes, 1913-1940, op. cit.*, p. 332.

De ahí en adelante, diversos acontecimientos que acusaban la siembra de inestabilidad política y social en el país por parte de los callistas se sucedieron rápidamente. Los atentados dinamiteros en las vías ferroviarias se hicieron frecuentes y varios asaltos en las carreteras pretendieron mostrar que la inseguridad reinaba en México, gracias a la ineficiencia del régimen cardenista. El gobierno no se quedó con las manos cruzadas. La policía realizó un cateo a la casa del líder obrero y exsecretario de Industria y Fomento, Luis Napoleón Morones, y se encontró con un arsenal de armas que se pretendía utilizar para "salvaguardar la vida de nuestras instituciones", según declaraciones del mismo líder laborista.[31]

Los meses de enero, febrero y marzo de 1936 se fueron en el intento de apaciguar los ánimos y en el afán de solucionar por lo menos un par de conflictos que tuvieron repercusiones a nivel nacional.

La primera confrontación se suscitó en Monterrey pero dio pie a que el presidente pusiera los puntos sobre las íes en la relación de su gobierno con la llamada "clase patronal". El general Cárdenas conocía el proyecto estadounidense del *New Deal* —o Nuevo Trato, como se tradujo entonces al castellano— instrumentado por el presidente Franklin D. Roosevelt para combatir las consecuencias de la gran depresión causada por la crisis financiera mundial de 1929, y convenía en que era necesaria la supremacía del Estado por encima de las voluntades de las empresas privadas. El primer mandatario estadounidense había publicado sus propuestas desde 1933, pero tanto en México como en otros países latinoamericanos éstas se empezaron a discutir a partir de 1934 y 1935. Roosevelt había proclamado con especial claridad que "la libertad de una democracia no está a salvo si el pueblo tolera el crecimiento del poder privado hasta el punto en que se vuelva más fuerte que el Estado democrático mismo [...] La libertad de una democracia no está a salvo si su sistema de negocios no provee empleo y produce y distribuye los

---

[31] Gustavo Casasola, *Historia gráfica de la Revolución mexicana*, vol. 7, Trillas, México, 1973, p. 2202.

artículos de modo que se sostenga un nivel de vida aceptable" entre los trabajadores.[32]

Y estas ideas parecían estar plenamente fincadas en el pensamiento del general Cárdenas cuando en febrero de 1936, a raíz de una huelga suscitada en la empresa La Vidriera, se generó un enfrentamiento entre la Junta Patronal de Monterrey y diversos sindicatos locales que pretendían vincularse a las organizaciones de trabajadores que ya operaban a nivel nacional. Según los patrones, la huelga fue instigada por Vicente Lombardo Toledano, quien buscaba "imponer a las empresas condiciones que están fuera de la ley". Para desarticular el movimiento sindical fortalecido por sus alianzas con centrales obreras de varias entidades de la Federación, los empresarios regiomontanos habían favorecido los contratos colectivos acordados y firmados con "sindicatos blancos" particularmente dóciles a las imposiciones de las empresas. El choque entre estos sindicatos y aquellos que se habían afiliado a la CGOCM y al Comité de Defensa Proletaria, ambas organizaciones que seguían las consignas lombardistas, no se dejó esperar. El conflicto estalló en las instalaciones mismas de La Vidriera y amenazaba con convertirse en un polvorín capaz de afectar a toda la incipiente industria norteña.

Lombardo, ante las acusaciones que le hicieran los representantes patronales de romper "la armonía obrero-patronal" y de ser un "traidor a la patria", respondió de manera por demás violenta: "¿Cuándo el socialismo ha repudiado a la patria? ¿Cuándo el socialismo ha dicho que destruir la patria es un hecho revolucionario? Creen que nosotros le tenemos asco a la bandera nacional, que la repudiamos, que somos descastados, que no amamos a la patria. ¡Qué profundo error! ¡Qué grande ignorancia!", y no contento con lo dicho les zampó los siguientes adjetivos: "¡Idiotas! ¡Ignorantes! ¡Imbéciles! ¡Cobardes!"[33]

---

[32] Citado y traducido en Puig Casauranc, *op. cit.*, p. 480.

[33] Óscar Hinojosa, "En 1936, Lombardo se enfrentaba al grupo Monterrey y Cárdenas marcaba la línea", *Proceso*, 10 de mayo de 1980.

Los empresarios regiomontanos habían promovido un paro nacional de industrias con el fin de ejercer presión para que las juntas de Conciliación y Arbitraje no siguieran favoreciendo a los sindicatos afiliados a las centrales nacionales. Ante esta situación, el general Cárdenas decidió apersonarse en Monterrey, y tomando el Tren Olivo salió de la Ciudad de México en la noche del 6 de febrero, con dirección a la Sultana del Norte. Al arribar a la capital de Nuevo León pidió a los empresarios que se reunieran con él al día siguiente para tratar de llegar a una solución ante el conflicto suscitado entre los sindicatos y las empresas.

En esta primera reunión no hubo mayores avances, los empresarios insistieron en impulsar su paro nacional si no se retiraban las demandas obreras, manifestando su temor a que el país avanzara sobre "la ruta de imponer un régimen comunista". Cárdenas declaró entonces a la prensa: "Nada autoriza a creer en la existencia de un movimiento comunista o de cualquier otro carácter, enderezado a subvertir, ni siquiera a trastornar el orden social, político y económico que garantizan la Constitución general y las leyes del país".[34]

El 10 de febrero una gran manifestación de cerca de 18 000 obreros desfiló por las calles de Monterrey apoyando al general Cárdenas y a los líderes sindicales Vicente Lombardo Toledano, Juan Téllez y Valentín Campa. Después de aquel magno acontecimiento, Cárdenas decidió aprovechar la ocasión para insistir en una de sus reiteradas consignas políticas: la unificación de las organizaciones obreras. Reuniéndose con los principales dirigentes, propuso la creación de un Congreso de Unificación Proletaria, que eventualmente daría lugar a la instauración de la Confederación de Trabajadores Mexicanos (CTM).

Mientras tanto los empresarios mantuvieron su posición irreductible y una vez más se amenazó al gobierno cardenista de echar a andar un paro patronal. La crónica periodística del encuentro entre el gobierno, los dirigentes obreros y los empresarios, que se llevó a cabo el 11 de

---

[34] *Idem.*

febrero de 1936, reseñó: "Ya para concluir la reunión, en respuesta a palabras de desaliento que había vertido alguno de los representantes nacionales, el Primer Magistrado expuso con particular sencillez: —Los empresarios que se sientan fatigados por la lucha social, pueden entregar sus industrias a los obreros o al Gobierno. Eso sería patriótico; el paro no".[35] En seguida, el general Cárdenas expuso los famosos 14 puntos que resumían los propósitos de su gobierno en materia obrero-patronal. Tal vez el más importante era el que decía tácitamente: "El Gobierno es el árbitro y regulador de la vida social", con lo cual se afirmaba la convicción de que el Estado era el principal responsable de la conducción del desarrollo del país.

El PNR se encargó de publicar la doctrina cardenista en materia obrera
(Colección particular)

---

[35] *El Nacional*, 12 de febrero de 1936, citado en Cárdenas, *Obras. 1. Apuntes, 1913-1940, op. cit.*, p. 343.

LÁZARO CÁRDENAS

Pero aquellos puntos también planteaban otras posturas que diferenciaban al gobierno cardenista de sus antecesores. La primera consistía en que era necesaria la creación de una central única de trabajadores industriales. En seguida se insistía en que las demandas de los trabajadores debían contemplarse como parte del propio margen económico y de las posibilidades de las empresas. Se enfatizaba también que éstas no tenían ninguna facultad de decisión sobre la organización de los trabajadores y, de manera equivalente, los propios patrones tenían el derecho de organizarse a nivel nacional como lo consideraran pertinente. Asimismo se negaba la existencia de una "agitación comunista", y se reconocía que más daño hacían los fanáticos que "asesinan profesores" y se "oponen al cumplimiento de las leyes y del programa revolucionario", que los trabajadores que luchaban por organizarse y demandar salarios justos. Igualmente se reconocía que no se trataba de un conflicto exclusivo de Monterrey. El documento de los famosos 14 puntos citaba los casos de La Laguna, León, el Distrito Federal, Puebla y Yucatán, en los que había situaciones semejantes. Y finalizaba con una advertencia: "Debe cuidarse mucho la clase patronal de que sus agitaciones se conviertan en bandería política, porque esto nos llevaría a una lucha armada".[36]

De esta manera el General enfrentaba al toro empresarial por los cuernos e impulsaba la idea de unificar tanto a la clase obrera como a los industriales con el fin de evitar tanta dispersión en el intento de orientar la transformación y el desarrollo del país.

Sin embargo, no sólo los empresarios y los obreros tendían a la desarticulación. Otras fuerzas se empeñaban en golpear los avances revolucionarios y se aprovechaban de los vientos de cambio. Las formas de encarar los problemas del país parecían estar transformándose. El diálogo directo era la primera propuesta para arreglar las diferencias. Si ya de plano no había respuesta y se insistía en la confrontación, se aplicaba la ley o el exilio. Este método trató de hacer a un lado la violencia y la agresión

---

[36] *Ibid.*, p. 344.

que hasta entonces caracterizaban el trato con la disidencia por parte del gobierno en turno. Sin embargo, no siempre fue posible hacer a un lado la coacción decidida, menos aun cuando la provocación arrebatada se utilizó como medio para obtener algún fin ajeno al proyecto estatal.

Un caso lamentable que siguió los designios de la violencia y la bravata fue el que ocurrió en San Felipe Torres Mochas, también conocido como Ciudad González, Guanajuato. Tal como su nombre de santo lo indicaba, además de haber permanecido por más de 200 años con la construcción de las torres de su parroquia incompleta, la propia localidad apelaba a su población como intolerantemente católica o "mocha". Y así lo demostró el 29 de marzo de 1936, cuando un grupo de fanáticos arremetió contra la misión cultural que ahí se disponía a llevar a cabo su labor educativa. Los acontecimientos fueron relatados en dos versiones: la primera consistía en que saliendo de misa a las 11 de la mañana, los integrantes de la misión cultural se acercaron a los feligreses y trataron de tomar la iglesia; y la segunda narraba que, azuzados por los curas, los católicos se fueron contra los maestros con machetes y palos. El caso es que hubo 18 muertos y cerca de 25 lesionados.[37] El general Cárdenas le creyó a la segunda versión y anotó en su diario: "Los fanáticos arremetieron con armas y piedras, viéndose obligada la fuerza pública a repeler la agresión con saldo de varios muertos y heridos".[38] En la noche de ese mismo día el presidente se trasladó al lugar de los hechos arribando a la madrugada siguiente. Cárdenas y sus acompañantes entraron a la parroquia de San Felipe Apóstol, llamaron a cuenta a los curas, y encararon a la multitud que se congregó en el interior del templo. Después de escuchar algunas voces locales, se esclarecieron las causas del zafarrancho. Para el General quedó claro que quienes habían sido los responsables eran los curas, a los que se les dio un plazo de 24 horas para abandonar la población.

---

[37] *El Universal*, 30 de marzo de 1936.
[38] Cárdenas, *Obras. 1. Apuntes, 1913-1940, op. cit.*, p. 346.

Para algunos estudiosos, el incidente de San Felipe Torres Mochas fue un indicador de que la persecución religiosa estaba tomando cauces distintos a los que se habían vivido durante la década anterior. A pesar de que todavía existía un ánimo anticlerical y de que los fanáticos eran capaces de violentarse a la menor provocación, el gobierno ya no acudía a los métodos represivos tan inmediatamente. Es más, poco a poco parecía que las tensiones entre la Iglesia católica y el gobierno revolucionario empezaban a ceder y una tendencia a la tolerancia se comenzó a percibir en el ambiente.[39]

Sin embargo entre la élite política las cuentas todavía no estaban saldadas. La conspiración constante colmó la paciencia del presidente Cárdenas en abril de 1936. Un atentado contra el tren que iba del puerto de Veracruz a la Ciudad de México perpetrado el día 5 del mismo mes, cuya responsabilidad recayó en elementos callistas, hizo que Cárdenas tomara le decisión de expulsar definitivamente al general Calles del país. Todavía envió al general Múgica a tratar de negociar con el sonorense, pero éste optó por no querer concertar ningún acuerdo con el presidente. Finalmente el 9 de abril se dio la orden de expulsar del país a Luis L. León, a Luis Napoleón Morones, a Melchor Ortega y al mismísimo general Plutarco Elías Calles. El general Rafael Navarro fue quien comunicó a Calles dicha decisión en su casona de Santa Bárbara a las 10 de la noche. La anécdota registró que justo entonces el sonorense leía *Mi lucha*, de Adolfo Hitler. Para muchos este dato establecía una relación directa entre los afanes totalitarios del germano y la voluntad mangoneadora del sonorense. Más bien se trataba de un texto que desde luego podía atraer la atención de un expresidente que todavía seguía interesado en los asuntos de la organización del Estado, y que además, no hay que olvidar, era un libro que parecía estar "de moda". La Alemania nazi continuaba sorprendiendo al mundo entero con la velocidad

---

[39] Jean Meyer, *La cristiada*, vol. 1, Siglo XXI Editores, México, 1973, p. 364.

de su reconstrucción, pero sobre todo con el extraordinario manejo de su propaganda.[40]

Pero respecto a la expulsión del general Calles, Cárdenas escribiría con cierta solemnidad en sus *Apuntes*: "Mucho reflexioné para tomar esta determinación y hube de disciplinar mi condición sentimental, por lo que se refiere al señor general Calles, y obrar como responsable de los destinos de la Nación".[41]

El general Cárdenas con miembros del Estado Mayor Presidencial
y su secretario particular Luis I. Rodríguez en 1936
(Casa Katz)

[40] Priscila Pilatowsky, "Reconstruyendo el nacionalismo: impresos, radio, publicidad y propaganda en México (1934-1942)", tesis de doctorado inédita, El Colegio de México, 2015.

[41] Cárdenas, *Obras. 1. Apuntes, 1913-1940*, *op. cit.*, p. 338.

La salida de Calles del territorio nacional propició además que se hicieran nuevos y necesarios cambios en el gabinete presidencial. Significaría también el fin de la hegemonía militar sonorense, a la vez que el establecimiento del control político de las cámaras. A partir de ese momento Cárdenas tomó la sartén por el mango para impulsar las reformas sociales más importantes de la primera mitad del siglo XX mexicano, tratando de restaurar un clima de reconciliación con los enemigos que la era posrevolucionaria había ido cosechando. Desde febrero de 1936, con la promulgación de la Ley de Indulto, regresaron a México muchos exilados políticos como Porfirio Díaz hijo, Adolfo de la Huerta, Juan Sánchez Azcona, José Vasconcelos y varios más. El régimen cardenista conseguiría también, no sin múltiples tropiezos, la paz con el clero y la población católica. Poco a poco se estaba consolidando el presidencialismo y la instrumentación de una política de masas, así como la creación de un Estado corporativo, que ahora parecía tener el paso libre para transitar hacia su establecimiento definitivo.

Quizá el apoyo más importante para desplazar a Calles de las principales tomas de decisión gubernamentales vino de parte del ejército. Cárdenas atrajo a su gobierno a militares resentidos con los sonorenses, como Cándido Aguilar, Heriberto Jara y Juan Soto Lara. También logró la cercanía de exvillistas como Pánfilo Natera y de zapatistas como Gildardo Magaña. Los generales fieles a los caudillos del pasado que quedaban en servicio fueron neutralizados, aunque años más tarde serían los opositores más conspicuos al régimen. El general Joaquín Amaro, por ejemplo, había sufrido una severa merma política a partir de 1935, y el general Saturnino Cedillo, aunque llegó a formar parte del segundo gabinete cardenista, en 1938 se levantaría en armas. Por su parte, el general Juan Andrew Almazán estaba más interesado en hacer negocios y en controlar la zona militar de Nuevo León, pero no dudaría en lanzarse como candidato de oposición en la sucesión de 1940.

Cárdenas fue colocando paulatinamente a militares de toda su confianza en puestos estratégicos. Primero ratificó a su incondicional amigo y compañero de armas, el general Manuel Ávila Camacho, en la Secretaría de Guerra y Marina, después de que el general Andrés Figueroa falleciera repentinamente; el general Heriberto Jara quedó como inspector general del Ejército y a sus muy leales generales Francisco J. Múgica, Genovevo Rivas Guillén y Rafael Navarro Cortina trató mantenerlos cerca, para que lo asesoraran o hicieran de comodines políticos en caso de necesitarlos. Entre 1935 y 1938, 91 de los 350 generales del ejército se encontraban "a disposición" de la superioridad, al igual que 16 de sus divisionarios. Pablo Quiroga, Manuel Acosta, Joaquín Amaro, Martín Ramos, Manuel Medinaveytia, Eulogio Ortiz y Saturnino Cedillo se quedarían bajo la mira del presidente.[42] Poco a poco se fue formando una cartografía castrense de la República que debía garantizar su lealtad a la institución presidencial. Cárdenas también procuraría a los mandos medios y haría lo posible por beneficiar a la tropa con sus programas de educación a través de las Escuelas de Hijos del Ejército y aumentando sus haberes.[43]

Una de las características más importantes del régimen cardenista a partir de entonces fue su capacidad para consolidar un presidencialismo fuerte sin el uso de las armas. Para lograr esto, mantuvo a los secretarios de Estado bajo sus órdenes inmediatas y directas; suprimió los restos de varios cacicazgos locales y controló personalmente a los gobernadores de los estados. A través del continuo movimiento de las jefaturas de operaciones militares regionales logró no sólo el dominio de la tropa, sino también mantener las riendas de la oficialía. Además, por medio de ajustes y no pocas prebendas, propició una colaboración estrecha con las cámaras y el Poder Judicial. Y lo que realmente resultaría espectacular sería que durante el tiempo que duró la crisis suscitada entre los generales Plutarco Elías Calles y Lázaro Cárdenas, los cambios entre gobernadores

---

[42] Alicia Hernández Chávez, *La mecánica cardenista*, en *Historia de la Revolución Mexicana, 1934-1940*, vol. 16, El Colegio de México, México, 1981, p. 105.

[43] *Ibid.*, pp. 84–86.

entrantes y salientes sumarían un total de 25 en tan sólo el año y medio que llevaba este último en la presidencia.[44] En otras palabras: después de aquel reajuste de poderes casi 80% del mapa de la administración pública había cambiado.

Otro acontecimiento que nuevamente cimbró a la clase política tuvo lugar en junio de 1936. El jueves 25, cuando estaba cenando en el Café Tacuba con su esposa, el recién electo gobernador de Veracruz y exsenador Manlio Fabio Altamirano fue asesinado por los esbirros de un cacique de la región de Naolinco, cerca de Xalapa, llamado Manuel Parra Mata. Altamirano había jugado un papel importante en el diseño del Plan Sexenal y era un militante distinguido del PNR. Su arribo al poder en Veracruz fue visto como una posible amenaza para quienes todavía no habían sido afectados por las distribuciones agrarias cardenistas, como el propio Parra Mata, quien era dueño de la gran hacienda de Almolonga. Se rumoraba que Parra Mata era socio del general Pablo Quiroga, quien recientemente había dejado la Secretaría de Guerra por sus lealtades primordiales con el general Calles y que además tenía también cierta liga con quien acababa de ganar el escaño veracruzano en el Senado de la República, el licenciado Miguel Alemán Valdés. A ninguno de los dos se les pudo probar relación alguna con dicho asesinato, en medio de esas jarochas aguas tan revueltas. Lo que sí se pudo saber es que los perpetradores del homicidio formaban parte de una organización criminal llamada La Mano Negra, que se había constituido con algunos oponentes al agrarismo armado, recién pacificado, del exgobernador Adalberto Tejeda. Según la estudiosa más reconocida de aquellos avatares veracruzanos, el asesinato de Altamirano fue el resultado de una política de venganza pero "nadie fue nunca arrestado ni condenado por el crimen".[45]

---

[44] *Ibid.*, p. 60.

[45] Heather Fowler Salamini, *Movilización campesina en Veracruz, 1920-1938*, Siglo XXI Editores, México, 1979, p. 164.

LÁZARO CÁRDENAS, PRESIDENTE DE MÉXICO, 1934-1937

A los pocos días, el general Cárdenas incorporó al todavía gobernador de Veracruz, Gonzalo Vázquez Vela, a su gabinete, y el joven Miguel Alemán, que acababa de ser electo como segundo de a bordo del recién ultimado Manlio Fabio Altamirano, asumiría la gubernatura de aquella entidad federativa a partir del 1º de diciembre de 1936. El General se había convertido en uno de los principales promotores de la carrera política del joven veracruzano. En 1935, por sugerencia de Cándido Aguilar, fue designado por el propio Cárdenas magistrado del Tribunal Superior de Justicia del Distrito y Territorios Federales. Fue asignado a la Quinta Sala en materia laboral, aunque la recomendación original había sido para el puesto de ministro en la Suprema Corte de Justicia, cargo al que Miguel Alemán no pudo aspirar por no contar con la edad requerida.[46]

Nuevamente su principal mentor, Cándido Aguilar, intervendría en la decisión que hizo que Alemán se volviera el candidato emergente para el gobierno de Veracruz, luego del desafortunado asesinato del candidato a gobernador Manlio Fabio Altamirano en el Café Tacuba. En 1935 había surgido un movimiento local que buscaba la renovación de los cuadros políticos en Veracruz. La agrupación llevaba el nombre de Socialistas Veracruzanos y su presidente era nada menos que el licenciado Miguel Alemán.[47] El pronunciamiento a favor del propio Alemán como senador se dio justo en el tiempo indicado para influir en las elecciones a gobernador del estado. Dos meses más tarde el flamante senador fue nombrado candidato suplente con los apoyos, además de Aguilar, de Luis I. Rodríguez, secretario particular del presidente Cárdenas, y Gabino Vázquez, jefe del Departamento Agrario. Alemán no ignoraba que la contienda en el estado jarocho formaba parte de la andanada cardenista en contra del coronel Adalberto Tejeda.[48]

---

[46] *Ibid.*, pp. 163-165.

[47] Romana Falcón, *La semilla en el surco: Adalberto Tejeda y el radicalismo en Veracruz*, El Colegio de México/Gobierno del Estado de Veracruz, 1986, pp. 164-165.

[48] *Ibid.*, pp. 161-162.

El joven licenciado de 33 años de edad tomó posesión del cargo de gobernador del estado de Veracruz en una ceremonia en el estadio de Jalapa a la que asistió el embajador de los Estados Unidos en México, Josephus Daniels. Con el apoyo del general Cándido Aguilar y del licenciado Emilio Portes Gil, Alemán iniciaría entonces su meteórico ascenso a la presidencia de la República, misma que lograría en 1946.

La sociedad urbana y los mundos rurales.
Entre la educación, el ambiente y la organización

> Sol redondo y colorado
> como moneda de cobre
> que a diario me estás mirando
> y a diario me miras pobre.
>
> **Corrido del sol**

La expulsión del general Calles provocó diversas manifestaciones de apoyo popular y en especial de los sectores medios, pues se pensaba que beneficiaría principalmente a la aristocracia clerical, a amplios grupos populares de creyentes y a muchos miembros de las clases persignadas y mojigatas. Estos grupos sociales apelaban a las tradiciones hispanistas, se identificaban plenamente con la consabida doble moral católica y eran proclives a militar en las filas del conservadurismo más retardatario. Pero también es cierto que poco a poco tanto esas derechas como las distintas vertientes de las izquierdas, y varios sectores otrora apáticos y escépticos, empezaron a dejarse llevar por los vientos de transformación que soplaban en el ambiente mexicano de la segunda mitad de los años treinta.

Desde el 1º de enero de 1935 el gobierno cardenista había declarado "la urgencia de sustraer al país de la ciega opresión clerical". Esto provocó que grupos reaccionarios católicos protestaran por las medidas promovidas por algunos miembros del gabinete que consistían en el cierre de templos en 13 estados de la República y en fomentar el cese de funcionarios católicos en las oficinas de gobierno. También se impuso la prohibición de enviar literatura religiosa por correo y diversas iniciativas antirreligiosas propiciaron la clausura de colegios católicos y seminarios. Todo ello parecía indicar que las andanadas gubernamentales en contra del clero católico y sus feligreses seguían viento en popa.

Sin embargo ya para principios de 1936 Cárdenas fue suavizando poco a poco las actitudes anticlericales de su régimen e hizo declaraciones a favor de las creencias y la religiosidad populares que fueron apuntaladas con un decreto de apertura de templos y una disposición oficial a favor de la tolerancia al culto católico. Tras la muerte del arzobispo Pascual Díaz el 19 de mayo de dicho año y la autorización de celebrar sus funerales con pompa y boato, el movimiento cristero pareció irse aplacando. El arzobispo Luis María Martínez, nombrado por el Vaticano en sustitución de Monseñor Díaz, era un michoacano conciliador y amigo del general Cárdenas, que no se escandalizó tanto por el impulso de la desfanatización popular a través de la educación socialista que poco a poco se fue instaurando con el fin de cumplir con uno de los principales mandatos del Plan Sexenal de 1934-1940.[49]

Cierto que no hubo un consenso sobre lo que quería decir "educación socialista"; sin embargo su contenido cooperativista, antiimperialista y laico, así como su manifiesto compromiso con la transformación sociocultural del país, causó un impacto trascendental en las generaciones que se educaron durante el régimen cardenista. Las acciones gubernamentales encaminadas a implementar la justicia social en las esferas campesinas eran llamadas puntualmente "agraristas" y las medidas instrumentadas en las urbes a favor de los intereses de los trabajadores se acompañaban generalmente con los términos "proletario" o "socialista". Así, la presencia de los adjetivos *agrarista, proletario, socialista,*

---

[49] Meyer, *op. cit.*, pp. 363-365.

capitalista o *imperialista* en el ambiente rural y citadino de la época sería un sello distintivo del cardenismo.[50]

La educación socialista fue una referencia particular de esos años en materia de reformas políticas, económicas y sociales, precisamente por el compromiso que los maestros establecieron con el impulso que se estaba dando a la transformación del país. Se trataba de una educación que pretendía diferenciarse no sólo de aquella impartida durante los años previos a la Revolución, sino también de la que se echó a andar en la década de los años veinte, y de la que tanto se vanagloriaban José Vasconcelos y Moisés Sáenz. Sin embargo, muchos términos y conceptos particularmente ambiguos como el "obrerismo", la "igualdad social", la "colaboración de clases", la "lucha contra la pobreza", la "defensa de los mercados nacionales" y desde luego la "industrialización con beneficios para todos" y la "unidad nacional", transitaron del cardenismo a los regímenes posteriores, y se podría decir que fueron una herencia demagógica que pobló el discurso político y cultural hasta bien avanzado el siglo XX mexicano. En cambio palabras, frases e ideas como el propio "socialismo" o "el combate por recuperar nuestros medios de producción" y la "intensificación de lucha de clases" se quedaron en el ámbito del cardenismo histórico y se refuncionalizaron sobre todo en el discurso de las izquierdas marxistas, que sin duda tuvieron una influencia relevante en la organización y los principales proyectos de la época.

Pero independientemente de las consignas y las frases hechas, las palancas más importantes para instrumentar la transformación del país durante la segunda mitad de los años treinta fueron los proyectos de distribución de la tierra y la organización de las clases trabajadoras. A ello también contribuyeron los militares en materia de estabilidad política y los maestros como impulsores del cambio social. Ambos sectores no

---

[50] Luis González y González, *Los días del presidente Cárdenas*, en *Historia de la Revolución Mexicana, 1934-1940*, vol. 15, El Colegio de México, México, 1988, p. 70.

parecían tener reparo en considerarse parte de esa transformación que había perdido el temor a identificarse con el "socialismo" y a ver a la explotación capitalista como un sistema que era necesario combatir. Según el discurso que empezaba a imperar en el México cardenista, los militares y los maestros debían ponerse del lado de los campesinos y de los obreros en la lucha por su emancipación y el bienestar común.

La educación socialista, al igual que muchos otros temas asociados con el sexenio del general Cárdenas, generó discusiones e interpretaciones diversas. Para algunos fue el pivote neurálgico de la renovación social que impulsó el cardenismo,[51] y para otros sólo fue un chispazo que primero generó mucho entusiasmo y que a los pocos años se convirtió en desilusión.[52] Entre los primeros se establecía que "la esencia de la educación socialista consiste en subrayar más el punto de vista social que el individual" y que, como bien decían las modificaciones que se habían hecho al artículo 3° constitucional, aprobadas en diciembre de 1934, era necesario "combatir el fanatismo y los prejuicios, para lo cual la escuela organizará sus enseñanzas y actividades en forma que permita crear en la juventud un concepto racional y exacto del Universo y de la vida social". Los defensores de estas consignas narraron los avances de la educación socialista como si se tratara de una cruzada nacional. Uno de sus panegiristas contaba la experiencia de aquellos educadores así: "Armados con esta bandera ideológica y política, henchidos de esperanza y de entusiasmo y con objetivos muy precisos en sus mentes, miles y miles de maestros, muchos de ellos jóvenes campesinos que apenas sabían leer y escribir, invadieron los campos para reconquistar a la sociedad rural a una revolución que había estado a punto de olvidarla

---

[51] David L. Raby, *Educación y revolución social en México*, SepSetentas, México, 1974, y Arnaldo Córdova, *Los maestros rurales como agentes del sistema político del cardenismo*, en *Avances de Investigación* núm. 8, CELA/Facultad de Ciencias Políticas y Sociales-UNAM, México, 1975.

[52] Victoria Lerner, *La educación socialista*, en *Historia de la Revolución Mexicana 1934-1940*, vol. 17, El Colegio de México, México, 1979.

y de perderla".[53] Sin citar fuentes específicas o datos precisos, se planteó incluso que "a través de ellos el estado penetró hasta el último rincón de la sociedad rural, tocando hasta el nervio más oculto de la sociedad rural".[54] Según esta versión, más bien fueron la exaltación emotiva y los buenos deseos los que permeaban los posibles resultados de la educación socialista, tanto en el mundo campesino como en el urbano.

Otras referencias, en cambio, fueron bastante más medidas y llegaron a la conclusión de que, en vista de las múltiples interpretaciones de lo que quería decir "socialista", el proyecto no llegó a cuajar del todo. Y así, "por la falta de consistencia de la prédica socialista es natural que al pasar de los días la gente creyera menos en ella. En los primeros años del cardenismo, hacia 1934 y 1935, sí se sentía cierto entusiasmo, pero ya para 1936 había desilusión y se aconsejaba moderación".[55]

Pero también es cierto que la educación privada se mantuvo vigente, aunque de igual manera le tocó recibir una pátina del discurso socialista imperante. El historiador Moisés González Navarro recordaba, por ejemplo:

Como estudié la primaria, la secundaria y el primer año de la preparatoria en escuelas particulares, conviví al lado de gentes que habían sufrido la reforma agraria o que batallaban contra el obrerismo de Cárdenas. Otros de mis compañeros eran como yo, de modestos recursos, hijos de empleados y de obreros, pero cuyos padres deseaban mantenernos fuera del peligro de la educación "socialista". Recuerdo por ejemplo, que cuando se afectó la hacienda de un compañero, éste comentó indignado que Cristo había sido "socialista" pero no como lo estaban haciendo "esos".[56]

---

[53] Córdova, *Los maestros rurales...*, *op. cit.*, p. 12.

[54] *Ibid.*, p. 19.

[55] Lerner, *op. cit.*, p. 93.

[56] Enrique Florescano y Ricardo Pérez Montfort, *Historiadores de México en el siglo XX*, FCE/Conaculta México, 1995, p. 383.

Sin embargo, como se verá más adelante, la educación socialista tuvo repercusiones mucho más importantes en algunos ámbitos rurales que en el mundo urbano, pues por lo general estuvo acompañada por las medidas relevantes que se instauraban a la par de las reformas agrarias. En cambio en las ciudades esa educación sí pareció quedarse sobre todo en el discurso y en el primer impulso. Para algunos sólo significó la inclusión de "La Internacional" en el repertorio del coro estudiantil, o las referencias de algunos autores soviéticos como Máximo Gorki o Vladimir Mayakovski en las materias de literatura. Y fue precisamente en la propia Ciudad de México en donde se pudo percibir una transformación importante a nivel cultural, al grado de que desde ahí se irradiaron hacia el resto del país múltiples mensajes que hablaban de una especie de "nuevo impulso de la Revolución Mexicana", más incluyente y más comprometido con las clases trabajadoras. De esta forma sí fue posible percibir una novedosa cultura cardenista, o si se quiere un original marcaje cultural fincado durante esa segunda mitad de los años treinta, al que se volverá más adelante.

Desde luego que cuando se hablaba del mundo urbano de esa época, por lo general se hacía referencia a la capital del país, misma que estaba pasando por algunas de sus transformaciones más radicales. Sin contar la gran cantidad de construcciones provisionales propias de los sectores populares, el *Atlas del Distrito Federal* de 1930 hablaba de una "aglomeración urbana" con poco más de 6 000 edificaciones, de las cuales alrededor de 70% eran casas de un solo piso.[57] Por sus calles circulaban cerca de 28 000 vehículos automotores: casi 5 000 eran camiones de carga y más de 8 000 eran automóviles particulares, cifra que casi equivalía a la de las bicicletas, que entonces sumaban 7 668. Había 55 líneas de autobuses de pasajeros y 4 092 policías, de los cuales sólo 51 eran motociclistas.[58]

---

[57] *Atlas General del Distrito Federal. Obra formada en 1929 por orden del Jefe del Departamento Central José Manuel Puig Casauranc* (reedición de la primera edición de 1930), Condumex, México, 1991, pp. 90-96.

[58] *Ibid.*, p. 66.

Por otra parte, la capital contaba con 284 escuelas primarias, seis secundarias, dos escuelas profesionales, 10 escuelas de bellas artes y una universidad. En cuanto a los poco más de 7 000 profesionistas que habitaban en el Distrito Federal, había casi igual número de médicos que de ingenieros, más abogados que dentistas y muchos más farmacéuticos que notarios. Y en materia de servicios comerciales se tenían registrados más de 1 000 expendios de masa, cerca de 300 panaderías, 46 mercados, 270 farmacias, poco menos de 5 000 tiendas de abarrotes y misceláneas, 40 cines, 12 teatros, tres plazas de toros, 19 bancos y más de 400 iglesias.[59] Las fábricas de dulces y chocolates, de camas de latón, de hilados y tejidos y de muebles, sobrepasaban la veintena, en cambio sólo había una casa productora de alfileres, una de esmaltes de peltre y una más de ligas y tirantes. El vidrio, las velas, los jabones, los perfumes, los sellos de goma, las galletas, las cajas de cartón y las aguas gaseosas se producían en más de 100 fábricas pequeñas, tocando a un poco más de 10 productoras por variedad de producto.

Por la noche el alumbrado público decía contar con más de 7 000 lámparas y la electricidad prestaba sus servicios a poco más de 25% de los habitantes. No así el teléfono, que sólo era disfrutado por 5% de la población urbana a pesar de la existencia de dos compañías telefónicas: la Compañía Telefónica y Telegráfica Mexicana y la empresa de teléfonos Ericsson.[60] Los pavimentos de asfalto recorrían casi 30% de las calles de la ciudad, en los cuales se había prohibido, en 1927, la circulación de vehículos de tracción animal. Dichas calles pavimentadas habían favorecido sobre todo al centro, al norte y al poniente de la ciudad, aunque en una fotografía aérea de 1935 ya se podían ver los trazos grises asfaltados por las llanuras y lomitas de Mixcoac hacia algunos rumbos del sur de la ciudad. Las autoridades del Departamento del Distrito Federal blasonaban: "En la actualidad, la ciudad de México puede considerarse,

---

[59] *Ibid.*, pp. 82–85.
[60] *Ibid.*, p. 137.

Vista aérea del Monumento a la Revolución en la Ciudad de México hacia 1935
(Tomada del libro *México: Un siglo en imágenes, 1900-2000*, Secretaría de
Gobernación / AGN, México, 1999, p. 135. AGN Archivo Fotográfico Díaz,
Delgado y García, caja 71/22)

respecto a pavimentos, en mejores condiciones que muchas de las capitales del Europa".[61]

Pero esta comparación no era privativa de los políticos mexicanos.
La apariencia arquitectónica y física en general de la llamada Ciudad
de los Palacios en la segunda mitad de los años treinta siguió impresio-
nando a muchos habitantes locales, pero sobre todo a quienes venían del
extranjero. El ya citado escritor inglés Graham Greene, por ejemplo,
exclamó entusiasmado en 1938:

Esto era como Luxemburgo, una ciudad de lujo. Los taxis pasaban por
la gran avenida, ancha y elegante, el Paseo de la Reforma, y una gran R
verde fosforescente brillaba en la terraza del mejor hotel, sobre balcones y

---

[61] *Ibíd.*, p. 120.

largos vestíbulos de cristal que resplandecían con iluminación anaranjada y tubular; alas doradas en la Estatua de la Independencia.[62]

Y desde luego la ciudad de los ricos era un espacio maravillosamente habitable. Mal que bien la vieja aristocracia porfiriana seguía disfrutando de muchas de sus posesiones y comodidades suntuarias. Si bien los vientos revolucionarios y la reforma agraria habían afectado algunas de sus prerrogativas y privilegios, no cabe duda de que en términos generales dicha aristocracia —ahora menos arrogante y mucho más asustadiza— no había abandonado sus estilos encopetados y distinguidos y todavía vivía como si el mundo fuera suyo. Uno de sus espacios particulares aparecía en la memoria de Eduardo León de la Barra al recorrer la casa de su abuela:

> La casa era de un piso, la ancha escalera de cantera con cinco escalones tenía al principio del pasamanos la estatua de un negrito de fierro, con la pierna cruzada, cuello alto y corbata de moño, sombrero de bombín echado hacia atrás y en la mano un cigarrillo con boquilla. […] La casa era grande: boliche, billar, dos salas y mirando hacia el jardín estaban las recámaras, tantas que no puedo recordar cuántas eran. Separadas de la casa, y siguiendo el camino de tezontle, las cocheras y las caballerizas.[63]

Pero dichas casas no eran privativas de la vieja aristocracia porfiriana. Una nueva élite formada, entre otros elementos, por políticos revolucionarios y funcionarios públicos de alto nivel, también había logrado hacerse de algunos espacios exclusivos de la Ciudad de México. Pero ellos prefirieron el rumbo de las colonias Roma y Condesa a los de Santa María la Ribera o el Centro. Cierto es que dichas colonias ya

---

[62] Graham Greene, "Viejo y vagabundo galeón", en Paulo G. Cruz y César Aldama (comps.), *Los cimientos del cielo. Antología del cuento de la ciudad de México*, Plaza y Valdés, México, 1988, p. 389.

[63] Eduardo León de la Barra, *Los de arriba*, Diana, México, 1979, p. 333.

albergaban a "numerosas familias distinguidas", como "los Asúnsolo y López Negrete, Borja Soriano, Conde, Creel de la Barra, Geertz Manero, Martínez del Río, Robles Gil, entre muchas otras". Estas familias vieron llegar a la colonia Condesa, a la calle de Guadalajara número 104 para ser precisos, al matrimonio formado por Fernando Torreblanca, secretario particular del general Obregón, y Hortensia Elías Calles, hija nada menos que del Jefe Máximo. Dicho matrimonio, claramente ubicado entre los "beneficiarios políticos y económicos" de la Revolución, se instaló en una "residencia palaciega" que si bien denotaba cierto conflicto entre el nacionalismo y el cosmopolitanismo en el uso de los materiales de su construcción, poco se diferenciaba de los lujosos estilos porfirianos.[64]

Pero la Revolución no sólo había sido generosa con los políticos y sus allegados. Ya para la década de los años treinta una buena cantidad de comerciantes, pequeños empresarios y artistas había levantado cabeza y hacía lo posible por incorporar a su vida cotidiana el bienestar económico. Cierto es que para algunos la crisis mundial de 1929 significó el retroceso o incluso el fracaso. Sin embargo para otros esa época fue el inicio de su ascenso, tal como sucedió al cantante Pedro Vargas, quien a partir de 1931, de un departamento en la calle 5 de Febrero, fue trasladándose por la ruta de los ricachones hacia una casa en la colonia Roma, después a la Condesa, luego a la Juárez y finalmente a las Lomas de Chapultepec.[65]

Para los días en que el general Cárdenas ya había ocupado la presidencia del país, Pedro Vargas parecía el prototipo del artista provinciano que, gracias al éxito obtenido en el teatro y la radio de la Ciudad de México, lograba un ascenso que le permitía codearse con la aristocracia

---

[64] Edgar Tavares López, "Imágenes de la ciudad: Colonias Roma y Condesa", *Boletín No. 16*, Fideicomiso Archivos Plutarco Elías Calles y Fernando Torreblanca, México, mayo de 1994, p. 22.

[65] José Ramón Garmabella, *Pedro Vargas. Una vez nada más*, Ediciones Comunicación, México, 1984, p. 382.

y la élite política urbana. A mediados de los años treinta el cantante no sólo cambió de casa, sino que pudo adquirir un automóvil que le costó cerca de 1 000 pesos para poder trasladarse de la colonia Condesa a la XEW, y de ahí a la fiesta de algún político. Contaba el mismo Pedro Vargas que

> habiendo sido íntimo amigo primero de Juan de Dios Bojórquez y de Mario Talavera y después de Agustín Lara (a quien tuve el honor de presentarle) no hubo fiesta ofrecida al presidente Cárdenas a donde yo no asistiera para cantarle canciones de Mario, Agustín, Tata Nacho, Guty Cárdenas y Esparza Oteo que eran sus compositores favoritos.[66]

A pesar de formar parte de esta élite política, el general Cárdenas no parecía tener un aprecio particular por estos habitantes encumbrados de la Ciudad de México. Así lo demostraban sus largos viajes fuera de la ciudad, sus constantes giras de trabajo y sus excursiones de fin de semana. Ya se sabía que el presidente Cárdenas era un personaje particularmente movido. Salvador Novo lo llamó "el presidente errante" y el periodista y libretista de teatro popular José F. Elizondo le dedicó un epigrama que hacía referencia a uno de sus medios de transporte favoritos: el tren presidencial:

> Pita y pita el tren Olivo
> y va diciendo en su llanto:
> ¡Ah qué señor tan activo!
> ¡Nunca me han molido tanto![67]

---

[66] *Ibid.*, p. 286.

[67] Salvador Novo, *La vida en México en el periodo presidencial de Lázaro Cárdenas*, prólogo de José Emilio Pacheco, Empresas Editoriales, México, 1964, p. 471, y Alfonso Taracena, *La revolución desvirtuada*, t. IV, 1936, Costa-Amic, México, 1967, p. 132.

El general Cárdenas evidenciaba con ello su pasión por el campo y por la puesta en marcha de la necesaria reivindicación económica de los campesinos a través de la reforma agraria. Aunque también sus viajes eran pretexto para mostrar cierto principio anti-aristocrático que claramente manifestaba durante sus cortas permanencias en la ciudad. En abril de 1935, por ejemplo, el General declaró a la prensa su punto de vista sobre lo sólidas que eran las familias obreras y campesinas en comparación con los linajes encumbrados de la urbe:

> Para mí nada hay más respetable que el hogar de la familia campesina, donde hemos sido con frecuencia testigos de escenas de sacrificio materno, de amor fraternal y filial, que no siempre se observan en las aristocracias urbanas. Por eso mi resolución esforzada de proteger con garantías prácticas, por medio de la elevación del salario, del aseguramiento de los derechos obreros, de la extirpación de vicios, de la campaña contra la insalubridad, el destino de las familias de los trabajadores, entre quienes, repito, el cariño de padres, hijos y hermanos, no está empañado por intereses mezquinos que frecuentemente dominan las relaciones de las familias adineradas.[68]

En cuanto a su propia casa en la Ciudad de México, como ya se ha visto, el general Cárdenas y su familia parecían actuar más como miembros de la clase media acomodada que a la usanza de las élites. Al inicio de su presidencia el General determinó que él y su familia no habitarían en el Castillo de Chapultepec. Al parecer no le gustaba la idea de que la residencia oficial del presidente de la República fuese un castillo. En todo caso le parecía que el pueblo debía disfrutar del mismo "por su ubicación y sus antecedentes históricos".[69] Por ello solicitó a la instancia respectiva de la presidencia que le buscara un lugar más adecuado a sus necesidades, que por cierto no eran muchas. Sólo quería un lugar

---

[68] Cárdenas, *Palabras y documentos públicos...*, *op. cit.*, p. 160.
[69] *Ibid.*, p. 306.

espacioso, pero eso sí, con alberca. La oficina encargada de satisfacer los requerimientos del presidente le encontró el rancho La Hormiga en Tacubaya, que era una amplia casa con un extenso terreno en donde el general Amaro conservaba sus caballos, y que tenía un gran depósito de agua en el cual sus asistentes solían bañarlos. Aquel espacio le gustó al General y mandó que se lo adaptaran. Después lo bautizaron con el nombre de "Los Pinos" en honor al lugar en donde su futura esposa y él se habían encontrado en Tacámbaro. Doña Amalia contó años después que el General:

> vio que la casa [de aquel rancho] estaba muy destruida pero que tenía las comodidades que él quería; tenía un campo muy grande, una alberca [aunque no en buenas condiciones] y sobre todo espacio. Cuando nos cambiamos hubo que hacer baños, pues había uno sólo en la parte de arriba [...] Lo que el General quería era una casa donde él pudiera levantarse muy temprano a caminar [...] Se levantaba y nadaba muy temprano, en agua helada porque la alberca entonces era fría con ganas.[70]

Así, lejos de los ruidosos lujos urbanos y sin mayores ostentaciones, el presidente y su familia habitaron una casa con características tan rurales como lo podía permitir su agitada vida en la ciudad.

Pero para la población obrera y la de clase media urbana no cabe duda que durante la segunda mitad de los años treinta prácticamente no hubo días que no estuvieran plagados de estímulos tanto positivos como negativos. A la hora de combinar el calendario cívico con el católico, resultó que entre 1935 y 1938 la ciudad experimentó casi diario por lo menos una gran manifestación en sus calles o en el zócalo. El gobierno del general Cárdenas observaba y toleraba las movilizaciones obreras y campesinas, y no tuvo empacho en garantizar la expresión

---

[70] Amalia Solórzano de Cárdenas, *Era otra cosa la vida*, Nueva Imagen, México, 1994, pp. 49-50.

de sus inquietudes en todo tipo de marchas, mítines y concentraciones. Además de los desfiles promovidos por el gobierno mismo, como las correspondientes a los múltiples aniversarios históricos, las manifestaciones de apoyo a la política tanto interna como externa o las demostraciones de repudio a los generadores de crisis o de atentados contra la integridad de los pueblos del mundo y de México se volvieron cotidianas. Las protestas de la oposición o de fervor religioso también tuvieron una presencia constante en las calles de la ciudad. Los 5 de febrero, los 21 de marzo, los 1° de mayo, los 16 de septiembre, los 12 de octubre y los 20 de noviembre se combinaban con el recién instaurado 24 de febrero, como día de la bandera, o con los religiosos jueves y viernes santos, los días de muertos, o el 12 de diciembre, todas fechas en que la gente aprovechaba para salir a la calle a manifestar ya fuera sus simpatías políticas, sus enfados económicos o su pasión religiosa.

Las expresiones populares dejaban sus huellas en las mantas de los manifestantes y en los periódicos, así como en las paredes y en los ánimos urbanos. En el costado de un edificio céntrico, por ejemplo, quedó plasmada la siguiente opinión durante una demostración anti Tercer Reich:

Muera Hitler. Abajo la Bestia Parda!!!!!

En cuanto a las mantas y carteles móviles hubo algunos particularmente radicales como aquel en el que, como ya se verá, en plena manifestación de apoyo a la expropiación petrolera planteaba:

Hidalgo 1810 – Cárdenas 1938:
Los tranviarios exigimos a los trabajadores del Estado apoyo
para expropiar los tranvías

A los entusiastas profranquistas engallados por los triunfos del ejército rebelde español en 1938, la recién formada CTM supo espetarles durante una manifestación la siguiente frase amenazante:

Señoritas Falangistas:
Espérense y verán cómo trata el pueblo de México a sus enemigos[71]

Algunos miembros de la clase media, y desde luego los ricachones que recorrían la ciudad en sus automóviles, se molestaban particularmente por los problemas de tránsito que producían las movilizaciones, ya que a la menor provocación se producían embotellamientos "insufribles". No era raro el día en que se regresaba a los niños de las escuelas o algo, "lo que fuera", impedía el libre transcurrir de la jornada. A esto se sumaba cierta disposición al festejo y al *dolce far niente* que la pequeña burguesía lo mismo aprovechaba para dejar de hacer lo que tenía que hacer e hipócritamente negaba que estaba de plácemes por la suspensión del trabajo. Un periodista se burló de esta situación comentando: "En México el calendario de festividades de todos los géneros imaginables alcanza al año la no despreciable suma de trescientos sesenta y seis días contaditos".

Y tomándola contra las escuelas reproducía el siguiente diálogo:

—¿Pero hijo, y por qué no vas a la escuela?
—Es que hoy se conmemora en Francia la toma de la Bastilla, papá.
—Bueno, y eso qué nos importa.
—A ti no, pero a nosotros nos conmueve harto, y no podemos estudiar.[72]

Combinando este afán festivo con las manifestaciones y los días de asueto, el poeta popular Carlos Rivas Larrauri se lanzó al ruedo de la crítica lúdica con una rima titulada "Nuestra fiesta nacional" que decía:

---

[71] Los textos fueron tomados de diversas fotografías resguardadas en el Archivo General de la Nación (AGN) en el Archivo Fotográfico Díaz, Delgado y García, que cuando se revisó en 1985 todavía no tenían referencias precisas. Véase también Joel Álvarez de la Borda *et al.*, *1938. La nacionalización de la industria petrolera en la historia de México*, Quinta Chilla Ediciones/Pemex, México, 2011, pp. 179 y 186-187.

[72] Revista *VEA*, 30 de abril de 1937.

Es el 1 de mayo
nuestra fiesta nacional
pos el 15 de setiembre
no es de la soleinidá
d'ésta qu'es la mera mera
de toditas las del páis…

… la cosa es qu'en ese día
—yo no sé por qué será
que se nombra del Trabajo—
risulta qu'es mesmamente
el gran pecado mortal
trabajar, pues lo prohíbe
de plano l'Autoridá
y con tan piocha motivo
se tiene qui aguantar,
manque le pese y le punze,
las ganas de trabajar…

¡Y si por mi gusto juera,
yo, la merita verdá,
me plantaba en ese día
por toda l'eternidad.[73]

Sin embargo, los trabajadores estaban muy lejos de tomarse la vida a chunga. Una buena cantidad de pugnas internas y alianzas suscitadas en múltiples federaciones, sindicatos y centrales había generado una aparente conciencia de clase no sólo entre líderes y representantes, sino incluso en lo que entonces se llamaban "las bases del movimiento obrero". El general Cárdenas había declarado que no debía existir un

---

[73] *Idem.*

límite específico en el salario y que éste debía estar en proporción con las ganancias mismas de las empresas. Para el año de 1936, el Banco de México incluso informó que existía un desarrollo notable en la industria y el comercio, lo que se reflejaba en "el alza del poder de compra de los trabajadores".[74] Pero la conciencia de clase no sólo emergía con los beneficios económicos que promovía la alianza entre el gobierno y el proletariado, sino que esta misma se trataba de inducir entre los obreros a través de muchos otros medios. Destacaban los mensajes radiofónicos, los carteles de propaganda, las asambleas sindicales, y desde luego se propagaban ampliamente en las escuelas nocturnas que se instalaron en los barrios populares de la Ciudad de México. La Secretaría de Educación Pública echó a andar a partir de 1936 el Instituto Nacional de Educación para Trabajadores que a su vez distribuyó cerca de un millón de *Libros de Lectura*. En la portada de aquellos libros se podía leer el siguiente mensaje:

Trabajador: Este libro es tu amigo. Día a día verás que sus páginas te dirán cosas nuevas. Te señalará tus deberes y te enseñará a exigir tus derechos. Piensa que la liberación de tu clase depende de lo que sepas.

Y en el penúltimo ejercicio de lectura se afirmaba:

En los sistemas sociales actuales, el capital está formado por los medios de que se vale el hombre para producir: tierra, máquinas, dinero materias primas, edificios, etc..., pero no en todos el capital se aprovecha de la misma manera. En unos el capital rinde beneficios a unos cuantos, en otros rinde beneficios para todos; éstos son sistemas socialistas, aquéllos son capitalistas.[75]

---

[74] Carmen Nava, "Un sexenio de reformas integrales (1934-1940)", en *Asamblea de Ciudades*, Museo del Palacio de Bellas Artes, INBA, 1992, p. 111.

[75] *Libro de lectura para uso de las escuelas nocturnas para trabajadores*, primer grado, Comisión Editora Popular, SEP, México, 1938, p. 91.

Tal como sucedía en estos textos, el discurso oficial se había impregnado de alusiones constantes a las clases proletarias, a los intereses del capital y al imperialismo. Por eso a nadie debía extrañar el que se tildara al propio régimen cardenista, así como a la educación que impartía, de "socialista".

Pero además de aquel apuntalamiento ideológico que se enfatizaba en las escuelas tanto urbanas como rurales, el gobierno del general Cárdenas, a través de algunos funcionarios especialmente activos en el área de la difusión cultural, también fomentó la presentación de conciertos, funciones de teatro y de danza con una clara intención de adoctrinamiento político. En esta labor destacaron el subsecretario de Educación, Gabriel Lucio, y algunos escritores como Germán List Arzubide, Ermilo Abreu Gómez y Guadalupe Cejudo, así como los artistas Leopoldo Méndez, Luis Arenal, Alfredo Zalce y Fernando Gamboa, quien por cierto a la postre se convertiría uno de los museógrafos más destacados de México. Tan sólo en el Palacio de Bellas Artes se efectuaron durante ese sexenio —según cifras oficiales— 2706 espectáculos, todos de carácter popular.[76] Esto daba un promedio de más de un espectáculo diario en dicho recinto que entonces sí parecía estar abierto para todos los habitantes de la ciudad y no sólo para una élite capaz de pagar costosas entradas para exhibir sus afanes culteranos.

Los goces de la cultura mexicana todavía no parecían estar tan polarizados. El gobierno así como los medios de comunicación masiva se encargaban de favorecer a las expresiones culturales nacionalistas intentando generar una serie afirmaciones locales, tanto regionales como del país entero, que la mayoría de las miradas enfocaban más en el campo que en la ciudad. Cierto es que las perspectivas de esta última no se perdían del todo, pero indudablemente la cultura del sexenio cardenista se identificó mucho más con los rancheros, los charros cantores, las chinas

---

[76] *Gonzalo Vázquez Vela (1893-1963). Semblanza biográfica*, IPN, México, 1989, p. 33.

poblanas, las tehuanas, los indios de calzón blanco y huarache, que con el representante urbano de sombrero de fieltro y saco cruzado. Según se podía apreciar por las múltiples referencias al mundo rural mexicano que aparecían en la radio, la prensa, el teatro y el cine, a la ciudad había llegado desde la década anterior una gran cantidad de "provincianos" que vivían en la urbe con una enorme nostalgia por el terruño dejado atrás. Así, desde la misma capital se fueron reinventando los rasgos "típicos" de la mexicanidad y sus regiones.[77]

Sin pretender abundar demasiado en este asunto, no hay que olvidar que fue precisamente en esa época cuando en materia de cultura nacionalista se marcaron dos ejes fundamentales, tanto en la academia como en la cultura popular, que anunciaban la importancia de la introspección definitoria "mexicanista" y de la defensa regionalista frente a la "otredad" cultural con visos extranjerizantes. Aunque esas tendencias habían surgido desde la década anterior, al continuar durante los inicios del cardenismo ambas impactaron de manera determinante a sus respectivos medios de consumo a la hora de elegir los bienes culturales.

En cada una de estas esferas del acontecer artístico y literario mexicano hubo expresiones que servirían como indicios característicos de la época. Por ejemplo, en materia de cultura académica la obra de Samuel Ramos *El perfil del hombre y la cultura en México* (1934) serviría como marcaje filosófico en la búsqueda de las especificidades psicológicas o de carácter del mexicano; y en materia de "cultura popular" sería la película *Allá en el Rancho Grande* (1936), de Fernando de Fuentes, la que dejaría una impronta no sólo en el cine nacional, sino en muchas otras expresiones culturales como la canción ranchera, los atuendos de charro y china poblana, el carácter fanfarrón y mujeriego del "tipo" local, así como la timidez y la coquetería de las mozas provincianas. Cierto

---

[77] Ricardo Pérez Montfort, *Estampas de nacionalismo popular mexicano. Ensayos sobre cultura popular y nacionalismo*, CIESAS, México, 1994, y *Avatares del nacionalismo cultural. Cinco ensayos*, Centro de Investigación y Docencia en Humanidades del Estado de Morelos/CIESAS, 2000.

que estas dos piezas de una indiscutible "mexicanidad" respondían a propuestas a cual más disímbolas, cuyo origen bien puede rastrearse, si se quiere, hasta los albores del siglo XIX. Sin embargo ambas sirvieron como lentes para observar los ámbitos culturales que, con el cardenismo, se fueron estableciendo en la Ciudad de México. También tuvieron la virtud de mostrar cómo las preocupaciones en estas dos esferas de acción —la academia y la cultura popular—, al parecer contrapuestas, tenían elementos coincidentes.

A caballo entre el cosmopolitanismo y el nacionalismo, la obra de Samuel Ramos fue una piedra de toque en la historia de la cultura mexicana del siglo XX desde una perspectiva filosófica y psicológica. Así como lo fueron las obras de Ezequiel Martínez Estrada *Radiografía de la pampa*, en Argentina, o de Fernando Ortiz, *Contrapunteo cubano del tabaco y el azúcar*, en Cuba, tan sólo para mencionar estas dos, Samuel Ramos trató de fusionar la temática filosófica con la psicológica de la misma manera en que se interesaba por lo propio en función de las corrientes introspectivas del mundo intelectual europeo y americano del momento. La obra de Ramos sería una síntesis y a la vez un disparador de los diversos temas y aproximaciones a la cultura mexicana que se irradiaban desde la Ciudad de México a otros ámbitos académicos. Tanto en los círculos universitarios como en el activo espacio de las revistas literarias se discutían los aportes de diversas expresiones culturales mexicanistas como la escuela mexicana de pintura, los requiebros de la novela de la Revolución y las innovaciones del nacionalismo musical. No cabe duda que figuras como Diego Rivera y José Clemente Orozco, al igual que Adolfo Best Maugard y Manuel Rodríguez Lozano, ya habían marcado una honda huella en el quehacer artístico de la ciudad y del país; y personalidades literarias como el ya mencionado Ermilo Abreu Gómez, José Rubén Romero, Mauricio Magdaleno y Mariano Azuela también eran reconocidas y discutidas, lo mismo que las obras musicales de Silvestre Revueltas y Blas Galindo. Sin embargo, había un constante atisbo a lo que sucedía en Europa en materia de plástica, poesía, teatro, novela, composición y filosofía. Figuras como Antonio Caso, Jorge Cuesta y Carlos Chávez, en medios distintos pero cercanamente emparentados, dejaban claro que las referencias europeas eran necesarias para entender no sólo al mundo intelectual de ese momento sino en general a la cultura de Occidente, de la que México quería formar parte.[78]

Por otro lado, estas discusiones seguían alimentándose con las aportaciones de miembros de las generaciones porfirianas que todavía tenían bastante qué decir en materia de arte y pensamiento. Autores como Federico Gamboa, José Juan Tablada y Alejandro Quijano, tan sólo para mencionar a tres entre los muchos figurones de la cultura prerrevolucionaria, seguían activos y debatían con los jóvenes y los representantes de sus propias edades, esgrimiendo sus posiciones conservadoras y nostálgicas en los principales periódicos y revistas de los años treinta.

En contraparte, los hombres de letras y artes que pretendían ser más radicales y comprometidos se unieron primero al Bloque de Obreros Intelectuales (BOI) y después a la Liga de Escritores y Artistas Revolucionarios (LEAR), a partir de los primeros años treinta. El BOI declaró que "en el momento actual la conciencia manda imperativamente estar de parte de los explotados y en contra de los explotadores" y se empeñó en publicar sus ideas y discusiones en la revista *Crisol*. La LEAR, por su lado, se convirtió en una agrupación heterogénea en prácticamente todo menos en su antifascismo y su antiimperialismo, como se verá más adelante. Aunque para 1938 esa diversidad ya había confrontado a sus

---

[78] Henry C. Schmidt, *The Roots of lo mexicano. Self and Society in Mexican thought, 1900-1934*, Texas University Press, 1978, pp. 149-153, y Guillermo Sheridan, "Entre la casa y la calle: la polémica de 1932 entre nacionalismo y cosmopolitanismo literario", en Roberto Blancarte (comp.), *Cultura e identidad nacional*, FCE/Conaculta, 1994, pp. 384-413, y Ricardo Pérez Montfort, "Auge y crisis del nacionalismo cultural mexicano, 1930-1960", en *México Contemporáneo, 1808-2014, La Cultura*, colección dirigida por Alicia Hernández Chávez, El Colegio de México/Fundación Mapfre/FCE, México, 2015, pp. 153-208.

integrantes y su antifascismo así como su antiimperialismo entraron en franca decadencia y desilusión.[79]

Con tanta actividad intelectual es lógico suponer que los medios de discusión, particularmente las revistas y los periódicos, se multiplicaran. Gracias a la efervescencia que vivió esta élite durante los años treinta, la misma se ha podido catalogar como la "década de oro" de la poesía y la literatura mexicanas.[80]

Al hacer un balance un tanto rápido de la actividad académica, intelectual y artística de los años cardenistas, no cabe duda que la introspección nacionalista ganó una buena cantidad de adeptos, ya que significaba estar en concordancia con el momento cultural no sólo de México sino del mundo entero. El nacionalismo era la moneda corriente, tanto del emergente nazifascismo como del comunismo soviético y de no pocos imperios como el inglés, el belga y el japonés, o de democracias parlamentarias, como la francesa, la suiza o la estadounidense.[81] En América Latina los años treinta también fueron especialmente proclives al fomento de los nacionalismos, como se pudo constatar en Argentina, Chile, Colombia, Brasil, Perú y Bolivia.[82]

La expresión cultural e ideológica tenía en México, desde luego, sus tres grandes vertientes: la indigenista, la mestiza y la hispanista.[83] La última

---

[79] Verna Carleton de Millan, *Mexico Reborn*, Houghton Mifflin, Co. Boston, The Riverside Press, 1939, pp. 186-197.

[80] José Joaquín Blanco, *Crónica de la poesía mexicana*, Katún, México, 1983, p. 201.

[81] La bibliografía sobre nacionalismo y sus múltiples variantes internacionales durante los años treinta es inmensa. Aquí sólo se mencionarán tres libros que fueron particularmente útiles a la hora de escribir y reflexionar sobre este tema: Elizabeth Wiskermann, *La Europa de los dictadores, 1919-1945*, Siglo XXI Editores, 1978; Seymour Martin Lipset y Earl Raab, *La política de la sinrazón. El extremismo de derecha en los Estados Unidos, 1790-1977*, FCE, México, 1981, y Glen St. J. Barclay, *Nacionalismo en el siglo XX*, FCE, México, 1975.

[82] Luis Esteban González Manrique, *De la conquista a la globalización. Estados, naciones y nacionalismos en América Latina*, Biblioteca Nueva, Madrid, 2006, pp. 209-227.

[83] Ricardo Pérez Montfort, "Indigenismo, hispanismo y panamericanismo en la cultura popular mexicana de 1920 a 1940", en Blancarte (comp.), *op. cit.*, pp. 343-383.

estaba en un principio ligada al pensamiento conservador y a la Iglesia católica, pero con el arribo de los refugiados de la Guerra Civil española viviría una transformación y una resignificación sustantiva, a la que se volverá más adelante. La primera, en cambio, era aquella que retomaba los valores indígenas y que se tenía, en parte, como herencia del exotismo porfiriano con cierto matiz reivindicador vivido durante los años veinte. Vinculado también al mundo de los mestizos pobres, el indigenismo adquirió gran fuerza entre los medios oficiales del cardenismo e hizo que algunos extranjeros panegiristas identificaran al general Cárdenas como "el primer presidente de los indios".[84] Esta preocupación pudo percibirse sobre todo lejos de los ámbitos citadinos, en los actos de gobierno que afectaron a las comunidades indígenas identificadas como "regiones de refugio", especialmente apartadas de la civilización occidental. Llamadas así por el antropólogo Gonzalo Aguirre Beltrán, estas colectividades originarias aisladas tuvieron una especial atención por parte del general Cárdenas, al grado de que años después ese mismo científico social determinó que si "alguna vez hubo en México algo que puede llamarse con justicia indigenismo oficial, éste alcanzó su mayor momento durante el régimen cardenista".[85]

La revaloración de las culturas indígenas respondía por lo menos a tres razones claramente impregnadas en el repertorio pragmático del proyecto económico y político del presidente Cárdenas. La primera tenía que ver con el profundo impacto que le habían provocado las condiciones de vida y de absoluta miseria de las comunidades de indios norteños y del centro-sur del país durante sus años revolucionarios, y desde luego, durante sus giras proselitistas. En marzo y abril de 1937 Cárdenas hizo una gira por Puebla, Oaxaca, Morelos y Guerrero,

---

[84] William C. Townsend, *Lázaro Cárdenas, demócrata mexicano*, Gandesa, México, 1959, p. 319.

[85] Gonzalo Aguirre Beltrán, "El pensamiento indigenista de Lázaro Cárdenas", *América Indígena*, vol. XXXI, núm. 4, Instituto Indigenista Interamericano, México, octubre de 1974, p. 1008.

estados en los que constató la diferencia entre los pobladores que tenían un ejido y aquellos que todavía vivían en una hacienda. Los primeros "paseaban alegres con su familia", mientras que los segundos estaban en condiciones lamentables: "Grupos alcoholizados, a los cuales los propietarios les conviene mantenerlos ignorantes y deprimidos".[86]

La segunda razón para revalorar a las comunidades indígenas en su propio proyecto social y económico correspondía a la necesidad de restituirles sus tierras a quienes se las habían usurpado desde tiempos inmemoriales. De ahí su particular interés en la identificación de las regiones indias que debían recibir los beneficios de la reforma agraria. Y el tercer motivo de la preocupación cardenista en torno de las etnias originarias partía de la noción básica de que "la civilización es un bien que debe ser redistribuido" de manera equitativa y sin prejuicio alguno.[87]

En diversas ocasiones, tanto el general Cárdenas como quienes apoyaron su proyecto indigenista, objetaron la causalidad racial o el fatalismo como justificaciones del atraso de las comunidades aborígenes. Las causas de su rezago económico estaban claramente en la explotación y en su expulsión hacia las regiones más inhóspitas de la geografía mexicana. El indigenismo cardenista planteó la necesidad de incorporar, pero sin "desindianizar" ni extranjerizar, a dichas comunidades. Se trataba más bien de "nacionalizar al indio y al mestizo pobre mexicano, para que participen plenamente en el desarrollo del país, y para que, mediante su redención, el mexicano logre la identidad que lo defienda de las influencias extranjeras".[88] Esto debía lograrse a partir de tres principios: *1)* desarrollar su personalidad racial, es decir: fomentar sus potencialidades y facultades naturales; *2)* desarrollar sus energías productivas, y *3)* desarrollar su conciencia de clase. Cumplidas estas metas se lograría la emancipación del indio y también la del proletariado en general.

---

[86] Cárdenas, *Obras. 1. Apuntes, 1913-1940, op. cit.*, pp. 366-367.

[87] Aguirre Beltrán, *op. cit.*, p. 1003.

[88] *Ibid.*, p. 1016.

Se partía también de una idea un tanto romántica que consistía en que los indios y los mestizos como clases oprimidas no se habían "contaminado con los errores de una falsa civilización".[89] Y desde luego había infinidad de ejemplos que mostraban que el pasado indígena había logrado momentos extraordinarios de organización social, económica y artística. Esto lo pudo comprobar nuevamente el general Cárdenas, al visitar en Oaxaca las excavaciones que el joven Alfonso Caso estaba haciendo en la zona arqueológica de Monte Albán. Los tesoros de las tumbas 104 y 7 demostraban el alto nivel tecnológico y artístico alcanzado por los pueblos prehispánicos, y abonaban a favor del convencimiento de que las comunidades indígenas eran las herederas naturales de dichos logros.[90] Los restos monumentales de las civilizaciones zapotecas, mixtecas, mayas y aztecas eran claras muestras de que los grupos que alguna vez habitaron el actual territorio mexicano habían logrado un alto grado de desarrollo económico y cultural. Y su miseria contemporánea sólo se debía a la marginación y a la explotación que significó el dominio español a partir de la Conquista.

En un documental cinematográfico producido en 1938 por la Dirección Autónoma de Prensa y Propaganda (DAPP), a la que se hará referencia más adelante, titulado *Kherendi Tztzica (Flor de Peñas). El Centro de Educación Indígena en Paracho, Michoacán*, cuya dirección estuvo a cargo de Gregorio Castillo, aparecía un texto inicial, superpuesto sobre una imagen de la pirámide del sol de Teotihuacán, que resumía la postura del gobierno del general Cárdenas en materia indigenista. Decía:

El INDIO, creador de monumentos arqueológicos que engrandecen nuestro pasado como Pueblo, y nervio de los coloniales en los que se dejó impreso su propio sentimiento artístico, el INDIO vencido en la conquista y agobiado por una tradición de dominio que facilitó a sus explotadores la

[89] *Ibid.*, p. 1014.
[90] González y González, *op. cit.*, p. 123.

manera de hacer fracasar cuantos intentos gubernamentales se han hecho a su favor, todavía es dueño de su ejemplar fortaleza y constituye un valor económico y social muy apreciable para la vida del Estado mexicano.

Por ello y en cumplimiento del más elemental acto de justicia, la Nación emprende su racional adaptación a la cultura moderna. Entre los medios dispuestos al efecto figuran los Centros de Educación Indígena que viene estableciendo en diversos lugares del país, semejantes al que aquí se presenta.

Y acto seguido se mostraba cómo un grupo mixto de jóvenes indígenas iniciaba el día barriendo las instalaciones de aquel centro educativo, cómo se bañaban y asistían a clases. Luego se veían los talleres en los que se les enseñaba a usar un torno, una máquina de coser o un telar. Más adelante el documental se ocupaba de presentar un juego de basquetbol, y finalmente los espectadores asistían a un baile con trajes típicos y música purépecha. El documental concluía con el aplauso de los concurrentes y la voz del locutor que era nada menos que Manuel Bernal, posteriormente conocido como el famoso *Tío Polito*, diciendo: "Un idioma común es indispensable pero no suficiente, porque hay otros modos de expresión propia que son mejores y más sutiles: el baile, el canto, el teatro, la pintura, el modelado capacitan a nuestro pueblo para expresar lo que lleva adentro: los principales aspectos de su cultura autóctona".

En letra impresa aparecían entonces las siguientes palabras: " 'La incorporación del indio a la civilización moderna, debe hacerse no como un acto de caridad sino de justicia'. Lázaro Cárdenas".[91]

El indigenismo reforzaba así los sustentos idealistas que compartían "la creencia en la virtud de la vida rural, de la gente sencilla e ignara, de la masa del pueblo"; aquellas ideas que ponían en "alta estima el arte

---

[91] Ricardo Pérez Montfort (comentarios y curaduría), *Michoacán*, Serie Imágenes de México, Filmoteca de la UNAM, México, 2006.

popular hecho con manos artesanas", exaltando "el sentido aldeano de la comunidad, la vocación cooperativa y el trabajo recíproco de los hombres del campo".[92]

El presidente Cárdenas tuvo un trato preferencial hacia los
indígenas recibiéndolos tanto en su despacho de Palacio
Nacional como en la casa de Los Pinos
(Casa Katz)

---

[92] Aguirre Beltrán, *op. cit.*, p. 1011.

Y ese romanticismo también inspiró versos como los siguientes de Ramón R. Richard, que mostraban igualmente la fe que muchos intelectuales del régimen tuvieron en el sistema educativo cardenista como un agente de la necesaria integración de los indígenas al México de entonces:

> Indio, hermano indio
> que siembras tu tristeza en la chinampa
> y que ves resignado
> siempre tu cosecha escasa;
> indio hermano indio
> que has vegetado en la florida Anáhuac
> y sólo te alimentas
> con carne de nopal, con pulque o agua...
> indio, hermano indio,
> lleva a tu hijo a la escuela,
> que hoy, en las aulas
> lo mismo brilla la chillante seda
> que la humilde blancura de la manta.[93]

Desde diciembre de 1935 el general Cárdenas había creado el Departamento Autónomo de Asuntos Indígenas (DAAI), que originalmente estaría bajo la responsabilidad de la Secretaría de Agricultura. Al poco tiempo se integraron a dicho departamento 33 internados escolares que vincularon a la Secretaría de Educación con el plan indigenista del gobierno de Cárdenas. Éste, a su vez, restructuró los centros de educación indígena, creados durante la década anterior, y los convirtió en Escuelas Vocacionales de Agricultura y posteriormente en Centros de Capacitación Economía y Técnica para Indígenas. Con el apoyo del DAAI también se organizaron, a partir de 1936, varios

---

[93] *Crisol*, núm. 78, marzo de 1935.

congresos indígenas en diversas regiones del país, en los que se pretendían atender las demandas de los distintos grupos étnicos y de las comunidades que desde épocas inmemoriales habían vivido en la marginación y en la pobreza. Entre 1936 y 1940 se realizaron por lo menos ocho congresos que convocaron a diversas comunidades, entre las que destacaban los otomíes, los tarahumaras, los tarascos, los mexicanos, los huastecos, los mazahuas, los mayas, los mixtecos y los chontales.[94]

El primer congreso se celebró en Ixmiquilpan, Hidalgo, los días 25 y 26 de septiembre de 1936, al cual asistió el presidente Cárdenas con su comitiva, e inmediatamente quedó claro que la problemática indígena, especialmente entre los hñahñús u otomíes, radicaba en que dicha población había sido constantemente despojada de su tierra y que no tenía prácticamente ningún vínculo con el resto del desarrollo nacional. Había por lo tanto que crearle una "conciencia de su responsabilidad cívica y de su efectiva igualdad como ciudadano". En efecto, de lo que se trataba era de conformarles a los indígenas una conciencia de clase, de clase campesina y proletaria, y con ello lograr su incorporación al resto de la nacionalidad mexicana.[95]

Algo parecido sucedió en los demás congresos indígenas celebrados a partir de entonces. Fue necesario así implementar los seis pasos de la acción política agraria que ya el gobierno cardenista había identificado como los rubros imprescindibles para instrumentar la transformación del campo en México. Dichos pasos consistían en: *1)* la restitución de la tierra, *2)* el otorgamiento de créditos y maquinaria para su explotación, *3)* el fomento a la irrigación y el establecimiento de la infraestructura para implementar el acceso al agua, *4)* la lucha contra la enfermedad,

---

[94] Juan Cristóbal Díaz Negrete, "Reintegración indígena a la vida nacional (1934-1940)", tesis de licenciatura inédita, Facultad de Filosofía y Letras-UNAM, 1989.

[95] Marco Antonio Calderón Mólogora, *Historias, procesos políticos y cardenismos*, El Colegio de Michoacán, Zamora, Michoacán, 2004, p. 163.

5) la campaña contra el vicio y la embriaguez y *6)* el combate a la ignorancia y la incorporación de la escuela en cada una de las entidades productivas.[96]

Después del congreso en Ixmiquilpan tocó su turno a los indígenas purépechas y el 14 y 15 de diciembre de 1937 se llevó a cabo el Congreso Indígena Tarasco en la ciudad de Uruapan, Michoacán. Ahí acudieron 184 delegados y una de sus resoluciones fue la creación de la Comisión Permanente de la Raza Tarasca. El 17 y 18 de marzo de 1938 se organizó el Congreso Regional Indígena de la Raza Azteca en Tamazunchale, San Luis Potosí. Este evento se transmitió por la radio y logró la asistencia de cerca de 800 delegados. La siguiente reunión se celebró del 15 al 17 de diciembre de 1939 en el pueblo de Tlaxiaco, Oaxaca, y fue conocido como el Congreso de la Raza Mixteca. Tan sólo unos días después se celebraría en Villahermosa, Tabasco, el Congreso de la Raza Chontal.[97] Durante aquellos años también se llevaron a cabo encuentros entre los mayas, los mixtecos y los zapotecos, así como con los tarahumaras, los yaquis y los mayos. El DAAI había empezado con un presupuesto de 400 000 pesos y ya para 1939 había aumentado su partida a casi 5 000 000 de pesos.[98]

Hacia finales del sexenio cardenista, sin embargo, algo había cambiado en la dinámica misma de la mexicanización del indígena. Para 1939 se planteó que se debía tener un respeto particular a su "propia lengua, costumbres y demás manifestaciones específicas de su unidad étnica".[99] El tema del idioma como elemento central de las culturas indígenas se convirtió en un asunto que mereció especial atención. En los Centros de Educación Indígena originalmente se planteaba la integración de quienes asistían a la escuela, sin desvincularse de la vida familiar y comunitaria, pero a partir del aprendizaje del español, que

---

[96] Aguirre Beltrán, *op. cit.*, p. 2017.
[97] Díaz Negrete, *op. cit.*, pp. 66-75.
[98] *Ibid.*, p. 51.
[99] Calderón Mólgora, *op. cit.*, p. 164.

era el idioma oficial. Pronto quedó claro que, para que la enseñanza y la incorporación de los indígenas al desarrollo del país se lograran con mayor facilidad y rapidez, era necesario tratar de implementarlas a partir de las propias lenguas indígenas. Esto se experimentó en el llamado "Proyecto Tarasco" en el que el evangelista presbiteriano William C. Townsend tuvo una influencia definitiva y cuyos antecedentes se remontaban al inicio del propio sexenio cardenista.

En 1935 Rafael Ramírez, jefe del Departamento de Enseñanza Rural y con la recomendación del estudioso estadounidense Frank Tannenbaum, autorizó que un grupo de jóvenes bajo la dirección de Townsend tradujera la Biblia a diferentes lenguas indígenas y de esa manera se iniciara un taller de investigación lingüística. Townsend se encontró con el general Cárdenas en el estado de Morelos al año siguiente y el presidente quedó convencido de la necesidad de estudiar aquellos idiomas como una estrategia pedagógica, más que como una forma de enseñanza de la religión. A pesar de que la intención inicial del equipo entrenado por Townsend, también conocido como los Wycliffe Bible Translators, era dar a conocer las sagradas escrituras entre comunidades indígenas, el grupo de lingüistas también se convirtió en experto en métodos de traducción y enseñanza de idiomas. Posteriormente ellos crearían el Instituto Lingüístico de Verano (ILV), cuya labor sería severamente criticada por los propios antropólogos y etnólogos mexicanos, dada la pesada carga ideológica que contenía su labor de difusión.[100]

La relación que se estableció entre Cárdenas y Townsend continuó y se fue estrechando con los años. Incluso el General y doña Amalia fueron los testigos del matrimonio de Townsend con Elaine Nehlke, en 1946, quienes contrajeron nupcias en México, para después continuar su labor con el ILV en Perú. El lingüista estadounidense se convirtió en uno de los primeros biógrafos del michoacano al publicar en 1952

---

[100] *Proceso*, México, 8 de septiembre de 1979.

su libro *Lázaro Cárdenas. Mexican Democrat*, en medio de las tensiones panamericanas de la Guerra Fría.[101]

Pero regresando al mes de mayo de 1939, Luis Chávez Orozco, quien encabezaba el Departamento de Asuntos Indígenas, por instrucciones del propio Cárdenas, solicitó a varios filólogos, como Jesús Díaz de León, Mariano Silva y Aceves y Morris Swadesh, que ya llevaban tiempo estudiando lenguas indígenas, que junto con los miembros de los talleres de Townsend elaboraran cartillas de alfabetización en tarasco, tarahumara y otomí. Ese grupo fue conocido como la Asamblea de Filólogos y Lingüistas, y gracias a su trabajo se instrumentó el estudio de los idiomas étnicos con el fin de apuntalar el proyecto integracionista del gobierno, creándose así la Oficina de Lingüística del DAAI. Esta oficina quedó a cargo de Swadesh, quien instaló el Proyecto Tarasco en Paracho, Michoacán, logrando terminar la cartilla de alfabetización en el idioma purépecha. El proyecto comprobó que "la enseñanza de la lectura y la escritura en lengua materna" se hacía mucho más rápido y mejor que si se llevaba a cabo en castellano.[102]

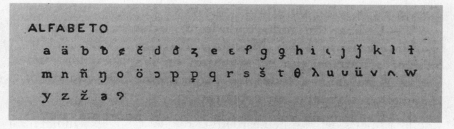

Fragmento del Informe del Consejo de Lenguas
Indígenas y su propuesta de alfabeto
(Colección particular)

---

[101] William C. Townsend, *Lázaro Cárdenas, Mexican Democrat*, George Wahr Publishing Co., Anne Arbor, Michigan, 1952, y Townsend, *op. cit.*, 1959.

[102] Calderón Mólgora, *op. cit.*, pp. 176-188.

Lo que resultaba interesante en esta labor de los especialistas en lenguas indígenas era su propuesta de vincular al recién creado Departamento de Antropología de la Escuela Nacional de Ciencias Biológicas del Instituto Politécnico Nacional con el DAAI. El estudio científico de estos idiomas se llevaba a cabo para armar alfabetos sencillos y así también contribuir a la alfabetización de los indígenas en su propia lengua. Figuras académicas importantes de estos inicios de la antropología mexicana como Miguel Othón de Mendizábal, Wigberto Jiménez Moreno, Roberto Weitlaner, Alfredo Barrera Vázquez y Norman McQuown participaron en el proyecto, apoyados por Juan de Dios Bátiz, quien era jefe de Enseñanza Técnica Superior de la SEP, Luis Chávez Orozco, quien dirigía el DAAI, y Genaro Vázquez, que estaba a la cabeza de la Procuraduría de la República, y quien, como ya se ha visto, tenía especial interés en el proyecto indigenista del gobierno cardenista.[103]

El antropólogo Miguel Othón de Mendizábal había hecho un diagnóstico inicial que indicaba que alrededor de dos millones y medio de mexicanos hablaban una lengua indígena, siendo más de 16% de la población total. Se tenía cierta idea de que existían alrededor de 50 idiomas aborígenes en el territorio nacional, aunque todavía no existía un estudio puntual y completo, mucho menos exhaustivo, acerca de las comunidades indígenas en México. Éste se publicaría hasta 1940 y serían los imprescindibles tres volúmenes del etnógrafo Carlos Basuari y su equipo de ayudantes, titulados *La población indígena de México*, editados por la SEP.[104]

Un acontecimiento de alto significado político y cultural que se suscitó a finales del régimen cardenista fue del Congreso Indigenista Interamericano. Celebrado en el recién inaugurado Teatro Emperador Caltzontzin de Pátzcuaro, Michoacán, a partir del 14 de abril de 1940 reunió a representantes de prácticamente todos los grupos indígenas

[103] *Memoria de la 1ª Asamblea de Filólogos y Lingüistas*, DAAI, Antigua Imprenta de Munguía, México, 1940.

[104] Carlos Basuari, *La población indígena de México*, vols. 1, 2 y 3, SEP, Comisión Editora Popular, México, 1940.

del continente americano y dio pie a una primera gran promoción de políticas indigenistas a nivel internacional. A la ceremonia inaugural asistió el presidente Cárdenas y en su discurso planteó la famosa frase que decía: "Nuestro problema indígena no es conservar 'indio' al indio, ni indigenizar a México, sino en mexicanizar al indio, respetando su sangre, capturando su emoción, su cariño por la tierra y su inquebrantable tenacidad".[105]

Después de varios días de trabajo, el congreso planteó 72 advertencias generales en torno de las comunidades indígenas americanas, que se agruparon en un documento titulado *Resoluciones, conclusiones, acuerdos, proposiciones y recomendaciones del Primer Congreso Indigenista Interamericano*. En dicho texto se mencionaban, desde luego, el reparto de la tierra, la protección a la pequeña propiedad, las obras de irrigación, la nupcialidad y la unión libre, la protección a las artes populares, la patología indígena, la alimentación y la pesca, la educación, la mujer indígena, la recuperación y estudio de lenguas indígenas, la producción de alfabetos e instrumentos de enseñanza, la investigación antropológica y etnográfica, y el fomento de músicas y danzas, entre otros muchos temas más.[106]

El respeto y la consideración hacia sus propias idiosincrasias que habían aparecido en la dinámica que el gobierno debía anteponer a la hora de tratar con las comunidades indígenas se convertirían en una especie de consigna política que caracterizaría a la memoria indigenista del régimen del general Cárdenas. Sin embargo esto no siempre se logró, y más bien las actitudes paternalistas y asimilacionistas fueron las que al fin al cabo terminaron por imponerse. El DAAI incluso sufrió de un mal que parecía contagiar a muchas de las instancias gubernamentales, independientemente de su bondad y eficiencia: la burocratización.

[105] José del Val y Carlos Zolla, *Documentos fundamentales del indigenismo en México*, UNAM, México, 2014, p. 280.
[106] *Ibid.*, pp. 225-275.

Así como se incrementó considerablemente su presupuesto entre 1936 y 1940, también engrosó a sus filas una buena cantidad de servidores públicos que aumentaron de alrededor de 100 empleados en un principio a 850 para finales del sexenio.[107] Lo que sí sería medular en la política cardenista ante las comunidades indígenas fue la necesidad de restituirles sus tierras y con ello tratar de incorporarlas al desarrollo del resto del país.

El campo y el trabajo

> Campesino valiente, siembra una idea
> que ilumine el espacio como una tea.
> Haz la Patria grandiosa para ti mismo
> sin más Dios en el alma que el socialismo.
>
> **Himno al campesino valiente, 1937**

Los asuntos relacionados con la tierra y su distribución fueron el sello fundamental del sexenio cardenista. Si bien es cierto que hubo una buena cantidad de variantes en materia de aplicación de la reforma agraria, según la región, la problemática política local y de tenencia tradicional de la tierra, así como de las condiciones geográfico-ecológicas, los múltiples arreglos que se instrumentaron para tratar de que la Revolución llegara al campo mexicano vivieron una intensificación a lo largo de la segunda mitad de los años treinta. Durante los años 1936, 1937 y 1938 el gobierno del general Cárdenas se concentró en echar a andar las medidas prácticas para el reparto masivo de tierras, así como para imponer un agrarismo particular que implicó recomponer las relaciones entre los propios campesinos, los terratenientes, muchos hacendados, no pocos caciques y buena parte de las élites políticas

---

[107] Díaz Negrete, *op. cit.*, p. 50.

regionales.[108] El empeño en llevar a cabo las disposiciones agrarias que habían prometido los gobiernos revolucionarios, pero que no se habían cumplido cabalmente, sentó las bases para la consolidación del sistema de propiedad ejidal en todo el país, combinado con otras formas de explotación agraria según las condiciones y tradiciones de las diversas localidades. La propuesta de convertir al ejido en una institución que pudiera ser una organización permanente en la producción agropecuaria mexicana se afincó sólidamente en el proyecto cardenista. El ejido pretendía librar al trabajador de la explotación instaurada por el sistema de haciendas y extensas propiedades privadas, y a la par asumir nada menos que la responsabilidad de la alimentación del país. Debido a su extensión, calidad y sistema de rendimiento, el ejido debía representar la liberación económica del trabajador del campo y sustituir al régimen de asalariado que privaba en gran parte del territorio. Al mismo tiempo se trataba de liquidar el capitalismo agrario en la República Mexicana o por lo menos ayudar a regularlo. Si bien la realidad distorsionó severamente las pretensiones cardenistas, el reparto de la tierra logró en buena medida la destrucción de la hacienda y del poder político de los latifundistas. Aunque justo es decir que en algunas regiones esto no se logró del todo, como sucedió en el norte del estado de Guanajuato, en algunas zonas de Guerrero, Puebla, Veracruz, Michoacán y San Luis Potosí.[109] Los años más intensos de la distribución masiva de tierra sin precedentes fueron 1936 y 1937, justo cuando la política agraria adquirió un tono "dramático, original y contencioso".[110] Sólo en esos 24 meses, el gobierno distribuyó aproximadamente siete millones y medio de hectáreas. El año anterior había logrado repartir poco más de dos millones,

---

[108] Benjamin T. Smith, "Hacia una cartografía rural del cardenismo", en Tanalis Padilla (coord.), *El campesinado y su persistencia en la actualidad mexicana*, Conaculta/FCE, México, 2013, pp. 62-105.

[109] *Ibid.*, p. 93.

[110] Alan Knight, "Cardenismo: Juggernath or Jalopy?", *Journal of Latin American Studies*, núm. 26, Cambridge University Press, Reino Unido, 1994, p. 83.

y entre 1938 y 1940 se distribuyeron otros cinco millones de hectáreas. Hacia el final del sexenio la intensidad del reparto bajó, pero aun así, sólo en 1940 se repartieron un millón 250 000 hectáreas.[111]

Los pilares de la política de impulso al ejido durante el sexenio cardenista fueron el Departamento Agrario, instancia encargada de repartir tierras, y el Banco de Crédito Ejidal que otorgaba los préstamos, comercializaba las cosechas campesinas, compraba maquinaria y organizaba cooperativas, entre algunas otras actividades. También se crearon la Comisión Nacional Agraria y las Comisiones Agrarias Mixtas en cada una de las entidades federativas. El Banco de Crédito Ejidal sustituyó al antiguo Banco de Crédito Agrícola, y emprendió un intenso trabajo con las comisiones y las organizaciones campesinas. El reparto de latifundios entre miles de trabajadores agrícolas ávidos de tierra y que seguían siendo peones con jornales miserables se llevó a cabo en todos los estados del país. Desde los primeros años de su gobierno, el general Cárdenas viajó por prácticamente todos los rincones del territorio nacional revisando las condiciones para expropiar y repartir la tierra a favor de quienes la trabajaban. Pero no sólo se impulsó la distribución agraria, también se prohibió la venta de tierras a extranjeros, se iniciaron las expediciones para medir los predios expropiables, se abrieron las puertas de las Casas del Agrarista, y cada vez se hicieron más frecuentes las giras presidenciales para establecer contactos directos con los campesinos.[112] Muchas de estas acciones también se llevaron a cabo con fines políticos. Diversos conflictos entre élites locales o entre éstas y el gobierno federal se pudieron dirimir o enfrentar utilizando la reforma agraria como un instrumento de negociación o imposición.

Como parte de ese proceso, en 1935 se llevó a cabo una intensa campaña contra el alcoholismo entre los campesinos y a favor de la

[111] José Álvaro Moisés, Lisa North y David Raby, *Conflicts within Populists Regimes, Brazil and Mexico*, Latin American Research Unit, Studies, vol. II, núm. 1, Toronto, Ontario, octubre de 1977, p. 42.

[112] González y González, *op. cit.*, pp. 95-116.

educación rural, que pretendió sacar a los trabajadores de las cantinas y las pulquerías para lograr atraerlos hacia las aulas. La intensificación de la reforma agraria se inició simbólicamente en las cercanías de Jiquilpan, Michoacán, territorio que ya era conocido a nivel nacional como la región originaria del presidente Cárdenas. Con la entrega de 3 320 hectáreas del latifundio de la hacienda de Guaracha a los trabajadores del campo de ese terruño se emprendía una de las principales tareas que se había propuesto el General desde mucho tiempo atrás y que ya había ensayado durante la gubernatura de Michoacán. Ahora volvía como presidente de la República Mexicana a cumplir con uno de sus múltiples compromisos de campaña a restituirles su tierra a sus paisanos. Con cierta solemnidad los panegiristas del cardenismo adaptaron los versos del himno nacional para convertirlos en canto de batalla:

> ¡Mexicanos al grito de guerra
> aprestad el viril azadón!
> ¡Que no quede ni un pueblo sin tierra,
> sin ejidos y sin instrucción![113]

Si bien esta acción pareció tener más un tono simbólico, en vista de que todavía existía una particular resistencia a las reformas agrarias en la región de la ciénaga de Chapala,[114] la distribución de la tierra quedaba marcada como una de las banderas que ondearían para identificar el horizonte cardenista. Con la instauración en 1935 del Banco de Crédito Ejidal como promotor y fuente de operación de los ejidos se empezó a provocar una crisis económica que no tardaría en sentirse a nivel nacional. El banco no fue autosuficiente y sobrevivió con los fondos que le canalizaba la Secretaría de Hacienda, misma que se surtía del Banco

---

[113] Álvaro Ochoa, *Jiquilpan-Huanimban: una historia confinada*, Instituto Michoacano de Cultura/Morellevado Editores, Morelia, 1999, p. 292.

[114] John Gledhill, *Casi nada. Capitalismo, Estado y campesinos de guaracha*, El Colegio de Michoacán, Zamora, Michoacán, 1993, p. 177.

de México. Este exceso de gastos gubernamentales provocó un proceso inflacionario y un alza de precios en los productos básicos dando lugar a una serie de protestas populares que también contribuyeron a la efervescencia que se desató desde los primeros meses de 1935 hasta mediados de 1936, y de la que ya se ha hablado líneas atrás. Justo en medio de este torbellino de protestas urbanas se iniciaron los repartos de las fértiles tierras de La Laguna, de las zonas henequeneras de Yucatán, de los territorios del Valle del Yaqui.

Las tierras de la Comarca Lagunera ubicadas entre los estados de Durango y Coahuila, e irrigadas por los ríos Nazas y Aguanaval, pertenecían a unos cuantos propietarios individuales ingleses, estadounidenses y españoles, así como a las compañías Purcell & Co., "la Algodonera" y la Compañía Agrícola de Tlahualillo. Durante los primeros años de la década de los treinta las sequías habían provocado la penuria de los peones y una severa agitación social amenazó con cambiar la situación laboral en esos campos. La historia reciente de la población lagunera, así como la importante presencia de escuelas en la región, habían "creado las condiciones para que se consolidara una sociedad más combativa, más organizada y con mayor beligerancia política" que en otras localidades del país.[115] En toda la región se habían instalado 184 escuelas y el nivel educativo y de organización de los trabajadores en aquellos pueblos y haciendas era bastante más alto que en el resto del territorio nacional. En 1934 los propietarios propusieron de manera independiente crear ejidos afuera de los linderos de la unidad económica de La Laguna, pero esto significaba que 1 065 familias no lograrían sostenerse.

La situación de los trabajadores en la zona era, para 1935, muy precaria. En total se trataba de cerca de 35 000 empleados agrícolas que se sostenía con tres o cuatro meses de trabajo al año o con labores minúsculas

---

[115] María Candelaria Valdéz Silva, "Educación socialista y reparto agrario en la Laguna", en Susana Quintanilla y Mary Kay Vaughan, *Escuela y sociedad en el periodo cardenista*, FCE, México, 1997, p. 236.

y esporádicas. Unos años antes había empezado el desmantelamiento del control político que el general Manuel Pérez Treviño y el gobernador Nazario Ortiz Garza habían construido en la región con el apoyo del general Calles. Poco a poco los trabajadores fueron abandonando el organismo callista de contención sindical que era la CROM para integrar un Comité Regional de Defensa Proletaria, el cual no era ajeno a las dinámicas organizativas instrumentadas por el Partido Comunista Mexicano. Tras un periodo de levantamientos y conflictos, los jornaleros organizados en sindicatos solicitaron un salario mínimo de 1.50 pesos por ocho horas de labor y un contrato colectivo. Como no se llegó a ningún acuerdo con los patrones el paro de labores se llevó a cabo en 113 haciendas y 20 000 peones agrícolas se fueron a la huelga. El conflicto terminó el 6 de noviembre de 1936 cuando el general Cárdenas se presentó en el lugar con un grupo de ingenieros y comenzó el reparto, alegando que aquélla era la región agrícola con mayores ganancias del país y por lo tanto no podía darse el lujo de maltratar a sus trabajadores. Si los terratenientes no aceptaban las condiciones de los campesinos, el gobierno asumía la responsabilidad de repartir sus tierras a quienes se las habían trabajado a cambio de un salario injusto. Para llevar a cabo las dotaciones el presidente Cárdenas recurrió a la recién aprobada Ley de Expropiación, que daba al Poder Ejecutivo la facultad de adquirir cualquier propiedad por razón de "utilidad nacional, pública o social".[116]

El General permaneció en la región de La Laguna por poco más de un mes, dando instrucciones para el reparto de alrededor de 128 000 hectáreas de riego, ejecutando 226 posesiones de tierra. Ahí se reunió con los ingenieros para planear la construcción de la presa de El Palmito en el río Nazas, así como para tratar de asegurar que los ejidatarios recibieran servicios de salud, luz eléctrica, agua potable y habitación. En sus *Apuntes* se mostró especialmente entusiasmado, ya que no dejó

---

[116] *Ibid.*, p. 238, y *Despertar lagunero: libro que relata la lucha y triunfo de la revolución en la Comarca Lagunera*, DAPP, México, 1937.

de anotar que un reparto semejante continuaría el año siguiente en la región del Yaqui, en Yucatán y en el Valle de Mexicali.[117]

Justo es decir que las adjudicaciones agrarias de La Laguna no derivaron en un éxito económico inmediato, pero sí se convirtieron en un acierto político y social del general Cárdenas. En un principio los mismos campesinos se habían mostrado reticentes ante el reparto, ya fuera por miedo a las represalias de los patronos, por desconfianza hacia el gobierno, por miedo a la ruina y hasta por miedo a la excomunión. Sin embargo, una vez que comenzó la distribución, los jornaleros que se resguardaban bajo la sombra del cardenismo se convirtieron en protagonistas principalísimos de la vida pública del país. Éstos, al lado de los maestros, echaron a andar los lineamientos oficiales del Plan de Acción de las Escuelas Primarias Socialistas de la localidad convirtiéndose en los agentes más relevantes de la transformación de la sociedad lagunera. Con todo y sus conflictos internos, el reparto junto con las escuelas socialistas lograron despertar la esperanza de una vida más justa, y convirtieron a los maestros en autoridades morales e intermediarias entre las comunidades rurales y los gobiernos local y federal.

Apoyando las labores de los niños y de las mujeres, las escuelas socialistas fueron entonces los espacios estratégicos de los nuevos poblados ejidales. Desde ahí se trató de construir un "nuevo ciudadano" que respondiera a las expectativas revolucionarias del momento, promoviendo las tareas comunitarias de los nuevos ejidos. Así, el cardenismo agrario trató de implantarse en dicha región como modelo a seguir en el resto del país y bien se puede afirmar que tal transformación se logró con relativo éxito.[118] Al poco tiempo del reparto general en La Laguna el apoyo popular se expresó en un corrido cuyo estribillo decía:

[117] Cárdenas, *Obras. 1. Apuntes, 1913-1940, op. cit.*, pp. 361-362.
[118] Valdés Silva, *op. cit.*, pp. 245-250.

> Laguna, tierra de ensueños
> Laguna, tierra de amor
> Hoy pones un bello ejemplo
> a todita la Nación.
> Cárdenas con sus anhelos
> sociales de redención
> repartió a los agraristas
> la tierra del algodón.[119]

No en vano, La Laguna se convertiría en un puntal y una referencia obligada del cardenismo histórico y su impulso a la reforma agraria a partir de entonces.[120] Varios documentales fílmicos, muchos carteles y no pocas referencias bibliográficas se produjeron para dar a conocer masivamente el reparto de La Laguna, que para los propagandistas del régimen equivalía a un "amanecer" de la clase trabajadora en el campo. El sol de una nueva época acompañaría la producción agrícola que debía incorporar la modernización simbolizada por tractores, por flujos de crédito y desde luego por una mayor productividad al servicio de una sociedad consciente y comprometida con los cambios que se estaban viviendo en el país. Y así llamaron aquel gran momento del cardenismo agrario: "El despertar lagunero".

Ése fue también el encabezado de una publicación cuyo subtítulo era *Libro que relata la lucha y el triunfo de la Revolución en la Comarca Lagunera*, que el Departamento Autónomo de Prensa y Propaganda publicó en el año de 1937. Reuniendo múltiples textos, crónicas y fotografías, esta obra tuvo un tiraje de 40 000 ejemplares. Al parecer quien estuvo detrás de esta obra fue el profesor José Reyes Pimentel, director de educación federal en la Comarca Lagunera. El Sindicato y el Consejo Técnico de

---

[119] *Despertar lagunero, op. cit.*, p. 129.
[120] Cárdenas, *Cárdenas por Cárdenas, op. cit.*, pp. 319-330.

Portada y contraportada del libro publicado por el DAPP en 1937 que narraba la historia del reparto de La Laguna y su gran esperanza en el futuro campesino del país (Colección particular)

los Trabajadores de los Talleres Gráficos de la Nación firmaron a manera de prólogo un par de párrafos, uno de los cuales decía:

Frente a frente de la agonía del pasado se levanta el Hoy, recio, irisado, espléndido. En el presente de la Región Lagunera, el campesinado y el obrero de otras zonas del país encontrarán inspiración y esperanza, y los maestros de toda la República hallarán sin duda una fuente inagotable de recursos ya experimentados para promover en la nueva generación impulsos nobles y generosos.[121]

Para mediados de 1937 la ola de repartos siguió su marcha. Una vez estipulado el tamaño de la pequeña propiedad en 150 hectáreas de riego y

---

[121] *Despertar lagunero…, op. cit.*, p. 11.

250 de temporal, se planearon los repartos de la hacienda de Atencingo, en Puebla, perteneciente al magnate estadounidense William Jenkins y las de Santa Bárbara y El Mante en Tamaulipas, entre cuyos dueños estaba nada menos que el general Calles. La distribución de aquellas tierras cañeras se haría varios meses más tarde.

Mientras, en mayo, el General hizo un balance de su labor hasta entonces y anotó que no estaba satisfecho con lo logrado. Se quejaba de la apatía que percibía en varias dependencias y se propuso "pedir mayor actividad a los inmediatos colaboradores". La lista de lo que todavía quería lograr no era corta y abarcaba desde modificaciones a las leyes de cooperativas, del trabajo y agrarias, hasta reorganizar las instituciones bancarias, apuntalar la educación y la restructuración de los ferrocarriles nacionales.[122]

En junio y julio el presidente Cárdenas recibió las noticias de que varias comisiones de trabajadores de las haciendas de Atencingo solicitaban una reunión con él para tratar la situación que vivían en esa región poblana, que bien se sabía era controlada por el excónsul y millonario estadounidense William Jenkins. Los estudios para llevar a cabo la dotación de tierras a los solicitantes campesinos se llevaron a cabo con relativa rapidez, aunque el propio Jenkins logró, con el apoyo del gobernador Maximino Ávila Camacho y Blas Chumacero, líder de la Federación Revolucionaria de Obreros y Campesinos (FROC), salvar cerca de 50% de los activos de su propiedad. Aun así, el 20 diciembre de 1937 se llevó a cabo la ceremonia de posesión provisional que entregaba 8 268 hectáreas a 2 365 beneficiados, que un mes después formarían la Cooperativa Ejidal de Atencingo y Anexas, S. C. L. Jenkins todavía mantuvo el ingenio y el ferrocarril que le daba servicio, y durante años logró que toda la caña producida por la cooperativa fuera a parar a su maquinaria. Aun con la formación de la cooperativa, el estadounidense siguió siendo el dueño y señor de la región hasta que en 1947 vendió su propiedad a otra

[122] Cárdenas, *Obras. 1. Apuntes, 1913-1940, op. cit.,* pp. 367-371.

compañía que ahora encabezaba su amigo, socio y prestanombres Manuel Espinosa Iglesias.[123] Los vínculos entre Maximino Ávila Camacho y varios poderosos empresarios poblanos no parecían ser un secreto para nadie. El hermano mayor del general Manuel Ávila Camacho, uno de los hombres más cercanos al general Cárdenas, a quien el propio presidente consideraba su leal amigo y aliado, no paró en mientes a la hora de ejercer la violencia en contra de sus enemigos y de disponer de su poder local poblano para hacerse de una enorme fortuna. La corrupción y sus veleidades narcisistas lo acompañaron durante su gobierno en el estado de Puebla de 1937 hasta 1941, cuestión que difícilmente pasó desapercibida para el propio Cárdenas.[124]

Pero volviendo a la segunda mitad del año de 1937, los asuntos del agrarismo cardenista continuaron sin tregua hasta llegar a las tierras henequeneras de la península de Yucatán. El 9 de agosto, un día después del arribo del presidente a Mérida y de llevarse a cabo una gran asamblea en el teatro Peón Contreras, el periódico *El Diario de Yucatán* cabeceó: "Quedó resuelto ya el problema agrario; trascendental mensaje del señor presidente al pueblo de Yucatán".[125] En el discurso que se reprodujo íntegro en aquella primera plana y que anunciaba los acuerdos de dotaciones ejidales en territorios yucatecos, Cárdenas hizo una serie de consideraciones históricas y sociales que alentaron a los concurrentes y cayeron como agua refrescante a las demandas agrarias en medio de los sofocantes calores del verano peninsular. "La riqueza arqueológica del

[123] Nicolás Vázquez Ortega, "Legislación, conflicto y resistencias. Historia social de la dotación de tierras en la región de Atencingo, Puebla, 1937-1947", tesis de licenciatura, Escuela Nacional de Antropología e Historia, México, 2016, pp. 76-117. Le agradezco a mi querida maestra y amiga Romana Falcón las referencias sobre este proceso.

[124] Andrew Paxman, "Maximino Ávila Camacho (Puebla, PNR/PRM, 1937-1941). El narciso que se creía centauro", en Andrew Paxman (coord.), *Los gobernadores. Caciques del pasado y del presente*, Grijalbo/Penguin Random House, México, 2018, pp. 99-132.

[125] *Diario de Yucatán*, 9 de agosto de 1937.

estado es elocuente símbolo de la capacidad creadora de su pueblo", comentó, y acto seguido anunció las medidas que se tomarían en un futuro próximo.[126] Éstas consistirían en el reparto de 80% de las plantaciones henequeneras a 34 000 campesinos mayas. Sin embargo la distribución presentó serias dificultades porque los cultivos del henequén requerían de enormes extensiones y tiempos largos para su cabal aprovechamiento. Al fragmentar las antiguas haciendas se consiguió la desarticulación de las unidades productivas, además de que las mismas carecían de los insumos para procesar su producto. Pero el número de solicitudes de tierras era mucho mayor que la capacidad de distribución del territorio y resultó también que la mayoría de las máquinas no quedaron en manos de los agricultores, sino de los antiguos terratenientes. Con el reparto sobrevino entonces un caos productivo que afectó la economía de la península de manera casi inmediata. Para intentar solucionar esta situación se creó un gran ejido de 60 000 trabajadores llamado Henequeneros de Yucatán. Éste terminó transformándose en un organismo burocrático, que si bien salvó a la producción henequenera de su inminente crisis, no eliminó la pobreza de la región.[127] Sin embargo, independientemente de su fracaso económico, el reparto en Yucatán tuvo un enorme impacto político, tanto para las organizaciones campesinas como para la administración pública. El nombre de Lázaro Cárdenas se asoció al de Salvador Alvarado y al de Felipe Carrillo Puerto, convirtiendo a los tres en figuras fundamentales de la historia yucateca del siglo XX. No en vano los tres aparecen en los murales de Fernando Castro Pacheco que adornan el Palacio de Gobierno de Yucatán, en Mérida, realizados durante la primera mitad de los años setenta.[128]

Otros repartos masivos se dieron, como ya se presagiaba, en el Valle del Yaqui y de Mexicali, en donde los conflictos y las soluciones fueron

[126] Cárdenas, *Palabras y documentos públicos...*, *op. cit.*, pp. 262-263.
[127] González y González, *op. cit.*, pp. 149-151.
[128] Teresa del Conde, *Fernando Castro Pacheco: Color e imagen de Yucatán*, Universidad Autónoma de Yucatán, Mérida, Yucatán, 1975.

más o menos parecidos. En Sonora se les entregaron a las comunidades yaquis más de 400 000 hectáreas de tierra, entre posibles terrenos para regadíos y sierras con pastizales.[129] El proyecto de distribución entre esas localidades respondía también al fin de contribuir a la pacificación de la región, ya que los yaquis se habían mantenido en un estado de constante conflicto tanto con las autoridades mexicanas como con las compañías que habían usurpado sus tierras y para las cuales ahora trabajaban. En sus *Apuntes* el General escribió con cierta satisfacción, después de haber echado a andar el reparto: "Ayer salieron los primeros carros con tractores y maquinaria agrícola para la población yaqui".[130]

En Mexicali se procedió a resolver el conflicto que desde hacía años existía entre la Colorado River Land Company y los trabajadores agrícolas de esa franja fronteriza. Las organizaciones campesinas finalmente recibieron alrededor de 100 000 hectáreas para conformar cerca de 40 ejidos. Al igual que los grandes terratenientes de la región de La Laguna, la Colorado River Land Company había vivido un auge significativo durante la década de los años veinte. Fundada a finales del porfiriato, su alta productividad algodonera lograda gracias al aprovechamiento de las aguas del río Colorado tuvo la protección de los generales Plutarco Elías Calles y Abelardo L. Rodríguez. Sin embargo, a raíz de la crisis económica mundial de 1929, la compañía dirigida por el estadounidense Harry Chandler empezó a tener dificultades económicas que se manifestaron de manera definitiva a principios de los años treinta. Desde entonces, los campesinos comenzaron a solicitar sus tierras y a organizarse. La represión y el encarcelamiento de algunos de sus líderes los llevaron a encontrarse con el general Múgica, cuando éste los recibió en la colonia penal de las Islas Marías.[131] Allí el michoacano

---

[129] Cárdenas, *Obras. 1. Apuntes, 1913-1940, op. cit.*, p. 427.

[130] *Ibid.*, p. 376.

[131] Dorothy Pierson Kerig, *Yankee encalve: The Colorado River Land Company and the Mexican Agrarian Reform in Baja California*, University of California in Irvine, 1988, p. 311.

conoció la situación de los trabajadores de manera puntual, y es muy probable que hubiese abogado a favor de ellos una vez que asumió su lugar en el gabinete presidencial. Aunque justo es decir que el propio Cárdenas no era ajeno a lo que sucedía en el enorme latifundio del Valle de Mexicali, puesto que lo había visitado en varias ocasiones y se había enterado de las condiciones de explotación de los trabajadores. También sabía del alto grado de concentración de la propiedad local en manos de esa compañía extranjera y conocía la pretensión, de parte de los dueños de la compañía, de ir vendiendo poco a poco sus terrenos con el fin de amortizar las grandes pérdidas sufridas durante la crisis del 29. Los principales accionistas de la Colorado querían que el gobierno mexicano comprara sus acciones y así evitar que escalara el conflicto social en la región. Sin embargo, al contrario de lo que vaticinaba la compañía, ninguna de estas dos eventualidades sucedió.[132]

Desde julio de 1937 el general Cárdenas mandó a una comisión a dicha región a estudiar la posible expropiación de aquella tierra con el fin de echar a andar su proyecto agrario ejidal. Para ello nombró al ex-zapatista Gildardo Magaña, quien viajó a Baja California junto con el jefe del Departamento Agrario, Gabino Vázquez. En el informe que se preparó al respecto se planteó que la compañía no había cumplido con algunos de los compromisos adquiridos desde su establecimiento en tierras mexicanas, como la construcción de un ferrocarril entre Mexicali y algún puerto del Pacífico. Tampoco había extendido su capacidad de irrigación a otras tierras que no fueran de su propiedad, asunto que estaba estipulado en su contrato concesionario. Mientras tanto, la agitación de los agraristas empezó a generar muchas tensiones locales, por lo que fue necesario hacer algunos ajustes políticos. El general Cárdenas nombró como nuevo gobernador de Baja California al general Rodolfo Sánchez Taboada en marzo de 1937. El recién nombrado gobernador facilitó la implementación del decreto expropiatorio y la distribución

---

[132] *Ibid.*, p. 290.

de las tierras de la Colorado se empezó a llevar a cabo tratando de que la mayoría de las mismas quedara en manos de organizaciones ejidales, tomando como modelo el proyecto de La Laguna.[133] Los dueños de la compañía se quejaron en Washington ante el gobierno estadounidense, pero Cárdenas les aseguró que serían indemnizados debidamente. Ante tal situación, la Colorado dejó de pagar impuestos y prácticamente cesó sus operaciones.[134] Se habían expropiado y repartido poco más de 115 000 hectáreas, aunque justo es decir que, al igual que en La Laguna, a la larga los ejidos no tuvieron mucho éxito, en gran medida por las fallas burocráticas y la falta de créditos. Sin embargo el reparto se había llevado a cabo con relativa tranquilidad y los campesinos dejaron de trabajar para el capital extranjero. Ahora se sabían dueños de su propio destino, o por lo menos así lo parecía justo en los momentos en que los funcionarios cardenistas les entregaban sus títulos y alguna que otra maquinaria.

El General también estuvo presente en múltiples repartos en los estados de San Luis Potosí, Morelos y Guerrero. En cada una de estas entidades federativas los terratenientes tuvieron que ceder ante las presiones gubernamentales y poco a poco los ejidos poblaron el mapa agrario del país. Finalmente se llevaron a cabo las expropiaciones de tierras michoacanas pertenecientes a la ya mencionada y poderosa familia italiana encabezada por Eugenio Cusi, y también se afectaron las grandes propiedades en el Soconusco que estaban en manos de alemanes y españoles. En el estado de Chiapas una larga lucha por la recuperación de las tierras de parte de las comunidades, tanto indígenas como mestizas, así como un complicado proceso de organización de campesinos y jornaleros, coincidió con la intención de implantar el reparto de la tierra y al mismo tiempo implementar una política integracionista entre los grupos indígenas. Diversas organizaciones de izquierda, sobre todo las vinculadas al Partido Comunista, ya habían iniciado la batalla en contra

---

[133] *Ibid.*, p. 353.
[134] *Ibid.*, p. 377.

de los terratenientes y caciques locales, pero éstos todavía se aferraban a sus antiguas formas de explotación, que recordaban a las haciendas y a los enganchadores porfirianos. En un estado "donde nunca había habido una reforma agraria y en donde existían tradiciones antiquísimas de la lucha por la tierra", la llegada del proyecto cardenista complicó aún más las cosas. Los enfrentamientos entre agraristas y antiguos terratenientes se volvieron el pan de cada día. Un líder importante, Erasto Urbina, encabezaría la lucha contra los intereses de los finqueros y las autoridades defensoras de los terratenientes que se escudaban bajo la tutela del general Alberto Pineda Ogarrio. Sin embargo, el gobierno federal supo ponerse del lado de las llamadas "defensas sociales" indígenas que "ayudarían a la recuperación de las tierras comunales arrebatadas o a la defensa de los ejidos recién constituidos".[135] Desde los intentos iniciales por incrementar las solicitudes de tierra en 1935 y 1936 el reparto en Chiapas se logró extender hasta marzo de 1939, cuando Cárdenas dotó 7 987.56 hectáreas a seis ejidos en Cacahoatán y Unión Juárez, con terrenos que pertenecían a terratenientes extranjeros en el Soconusco.[136] Aunque en dicha región, al parecer, las grandes propiedades amortiguaron la intervención estatal rodeándose de ejidos que tenían una baja producción, garantizándose así una mano de obra barata y contigua.[137] Por ello todavía hasta bien avanzado el siglo XX extensos terrenos en manos de agricultores privados se mantuvieron intactos y con una alta productividad orientada principalmente a la exportación, como fue el caso de las fincas cafetaleras que desde entonces se mantuvieron en manos de familias Luttmann, Pohlenz, Giesemann y Kahle, entre otros clanes extranjeros. Durante la Segunda Guerra Mundial fueron

---

[135] Antonio García de León, *Resistencia y utopía. Memorial de agravios y crónica de revueltas y profecías acaecidas en la provincia de Chiapas durante los últimos quinientos años de su historia*, vol. 2, Era, México, 1985, pp. 199-213.

[136] *Ibid*, p. 212.

[137] Robert Wasserstrom, *Clase y sociedad en el centro de Chiapas*, FCE, México, 1989, pp. 196-197.

intervenidas, pero posteriormente regresaron a sus antiguos propietarios.[138] De cualquier manera, la implantación de la reforma agraria en Chiapas durante el sexenio cardenista mantuvo al estado durante este periodo en constante efervescencia.

El ventarrón de repartos fue muy bien recibido por sus beneficiarios, pero también produjo la animadversión de quienes no compartían las políticas populares del General. Además, las críticas que empezaban a presagiar el fracaso del ejido cardenista no se quedaron atrás. La tenencia colectiva y las pequeñas propiedades tuvieron serias dificultades porque muchos agricultores no contaron con las maquinarias para la labranza prometidas, ni tampoco con los créditos necesarios, en gran medida por la falta de recursos que empezó a mermar la capacidad económica del gobierno. Miles de campesinos tuvieron que arrendar sus terrenos, sin lograr una mejoría económica a corto plazo. Muchos peones vieron disminuidos sus ingresos cuando se volvieron ejidatarios teniendo que completar el gasto cotidiano trabajando como jornaleros. Los ejidos colectivos corrieron con diferentes resultados, según las circunstancias de la región en la que se establecieron. Algunos tuvieron cierto éxito a la larga, pero otros se encaminaron al fracaso económico. Sin embargo, la política de reparto agrario del cardenismo tuvo un mérito político inmediato. Fortificó al Estado posrevolucionario, hizo desaparecer a buena parte de la clase latifundista y de grandes propietarios, pero más que nada dignificó a las clases más humildes, tratando de asegurarle un futuro y una esperanza a la mayoría de los campesinos mexicanos. Para varios estudiosos, el reparto agrario y el ejido impulsados por gobierno cardenista fueron una posible salida de las circunstancias de miseria y de atraso que caracterizaban al campo mexicano después del periodo

---

[138] Daniela Spenser, "La reforma agraria en Soconusco y la contraofensiva de los finqueros cafetaleros", en Brígida Von Mentz, Verena Radkau, Daniela Spenser y Ricardo Pérez Montfort, *Los empresarios alemanes, el Tercer Reich y la oposición de derecha a Cárdenas*, CIESAS, México, 1988, pp. 279-322.

de la guerra civil revolucionaria.[139] Para otros sólo fue un paliativo y las transformaciones que se vivieron durante el periodo de repartos, ejidos, dotaciones y reestructuraciones de la propiedad agraria terminarían siendo contraproducentes y determinantes para mantener el rezago y la pobreza de las mayorías campesinas mexicanas.[140] Los fracasos y los límites de esa reforma agraria parecieron abonar los afanes de organizaciones contestatarias de extrema derecha como la Unión Nacional Sinarquista a partir de 1937. Sin embargo, para el régimen cardenista el ejido fue "el verdadero motor de su política de masas en el campo",[141] y desde aquellos años se convertiría en símbolo del cambio cultural que significó el propio cardenismo en la historia del siglo XX mexicano.

El general Cárdenas mantuvo su fe en el sistema ejidal y en las posibilidades que podía brindar el ejido de mejorar las condiciones de vida en el campo mexicano, siempre y cuando el Estado se comprometiera a mantener el crédito público y atendiera las necesidades de las organizaciones campesinas. Poco antes de su muerte, en octubre de 1970, insistía en que durante su administración se había atendido "el problema agrario en el criterio de que las unidades de explotación colectiva son la clave para el desarrollo agrícola y el avance social de la población campesina".[142] Con esa convicción, y adaptando el impulso de la reforma agraria a las múltiples condiciones regionales del país, el cardenismo logró imponer en el campo mexicano una dinámica que pretendía, por un lado, arraigar a los campesinos a sus tierras y, al mismo tiempo, fortalecer sus organizaciones económicas y sociales. Para sostener el impulso

---

[139] Eyler N. Simpson, *The Ejido: Mexico's Way out*, Chapel Hill, 1937; Paul Nathan, "México en la época de Cárdenas", en *Problemas agrícola industriales de México*, vol. 7, Secretaría de Hacienda y Crédito Público, México, 1955, y Frank Tannenbaum, *The Struggle for peace and bread*, Alfred Knopf, Nueva York, 1962.

[140] Nora Hamilton, *México: los límites de la autonomía del Estado*, Era, México, 1983, y Arturo Warman, *Los campesinos, hijos predilectos del régimen*, Nuestro Tiempo, México, 1975, p. 48.

[141] Arnaldo Córdova, *La política de masas del cardenismo*, Era, México, 1974, p. 94.

[142] Cárdenas, *Obras. 1. Apuntes, 1967-1970, op. cit.*, p. 217.

modernizador del país era necesario mantener un campo productivo, bien organizado y que proporcionara sus beneficios a los productores y al mismo tiempo alimentara la industrialización. Los campesinos eran, pues, los primeros responsables del futuro de la nación y en ellos descansaba la principal propuesta de transformación social y económica del gobierno del general Cárdenas.

Otro era el cantar del mundo urbano; el de los movimientos obreros y de los innumerables sindicatos que adquirieron también un tono protagónico durante la segunda mitad de la agitada década de los años treinta. Como ya se vio, los primeros años del régimen del general Cárdenas se caracterizaron por la proliferación de huelgas de todo tipo y por una enconada lucha sindical. Las grandes organizaciones obreras luchaban unas contra otras, a veces agravando y a veces paliando los conflictos suscitados entre los líderes Luis Napoleón Morones, de la CROM; Vicente Lombardo Toledano, de la naciente CGOCM, y los dirigentes comunistas Valentín Campa y David Alfaro Siqueiros, de la Confederación Sindical Unitaria de México (CSUM). Durante los primeros años de 1935 y 1936 los trabajadores petroleros, los inquilinos, los ferrocarrileros, los tejedores, los choferes y tranviarios, los electricistas, los telefonistas, y demás grupos organizados por ramas de producción o de servicios, declararon paros y huelgas a diestra y siniestra, ya fuera por demandas propias o por solidaridad, generando una particular inquietud en la capital del país y en la mayoría de las zonas industriales.[143] Durante esos primeros años se elevaron las suspensiones de labores a un promedio de dos huelgas diarias. Tan sólo en 1935 se contabilizaron 650 paros que movilizaron a 145 000 obreros. Y al año siguiente fueron 675, aunque la movilización bajó a 115 000 individuos en huelga.[144] Aunque al final de esa década los empleados en la industria mexicana ascendían apenas a 640 000 obreros,

---

[143] González y González, *op. cit.*, pp. 29-35.
[144] Moisés *et al.*, *op. cit.*, p. 43.

los cuales no eran más de 6% de la población mexicana, los movimientos apoyados por el radicalismo del momento eran ferozmente atacados por las derechas y las élites patronales. La proliferación de paros y huelgas había causado serios daños a la iniciativa privada, a sus negocios y sus simpatizantes, entre los cuales se contaban los comerciantes, los pequeños propietarios y no pocos prestadores de servicios. Estos sectores engrosaban rápidamente las filas de la oposición.

En el invierno de 1935 a 1936 se había implementado la ley del salario mínimo, y debido a la emergencia de múltiples grupos sindicales y ligas de todo tipo, se planeó continuar con la planificación de reorganizar el movimiento obrero, sin afectar con ello lo que ya se estaba logrando en el mundo campesino. Por un lado, ya desde 1933 se había constituido la Confederación Campesina Mexicana al mando del profesor Graciano Sánchez, que tenía la intención de aglutinar a todas las ligas agrarias que representaban a las comunidades pequeñas del país, prometiendo diversos beneficios y prebendas para sus afiliados. Y lo mismo se quiso hacer con los obreros. Después del conflicto laboral entre la CGOCM, la CROM y los consejos patronales e industriales de Monterrey, que declararon un paro en sus fábricas como protesta contra la propia unificación del movimiento obrero, se tomó la decisión de agrupar a miles de trabajadores que estaban regados por todo el país en una central única. Ésta debía responder particularmente a sus peticiones y permitir el establecimiento de un control obrero centralizado. El 24 de febrero de 1936, durante la celebración del Congreso de Unificación Obrera, la CGOCM y la CSUM propusieron la creación de la Confederación de Trabajadores de México (CTM). Fusionándose las dos centrales, se creó una confederación que determinaría el devenir de la clase obrera mexicana a lo largo de prácticamente todo el siglo XX.[145] Esta nueva organización agrupó a alrededor de 200 000 trabajadores y tuvo como primer secretario general

---

[145] Alberto Aziz Nassif, *El Estado mexicano y la CTM*, CIESAS, México, 1989, pp. 17-20.

a Vicente Lombardo Toledano y al entonces joven Fidel Velázquez como secretario de Organización y Propaganda. La CROM quedó fuera de la jugada debido a la clara filiación callista de su líder, Luis Napoleón Morones, quien no tardó en arrastrarla a un segundo plano en materia de influencia política y laboral.[146]

La recién nacida central de trabajadores se constituyó bajo el lema: "Por una sociedad sin clases", y se adhirió al régimen de Cárdenas proponiendo a sus agremiados el logro de las siguientes metas: mejorar la situación de la clase trabajadora, ampliar las libertades democráticas, participar en la guerra contra el fascismo y procurar la instauración del régimen socialista.

Vicente Lombardo Toledano, Lázaro Cárdenas y Fidel
Velázquez en un congreso de la CTM
(Sistema Nacional de Fototecas)

---

[146] Marjorie Ruth Clark, *La organización obrera en México*, Era, México, 1979, pp. 227-230.

El presidente y sus colaboradores tuvieron buen cuidado de unificar a los obreros por un lado y a los campesinos por otro, previniendo así que la amalgama de aquellas fuerzas sociales también se convirtiera en una amenaza para el Poder Ejecutivo. Separadas, las centrales obreras de las campesinas, era más fácil lidiar con ambas, aunque el impulso cardenista insistiera en la unión y en la organización. Si bien las relaciones entre la CTM y el régimen no fueron siempre tersas, sí quedó claro que dicha confederación sería una de las columnas de apoyo del gobierno cardenista. Éste, sin embargo, se mantuvo relativamente al margen de las decisiones internas de la central y del propio movimiento obrero. Desde abril de 1936 el general Cárdenas se quejaba de la falta de unidad que caracterizaba a los sindicatos y a sus confederaciones. En sus *Apuntes*, después de escuchar los discursos de los líderes sindicales en una magna concentración en el Toreo de la Condesa propuesta por el Congreso del Trabajo, anotó: "La CGT, la CROM y la Cámara del Trabajo se han empeñado en una campaña de ataques personales, haciendo algunos de ellos causa común con políticos despechados". En seguida comentaba que deberían "aprovechar la circunstancia para ellos favorable de existir un gobierno que no da preferencias a ninguna directiva y que ha abierto sus puertas de simpatía para su unificación".[147] Con la instauración de la CTM y con el izquierdista y autoproclamado "marxista" Lombardo Toledano a la cabeza de la misma confederación, el régimen cardenista podría suponer que recibiría presiones contundentes si se trataba de implementar una transformación radical de las relaciones obrero-patronales. En caso de unirse con los campesinos organizados, su fuerza podía significar un instrumento para nada desdeñable en los círculos del gobierno. Pero lejos de ello, varias veces sucedió lo contrario. Por ejemplo, durante el reparto en La Laguna o cuando el general Cárdenas declaró la instauración del gran ejido henequenero en Yucatán, la CTM pareció quedarse rezagada, y muy lentamente se puso a la altura de las

---

[147] Cárdenas, *Obras. 1. Apuntes, 1913-1940, op. cit.*, p. 346.

circunstancias apoyando las medidas cardenistas.[148] Lo mismo sucedería durante la expropiación petrolera, como se verá más adelante.

El 16 de julio de 1936 estalló la huelga del Sindicato Electricista contra la Compañía Mexicana de Luz y Fuerza, que entonces era un monopolio anglosajón. El paro de labores impidió que llegara la energía eléctrica a infinidad de hogares y empresas, provocando un enorme apagón en buena parte de la República. Esto afectó severamente la popularidad de Cárdenas entre sectores medios y empresariales de las principales ciudades del centro del territorio nacional. Sin embargo, el presidente se mantuvo en la posición de no intervenir y dejar que el arbitraje de las instancias responsables estuviese dentro del más estricto apego a la ley, con el fin de "no entregar maniatados a los obreros ante las argucias y poder económico de las empresas". Una vez más enfatizaba en sus *Apuntes*: "Deseo que fijen bien su atención todos los ciudadanos del país, en lo que ya he expresado varias veces, que las demandas de los obreros no irán más allá del límite que permitan las posibilidades económicas de las empresas, y que para fijar ese límite seguirán interviniendo las autoridades correspondientes, como lo han venido haciendo en los conflictos suscitados hasta hoy".[149]

Los conflictos entre los líderes de las centrales y los de los partidos políticos se tensaron de tal manera que en abril de 1937 el sindicato ferrocarrilero y los electricistas, así como todas las agrupaciones que eran coordinadas por el Partido Comunista Mexicano (PCM), decidieron separarse de la CTM, durante su Cuarto Congreso Nacional. Dentro de la CTM habían quedado al mando los famosos "cinco lobitos", quienes se habían encargado de debilitar a la CROM de Morones, y que habían hecho alianza con Lombardo Toledano, en gran medida por su oposición a los comunistas. Esos "cinco lobitos" eran nada menos que Fidel Velázquez, Fernando Amilpa, Jesús Yurén, Alfredo Sánchez Madariaga,

[148] Moisés *et al.*, *op. cit.*, p. 50.
[149] Cárdenas, *Obras. 1. Apuntes, 1913-1940*, *op. cit.*, pp. 352-354.

y Luis Quintero.[150] Cada uno tendría eventualmente una historia que contar en el movimiento obrero mexicano del siglo XX. Pero en aquellos momentos, y a la hora de hacer ajustes dentro de la CTM, el quinteto se encargó de hacerles la vida de cuadritos a los comunistas.

En parte por las gestiones de Earl Browder, secretario general del Partido Comunista Norteamericano y vicepresidente de la Comintern, pero también por las negociaciones hechas por los propios líderes lombardistas y comunistas mexicanos, poco a poco se fueron tomando medidas de conciliación. También influyó la política de "Unidad a toda costa" que la Comintern instrumentó ante el avance del fascismo internacional, y por la cual tanto los radicales comunistas como los disidentes del lombardismo volvieron a entrar al redil cetemista.[151] Al poco tiempo también volvieron a dicha central los electricistas y los metalúrgicos.

A partir de entonces, y siguiendo una tendencia internacional en boga, se instauró un Frente Popular de las Izquierdas con una fuerte presencia sindical y no pocos miembros del PCM así como de la misma CTM, cuyo plan de lucha pretendía el aumento de contribuciones fiscales a las compañías extranjeras, la confiscación de bienes a políticos contrarrevolucionarios, la elevación de jornales, la lucha contra los fascistas, la ampliación de la reforma agraria y otras medidas radicales. Sin embargo, tanto la CTM como el Partido Comunista, al igual que el propio presidente Cárdenas, querían constituir aquel frente "de tal manera que la correlación de fuerzas favoreciera a su creador y proyecto político".[152] Por su parte, Cárdenas solicitó no incluir en estas organizaciones a las ligas campesinas, puesto que para ellas ya se estaba estructurando una confederación específica.

---

[150] Alicia Hernández Chávez, *La mecánica cardenista*, en *Historia de la Revolución Mexicana, 1934-1940*, vol. 16, El Colegio de México, México, 1981, pp. 163-164.

[151] Daniela Spenser, *Unidad a toda costa: La tercera Internacional en México durante la presidencia de Lázaro Cárdenas*, CIESAS, México, 2007, p. 69.

[152] *Idem.*

El ambiente y los discursos obreristas estaban sobre todo situados en el mundo urbano, que todavía no era ni con mucho mayoritario; pero no cabe duda que resultaban bastante ruidosos. Así lo pudo resumir el poeta Manuel Maples Arce, quien algunos años antes había encabezado una vanguardia estridentista, y que ahora, durante los revueltos años treinta plagados de huelgas y movilizaciones, resumía en las siguientes imágenes:

> ¡Viento, dictadura
> de hierro
> que estremece las confederaciones!
> ¡Oh, las muchedumbres
> azules
> y sonoras, que suben
> hasta los corazones!
> La tarde es un motín sangriento
> en los suburbios;
> árboles harapientos
> que piden limosna en las ventanas;
> las fábricas abrasan
> en el incendio del crepúsculo
> y en el cielo brillante
> los aviones
> ejecutan maniobras vesperales.[153]

La vanguardia poética vaticinaba así una modernidad que hablaba de organizaciones obreras, fábricas y aeroplanos, pero también de enfrentamientos violentos, miserias y dictaduras. Pero tantas movilizaciones, tantos mítines y tanta efervescencia no tardaron en provocar escandalosas respuestas de las derechas. Si bien el movimiento obrero era apoyado y promovido por el presidente de la República, no por eso dejó de

---

[153] Blanco, *op. cit.*, p. 203.

suscitar serias manifestaciones de disgusto no sólo a nivel patronal sino también en diversos niveles populares. Ése fue el caso de las opiniones encontradas que generó la propuesta del nuevo Estatuto Jurídico de los Trabajadores del Ejecutivo Federal, que daba iguales derechos a los burócratas que a los obreros organizados. Ciertos sectores medios y varias juntas patronales se opusieron terminantemente a que los servidores públicos sólo trabajaran 48 horas a la semana y en caso de llevar a cabo una huelga lícita se les pagaran su salarios caídos.[154]

Sin embargo a la larga quedaba claro que la alianza progresista del general Cárdenas con el movimiento obrero más que actuar contra las clases dominantes terminó fortaleciéndolas. La restricción de la explotación de la mano de obra industrial corrió a la par de una reglamentación especial para inversionistas. Una ley particular, por ejemplo, establecía prebendas de exención de impuestos durante cinco años a todas las industrias que iniciaran la producción de algún bien que no se produjera en México.[155] Desde los inicios del gobierno cardenista se liberaron fondos de reserva para la inversión, y el Estado compró múltiples valores de empresas privadas a través de la Nacional Financiera. En 1935 se decretó una Ley de Seguros que benefició a dicha rama de los servicios y lo mismo resultó para empleados bancarios, al emprender una iniciativa de reglamentación especial para ellos. En este rubro se fortaleció también al Banco de Comercio Exterior y se facilitaron los establecimientos de bancos privados y compañías de seguros. El régimen del general Cárdenas igualmente impulsó el financiamiento de la industria azucarera, de las redes de comunicaciones carreteras y ferroviarias, y apuntaló la inversión turística a través de préstamos hipotecarios a hoteles y disponiendo medidas fiscales favorables sobre todo para el beneficio de los visitantes extranjeros.[156]

---

[154] Taracena, *op. cit.*, pp. 165–166.

[155] González y González, *op. cit.*, p. 267.

[156] Hamilton, *op. cit.*, p. 251.

Aun así todavía quedaban espacios controlados por empresas foráneas en donde la precariedad de los trabajadores era más que evidente. Así lo mostró una desgracia ocurrida en el pueblo minero de Tlalpujahua a mediados de 1937. El 28 de mayo de ese año los tres principales periódicos del país, *El Universal, El Nacional* y el *Excélsior,* cabecearon sus primeras planas con las siguientes frases: "La catástrofe de Tlalpujahua; numerosas pérdidas de vidas", "Catástrofe en Tlalpujahua; 39 personas mueren ahogadas", "Una espantosa catástrofe en el Mineral de 'Dos Estrellas' ". Los tres periódicos coincidieron en llamar "catástrofe" a lo que había sucedido la madrugada del 27 de mayo en aquel pueblo minero del nororiente michoacano que entonces contaba con poco más de 20 000 habitantes. La presa número uno de la muy rica mina de Dos Estrellas, que para entonces empleaba a más de 3 000 trabajadores, cedió en sus bases, y una mole de lamas de cianuro de 35 metros de altura con más de cuatro millones de toneladas de volumen se precipitó sobre los barrios del Carmen y La Cuadrilla, que se encontraban en la parte baja del poblado, dejando sepultadas cientos de viviendas pobres y pequeñas edificaciones populares.[157]

La catástrofe, como se llegó a conocer el mayor desastre de la historia de Tlalpujahua, había sucedido poco después de las cinco de la mañana, después de tres jornadas de aguaceros. Un testigo describió el acontecimiento de la siguiente manera:

La gigantesca masa se enrosacaba y desenvolvía como furiosa y colosal serpiente, produciendo truenos semejantes a los de una deshecha tempestad. Las grandes y rojas llamaradas producidas por los gases en combustión del cianuro y por los cortos circuitos de las líneas eléctricas instaladas en las presas para el alumbrado de las mismas y otros servicios de "Dos Estrellas", daban un tinte infernal al cataclismo.[158]

[157] Carlos Herrejón Pereda, *Tlalpujahua*, Monografías Municipales, Gobierno de Michoacán, 1980, p. 158.
[158] Miguel Madrigal, *Datos históricos de la devota imagen de María Santísima del Carmen que se venera en Tlalpujahua*, 5ª ed., Jus, México, 1959, p. 60.

El alud de lodo, grava y piedras cubrió un área de cerca de cinco kilómetros, dejando sepultadas varias colonias de la población. Las aguas saturadas de desperdicios mineros golpearon de tal manera la pequeña iglesia del Carmen que tan sólo quedaron en pie una parte del altar y la torre del campanario. La hecatombe se llevó muchas vidas, pero también produjo situaciones de salvamento increíbles.

El número de víctimas fue creciendo día a día. Primero se dijo que sólo se habían rescatado 30 cadáveres, pero a los pocos días el número ascendió a 168.[159] En el Palacio Municipal se improvisó una capilla mortuoria y hasta ahí fueron llevados los cuerpos de las víctimas. Desde Toluca se destacó una brigada de la Cruz Roja para atender a los heridos, pero la ayuda general tardó varios días en llegar.[160] Las lamas habían tapado parte de la carretera que unía Tlalpujahua con El Oro, en el Estado de México, por lo que el tránsito se había suspendido entre ambas poblaciones. La escasez no tardó en afectar a muchas familias tlalpujahuenses que habían quedado totalmente desamparadas. El presidente Cárdenas envió un destacamento militar y el gobernador Gildardo Magaña ordenó que de inmediato se iniciaran los trabajos para posibilitar el tránsito hacia Tlalpujahua y así poder enviar víveres y ayuda a dichas familias. El día 30 de mayo arribaron a las cercanías de la población dos camiones repletos de víveres y medicinas que conducían miembros de la Brigada Mixta de Auxilio de la capital de la República, entre médicos, enfermeras y ayudantes del cuerpo de bomberos.[161]

La propia compañía minera Dos Estrellas puso a disposición de las autoridades municipales una brigada de salvamento de 400 hombres que junto con el cuerpo de zapadores y varios médicos militares seguían rescatando heridos y cadáveres en sus excavaciones varios días después de la hecatombe.[162] Si bien la responsabilidad de la catástrofe

---

[159] *Excélsior*, 29 de mayo de 1937.
[160] *El Universal*, 30 de mayo de 1937.
[161] *El Nacional*, 30 de mayo de 1937.
[162] *El Nacional*, 31 de mayo de 1937.

le era atribuida en gran parte a dicha compañía, las autoridades de la misma no parecían asumirla e insistían en que además de las pérdidas humanas y materiales en la población ellas también tenían cuantiosos desastres que lamentar. Según dichos directivos, las lamas habían destruido 20 tanques de cianuración, además de la planta de recuperación, los filtros, la oficina de raya del Molino del Cedro y "hasta un puente de madera que se encontraba por el rumbo de Trigueros".[163] Argumentando que querían ser solidarios con las familias afectadas por la catástrofe, los administradores de la mina decidieron no suspender los trabajos en sus instalaciones. De esa manera, decían, los trabajadores podían seguir disfrutando de su salario. Claro, la lógica del capital no parecía entender nada sobre desastres y pérdidas humanas. Después de declarar que seguirían los trabajos en la mina, éstos se suspendieron con el argumento de que los filtros de beneficio de metales se habían arruinado. Según el *Excélsior*, 4 000 mineros quedaron así sin trabajo de la noche a la mañana.[164] De cualquier manera, la Secretaría de Economía Nacional del gobierno del general Lázaro Cárdenas requirió un informe técnico sobre las causas de la catástrofe que terminó por fincarle una responsabilidad mayor a la compañía minera Dos Estrellas.[165] El Sindicato de Trabajadores Mineros inició entonces una movilización que poco a poco se fue radicalizando, hasta solicitar la inmediata indemnización de las familias afectadas. El gobierno cardenista vio con buenos ojos dicha solicitud y apoyó decididamente al sindicato.

Después del estruendoso derrumbe del día 27 en la madrugada, el desperdicio minero no dejaba de fluir por los cauces más inverosímiles. Tres días después se tenía noticia que las lamas habían llegado a las haciendas de Venta de Bravo, Pomoca y Pateo, situadas a 20, 30 y 40

---

[163] *El Universal*, 29 de mayo de 1937.
[164] *Excélsior*, 30 de mayo de 1937.
[165] Herrejón Pereda, *op. cit.*, p. 169.

kilómetros de Tlalpujahua.[166] Los restos de centenares de casas, animales y árboles seguían llegando hasta el cauce del río Lerma, que pasaba muy cerca del límite con el municipio de Maravatío. Los pobladores de esos rumbos insistieron en que debajo de los 10 kilómetros cuadrados que cubrieron las lamas se encontraban "sepultados materialmente y a una profundidad no menor de 35 metros, más de 400 cadáveres".[167] Tras el desastre la miseria volvió a mostrar su espantoso espectro. La población nunca volvería a ser la misma.

Pero en la memoria de Tlalpujahua no sólo quedó la catástrofe y la frustración. Siguiendo con su afán oportunista las autoridades de la jerarquía católica aprovecharon las circunstancias para manipular a la población y tratar de evitar que la radicalización del sindicato se desbordara. La pequeña iglesia de la Virgen del Carmen, cuyas paredes fueron arrasadas por el alud, sería la protagonista de lo que los tlalpujahuenses consideraron un verdadero prodigio, un milagro. El muro sur de la capilla, que en su interior tenía una pintura de la virgen venerada, quedó incólume ante la avalancha de lodo. Días después de la hecatombe, al ir abriendo el paso entre el fango y el muro, se descubrió que la imagen de la virgen no había sufrido menoscabo alguno. El párroco Francisco Aguilera llamó al golpeado pueblo de Tlalpujahua para que ayudara a llevar esa imagen milagrosa a encabezar el altar mayor de la parroquia principal de la población. La tarea no fue fácil. Había que desprender la pintura del muro y trasladarla resguardada en un armazón de cemento y madera por las empinadas calles que iban desde el barrio del Carmen hasta la parroquia. La plataforma no sólo era delicada sino muy pesada. Además todavía muchas de las calles pedregosas del pueblo seguían cubiertas de lodo y lama. Al parecer nadie faltó a la hora de ayudar a empujar los rodillos y sujetar las cuerdas que amarraban el monolito. El 29 de julio de ese fatídico año de 1937 la imagen de la Virgen del

---

[166] *El Universal*, 30 de mayo de 1937.
[167] *El Nacional*, 30 de mayo de 1937.

Carmen fue colocada en el altar mayor de la iglesia principal de la malograda población minera.[168]

Después de la catástrofe la administración de la mina Dos Estrellas, cuyas acciones estaban principalmente en manos de franceses, y que ya mantenía una tensa relación con el sindicato, ofreció un pago de menos de la mitad de la suma solicitada para las indemnizaciones. Mientras el sindicato pedía 416 722 pesos, la minera sólo quería pagar 175 579 pesos. En contubernio con el gobierno estatal, la compañía finalmente sólo dio 100 000 pesos aduciendo que el desastre no era imputable a la empresa.[169] Ante esa actitud, los trabajadores se radicalizaron y demandaron a las autoridades federales el otorgamiento de la mina a una cooperativa que finalmente se instituyó en diciembre de 1937. Las difíciles condiciones financieras entre las que surgió la nueva sociedad de producción marcarían el derrotero plagado de complicaciones que se agravarían durante los años venideros, y que sólo se superarían con cierta solvencia durante la siguiente década. Por lo pronto el general Cárdenas liberaría a dicha sociedad cooperativa, al igual que a muchas otras, del pago de impuestos por cinco años "sobre la producción de metal, propiedades, agua, electricidad, haciendas de beneficio y por ingreso".[170]

Otra área de la economía mexicana en la que el cardenismo intentó incidir particularmente fue aquella que reglamentaba su interrelación con la economía estadounidense. Y si bien hubo momentos de ajuste relevantes, como se verá en seguida, los nexos fundamentales de dicha relación no se transformaron demasiado: México siguió apareciendo como un mercado importante para productos elaborados estadounidenses y Estados Unidos nunca dejó de ser una fuente de acceso para los capitalistas mexicanos. Aun así, poco a poco y a partir de un proceso de polarización tanto de la sociedad mexicana como de la estadounidense

[168] Madrigal, *op. cit.*, pp. 71-73.
[169] José Alfredo Uribe Salas, *Historia de la minería en Michoacán*, vol. 2, Universidad Michoacana de San Nicolás de Hidalgo, Morelia, Michoacán, 2005, p. 209.
[170] *Ibid.*, p. 213.

que se inició a partir de la recesión de 1937, las contradicciones del capitalismo periférico en el que México estaba inmerso no tardaron en aflorar.[171] La precariedad de la industrialización mexicana provocaba que no fuera fácil enfrentar las presiones estadounidenses y una gran cantidad de productos elaborados en la potencia norteña empezó a invadir el mercado nacional desplazando la exigua oferta de artículos manufacturados por las fábricas mexicanas.

Tal vez por ello fueron las políticas y las medidas nacionalistas las que le valieron las mayores ovaciones al cardenismo. Entre 1937 y 1939, la fiebre de repartos agrarios fue acompañada por diversos conflictos que terminaron con la nacionalización y expropiación de varias empresas extranjeras, que llevaban mucho tiempo en el territorio nacional. La primera controversia se dio en torno de las líneas férreas que intercomunicaban buena parte del país. El Estado mexicano era dueño, desde 1908, de la mitad de las acciones ferroviarias; la otra pertenecía a varias empresas transnacionales. Desde principios de los años treinta las huelgas y los paros sindicales paralizaban a la empresa de Ferrocarriles Nacionales y por lo tanto su productividad decrecía. El general Cárdenas terminó expropiando buena parte de los ferrocarriles que estaban en manos extranjeras en junio de 1937. Con ello creó el Departamento Autónomo de los Ferrocarriles Nacionales y finalmente entregó la administración de la empresa a los obreros y al sindicato. En sus *Apuntes* el General anotó pleno de optimismo:

Libres las líneas de intervención de intereses extranjeros, el Gobierno podrá mejorarlas ya administrándolas como empresa descentralizada, ya poniéndolas en manos de los trabajadores ferrocarrileros mediante la aceptación de condiciones que garanticen la eficiencia del servicio, el desarrollo de nuevas líneas y el pago de la deuda de los propios ferrocarrileros.[172]

[171] Hamilton, *op. cit.*, p. 253.
[172] Cárdenas, *Obras. 1. Apuntes, 1913-1940*, *op. cit.*, p. 371.

Sin embargo la realidad sobre las vías férreas mexicanas y su administración se impuso de una manera contundente. A través de múltiples
accidentes y descarrilamientos causados al parecer por el relajamiento
en la disciplina de los trabajadores, el gobierno se vio en la necesidad
de retomar el control de la empresa. Después del ensayo fracasado de la
administración obrera de los ferrocarriles, el propio Cárdenas fue reple-
gando su política favorable a la entrega de las empresas a los trabajadores.
Sin embargo desde aquella oleada expropiatoria inicial el presidente ya
había anotado que algo parecido debía suceder con la industria del petróleo. El mismo día en que tan positivamente se expresó la posibilidad
de entregar la administración de los ferrocarriles a los trabajadores dejó
por escrito las siguientes dos frases premonitorias: "Toda la industria
del petróleo debe venir a manos también del Estado para que la Nación
aproveche la riqueza del subsuelo que hoy se llevan las compañías petroleras. Para ello seguiremos otro procedimiento".[173]

---

[173] *Idem.*

III

Lázaro Cárdenas, presidente de México

1938-1940

Segunda parte

La expropiación de la industria del petróleo

> Ahora sí ya somos petroleros.
>
> **Corrido popular, 1938**

Tal vez el episodio nacionalista más célebre de la presidencia del general Cárdenas fue la expropiación petrolera que, para sorpresa de muchos, devolvió el usufructo del subsuelo del territorio nacional a los mexicanos. Tras múltiples y muy serios conflictos obrero-patronales casi imposibles de resolver por la vía pacífica, y debido a las desiguales condiciones de vida entre mexicanos y extranjeros en los campos petroleros, pero sobre todo por la intransigencia de los empresarios estadounidenses, ingleses y daneses, la amenaza de una huelga general en todas las instalaciones asociadas a la industria petrolera se dejó sentir. Los obreros de aquel ramo se habían organizado en un solo Sindicato de Trabajadores Petroleros de la República Mexicana (STPRM) desde 1935. Las demandas de alzas salariales de los trabajadores de dicho sindicato fueron correspondidas con reacias negativas por parte de las empresas. La compañía mexicana de petróleo El Águila, subsidiaria de la Royal Dutch Shell, la Huasteca Petroleum Company, que dependía de la Standard Oil Company de

Nueva Jersey, la Sinclair Pierce Oil Company, la Stafors Oil Company, la Penn Mex Fuel Company, la Richmond Petroleum Company, la California Oil Company, la Compañía Petrolera Agwi, la Compañía de Gas y Combustible Imperio, la Consolidated Oil Company y varias empresas navieras, reunieron a sus representantes frente a los líderes sindicales, con el fin de negociar las condiciones de su contrato colectivo. Aquellas negociaciones se llevaron a cabo con el apoyo de un grupo de abogados que también pertenecía a diversas firmas internacionales.

El gobierno cardenista intentó mediar en el conflicto, debido a que las compañías petroleras se negaron a acatar el laudo que la Junta Federal de Conciliación y Arbitraje, reconocido por la Suprema Corte de Justicia, dictaminó a favor del sindicato y en contra de las empresas. Éstas debían pagar una deuda de 26 millones de pesos a los trabajadores. La arrogancia de los representantes de las empresas, la presión económica de las mismas a través del retiro de las cuentas que tenían en bancos mexicanos, pero sobre todo la abierta rebeldía que las compañías mostraban ante las decisiones institucionales, llevó a tomar la decisión de aplicar una medida más radical. El remolino de conflictos vino a culminar en la declaratoria de expropiación de los bienes de 16 empresas extractoras de petróleo.[1]

En el plano anecdótico sucedió que en el camino de regreso de Zacatepec, Morelos, a la Ciudad de México, el presidente Cárdenas le pidió al general Múgica que redactara, en el más completo sigilo, el decreto expropiatorio. El 10 de marzo de 1938 ambos regresaban de la inauguración del ingenio azucarero Emiliano Zapata, al cual habían acudido acompañados por varios colaboradores, incluyendo el representante del gobierno de la República Española, el doctor Félix Gordón Ordás. Cárdenas recordó así ese momento: "Nos detuvimos en las cercanías de Cuernavaca, entre los kilómetros 79 y 80 y con el general Múgica

---

[1] Tal vez el libro que con más detalle ha aportado al conocimiento de los tejemanejes previos a la expropiación petrolera y sobre todo a sus inmediatas consecuencias es el de Adolfo Gilly, *El cardenismo. Una utopía mexicana*, Cal y Arena, México, 1994.

caminamos hacia Palmira platicando durante más de una hora". La conversación entre los dos generales se entretuvo a la hora de evaluar la situación internacional y las posibilidades de que México saliera airoso de una posible crisis con Inglaterra y Estados Unidos, tratando de evitar cualquier agresión militar de parte de dichas potencias. Cárdenas anotó: "Tomamos también en cuenta que se presenta ya la amenaza de una nueva guerra mundial con las provocaciones que desarrolla el imperialismo nazi-fascista, y que esto detendría de agredir a México, en caso de decretar la expropiación".[2]

Los desafíos de las compañías petroleras precipitaron la decisión que, si bien ya se había meditado bastante, se produjo después de una muestra más de altanería imperialista. El día 7 de marzo, en una reunión del general Cárdenas con los representantes de las empresas, el presidente insistió en que las mismas pagaran los 26 millones de pesos que las Juntas de Conciliación y Arbitraje habían reconocido que se debían al sindicato. Uno de los representantes legales preguntó que quién garantizaría que ésa fuese la última cifra que se pagaría, a lo que el presidente contestó: "Yo lo garantizo". Con una sonrisa en la boca, el mismo personaje preguntó: "¿Usted?" "Sí —contestó el General—, el presidente de la República", y acto seguido se levantó de su asiento y dio por terminada la sesión.[3] Los representantes se retiraron y consultaron con sus patrones, lo cuales a regañadientes decidieron de último momento acceder a la demanda sindical. Pero ya era demasiado tarde. El 18 de marzo a las 10 de la noche el general Cárdenas dio a conocer a la nación, por la radio en cadena nacional, el decreto expropiatorio.

La reacción de los afectados fue, desde luego, incendiaria y trató de convertirse en una lucha de largo alcance. Sin embargo, las empresas

---

[2] Lázaro Cárdenas, *Obras. 1. Apuntes, 1913-1940*, t. 1, 3ª ed., UNAM, México, 1986 (1ª ed., 1972), p. 389.

[3] Jesús Silva Herzog, *Trayectoria ideológica de la Revolución mexicana y otros ensayos*, SepSetentas, vol. 68, México, p. 147, también reproducido en *La expropiación del petróleo, 1936-1938, Álbum fotográfico*, FCE, México, 1981, p. 16.

no recibieron el suficiente apoyo de sus respectivos gobiernos teniendo que sobrellevar la decisión y conformarse con la promesa de sus indemnizaciones. La expropiación petrolera provocó múltiples consecuencias, que reverberaron por muchos años en los diversos horizontes del nacionalismo mexicano, en las consideraciones del mundo diplomático internacional, pero sobre todo en una conciencia social que apeló al valor de la autodeterminación y al orgullo de ejercerla.

Tras el mensaje a la nación del 18 de marzo de 1938, el presidente vio con beneplácito las grandes muestras de apoyo popular a su medida, aunque éstas no lograrían detener el desplome de las reservas monetarias en el Banco de México, ni el boicot comercial de las empresas extranjeras contra México. Los embargos de refacciones y maquinaria, la incapacidad técnica para controlar cabalmente la extracción petrolífera, la escasez de combustible y varias consecuencias más afectaron severamente la estabilidad económica del país, que al mismo tiempo celebraba entre grandes manifestaciones la recuperación de su patrimonio. El golpe asestado el viernes 18 de marzo a las compañías petroleras había sido contundente. Sin embargo, el propio presidente Cárdenas, conduciéndose con su consabido carácter apacible y mesurado, decidió pasar el domingo siguiente conviviendo con su familia y algunos amigos cercanos en una excursión al Nevado de Toluca. Allí, a pesar de que nevó justo cuando caminaban escalando hacia la primera "lagunita", el General logró escribir "unos renglones relacionados con la expropiación petrolera que se decretó el 18 del presente (antier)". El grupo de paseantes volvió a la Ciudad de México cuando ya daban las ocho de la noche. Al final de la jornada, Cárdenas todavía logró anotar en sus *Apuntes* la siguiente frase por demás optimista: "El país no sufrirá con retirar a las empresas extranjeras que venían explotando el petróleo".[4]

---

[4] Cárdenas, *Obras. 1. Apuntes…*, *op. cit.*, p. 392.

Por tratarse de uno de los momentos más intensos del nacionalismo económico, político y cultural que se vivió durante la presidencia del general Cárdenas es necesario detenerse un momento para revisarlo con cierto detalle y observar a través de diversos ejemplos la respuesta popular a dicha medida cardenista.

A finales de 1938 el perspicaz periodista que era entonces Salvador Novo escribió en su columna "La semana pasada", de la revista *Hoy*, que "el escándalo mejor sonorizado del año había sido la expropiación petrolera".[5] Como tal generó muchísimo alboroto, provocó no pocos tumultos, demostró y alivió varias inquietudes, emitió ruidos y escándalos de todo tipo, propició desenfrenos y descubrió desvergüenzas. Según las potencias económicas del momento dio un muy mal ejemplo a otras naciones en situación semejante, pero también asombró a muchos países que se encontraban pendientes de los hechos, produciendo pasmo y admiración en algunos.

Después de aquel largo conflicto que se ha contado de muchas y muy variadas maneras, la nacionalización de la industria petrolera culminó el 18 de marzo un par de horas antes de la medianoche, cuando a través de la radio —en cadena nacional— las ondas hertzianas difundieron en voz del propio presidente Cárdenas el porqué de la expropiación. La medida fue de tal magnitud que consiguió un respaldo inusitado de los gobernados hacia su gobernante. Según don Jesús Silva Herzog: "Fuera de unos cuantos descastados, todo México estuvo con el gobierno frente a las compañías".[6]

La crónica de este acontecimiento, con sus antecedentes y consecuencias inmediatas y a largo plazo, ha ocupado a una buena cantidad de estudiosos y fabricantes de homenajes. Tanto la "historia de bronce" como la crítica académica han contado desde entonces con una enorme

---

[5] Salvador Novo, *La vida en México en el periodo presidencial de Lázaro Cárdenas*, prólogo de José Emilio Pacheco, Empresas Editoriales, México, 1964, p. 276.
[6] Silva Herzog, *op cit.*, p. 148.

bibliografía dedicada a los trabajadores petroleros, a los conflictos que armaron las compañías expropiadas, y a los desajustes que tal medida provocó tanto en la política doméstica como en la internacional.[7] Y la mayoría de las publicaciones que han tocado el tema se han referido al amplio apoyo popular que tal medida suscitó. Las fotografías de la inmensa manifestación del 23 de marzo que, según parecía, había reunido alrededor de 250 000 almas en el Zócalo de la Ciudad de México para demostrar su respaldo al decreto presidencial del día 18, aparecieron en prácticamente todas las secciones gráficas de los periódicos del momento. Y su referencia en la bibliografía sobre el tema ha sido tema obligado a partir de entonces.

La colecta organizada por el Comité de Damas Pro-Recuperación Económica que se efectuó en el Palacio de Bellas Artes a partir del día 12 de abril ha vivido un proceso semejante. La imagen del trío de mujeres envueltas en sus rebozos entregando gallos y gallinas como contribución al pago de la deuda petrolera sería, al igual, una cita clásica de la historia de la expropiación petrolera e incluso de la solidaridad del pueblo mexicano en general a la hora de meter el hombro para tratar de salir adelante. El contraste entre las mujeres humildes y las damas encargadas de recibir las aportaciones evidenciaba las marcadas diferencias económicas que caracterizaban a la sociedad mexicana de entonces. Los

---

[7] La bibliografía de la expropiación petrolera es muy extensa. Aquí sólo se mencionan algunos textos que han dado pasos relevantes en el conocimiento académico de dicho proceso: Jesús Silva Herzog, *Historia de la expropiación de las empresas petroleras*, Instituto Mexicano de Investigaciones Económicas, México 1963; Lorenzo Meyer, *México y los Estados Unidos en el conflicto petrolero (1917-1942)*, El Colegio de México, 1968; Arturo Anguiano, *El Estado y la política obrera del cardenismo*, Era, México, 1975; José Domingo Lavín, *Petróleo, pasado, presente y futuro de una industria mexicana*, FCE, México, 1976; Francisco Colmenares, *Petróleo y lucha de clases en México*, Ediciones El Caballito, México, 1983; Jonathan Charles Brown y Alan Knight, *The Mexican Petroleum Industry in the Twentieth Cenury*, University of Texas Press, Austin, 1992; Gilly, *op. cit.*, y Raquel Sosa Elízaga, *Los códigos ocultos del cardenismo*, UNAM/Plaza y Valdés, México, 1996.

Gran manifestación de apoyo a la expropiación petrolera el 23 de marzo 1938
(Archivo particular)

Uno de los lugares designados para llevar a cabo la colecta fue
el Palacio de Bellas Artes
(Sistema Nacional de Fototecas)

semblantes adustos de las contribuyentes y las sonrisas de las receptoras parecían enfatizar esas diferencias. Sin embargo, durante dichas jornadas las desigualdades no impidieron que personas de prácticamente todos los sectores sociales mostraran su apoyo a la medida cardenista.

Como puede constatarse en varios periódicos del interior de la República, en casi todas las ciudades del país ese mismo día 23 de marzo se organizaron múltiples manifestaciones de apoyo al régimen cardenista. Carteles con leyendas como "Para las gallinas extranjeras, los gallos mexicanos" o "Hidalgo 1810-Cárdenas 1938" o "A donde nos lleve la rebeldía burguesa estaremos con Cárdenas" pudieron verse en aquellas demostraciones de apoyo popular. Y el espíritu expropiatorio contagió a otras áreas de la actividad productiva del país de tal manera que los mineros, los trabajadores de la industria textil, los obreros agroindustriales y hasta los tranviarios pidieron en sus carteles y pancartas que Cárdenas continuara con sus expropiaciones. Aquel "¡Estamos contigo!" expuesto en una manta que cargaban los ferrocarrileros resumía el respaldo que apareció en la mayoría de los medios de comunicación del momento.

Revisando la prensa, las imágenes y algunos sonidos de esa época es posible evocar el gran apoyo a la expropiación petrolera, cuyos ecos siguieron retumbando tanto en los discursos demagógicos del PRM como en el ánimo de quienes conservaron en su memoria aquellos momentos de efervescencia popular. Recién expedido el decreto expropiatorio los colaboradores más cercanos del general Cárdenas recibieron instrucciones de hacer lo que fuera necesario para que el pueblo mexicano adquiriera conciencia de las dimensiones de lo acontecido. En primer lugar se reforzaron las consignas a favor de la unidad nacional frente a cualquier discordia que surgiera con "las potencias extranjeras". Centrales obreras y sindicatos, ligas agrarias, escuelas, gremios, organizaciones patronales, cofradías, grupos de comerciantes, en fin, todos los actores sociales debían evitar las confrontaciones innecesarias. Se propagó, así, la idea de crear un frente común que permitiera resistir cualquier embate desestabilizador, ya fuese interno o externo. De esa manera lo entendió el coronel Alfredo Delgado, gobernador de Sinaloa, y lo hizo saber en un manifiesto firmado el 26 de marzo aparecido en la prensa citadina de aquel día. Decía en un tono por demás provinciano:

> Por mi parte y en mi carácter de gobernador constitucional del Estado de Sinaloa abro los brazos a todos los que, por unos u otros motivos, con razón o sin ella, se encuentren distanciados de mi administración. Cancelo todas las dificultades, los disgustos y las malas voluntades que en contra de mi gobierno se hayan presentado. Trazo una línea imborrable como frontera entre el pasado y lo que ahora empieza, e invito cordialmente a los pocos descontentos[...] a que depongamos nuestra actitud de antagonismo y juntos colaboremos con el engrandecimiento de la provincia, como base firme para la realización de la independencia económica a que nos lleva el señor Presidente.[8]

A nivel federal, varios gobernadores siguieron el ejemplo del coronel Delgado y ni tardo ni perezoso el licenciado Miguel Alemán, desde el estado de Veracruz, encabezó la coalición de gobernadores que apoyaban al general Cárdenas y a su medida contra las compañías petroleras. El 11 de marzo los periódicos habían publicado un mensaje enviado por Alemán a todos los gobernadores pidiendo el cierre de filas en torno del general Cárdenas para "afrontar patrióticamente la situación, porque asumiendo la posición que él sostiene, tenemos la oportunidad para que la patria pueda colocarse en una posición de verdadera independencia política y económica frente a la intervención constante que en los asuntos nuestros ha querido tener el capital petrolero".[9] El gobernante jarocho conocía muy bien la insolencia y la arbitrariedad características del trato que las compañías petroleras daban tanto a sus trabajadores

---

[8] *La Prensa*, 26 de marzo de 1938.
[9] Miguel Alemán Valdés, *Remembranzas y testimonios*, Grijalbo, México, 1987, pp. 193-202.

como a las autoridades mexicanas. El 24 de marzo los gobernadores de los estados fueron convocados a una reunión en la Ciudad de México de la que surgió el bloque de apoyo a la medida cardenista, mismo que encabezó el licenciado Miguel Alemán. Las instalaciones industriales petroleras más importantes del país estaban en el estado de Veracruz, y el gobernador en persona ejecutó el mandato presidencial consistente en que las compañías entregaran sus bienes a la nación. La situación era muy tensa porque se había extendido el rumor de que los Estados Unidos no tardarían en tomar medidas drásticas en contra del gobierno y el territorio mexicanos. Afortunadamente, tanto el embajador Josephus Daniels como el propio presidente Franklin D. Roosevelt invocaron a la política del "Buen Vecino" y la situación no pasó a mayores.

El régimen cardenista, sin embargo, era consciente de que el mensaje de unidad tenía que llegar no sólo a los preocupados por los asuntos oficiales y a sus enemigos políticos, sino a quienes tradicionalmente no tenían acceso a la información escrita. Por ello era necesario actuar en todos los ámbitos posibles. El 21 de marzo la Secretaría de Educación Pública inauguró un programa de actividades que debía llevarse a cabo en todas las escuelas oficiales y cuyo nombre era "La Semana Escolar del Petróleo". Durante el desarrollo del programa —que consistía en la elaboración de "obras artísticas y ejercicios educativos con el tema del oro negro"— los maestros debían explicar "a sus educandos la labor desarrollada por las compañías petroleras y la forma en que el gobierno solucionó el último conflicto con ellas, consolidando así la independencia económica de México".[10] Para explicar "pedagógicamente" el asunto a los párvulos de 6 a 12 años de edad, el profesor Manuel Muñoz Lumbier escribió una lección que sirvió de guía para los maestros en las escuelas elementales. En dicha lección el autor exponía razonamientos muy sencillos sobre la formación y ubicación geológica de los hidrocarburos. En seguida hacía una breve reseña de los descubrimientos

---

[10] *La Prensa*, 26 de marzo de 1938.

científicos que permitieron al hombre hacer uso del petróleo en la generación de fuerza motriz. Al mencionar la utilidad de la misma, el lirismo del profesor Muñoz Lumbier se manifestó de la siguiente manera:

> Y dijo el petróleo: Yo soy la fuerza. Impulso a la locomotora que doma montañas y cruza el desierto. El veloz automóvil es mi carro guerrero. Por mí el hombre conquista el espacio en el vertiginoso aeroplano y el majestuoso dirigible, surcado antes solamente por el cóndor, el águila y la nube. Lo he llevado en el cauteloso submarino hasta las regiones profundas y fantásticas del mar[…] Soy la luz. Sin mí la lámpara se apaga, el dinamo no genera electricidad y la rueda camina torpe y chirriando, porque soy lubricación y silencio. Soy eficiencia. El hombre hace mejor su tarea y con más gusto cuando lo acompaño, porque soy limpio y suave[…] Alegro la tierra con mis flamas y cruzo el océano a pesar de la tormenta, con firme quilla hacia el faro de la Esperanza cuyos destellos me deben la vida.[11]

Con el fin de llegar a ese mismo ámbito infantil y adolescente, el Departamento Autónomo de Prensa y Propaganda (DAPP) dedicó varios números de su publicación para niños *La Palomilla* al asunto petrolero. En alguno de los 50 000 ejemplares publicados durante el mes de junio de 1938 los aficionados a esta revista pudieron ver los monitos que contaban "la historia mundial y nacional del petróleo". También se enteraron de cómo México había contraído un compromiso enorme con las compañías expropiadas, explicándolo así: "El presidente apoyado en la Constitución del país, que dice que el subsuelo es nacional, expropió a las compañías, es decir, recogió para la Nación todos los bienes que les correspondían a aquellas […] Por eso hay que pagarles […] porque no está bien que nos quedemos con lo que no es nuestro,

---

[11] Manuel Muñoz Lumbier, *Una lección sobre el petróleo para las escuelas elementales*, s. e., mimeo., abril de 1938.

por más que tengamos mucha razón moral [...] Por esto ha contraído México una deuda, la deuda petrolera, que es de muchos millones de pesos y tú sabes que cada millón vale miles".[12]

En la sección correspondiente a los ejercicios aritméticos de aquel número de *La Palomilla* también se hizo referencia al asunto petrolero. Uno de ellos planteaba: "Si en 1910 se vendía al menudeo el litro de petróleo a 8 centavos y en la actualidad a 24 centavos ¿cuánto ha aumentado el precio del litro de petróleo?"[13] Otros ejercicios eran menos abstractos y pretendían que los niños contestaran preguntas como ésta:

De las 300 familias que vivían en un campo petrolero, 275 eran mexicanas y el resto extranjeras. Las primeras vivían en malas viviendas, con sueldos reducidos y pésimas condiciones de higiene, mientras las segundas habitaban casas modernas con todos los medios de defensa necesarios en las zonas tropicales de mosquitos y otros animales dañinos. Di qué porcentaje de familias en este campo vivían en malas condiciones.[14]

Y en la última página de aquella revista, en la que aparecía la tira cómica "Cosas de Timoteo", se mencionaba a quienes se habían solidarizado con el gobierno a través de un diálogo entre un niño rico y Timoteo —que representaba al niño pobre campesino con su sarape, su sombrero y sus huaraches—:

—Niño rico: Mi papá dio 50 pesos para el pago de la deuda del petróleo.
—Timoteo: El mío también dio 50 pesos y va a seguir dando un día de sueldo cada mes, y mi mamá dio diez gallinas y sus aretes... ¿Cuánto gana tu papá?

[12] *La Palomilla*, DAPP, México, junio de 1938.
[13] *Idem.*
[14] *Idem.*

—Niño rico: Más de 1 000 pesos al mes... ¿y el tuyo?

—Timoteo: El salario mínimo: dos pesos diarios...[15]

Dibujo realizado en una escuela pública y regalado
al presidente Cárdenas en 1938
(Archivo CERMLC)

La solidaridad de parte de los niños hacia el régimen cardenista se manifestó también de otras maneras. En las escuelas de la colonia Algarín de la Ciudad de México, por ejemplo, se organizó una comisión que todos los lunes recogía los "domingos" de quienes estuvieran dispuestos a contribuir con ellos al pago de la deuda. En la comunidad escolar Francisco I. Madero los mismos pupilos propusieron que su contribución fuera "sacrificando parte de sus alimentos diarios: un día de leche, otro de pan, otro de carne, etcétera".[16]

---

[15] *Idem.*

[16] *La Prensa*, 29 de marzo de 1938.

Los niños Cuauhtémoc Cárdenas Solórzano y Janitzio Múgica Rodríguez Cabo también hicieron su aportación y entregaron sus cochinitos al Banco de México para ayudar al pago de la deuda petrolera. Así, las imágenes del hijo del general Lázaro Cárdenas y del general Francisco J. Múgica muy bien peinados y vestidos con sus mejores prendas aparecieron en los reportajes gráficos de las revistas más importantes de la capital, sirviendo "de ejemplo para la juventud mexicana".[17]

Janitzio Múgica y Cuauhtémoc Cárdenas contribuyeron al pago
de la deuda petrolera
(*El Universal Gráfico*, 26 de marzo de 1938)

Pero en materia de difusión no sólo se buscó generar conciencia entre los niños. Otros sectores también estuvieron en la mira de los incipientes publicistas oficiales. Al poco tiempo de darse a conocer el decreto expropiatorio se fundó el Comité de Redención Económica

---

[17] *Todo*, 26 de marzo de 1938, y *El Universal Gráfico*, 26 de marzo de 1938.

Nacional (CREN). Éste a su vez dio lugar al CUMPLE —Comité de Unidad Mexicana Pro-Liberación Económica—, que intentó coordinar el "apoyo de las masas" a la medida gubernamental. El CUMPLE tuvo uno de sus momentos más espectaculares en la ya mencionada colecta que se organizó en el Palacio de Bellas Artes en las primeras semanas de abril y que tuvo como sus principales promotoras a las señoras Amalia Solórzano de Cárdenas, Matilde Rodríguez Cabo de Múgica y Soledad Orozco de Ávila Camacho.

Entre el 23 de marzo y el 15 de abril se llevaron a cabo varios actos que combinaron la solidaridad con la diversión y la educación. El 25 de marzo el general Cárdenas planteó en un discurso que se difundió por la prensa y la radio que "la redención económica debía provenir de apoyos espontáneos", negándose a establecer gravámenes o cuotas obligatorias.[18] Y si bien muchas actividades de apoyo fueron inducidas por el gobierno mismo, otras tantas tuvieron el carácter que pedía el presidente. Así, de un día para otro se logró la organización de una "Semana del Petróleo" que se celebró del 27 al 31 de marzo en el mismo Palacio de Bellas Artes. Durante esa semana se dieron conferencias, se montaron exposiciones y se abrieron debates relacionados con la industria del oro negro.[19] El día 29 de ese mismo mes se anunció que los maestros Gregorio López y Fuentes, Elvira Vargas, Gustavo Ortiz Hernán y Miguel Ángel Hernández escribirían una obra de teatro de masas que se titularía *El petróleo*. Su representación sería dirigida por Celestino Gorostiza y se pondría en escena utilizando "técnicas cinematográficas [...] llevando a más de 1 000 gentes a escena en el Estadio Nacional".[20]

Y el 31 de marzo el Departamento del Distrito Federal organizó una "Jornada de Honor Nacional" a la que, según las crónicas, asistieron "obreros, representantes industriales, miembros de colonias extranjeras,

[18] *El Universal*, 25 de marzo de 1938.
[19] *Revista de Revistas*, 27 de marzo de 1938.
[20] *El Universal*, 29 de marzo de 1938.

militares, universitarios, niños, maestros, comerciantes, gentes de la Banca, artistas y artesanos". En dicha jornada se llevó a cabo "una reconstrucción histórica del nacimiento del Quinto Sol en la zona arqueológica de Teotihuacán".[21] A principios de abril se inició la Subasta de Arte Pro-Redención Nacional, a la cual fueron invitados muchos artistas plásticos para que donaran su obra contribuyendo de esa manera al pago de la deuda. Pintores, escultores, grabadores, dibujantes y fotógrafos participaron en la subasta que duró hasta el 17 de abril en la Galería de Arte de la UNAM. En ella destacaron obras de figurones que claramente militaban en bandos opuestos como Diego Rivera y Gerardo Murillo, el Dr. Atl.[22] En ese entonces, y siguiendo con su conocido oportunismo político, Rivera hacía constantemente alarde de sus simpatías con "la extrema izquierda", incluso dentro del propio comunismo, mientras que el Dr. Atl no ocultaba su afición por el nazifascismo. Sin embargo sus diferencias no impedían que ambos congeniaran con la medida cardenista. La cooperación a favor de una declaración nacionalista tocaba un punto de referencia que resultaba por demás semejante entre las izquierdas y las derechas.

Por aquellos días la CTM declaró, muy en el tono de la mesura impuesta por la "Unidad a toda costa" dictada por la Comintern, que una forma de cooperar con el gobierno en materia petrolera era evitando el estallido de huelgas —"dentro de lo posible"—. Organizando colectas y solidarizándose con los trabajadores petroleros —aunque fuese sólo de palabra y por una breve temporada—, dicha confederación también aprovechó la oportunidad para mostrar sus alianzas con el gobierno cardenista.[23] Pero ya para entonces algunos vivillos habían llevado a cabo sus propias y personales "campañas de redención económica" y empezaban a forrarse con dinero ajeno. Al enterarse de un par de casos

---

[21] *El Universal*, 1 de abril de 1938.

[22] *El Universal Gráfico*, 2 de abril de 1938, y *Revista de Revistas*, 17 de abril de 1938.

[23] *El Universal Gráfico*, 4 de abril de 1938.

irregulares, el CUMPLE publicó, el 5 de abril, un enérgico anuncio que afirmaba "la desautorización de cualquier colecta o festividad pública o privada con fines de recolección de fondos que no tenga el aval de las autoridades correspondientes".[24]

Al domingo siguiente —el 10 de abril— se celebró una "Gran Corrida Patriótica Pro-Deuda Petrolera". Seis toros de la Hacienda de Xajay se donaron para la ocasión. Esa tarde pisaron la arena los diestros Juan Silveti, Fermín Espinoza *Armillita*, Jesús Solórzano, Lorenzo Garza, Luis Castro *el Soldado* y "los ases de ayer Vicente Segura y Rodolfo Gaona".[25] Un día antes, como público de un encuentro de polo en el Campo Marte —también organizado con el fin de recaudar fondos para la deuda—, Juan Silveti había declarado a la prensa: "¿Qué no hubiera hecho por mi México? Mataré un toro, pero si me hubieran pedido que matara una ganadería también lo hubiera hecho".[26] La corrida del día 10 tuvo sus momentos de tensión. El norteño Lorenzo Garza sufrió una aparatosa cogida que la crónica narró así:

Este desconcertante torero que unas veces responde con gesto de iracundia a las peticiones del tendido y otras recoge el guante y se rifa la vida con supremo desprecio, se pasó el engaño a la izquierda y dibujó un pase natural imponente; y al rematar el segundo, que tuvo una lentitud angustiosa y un mérito indiscutible, el astado no obedeció al engaño y prendió al regiomontano.[27]

Así, *el Califa de Monterrey* estuvo a punto de entregar la vida a favor de la deuda petrolera.

Ese mismo domingo en la noche un grupo de jóvenes organizó un "gallo" para patentizar su adhesión al presidente de la República.

---

[24] *El Universal Gráfico*, 5 de abril de 1938.

[25] *Revista de Revistas*, 17 de abril de 1938.

[26] *El Universal Gráfico*, 9 de abril de 1938.

[27] *Revista de Revistas*, 17 de abril de 1938.

Los muchachos recorrieron las calles del centro de la Ciudad de México lanzando cohetes y cantando canciones, algunas alusivas a la expropiación como "El corrido del petróleo" y otras que estaban de moda, pero que bien se aplicaban a los sentimientos nacionalistas del momento, como una pieza ranchera que se titulaba "Ya me estoy poniendo chango", que se debía a la inspiración de Lorenzo Barcelata y Ernesto Cortázar. Su estribillo no sólo aludía a los vaivenes del intercambio amoroso, sino también a cierto despertar de conciencia:

> Ya me estoy poniendo chango
> y más chango me pondré
> pues ya estoy muy escamado
> de lo que dicen de usted.

Otra canción, un tanto más juguetona y que también parecía poderse asociar con la situación petrolera, era "El rifle", también escrita por Barcelata y Cortázar. Con una ligera variante quienes la interpretaban en aquella ocasión cantaban:

> Para qué me andas haciendo creer
> y pa' qué haces que me chifle
> te has volado porque viste, mujer,
> que estoy como rifle:
> Yo estoy como rifle
> tú estás como bala,
> Juana, no seas mala con tu Juan.[28]

La fanfarronería y el machismo estereotípicos se vieron multiplicados y fortalecidos ante la avalancha de afirmaciones nacionalistas. El "gallo"

---

[28] Fonograma *Un siglo de cantantes en el cine mexicano*, AMEF T-44-07. RCA Víctor/BMG, Asociación Mexicana de Estudios Fonográficos, A. C., México, 2001.

del 10 de abril tuvo tanto éxito que las autoridades del Departamento del Distrito Federal decidieron llevar a cabo una "Cruzada de la Redención Económica Nacional" que, con un escenario ambulante y un grupo de mariachis, recorrió diversos puntos del Valle de México, difundiendo en vivo las cuestiones relativas a la deuda petrolera y cantando canciones alusivas a la fortaleza y seguridad de los mexicanos.[29]

El presidente Lázaro Cárdenas con el Mariachi Coculense de Cirilo Marmolejo posando al parecer en el restaurante Torino de la Ciudad de México (Colección particular)

La música de mariachi, por cierto, parecía ser una de las favoritas del general Cárdenas. No sólo se trataba de una expresión musical popular de su región de origen, sino que también en Tierra Caliente había convivido con varios músicos locales que solían amenizar sus veladas con sones, mazurkas, polkas, valonas y corridos. El conjunto de arpa grande,

---

[29] *La expropiación del petróleo...*, *op. cit.*, p. 103.

violines, vihuela, guitarrón y guitarras le recordaba sus primeras andanzas revolucionarias, y en muchas ocasiones, durante sus giras como gobernador, como candidato y como presidente, se hizo acompañar por un grupo de mariachis, cuya música poco a poco se había convertido en "la música mexicana por excelencia". Según algunos testimonios, una vez que ocupó Los Pinos, cada 15 días, el Mariachi Coculense de Cirilo Marmolejo acudía a la casa presidencial a "entretener a políticos y visitantes".[30] Esta agrupación incluso fue contratada por la Dirección de Acción Cívica del Departamento del Distrito Federal desde 1936 para que sus integrantes fungieran como "cancioneros supernumerarios" y estuvieran en la nómina de dicho departamento con el fin de evitarles las penurias cotidianas de los filarmónicos ambulantes. Ignacio Rodríguez, quien interpretaba la trompeta en aquel conjunto, recordaba que "durante la época de la Expropiación Petrolera, el grupo tocaba en las calles de la Ciudad para recabar fondos, haciendo eco al llamado del Presidente".[31]

Para entonces ya se había recibido en la Secretaría de Relaciones Exteriores la agresiva nota del gobierno inglés y poco faltaba para que se rompieran los vínculos diplomáticos con la Gran Bretaña. Algunos periódicos aventuraban que no estaba lejano el día en que lo mismo sucedería con los Estados Unidos. Las tensiones empezaban a aflorar y por ello la realización de la colecta organizada por el Comité de Damas Pro-Recuperación Económica y la Dirección de Acción Cívica contribuyó a darle un mayor brío al ya agitado espíritu de unidad nacional. A través de la radio —sobre todo de la XEW y la B Grande de México—, el ciudadano poco afecto a las convocatorias estatales pudo enterarse de las enormes colas que se formaban frente al Palacio de Bellas Artes con personas que querían apoyar al gobierno para pagar la deuda

---

[30] Jesús Flores y Escalante y Pablo Dueñas Herrera, *Cirilo Marmolejo. Historia del mariachi en la Ciudad de México*, Asociación Mexicana de Estudios Fonográficos, A. C., Dirección General de Culturas Populares, México, 1994, pp. 26-27.

[31] *Ibid.*, p. 27.

petrolera. Estas aglomeraciones hacían intransitable la Avenida Juárez. Sin embargo aquellos acontecimientos tuvieron tanta trascendencia que pocos ciudadanos debieron quedarse al margen de la colecta capitalina. Según los reportajes, hombres y mujeres de todas las clases abarrotaron el vestíbulo del palacio para contribuir con alguna pertenencia —la que fuera— al alivio de la deuda. La prensa narró una variedad infinita de anécdotas, razones, impulsos y sueños relacionados con quienes formaban parte de aquellas filas. Por ejemplo: un matrimonio que llevaba 35 años de vida compartida se desprendía de sus anillos de boda, una soldadera humilde entregaba su único par de aretes, una anciana arrastraba su máquina de coser hasta dejarla cerca de doña Amalia. Un reportero incluso descubrió entre la muchedumbre a la viuda del general Francisco Serrano, quien traía una bolsita con monedas —"las pocas que le quedaban"— para depositarla en manos del comité.[32]

Y mientras continuaba la colecta en Bellas Artes otras actividades se llevaron a cabo en beneficio de la deuda. Carreras de caballos en el Hipódromo de Balbuena, actos de acrobacia con "los ases de la Aviación Nacional", audiciones con la Orquesta Típica de la Ciudad de México, verbenas populares… en fin, cualquier reunión pudo utilizarse para difundir el asunto petrolero y a su vez contribuir al apoyo económico que el régimen recibía gracias a la buena voluntad de la población.

El tema del petróleo estuvo presente en prácticamente toda la prensa capitalina por lo menos desde marzo hasta mayo de 1938, fecha en que ocuparon las cuatro columnas otros acontecimientos importantes como la rebelión cedillista y la restructuración del partido oficial, a los que se volverá más adelante. Pero mientras, editoriales, artículos de fondo, fotorreportajes, encuestas, caricaturas, epigramas, anuncios comerciales, en fin, todo espacio gráfico o periodístico podía ser ocupado por el asunto petrolero.

---

[32] *Excélsior, El Universal* y *La Prensa*, 13 de abril de 1938.

Algunos periódicos abrieron sus páginas para que "el pueblo se expresara en materia petrolera". Por ejemplo, el diario *La Prensa* publicó en esos días una encuesta a cual más interesante y divertida. El periodista Miguel Gil y el fotógrafo Agustín Casasola recorrieron varias zonas de la Ciudad de México durante tres jornadas preguntando a ciudadanos de los más variados sectores y oficios cuál debía ser la forma en que se pagara la deuda petrolera. Las respuestas fueron de lo más ilustrativas. Don Carlos del Valle, exjefe de redacción de dicho diario, afirmó que "si pudiéramos exigir a las compañías petroleras el pago de los daños y perjuicios ocasionados a México con la explotación, no sólo quedarían liquidadas las mismas, sino que sobraría dinero". Y un bolero anónimo de la Alameda contestó a la misma pregunta: "¿Verdad que está bien, jefe? Hasta que hubo un presidente que se preocupara por el pueblo […] El producto de los pozos será bastante para pagar la deuda y hasta sobrará […] Ah, pero eso sí, se necesita buena administración porque si nomás va a haber mangoneo […] adiós petróleo y todo se irá en crecer y crecer la deuda". Por su parte, el coronel Hernández Cházaro, exsecretario particular de Pascual Ortiz Rubio, propuso: "Hay que llamarla la deuda de la libertad y para pagarla hay que poner gravámenes a los cigarros, a la cerveza, al vino […] se debería dar un día de haberes de militares y civiles […] además organizar festivales coordinados por mujeres mexicanas, abnegadas y buenas […] y a los terratenientes gravarlos con dos pesos anuales por cada hectárea de tierra". En cambio, el agente motociclista Gustavo Ducloix comentó: "Hay que economizar gasolina, sobre todo en las oficinas de gobierno, evitando lujos en las esferas oficiales, aunque también sería bueno que las autoridades entregaran un día de sueldo". El secretario de la Liga de Comunidades Agrarias del Estado de México, Andrés Francis, no pudo evitar la clásica cita a Ramón López Velarde y dijo: "Hay que fomentar la producción agrícola del país y así el pago de la deuda es cosa relativamente fácil. Ya lo dijo el poeta: "El niño Dios te escrituró un establo y los veneros del petróleo el diablo". Y Concha Michel, que entonces era una conocida cantante vernácula y que también fungía como secretaria de Acción Femenil de la Confederación Campesina Mexicana, planteó con inconfundible retórica oficialista: "Tengo fe profunda en que la cooperación económica popular es el principal factor, mayormente de orden moral, para que todo problema desaparezca". Por último, los periodistas entraron a una pulquería —la México Lindo—, en la que, bajo el retrato del general Cárdenas, el tabernero afirmó: "Pues señores, la contribución no tiene remedio y yo la acepto aunque sea en el pulque. Nomás que no se vaya de abuso porque del año pasado a esta parte me han aumentado el 25 por ciento". Y desde el fondo de la taberna un borrachín gritó: "No le hace, aunque le pongan otra contribución al pulque... lo primero es pagar... ¡Viva México!"[33]

El tema de la deuda petrolera se encontraba en boca de la población citadina de tal manera que la apreciación del periodista Pedro de los Santos era acertada al afirmar que

de pronto, a causa del histórico decreto presidencial del 18 de marzo anterior, puede decirse que en todos los ámbitos de la República huele a petróleo. En múltiples tonos y por cuantos medios publicitarios se conocen actualmente, las tres sílabas del ingente vocablo no cesan de repiquetear en los oídos de los mexicanos produciéndose con tal motivo un estado de conciencia colectiva como en ningún otro caso habíamos presenciado [...] Se despierta por primera vez el sentimiento de cohesión nacional.[34]

Pero el asunto dio para mucho más. En otros diarios y en algunas revistas se publicaron crónicas y reportajes de la más variada índole sobre los sucesos relacionados con el oro negro. Aparecieron así, desde los relatos de las hazañas del coronel Manuel Peláez complicadas con los dineros de las compañías petroleras, hasta las biografías llenas de excentricidades

---

[33] *La Prensa*, 24, 25 y 26 de marzo de 1938.
[34] *Revista de Revistas*, 24 de abril de 1938.

de los magnates chapopoteros. Y aquellos reportajes contribuyeron al recreo, e incluso a la satisfacción del morbo, de una gran cantidad de lectores.

En su número de la tercera semana de marzo la revista *Sucesos para Todos*, por ejemplo, publicó una serie de artículos sobre la vida del "sultán del petróleo" Eduard Doheny, titulados "El magnate petrolero convertido en guiñapo". En esos escritos, además de narrar la historia del asesinato del hijo de Doheny cometido por su secretario particular a raíz de un lío de faldas, se hablaba de la inmensa fortuna de aquel magnate, "la cual no pudo disfrutar al final de su vida por haber resultado víctima de una cruel enfermedad".[35] En el mismo tono los reportajes que publicó *El Universal Gráfico* en los primeros días de abril de ese año llevaban como encabezado: "El petróleo, inspirador de crímenes en los ricos campos veracruzanos". En estas crónicas se daba cuenta de cómo las autoridades de la Huasteca Petroleum Company "contrataban mujerzuelas para seducir a los propietarios de las tierras ricas en yacimientos petroleros y matarlos a través del vino y los excesos eróticos".[36] El carácter profundamente maniqueo de las crónicas sugería una versión semejante a la que posteriormente escribiría Bruno Traven en su clásica novela *La rosa blanca*. Sin embargo los reportajes surtieron un efecto que contribuyó a la documentación de las múltiples irregularidades en que incurrían las compañías petroleras.

Con un afán que también parecía ligar el morbo con la denuncia, algunas dependencias, como la Secretaría de Educación Pública, la de Gobernación y la misma Presidencia, recibieron durante esos días una infinidad de mensajes con fotografías y dibujos que mostraban las deplorables condiciones en que vivían los trabajadores petroleros. Destacaba sobre todo la abundancia de "vicios que rodeaban a los vecinos de los campos". Por ejemplo, el secretario de Educación, Gonzalo Vázquez

---

[35] *Sucesos para Todos*, 22 de marzo de 1938.
[36] *El Universal Gráfico*, 4, 5 y 6 de abril de 1938.

Vela, encontró entre su correspondencia particular el envío de varias fotografías de casas de citas y cantinas con comentarios escritos al reverso que decían: "Esta cantina pertenece al aciático (*sic*) Alberto Chui en el campo petrolero 56, a menos de 100 metros del campo de trabajo, en este lugar se espenden (*sic*) toda clase de bebidas embriagantes y el local no reúne las condiciones sanitarias que marca el Reglamento Sanitario del Estado" o "Este es el congal del señor Francisco Zamora en su interior, para que no se diga que no es sierto (*sic*), aquí se ven todas las meretrices sentadas fuera de sus cuartos".[37]

Fotografía que denunciaba la existencia de burdeles
cercanos a los campos petroleros
(Colección particular)

Pero si bien la mayor parte de la prensa reportó en sus crónicas y notas un ambiente que se manifestaba a favor de la política petrolera cardenista, no faltaron los críticos y polemistas. Los periódicos *El Hombre*

---

[37] Debo agradecer a la señora Carmen Vázquez Vela de Pérez el haberme permitido revisar y copiar estas fotografías del archivo particular de su padre.

Libre y *Omega*, que se identificaban puntualmente con la oposición de derecha enarbolada por grupos como la Acción Mexicanista Revolucionaria o la Confederación de la Clase Media, publicaron a finales de marzo y principios de abril algunos encabezados como los siguientes: "Para no resultar patriotas de opereta debe procederse con seriedad y talento: el tiempo dirá si el gobierno ha errado su drástica medida" o "¿Tenemos suficiente talento y honradez para administrar la riqueza petrolera?"[38] Las críticas se dirigían más hacia el futuro que hacia la medida expropiatoria misma. Severo Franco, articulista de *Omega*, minimizaba el apoyo popular al decreto presidencial y comentaba que las manifestaciones de apoyo eran: "Multitudes de personas, en su mayoría de clase no muy boyante ni muy pensante, que han dado su contingente tan humilde como sincero y que precisamente por su parquedad, no significa una contribución de importancia para liquidar a las compañías expropiadas".[39]

Otros críticos aprovecharon para mostrar "ciertas incongruencias" en los supuestos orígenes filosóficos de la medida cardenista. El polemista católico Jesús Guisa y Azevedo escribió, por ejemplo, que el discurso socialista del régimen no congeniaba con la forma en que se pretendía resolver el asunto petrolero. Con tono petulante decía que el ahorro era un asunto burgués, antagónico al espíritu cardenista, y que éste caía en una flagrante contradicción al "homenajear las virtudes burguesas para pagar una medida socialista".[40]

En las caricaturas y los cartones políticos la crítica encontró otro recurso para mostrar sus desacuerdos con el régimen. En *El Tornillo* —otro periódico humorístico de filiación derechista— los lectores pudieron divertirse con varios monitos que hacían mofa de la expropiación, de las colectas e incluso de algunos problemas que se suscitaron a la hora

[38] *Omega*, 26 de marzo y 7 y 23 de abril de 1938.
[39] *Omega*, 30 de abril de 1938.
[40] *Sucesos para Todos*, 26 de abril de 1938.

de la distribución de los productos petroleros mexicanos en el país y en el mundo.

El 11 de abril, por ejemplo, una caricatura anónima llevaba el título de "Escena en Xochimilco" y presentaba a un niño con su abuelo que pedían a un remero prototípico de aquellos canales y chinampas: "A ver amigo, llévenos a dar un paseo por el lago". A lo que el xochimilca contestaba: "No se puede jefe, estamos alistando nuestras trajineras pa' llevar nuestro 'petrólio'".[41]

Caricatura publicada en *El Tornillo* el 11 de abril de 1938

----

[41] *El Tornillo*, 11 de abril de 1938.

Pero la caricatura relacionada con la expropiación no siempre fue tan ácida. En otras publicaciones se usó más bien para burlarse del carácter del mexicano. Con requiebros callejeros al estilo de "Mamacita, por Ud. pago la deuda yo solo" o invitaciones a la transa como "Señor Secretario, si usted me da un empleo de 10 locos diarios ofrezco 1.25 para la deuda", los caricaturistas por lo general reivindicaron las medidas cardenistas y repudiaron a las compañías petroleras.[42]

Los publicistas también se contagiaron del tema en boga. La Lotería Nacional incorporó a sus anuncios un recuadro con la leyenda: "Usted no podrá detener el río, ni tampoco puede desviar la corriente. Pero si un hombre lo ayuda, tal vez lo intente, y si lo ayudan 1 000 logrará el objeto. Así los ingresos del gobierno solos no podrán con la carga: pero si todos los mexicanos ponemos nuestro esfuerzo la deuda del petróleo será una nube de verano en la historia de México […] ¡Compre su billete!"[43] El aceite comestible de marca Libertador, por su parte, se anunciaba con el siguiente texto:

Coopere usted con la liberación económica de México, consumiendo sólo productos nacionales […] La manteca de cerdo que se consume en el país es traída de los Estados Unidos en su mayor parte […] pero no es necesario cocinar con manteca porque la importación de manteca significa una salida innecesaria de dinero del país. Podemos evitarlo […] Consuma Aceite "Libertador".[44]

Y la cervecería Modelo, aprovechando el triunfo de los sindicatos petroleros apoyados por el gobierno en su lucha contra las compañías, lanzó la consigna que incorporaba el nombre de su producto más popular,

[42] *Todo*, 31 de marzo; *Sucesos para Todos*, 22 de marzo, y *Futuro*, abril de 1938.
[43] *Sucesos para Todos*, 26 de abril de 1938.
[44] *El Universal*, 24 de marzo de 1938.

la cerveza Victoria, afirmando que: "Ahora… ¡*La Victoria* también es nuestra!"[45]

Pero además el tema del petróleo, por más terrenal que fuese, también ocupó la vena lírica mexicana del momento. Poetas "cultos" y populares recurrieron a la escritura y a los versos para dar su interpretación de los acontecimientos. El jefe del DAPP, Agustín Arroyo Cházaro, encomendó a varios poetas distinguidos y un tanto ajenos al mundanal periodístico, como Alfonso Reyes y Enrique González Martínez, que escribieran versos alusivos a la expropiación. Sobre la respuesta de don Alfonso no se supo más, pero se comentó a manera de sátira que don Enrique había entregado a su solicitante "una mística tragedia en la que Gasolina, Kerosina y Naftalina, las hijas del Petróleo, robadas a un tiempo por un Águila, lograban libertarse y devolverse a México".[46] Otros dos célebres oradores con aires de poetas, que ya habían sido jilguerillos del general Cárdenas desde sus giras como candidato presidencial, también atendieron al llamado de Arroyo Cházaro. Se trató nada menos que de Luciano Kubli y José Muñoz Cota, quienes compartieron la autoría de una cuarteta "de inspiración a lo García Lorca" que decía:

> Petróleo, pétreo, petróleo,
> óleo de piedra piedra,
> si la piedra es mexicana
> el óleo también lo fuera.[47]

Y desde luego no faltaron las crónicas en verso que editorializaron en forma oportunista sacando tajada de cualquier tema relacionado con el oro negro. Pepe Montañez, en su columna rimada "Agridulces", de la

---

[45] *Excélsior*, 9 de abril de 1938.
[46] *Todo*, 28 de abril de 1938.
[47] *Sucesos para Todos*, 12 de abril de 1938.

revista *Sucesos para Todos*, sin ocultar sus retruécanos religiosos, escribió a mediados de abril:

> Sigue en plena ebullición
> el entusiasmo vital que ha surgido en la Nación
> al sonar del atabal
> de la santa expropiación.
> Hombres, mujeres y niños
> estrujan sus escarcelas
> en las que hacen escudriños
> para aumentar las gabelas.
> Ya no existe alma nacida
> que no afloje su dinero
> y en "pastorales" el clero
> al santo óbolo convida.[48]

Y el poeta del arrabal, Carlos Rivas Larrauri, quien en ese entonces era severamente criticado por ser el único bardo que presumía de vivir de sus versos, también hizo uso de su clásico estilo para tocar el tema petrolero. Su texto se burlaba del tono impertinente con que Inglaterra había avisado al gobierno de México que sus relaciones habían quedado en suspenso. Empezaba su rima en lengua de peladaje diciendo:

> ¿Ingleses? ¡Bah!
> […] Con la cuestión del petrólio,
> Disque'l asunto anda mal
> pos los ingleses no queren
> gozar de nuestra amistá.
> Y la cosa mesmamente
> se mi hace que's natural

---

[48] *Sucesos para Todos*, 12 de abril de 1938.

pos si antes eran 'ingleses'
hoy pa' nosotros son mas
y en jamás jueron las drogas
güenas pa' hacer amistá.
Pero no hay más de dos sopas
y yo creo que aguardarán
a que puédamos pagarles
y nos quedemos en paz.
Por más qu' esas mugres gentes
que de todito hablan mal
asigún lo que yo he óido
andan diciendo por ái
que vendrán barcos ingleses
a bombardiar los puertos,
en tan y mientras
qui acábemos de pagar.
Y si esto sucede ansina
la cosa está del… caray
porque manque soy un tango
del meritito arrabal
no inoro que los ingleses
nos puedan dialtiro dar
en la merita ma…traca
porque por algo son la devina garza
en cuestiones de 'char
campaña en el mar.
Pero digan lo que digan
lo que yo pienso es que no hay
porqué alarmarse, pos ellos
no son tan majes pa' andar
raspando, como quen dice
con la trompa l'humedad,

pos si pa' tener petrólio
en el suelo nacional
se lo mercamos de plano
porque debe ser del páis,
en cuanto lleguen los barcos
—como es también nuestro mar—
¡los encautamos! y a luego
pos... vamos a... navegar
qui al fin y al cabo en abonos
se los podremos pagar.[49]

La lírica popular con referencia al petróleo encontró también en las canciones y los corridos del momento una puesta al día que no debió sorprender a nadie. Algunas canciones que ya eran de sobra conocidas se adaptaron rápidamente al asunto del momento. Tal vez las más populares fueron las ya mencionadas "El rifle" y "Ya me estoy poniendo chango". Pero hubo una tercera que también se debió a la inspiración del músico y sonero veracruzano Lorenzo Barcelata. Se titulaba "Tú ya no soplas" y en su letra se invalidaban los servicios amorosos de una mujer, que en este caso personificaba al enemigo común del momento: las compañías expropiadas. Esta pieza formaba parte del repertorio popular gracias a su aparición en la película *Ora Ponciano*, de Gabriel Soria, estrenada en 1936, que por cierto sería una de tantas que iniciaron el éxito taquillero de las comedias rancheras. Con esta especie de polka que tenía una obvia y agresiva carga machista se identificaba a las compañías con una mujer, objeto original del desprecio masculino, diciendo que se había "puesto muy fachosa" y que ya "estaba muy chocha". Por ello le espetaba aquel "tú ya no soplas". Como principio afirmativo nacional se invalidaba a las compañías comparándolas con esa mujer que ya no

---

[49] *Vea*, 20 de mayo de 1938.

"cumplía debidamente" sus funciones eróticas. La letra decía en algunos de sus versos lo siguiente:

> No me presumas ni me vengas con tus cosas
> ni te molestes en pensar en mi querer
> quiero que sepas cuando oigas estas coplas
> que tú ya no soplas como mujer.
>
> Ese tiempo feliz ya no me importa
> no estás de moda, hoy no es ayer;
> pa' qué me sigues si me dices que no me horcas,
> tú ya no soplas como mujer.
>
> Cuando te quise te pusiste muy fachosa
> y por el mundo te me echastes a correr,
> busca otro maje porque ahora ya me chocas
> tú ya no soplas como mujer.
>
> Busca un espejo pa' que veas que estás muy chocha
> ya no me cuadras como me cuadraste ayer
> quiero que sepas que ya tengo otra muy piocha
> tú ya no soplas como mujer.[50]

Sin embargo el género lírico popular de mayor alcance en esos momentos seguía siendo el corrido. Y la temática petrolera también militó entre sus filas. La narración de los hechos que llevaron al decreto del 18 de marzo, las reverencias a la figura presidencial, el ataque a las compañías, la exaltación de los ánimos y las versiones humorísticas de los

---

[50] Además de en la película *Ora Ponciano*, esta pieza aparece en el disco *Lorenzo Barcelata, Homenaje* editado por la Asociación de Estudios Fonográficos, A. C., número de serie AMEF-17, México, 1988. Agradezco a Pablo Dueñas el acceso que me dio a sus grabaciones antes de que se editara tal disco.

acontecimientos encontraron en aquella herencia lírica una expresión más que contribuía a su arraigo en el gusto popular. Desautorizando cualquier injerencia extranjera en México, los corridos afirmaban su nacionalismo incluyendo cierta xenofobia entre sus versos. Así eran capaces de decir:

> Ahora quieran o no quieran
> nos tienen que respetar
> todo extranjero que anhele
> en nuestra Patria habitar.
> Los avarientos judíos
> los estultos españoles
> y hasta los cochinos chinos
> que han subido los frijoles.

La fanfarronería y el desparpajo propios del espíritu ranchero y charro que abundaba en el ambiente farandulero nacionalista de la capital también aparecía en la lírica expresamente escrita para la ocasión y que soltaba rimas como las siguientes, utilizando los lugares comunes del momento:

> Pues ya no son los tiempos
> en que la Gran Bretaña
> cual reina de los mares
> al mundo sorprendió
> Y ya no nos asustan
> sus fuerzas ni sus mañas
> estamos como rifles
> para darnos un quemón.

Para los autores de estos corridos, así como para la mayor parte de los receptores de este sentir popular, la expropiación estaba plenamente justificada debido al trato que los obreros y el gobierno mexicanos habían recibido de parte de las compañías extranjeras. En otra pieza que también se apropiaba del lenguaje del momento la reacción popular sonaba así:

De los campos petroleros
los burgueses se adueñaron
explotando los veneros
que en el subsuelo encontraron.
Allá fue el negro calvario
del hombre tenaz y fiero
la tumba del proletario
bajo el yugo petrolero.
El látigo infamador
del capataz extranjero
aumentó más el dolor
del humilde jornalero […]

Los lobos imperialistas
aullaron más de la cuenta
nuestras leyes socialistas
al demonio los ausentan
y el pueblo lleno de enojos
les dice a los desgraciados:
exploten por otros lados
que aquí ya abrimos los ojos.

La reivindicación de los trabajadores, sumada a la exaltación de la figura del general Cárdenas, hizo que los tonos hiperbólicos aunados al amor por la patria chica tuvieran lugar en las coplas de otro corrido que decía:

Si bien lo justo pedía
el esclavo petrolero

el burgués lo maldecía
por avaro y mitotero.
A la huelga se lanzaron
sin medir las consecuencias
y ante el patrón no temblaron
en repetidas audiencias.
Consciente de su deber
el gobierno mexicano
desde luego quiso hacer
justicia con el tirano [...]
Así México está dando
al mundo una gran lección,
la Historia se está salvando
por nuestra Revolución.
¡Que viva México libre!
Ya los vampiros se van
¡Que viva Lázaro Cárdenas
que es de puro Michoacán![51]

Sin embargo, no faltó la vena humorística que, combinada con el ánimo encendido y el espíritu bravucón del charro, festejaba la afirmación de valor y la abundancia de corazón que los nacionalistas profesaban, y por los cuales eran capaces de expropiar al mundo entero. Los compositores vernáculos Felipe Valdez Leal y Álvaro A. Campos se atribuyeron

---

[51] Estos corridos pueden consultarse en Vicente T. Mendoza, *El corrido de la Revolución mexicana*, Biblioteca del INEHRM, México, 1956, p. 147; Jesús Romero Flores, *Corridos de la Revolución mexicana*, Costa-Amic, México, 1977, pp. 321-323, y Armando de Maria y Campos, *La Revolución mexicana a través de los corridos populares*, vol. 2, Biblioteca del INEHRM, México, 1962, pp. 463-464. Algunos también se encuentran en *¡Viva Cárdenas, muchachos!*, recopilación de René Villanueva y Cuauhtémoc Cárdenas Batel, Pentagrama, México, 1998.

la autoría de otro corrido juguetón que dieron a conocer los cantantes
rancheros Ray y Laurita con los siguientes versos:

Marzo diez y ocho del año del treinta y ocho
lo celebramos en toda la nación,
pues ese día el gobierno mexicano
promulgó la ley de expropiación.

Redimió del país la economía
recobró la ansiada libertad
¡que viva el caudillo michoacano!
porque ha sido gobernante de verdad.

Y ahora sí ya somos petroleros
no hay que temer ninguna intervención
y si acaso nos falta el armamento
a cambio de eso nos sobra corazón.

Y si algún día los milores de Inglaterra
nos reclaman por la dicha expropiación
y si nos mandan sus grandes acorazados
los expropiamos con todo y tripulación.

Al igual que si nuestros primos del norte
por las malas nos quisieran reclamar
les expropiamos todito el armamento
para aumentar la defensa nacional [...]

Si más tarde los gobiernos extranjeros
nuestro petróleo no nos dejan embarcar
les expropiamos los golfos y los mares
y también el canal de Panamá.

Al igual que si a esos campos de Tampico
les faltan torres para la perforación
hemos pensado expropiar la Torre Eiffel
y traerla para México en avión [...]

Ahora somos materia de comentarios
en toda plana de la prensa universal
y si no tienen cuidado los periodistas
les expropiamos hasta el modo de pensar.

Y si eso no le gusta a Mussolini
ni tampoco a don Adolfo el alemán
les expropiamos total el mundo entero
y los mandamos con sus chivas a volar.[52]

Así, la respuesta de las expresiones escritas, dibujadas, dichas y cantadas a la medida expropiatoria cardenista podría compararse con un gran arpegio, que con todas sus notas supo vibrar en la caja de resonancia que fue la creatividad popular nacionalista mexicana. De ella fue posible recuperar tan sólo estos ecos, filtrados por los múltiples obstáculos que le han inventado y que le atribuyen hasta el día de hoy las historias monumentales y retóricas. El nacionalismo festivo encontró en aquella efeméride un pretexto más para mostrar sus bondades, pero también sus miserias.

---

[52] Estos corridos aparecieron en los programas *Sones y Canciones*, núm. 103, realizado por Jesús Flores y Escalante y Pablo Dueñas para el Instituto Mexicano de la Radio en marzo de 1986, y *78 Recuerdos por Minuto*, núm. 378, realizado por Cruz Mejía y Enrique Rivas Paniagua para Radio Educación. Ambos me fueron facilitados por sus realizadores, a quienes agradezco su generosidad. También se puede consultar en el fonograma *¡Viva Cárdenas, muchachos!* que René Villanueva y Cuauhtémoc Cárdenas Batel produjeron en 1998 para el 60 Aniversario de la Expropiación Petrolera con Ediciones Pentagrama y el Centro de Estudios de la Revolución Mexicana "Lázaro Cárdenas", A. C.

Tras la innegable notoriedad del acontecimiento petrolero varios sucesos importantes se vieron opacados por el desaforado patriotismo que trajo consigo la expropiación. Sin embargo, las memorias oficiales y colectivas poco a poco los fueron rescatando hasta ponerlos en algún lugar relevante del recuento de los años cardenistas. El 30 de marzo de 1938 el Partido Nacional Revolucionario se transformó y reorganizó, cambiando sus siglas para convertirse en el Partido de la Revolución Mexicana (PRM). En vez de individuos y agrupaciones adosadas a la actividad partidaria, tal como hasta entonces se había organizado el PNR, ahora el partido estaría compuesto por sectores: el campesino, el obrero, el popular y el militar. La CTM se convertiría en la corporación obrera por excelencia y sería quizá el puntal corporativo más consolidado del partido, aunque a él también se afiliaron la CROM, la CGT y los sindicatos mineros y electricistas que todavía no se integraban a la CTM. La Confederación Nacional Campesina (CNC) representaría a los hombres del campo, aunque, a diferencia de los obreros, en marzo de 1938 todavía su organización no acababa de estructurarse sólidamente. Por ello, al sector campesino del partido inicialmente se integraron la antigua Confederación Campesina Mexicana (CCM), las Ligas Agrarias y otros sindicatos de trabajadores del agro. Sería hasta agosto de aquel año en que se edificara la CNC. Los sindicatos de trabajadores del campo que estaban integrados en otras federaciones fueron incorporados a la nueva central, pero a diferencia de la CTM, que en el sector obrero compartía su lugar con otras confederaciones, la CNC sería la única organización campesina reconocida en su sector y actuaría como un contrapeso a los demás actores corporativos que conformaron el PRM. Tendría además la mayoría absoluta dentro del mismo.[53]

Los sectores populares tampoco se habían aglutinado en una sola central; sin embargo, a este rubro se incorporaron los anteriores grupos de

---

[53] Luis Javier Garrido, *El Partido de la Revolución Institucionalizada. La formación del nuevo Estado en México (1929-1945)*, Siglo XXI Editores, México, 1982, p. 262.

civiles del PNR que no se habían integrado a la CTM o al sector campesino. La Confederación Nacional de Organizaciones Populares (CNOP) tardaría varios años más en consolidarse y se fundaría hasta 1943. Mientras tanto a través de este grupo se incorporarían organizaciones cooperativistas, de artesanos y de trabajadores al servicio del Estado. El sector popular fue así a partir de 1938 un espacio para la militancia de quienes se identificaban más con las clases medias y que formaban agrupaciones de prestadores de servicios, pequeños empresarios y profesionistas.

El debate sobre la inclusión de militares como un sector específico dentro del partido se mantuvo vigente y relativamente álgido hasta pasadas las elecciones de 1940. Sin embargo para 1938 su incorporación al PRM seguía el impulso que el propio general Cárdenas quiso imprimirle a la propia construcción y reorganización del partido.[54] Los miembros del ejército que así lo decidieran tendrían una sección dentro del mismo para ejercer sus derechos ciudadanos, aunque parecía existir una contradicción entre las estructuras castrenses y el ejercicio de la libertad política. Aun así se les abría aquel espacio con el fin de no dejarlos fuera y tratar de evitar que las voluntades de los integrantes de las milicias se dirimieran fuera de los límites que el régimen cardenista estaba instrumentando para los debates y las acciones del propio Estado posrevolucionario.

En términos numéricos el balance de los integrantes del partido era el siguiente: el sector obrero había incorporado a 1 250 000 trabajadores, el sector campesino a 2 500 000 integrantes, el sector popular contribuyó con 500 000 individuos, y el sector militar aglutinó a 55 000 miembros de las fuerzas castrenses.[55] El PRM tendría entonces un total aproximado de cuatro millones de militantes y una estructura eminentemente piramidal. Era el partido del presidente de la República. Cierto que era un partido de masas pero de ninguna forma era un partido democrático. Aquéllas servían para "legitimar las decisiones tomadas en la cima".

[54] *Ibid.*, pp. 165 y 243-244.
[55] *Ibid.*, p. 166.

Tampoco era un partido de izquierda, aunque sí tenía la intención de combatir a las fuerzas contrarrevolucionarias.[56] Sus documentos rara vez se debatían en las asambleas y su primer titular fue nada menos que quien había ocupado la secretaría particular del presidente de la República, el licenciado Luis I. Rodríguez. Según uno de sus principales estudiosos, el PRM era "viejo en su aparato, pero nuevo en su estructura y en su tesis [...] era en 1938 una formación más fuerte que nunca y no había en el país organización alguna que pudiera oponérsele".[57] En la primavera de ese año, además, el general Cárdenas se encontraba en el punto más alto de su prestigio presidencial y aquel partido lo apuntalaba sin mayores discusiones. Y justo es mencionar que, además de intentar borrar los vestigios callistas que todavía quedaban en el PNR, la edificación del PRM se llevaría a cabo con claros fines futuristas y especialmente con miras a las elecciones de 1940. Pero antes tuvo que ponerse a prueba.

En el medio castrense algunos altos mandos empezaban a manifestar su infidelidad al régimen e hicieron patente su negativa a afiliarse a cualquiera de los sectores del PRM. Ése fue el caso de Saturnino Cedillo, quien tras haber ocupado la Secretaría de Agricultura y ser removido en 1937 por un pequeño conflicto en la escuela de Chapingo, se mantuvo inquieto, aunque todavía poco beligerante, hasta mayo de 1938. Desde que aceptó su renuncia en septiembre del año anterior, el presidente Cárdenas había anotado en sus *Apuntes* que "en algunos sectores hay la creencia de que el señor general Cedillo asumirá una actitud de despecho y que constituirá un problema para el gobierno".[58] Entre los últimos tres meses de 1937 y los primeros de 1938 el potosino se quedó en su rancho Las Palomas, cerca de Ciudad del Maíz, en el estado de San Luis Potosí, bajo la vigilancia de los informantes del gobierno.

---

[56] *Ibid.*, pp. 297-300.
[57] *Ibid.*, p. 251.
[58] Cárdenas, *Obras. 1. Apuntes...*, *op. cit.*, p. 374.

Finalmente, a los tres meses de haberse decretado al expropiación petrolera, el general Cedillo decidió levantarse en armas en su entidad natal. Al parecer, desde su renuncia a la Secretaría de Agricultura había estado haciendo acopio de armas y había tratado de convencer a varios funcionarios estatales de asumir una actitud de rebeldía contra el régimen cardenista. Se rumoraba que entre aquellos que podían secundarlo se encontraban el gobernador de Sonora, Román Yocupicio, y el gobernador de Michoacán, Gildardo Magaña. También se decía que el mismo general Calles estaba detrás de la inquietud cedillista. Al parecer, tanto Calles como Magaña trataron de convencer a Cedillo de que no era prudente iniciar un movimiento en contra de Cárdenas. Lo mismo hicieron algunos enviados del general Cárdenas, como los gobernadores de Zacatecas y Aguascalientes, así como el propio García Téllez e incluso el impulsivo Gonzalo N. Santos. Sin embargo el potosino convocó a la movilización de sus contingentes para mediados de ese mes de mayo.[59] La fecha todavía era incierta, y había que reconocer que no era precisamente el mejor momento para iniciar una rebelión. Los bonos del general Cárdenas seguían a la alza y el apoyo popular al régimen seguía viento en popa. Sin embargo, el potosino parecía convertirse en la esperanza de las compañías petroleras afectadas y de las derechas mexicanas, las cuales no sólo se manifestaban en contra del gobierno cardenista a la menor provocación, sino que aprovechaban cualquier oportunidad para contribuir a la agitación y a la sedición. Así, entre tensiones protagonizadas por ciertas fuerzas reaccionarias todavía un tanto débiles pero bastante escandalosas, y un cierre de filas del PRM y de las izquierdas aledañas, Cedillo fue armando a su grupo de campesinos y militares contra el cardenismo, al que ya identificaba como un régimen comunista. Más que unir a los desafectos la actitud rebelde de Cedillo generó mucha más confusión. Esto sucedía justo a mediados de mayo de 1938.

---

[59] *Ibid.*, p. 396, y Carlos Martínez Assad (coord.), *El camino de la rebelión del general Saturnino Cedillo*, Océano, México, 2010, pp. 86 y 87.

Queriendo cerrar el cerco al potosino y prevenir a como diera lugar una rebelión armada, el general Cárdenas se trasladó personalmente hasta San Luis Potosí el 17 de mayo. Ahí lo recibieron el coronel Hernández Netro, gobernador del estado y testaferro del cedillismo, y el general Genovevo Rivas Guillén, quien había sido nombrado comandante militar de la zona y se mantenía fiel al presidente. Después de arribar a la estación la comitiva cardenista se trasladó a pie hasta el Palacio de Gobierno y desde el balcón el general Cárdenas se dirigió al pueblo potosino para decirle que tenía conocimiento de la actitud rebelde de Cedillo y que su gobierno haría todo lo posible por convencerlo de que depusiera las armas y se acogiera a una amnistía. Un par de horas después, mientras despachaba en el edificio de la finca de Vista Hermosa en las afueras de San Luis, el presidente Cárdenas oyó el ruidoso motor de un avión acercarse a dichas instalaciones. El aeroplano lanzó un par de bombas en el descampado que no hicieron mayor daño. Aquellas bombas traían consigo los volantes que incitaban a la rebelión cedillista. La proclama implicaba directamente al gobernador Hernández Netro en la rebelión, y éste salió pitando del lugar, para no tener que dar mayores explicaciones. Unos días después los cedillistas plantaron un par de piezas de dinamita en las vías del tren que cruzaba hacia la Huasteca, lo cual enardeció al sindicato de ferrocarrileros, cuyo líder, Valentín Campa, no tardó en sumarse a los apoyos al gobierno cardenista.

El 22 de mayo la CTM y el PRM organizaron una gran manifestación en San Luis en la que le llovieron toda clase de adjetivos al general Cedillo. Que si era agente de las compañías petroleras, que si sus socios eran los nazifascistas, y que si bajo la sublevación cedillista se estaba organizando "el Eje Berlín-Roma-San Luis Potosí".[60] Un día después el Senado de la República desconoció los poderes del estado y nombró al general Genovevo Rivas Guillén gobernador provisional de San

---

[60] Novo, *op. cit.*, p. 586.

Luis Potosí. El general Cárdenas todavía hizo varios intentos de buscar acuerdos con el general Cedillo, pero éstos resultaron infructuosos. A principios de enero de 1939 el potosino cayó en una emboscada después de un enfrentamiento con las fuerzas del general Carlos Castrejón, quien había sido el encargado de sofocar lo que quedaba de la insurrección militar.[61] El 12 de enero, al enterarse del deceso de Cedillo, Cárdenas escribió en sus *Apuntes*: "Lamento su muerte. Siempre fue mi deseo que se acogiera a la amnistía que se le anunció".[62] Y es muy probable que eso fuera cierto, ya que el potosino y el michoacano habían compartido diversas experiencias políticas en los últimos lustros. Juntos habían resistido los embates contra el agrarismo instrumentados por los gobiernos de Calles y Ortiz Rubio, y habían echado a andar la Confederación Campesina Mexicana. Además Cedillo había sido uno de los primeros en apoyar la candidatura de Cárdenas para la presidencia en 1933. Sin embargo, la ambición y el resentimiento parecieron impulsar las razones de la rebelión cedillista. Como bien se lo advirtió el marrullero Gonzalo N. Santos al general potosino unos días antes de

---

[61] La rebelión de Cedillo ha sido investigada por varios autores, entre los que destacan Romana Falcón, *Revolución y caciquismo: San Luis Potosí, 1910-1938*, El Colegio de México, México, 1984; Carlos Martínez Assad, *Los rebeldes vencidos. Cedillo contra el Estado cardenista*, UNAM/FCE, México, 1990, y Dudley Ankerson, *El caudillo agrarista. Saturnino Cedillo y la Revolución mexicana en San Luis Potosí,* Gobierno del Estado de San Luis Potosí/INEHRM, México, 1994. Poco tiempo después de que se suscitó la rebelión se publicó un informe interesante que dejaba, sin embargo, varios hilos sin atar. Se trató del libro de Manuel Fernández Boyoli y Eustaquio Marrón de Angelis, *Lo que no se sabe de la rebelión cedillista*, Grafi-Art, México, 1938. Otros cuatro autores se ocuparon con cierto detalle del asunto: Hugh Campbell, *La derecha radical en México, 1929-1949*, SepSetentas, núm. 276, México, 1976; Victoria Lerner, *Génesis de un cacicazgo: antecedentes del cedillismo.* Coordinación general de Estudios de Posgrado/Archivo Histórico del Estado de San Luis Potosí/UNAM, México, 1989; Sosa Elízaga, *op. cit* y Ricardo Pérez Montfort, *"Por la patria y por la raza". La derecha secular en el sexenio de Lázaro Cárdenas*, UNAM, México, 1993. Pero tal vez la obra más acabada al respecto sea la de Carlos Martínez Assad (coord.), *El camino de la rebelión del general Saturnino Cedillo, op. cit.*

[62] Cárdenas, *Obras. 1. Apuntes...*, *op. cit.*, p. 406.

su levantamiento: "No se crea de los aduladores; este pleito si usted se encapricha en llevarlo adelante, lo tiene perdido".[63]

La inspiración popular recogió su versión de los hechos relacionados con la rebelión cedillista de la siguiente manera:

> En el nombre sea de Dios,
> aquí les voy a cantar
> estos versos de Cedillo
> que ya se empiezan a usar
>
> Los magnates petroleros
> por lograr sus ambiciones
> a Cedillo le ofrecieron
> noventa y cinco millones
>
> El gobierno lo dejaba
> sin tomar ni precaución
> y ya todos esperaban
> el grito de rebelión.
>
> En la hacienda de Palomas
> fue su cuartel general
> allí desafió a las tropas
> que lo fueron a sacar
>
> Cedillo dijo a su gente:
> "Yo conozco estos terrenos
> y si quiere el presidente
> aquí es donde nos veremos […]

---

[63] Gonzalo N. Santos, *Memorias*, Grijalbo, México, 1987, p. 617.

Para mí las serranías
se me hacen caminos reales,
vamos a volar las vías
y a matarles oficiales".

En el cerro La Ventana
se acabó su buena suerte,
el día doce, en la mañana
mes de enero fue su muerte.[64]

El México cardenista: refugio de los desterrados

Quisiera ser hombre grande
con muchas sabidurías...
pero más mejor quiero tener
que comer todos los días.

Corrido del hombre de campo, 1936

Durante el sexenio del presidente Cárdenas una buena parte de la población mexicana adquirió cierta conciencia sobre lo que estaba sucediendo en el resto del mundo y de la trascendencia de los cambios que se suscitaban a diario en diversas esferas internacionales. Si bien esto ya había acontecido en parte durante la Primera Guerra Mundial y la complicada restructuración política que la misma trajo consigo, no fue sino hasta que las principales potencias del hemisferio occidental se vieron envueltas en la gran crisis de 1929 cuando la prensa mexicana se ocupó mucho más de los sucesos que ocurrían en otras partes del planeta. Al inicio de los años treinta no sólo lo que ocurría en Estados Unidos o

---

[64] "Corrido de Cedillo", interpretado por Los Moreno, grabado en 1939, en *¡Viva Cárdenas, muchachos!, op. cit.*

en otros países latinoamericanos se reportaba en los principales diarios del país. Tanto los cambiantes sucesos europeos como los muy distantes conflictos asiáticos completaban las páginas hebdomadarias, dándoles a los interesados la oportunidad de ponerse al día en lo que acontecía tanto en la política como en la economía o la cultura del resto del mundo. Para la segunda mitad de la década era prácticamente imposible encontrar un diario mexicano que no se regodeara en los temas del momento que podían agruparse en los siguientes grandes rubros: la política del *New Deal* encabezada por el presidente estadounidense Franklin D. Roosevelt, los grandes fracasos de los frentes populares europeos, la Guerra Civil española, el ascenso del nacionalsocialismo alemán con el liderazgo de Adolfo Hitler, los logros del fascismo italiano y la mecánica propagandística de Benito Musolini, la conflictiva situación de Japón y China, los golpes que los movimientos independentistas de la India asestaban al imperio británico y la complicada relación que vivía la Unión de Repúblicas Socialistas Soviéticas con el resto de los países de Occidente.[65] Lo que acontecía en algunos países latinoamericanos de vez en cuando aparecía en los periódicos, pero justo es decir que la prensa nacional seguía teniendo un tono autocomplaciente y nacionalista que no dejaba de acusar su provincianismo. De cualquier manera, poco a poco la atención de los lectores ya había adquirido cierto afán cosmopolita.

La participación de México en algunas de las organizaciones internacionales más importantes de aquella época también incrementó la presencia de los intereses y los asuntos mexicanos en otros países del orbe. El mismo general Cárdenas reconocía en mayo de 1936 que la incorporación y constante actividad diplomática de México en la Liga de las Naciones le había traído más de un rendimiento a la República Mexicana. Y tal vez el principal logro era que se había puesto

[65] Jorge Márquez Muñoz, "La política exterior del cardenismo", en Samuel León y González (coord.), *El cardenismo, 1932-1940*, FCE/INEHRM/Conaculta/FCCM, México, 2010, pp. 370-435.

un mínimo dique a los intereses imperiales que el vecino del norte era incapaz de contener. En 1936 Cárdenas comentó en sus *Apuntes*: "La posición internacional que ha alcanzado México indiscutiblemente la ha resentido el gobierno de los Estados Unidos [...] Entre otras razones poderosas para que México permanezca en la Liga, hay una concluyente que justifica su permanencia: disponer de una tribuna en Europa contra el predominio de nuestros vecinos".[66] En efecto: México había trascendido medianamente la esfera de influencia de los Estados Unidos y ahora parecía tener una voz propia.

Y la política exterior del país aparecía, en gran medida, congruente con la política interna. Desde ese año de 1936, con el inicio de la rebelión de Francisco Franco en España, posteriormente en 1937 con los prolegómenos de la carrera armamentista germano-italiana, pero sobre todo a partir de 1938, México se mantuvo pendiente de la mecánica mundial que se orientaba hacia la inevitable confrontación entre las potencias europeas. Sin chistar, la representación diplomática mexicana condenó la invasión fascista italiana a Etiopía y censuró al Japón en su avance sobre China. La delegación permanente de México en la Sociedad de Naciones asumió en Ginebra la defensa de los judíos perseguidos por los nazis y el propio general Cárdenas protestó contra la invasión alemana a Checoslovaquia. Poco después volvió a condenar la violación de los territorios de Bélgica y Holanda, y también se indignó por la toma soviética de Finlandia. Un par de años después, al poco tiempo de que el ejército nazi invadiera Polonia, en un acto claramente oportunista Alemania le ofreció al general Cárdenas la más alta condecoración militar que solía darle a un estadista extranjero. En congruencia con su afán antifascista, el mexicano se rehusó a aceptarla.[67] Armados con el principio de la no intervención y con los postulados fundamentales de la Doctrina Estrada, los diplomáticos mexicanos defendieron a la Segunda

---

[66] Cárdenas, *Obras. 1. Apuntes...*, *op. cit.*, p. 350.
[67] *Ibid.*, p. 429.

República Española que desde julio de 1936 se encontraba luchando contra los militares rebeldes que recibían ayuda de la Alemania nazi y de la Italia de Mussolini, mientras era abandonada por las democracias occidentales. Y la diplomacia mexicana no sólo alegó a favor del gobierno republicano en instancias internacionales, sino que, en la medida en que el régimen cardenista podía salvar los obstáculos tanto internos como externos, se envió apoyo militar y armamentos a los milicianos españoles. En varias entradas de sus *Apuntes*, el general Cárdenas se lamentó de la situación de guerra desigual que vivía la República Española y de la neutralidad criminal que Inglaterra, Francia y Estados Unidos mantenían frente a los avances de las fuerzas franquistas.

Con España, México tenía una relación complicada. Si bien en los últimos años un genuino interés había surgido entre ambos países a partir del establecimiento de la Segunda República, no cabe duda que todavía se mantenían resentimientos provocados por el hispanismo rampante de las derechas mexicanas y del clero católico, así como por la poca tolerancia de los nacionalistas o indigenistas hacia aquello que se asociara con la cultura de los españoles colonialistas, también identificados con el mote de "gachupines".

A lo largo de la década de los años treinta las relaciones entre México y España habían mostrado una serie de altibajos que no permitieron que se consolidase un vínculo estrecho y constante entre ambos países. Como ya se ha visto, durante los primeros años treinta el primer embajador de la Segunda República, Julio Álvarez del Vayo, logró acercarse y entender mucho mejor el proceso posrevolucionario mexicano que muchos de sus antecesores. Durante su administración se pudo incrementar el intercambio y las buenas relaciones entre los dos regímenes que pretendían consolidar e instrumentar transformaciones radicales en sus respectivas sociedades. Pero los conflictos internos tanto de España como de México contribuyeron a que la relación no pudiera amalgamarse en forma satisfactoria. Las inestabilidades políticas y económicas, tanto mexicanas como españolas, suscitadas entre 1932 y 1935, provocaron que cada país volteara los ojos hacia sus propios problemas, más que a tratar de fomentar los vínculos externos y las buenas relaciones con sus pares. Aun así, tanto en España como en México, la opinión pública siguió de cerca lo que acontecía en ambos lados del Atlántico. A través de la prensa madrileña se supo de la llegada del general Cárdenas al poder y de los primeros conflictos que tuvieron lugar en México por las desavenencias entre la camarilla del general Calles y la consolidación del presidencialismo cardenista. En los periódicos mexicanos se discutió la inestabilidad del gobierno republicano español y el constante embate de las diversas organizaciones de las derechas, causantes de múltiples inquietudes peninsulares.[68]

Al recuperar el poder en 1936 el Frente Popular Español y con el recién estrenado gobierno de Manuel Azaña se pretendió continuar con la labor de acercamiento a México iniciada por Álvarez del Vayo. El veterinario y demócrata Félix Gordón Ordás fue nombrado representante oficial de España en México. Sin embargo muy poco tiempo después de arribar a las costas mexicanas el nuevo embajador se enteró del inicio de la rebelión militar franquista. Múltiples dificultades volvieron a instalarse en las relaciones entre México y España, aun cuando el régimen cardenista no dudó en apoyar a la República Española en todo momento. Pero la guerra civil en la península "polarizó las pasiones tanto allá como aquí", y como diría un estudioso conservador de las relaciones hispanomexicanas: "Si el gobierno y la mayoría de los intelectuales se inclinaron desde el primer momento por la causa de la República, la clase media estuvo con Franco, campeón del catolicismo y el anticomunismo".[69]

El general Cárdenas mantuvo un especial interés en los asuntos españoles e hizo todo lo posible por mantener el apoyo de México al

---

[68] Ricardo Pérez Montfort, *Hispanismo y Falange. Los sueños imperiales de la derecha española y México*, FCE, México, 1992, pp. 73-104.

[69] José Fuentes Mares, *Intravagario*, Grijalbo, México, 1985, pp. 40-41.

gobierno de Manuel Azaña, primero, y después al de Juan Negrín. El gobierno mexicano había nombrado al coronel Adalberto Tejeda embajador frente a la República Española, y a través de él se hicieron varias gestiones de envíos de armamentos al gobierno legítimo.[70] Cárdenas reconocía que "el gobierno republicano de España tiene la simpatía del gobierno y los revolucionarios de México".[71]

Sin embargo desde los primeros momentos de la guerra civil española las crecientes oposiciones de la clase media y de los sectores pudientes católicos abrazaron la causa de la España nacional. Algunos periodistas y no pocos españoles recién arribados al país hicieron causa común con la Iglesia católica y las aguerridas voces de la derecha empresarial mexicana. Estos abanderados del "hispanismo conservador" esgrimían sus argumentos intolerantes a través de una serie de principios que afirmaban la existencia de una "comunidad" o "raza" trasatlántica que se distinguía de las demás y se identificaba como una "gran familia" formada por los pueblos que en un momento de su historia pertenecieron a la Corona española.[72]

Y esta noción de hispanidad conservadora estuvo muy presente en diversos grupos de oposición de derecha mexicanos de los años treinta. La Confederación de la Clase Media, la Asociación Mexicanista Revolucionaria, la Liga Pro-Raza y particularmente la Unión Nacional Sinarquista y el Partido Acción Nacional, de los que se hablará más adelante, contribuyeron ampliamente con sus reivindicaciones hispanistas a la profunda división que caracterizó a la sociedad mexicana de los últimos años del cardenismo. Baste un ejemplo extraído de los archivos de la Confederación de la Clase Media fechado en septiembre de 1936 y dirigido nada menos que al generalísimo Francisco Franco:

---

[70] Cárdenas *Obras. 1. Apuntes…*, *op. cit.*, pp. 354-355, y Mario Ojeda Revah, *México y la Guerra Civil española*, Turner, México, 2004, pp. 139-184.

[71] Cárdenas, *Obras. 1. Apuntes…*, *op. cit.*, p. 355.

[72] Frederick Pike, *Hispanismo, 1898-1936, Spanish Conservatives and Liberals and their Relation with Spanish America*, University of Notre Dame Press, 1971.

Vivimos en México días difíciles, semejantes a los que pasó la Madre Patria en los momentos anteriores al movimiento libertador. Aquí como allá el partido de la demagogia quiere destruir todo lo que hay de noble en nuestras tradiciones: aquí como allá pugnan por implantar un régimen de barbarie [...] Nuestro deseo al dirigirnos a vuestra Excelencia es solo uno, que en España se sepa el clamor de México consciente que aplaude con júbilo la victoria de la hispanidad. El movimiento de liberación de España es nuestro en la misma proporción que nosotros tenemos sangre española.[73]

La opinión pública mexicana se dividió claramente al iniciarse la guerra civil en España. Una facción importante apoyó a los militares rebeldes. A partir de julio de 1936 la prensa nacional empezó a publicar algunos comunicados profranquistas cuya responsabilidad no estaba claramente establecida. Un año después se supo que quienes habían promovido esas publicaciones eran algunos simpatizantes que al poco tiempo del levantamiento militar en España ya estaban listos para fundar una representación de la Falange en México. Así, en la segunda mitad de 1937 se estableció en la capital mexicana una delegación de la Falange Española Tradicionalista (FET) y de las Juventudes de Ofensiva Nacional Sindicalista (JONS). Se trataba de una asociación cuyo origen resultaba un tanto confuso y que pretendía representar al franquismo en México, retomando las siglas de la organización que José Antonio Primo de Rivera, Ramiro Ledesma y Onésimo Redondo Ortega habían creado en España en 1934, siguiendo algunos lineamientos de las organizaciones nazifascistas italoalemanas a partir del reconocimiento del *Führerprinzip* y la militarización corporativa de la juventud.

A esta iniciativa respondieron los miembros de un pequeño grupo de españoles comandados por el ingeniero Francisco Cayón y Coss, que desde 1936 había formado la Asociación Española Anticomunista y Antijudía. Colaborando con la Confederación de la Clase Media y

---

[73] Fernández Boyoli y Marrón de Angelis, *op. cit.*, p. 46.

la Unión Nacional de Veteranos de la Revolución, estas asociaciones se encargaron de promover dos periódicos que fueron reconocidos por las autoridades cardenistas como "revistas fascistas mexicanas": *Vida Española* y *Diario Español*. La reivindicación de la hispanidad saltaba a la vista en sus páginas y las ideas conservadoras plagaban sus contenidos. En una carta dirigida a Francisco Franco y publicada en mayo de 1937 comentaban que "la colonia española en México es 90% completamente derechista" y según ellos México estaba viviendo en "medio de un ambiente de tiranía inconcebible". Para entonces ya aparecía públicamente la delegación mexicana de la FET y de las JONS, pero su primera circular se lanzó hasta septiembre de ese mismo año de 1937, con la pretensión de difundir "su doctrina, estilo y programa […] realizando una campaña permanente de hispanidad y captación nacional sindicalista".[74]

El ingeniero Cayón y Coss había dejado de encabezar el movimiento y la jefatura de la Falange quedó en manos de un español nacionalizado mexicano que llegó a autonombrarse "representante personal de Franco en México" y que era nada menos que Augusto Ibáñez Serrano, un exfuncionario menor de la embajada de España en México. Esta delegación de la Falange sesionaba con cierta frecuencia en el Casino Español y representaba a los españoles simpatizantes del movimiento franquista a través de la embajada de Portugal en México. Otro antiguo empleado de la representación española, Ramón María Pujadas, después de declararse a favor de la España nacional había entregado el archivo de la embajada a Ibáñez, poco tiempo antes de que fuera despedido y expulsado del país. Ibáñez Serrano se convirtió así, extraoficialmente, en el portador de la información y los trámites de la antigua colonia española en México. Coordinó no sólo las actividades propagandísticas de la Falange, sino que también envió informes a los simpatizantes de Franco en Estados Unidos, y participó en el reclutamiento clandestino de españoles y mexicanos que debían partir a España a combatir del

---

[74] Pérez Montfort, *op. cit.*, p. 134.

lado franquista. Algunos compañeros suyos incluso lo asociaban con el espionaje nazi en territorio mexicano, pero sus vínculos con funcionarios de la Secretaría de Gobernación, con la vieja colonia española, así como con diversos medios impresos de la capital, le permitieron seguir activo durante un buen tiempo en su labor propagandística y de gestión.

La delegación de la Falange en México organizó rifas, competencias de atletismo, y en ocasiones hacía las veces de agencia de colocación para los españoles sin trabajo que seguían arribando a México, continuando con la tradición de los llamados migrantes "indianos". Todos los domingos después de misa se organizaban reuniones en el Casino Español en torno de lo que llamaban "plato único", siguiendo la moda impuesta por grupos nazis en el exterior. Se trataba de una comida relativamente sencilla que no sólo servía como pretexto para el intercambio social sino que también permitía a los miembros de la Falange recabar fondos para enviar a España a favor de la causa franquista.

Habría que reconocer de entrada que ni la propia delegación mexicana de la Falange ni ninguna de las organizaciones que la secundaban, con todo y sus revistas, su prensa y su promoción en casas comerciales, tuvieron importancia numérica. Lo que sí lograron fue armar suficientes escándalos como para llamar la atención de las autoridades mexicanas y de algunos funcionarios diplomáticos.

El embajador oficial Félix Gordón Ordás reconocía a principios de 1938 que "la actividad de los fascistas españoles —lamentablemente tolerada por el Gobierno de México— es mayor que la que puede hacer esta embajada [...] En esta capital que no pasa de un millón de habitantes, el periódico burgués más importante tira 40 000 ejemplares diarios y en él se nos injuria y calumnia con exceso".[75] Sin embargo, en la Cámara de Senadores el viejo constitucionalista Cándido Aguilar insistía en que "se debería de poner un coto a las actividades de estos fascistas en México.

---

[75] Archivo del Ministerio de Asuntos Exteriores (AMAE), Madrid, Leg. R 979, Exp. 2.

Si aquí estuviéramos como en España en guerra, no había que pedir la aplicación del 33 sino que les aplicaríamos, como lo merecen, el 30-30".[76]

Desde finales de 1937 una denuncia del Comité de Defensa de los Trabajadores del Bloque Nacional Revolucionario de la XXXVII Legislatura también había participado en la batalla contra los falangistas y su asociación con la antigua colonia española. Dicha denuncia planteaba que debido "al dominio económico que los españoles fascistas tienen en México […] se pretende intentar el derrumbe del régimen del general Cárdenas a través de la elevación de precios, realización de huelgas y de sabotaje a las instituciones públicas, de sugerir al general rebelde español Franco un plan para que a cambio de concesiones en la península ibérica y el apoyo de Alemania e Italia se lleve a cabo la reconquista de sus colonias". El comité denunciaba que 28 almacenes de alto mayoreo y 559 tiendas de medio mayoreo, principalmente de la Ciudad de México, fomentaban la propaganda fascista. Entre estas tiendas y almacenes destacaban los negocios de Gorriti Hermanos, Abascal Hermanos, Arsuaga y Cía., Cuétara Hermanos, Gómez Allende Hermanos, Nicolás Alverde, Ocejo y Solana, Pando y Cía. y el conocido empresario Ángel Urraza.[77]

La tensión entre fascistas y antifascistas aumentó cuando se supo que la Falange había echado a andar un proceso de reclutamiento y había enviado a más de 100 jóvenes en el vapor *Orinoco* a España a presentarse ante Franco como voluntarios combatientes.[78]

Las reacciones en contra de estas actividades falangistas no se dejaron esperar. El 27 de octubre de 1937, en una competencia de regatas que se llevó a cabo en Xochimilco, un grupo de españoles, después de festejar su triunfo, gritó vivas a Franco y a los generales más destacados de la España Nacional. El nombre de Augusto Gómez Serrano volvió a salir

---

[76] *El Nacional*, 21 de agosto de 1937. Se refiere al artículo 33 de la Constitución mexicana, que toca lo relativo a los extranjeros y las posibles causas para su expulsión.

[77] AMAE, Leg. 979, Exp. 3, y Novo, *op. cit.*, p. 230.

[78] AMAE, Leg. 996, Exp. 20.

a la palestra. El embajador Gordón Ordás pidió al general Cárdenas "la expulsión del país de tres o cuatro cabecillas con lo que los demás cobrarían miedo y nuestra representación adquiriría una autoridad sobre la colonia que en momentos de cierto decaimiento moral, como ahora nos ocurre, es muy necesaria".[79] El general Cárdenas percibía que el apoyo de Alemania e Italia a los militares rebeldes españoles podía ser un peligro para el hemisferio americano, y conminó al gobierno del presidente Roosevelt a que estuviera pendiente de dicha posibilidad. En un mensaje le planteó que "de triunfar los rebeldes en España no es remoto que Alemania e Italia, juntamente con la casta militar de España, asuman una actitud altanera para con los pueblos de América".[80] Para el presidente de México la "no intervención" emprendida por Inglaterra y Francia, secundada por Estados Unidos, resultaba premonitoriamente muy peligrosa para la defensa de las democracias frente a los ataques del nazifascismo internacional.

Siguiendo las intenciones del presidente, la Cámara de Diputados creó entonces un comité antifascista que revisó los expedientes enviados por el embajador Gordón Ordás relativos a los ciudadanos españoles que hacían labor de sedición en México. El diplomático insistió en que "los españoles fascistas cada día más ensoberbecidos, indisciplinados, insolentes, y hasta agresivos actúan contra el gobierno de España e indirectamente contra el gobierno de México", pues no sólo se encontraba enrolando mexicanos para luchar contra la República sino que bajo la protección de la embajada de Portugal tanto Ibáñez Serrano como Cayón y Coss, así como otro español de nombre José Castedo, se dedicaban a "traficar con mujeres" y eran además "estafadores profesionales".[81]

La reacción del régimen cardenista en contra de las actividades de los falangistas en México se fue instrumentando poco a poco. A partir de

[79] *Idem.*
[80] Cárdenas, *Obras. 1. Apuntes...*, *op. cit.*, p. 370.
[81] AMAE, Leg. 996, Exp. 20.

marzo de 1938 la situación de emergencia nacional echada a andar por la expropiación petrolera y por la rebelión cedillista promovió un cierre de filas en torno al proyecto cardenista. Sin embargo, para finales de 1938 la sociedad mexicana volvía a mostrar sus profundas divisiones y a principios de 1939 se desataron las campañas por la sucesión presidencial ahondando las fisuras. Estas circunstancias coincidieron con los triunfos de las tropas franquistas en el territorio español y la eventual derrota de la República. Aun cuando las actividades de los falangistas en México se mantuvieron relativamente controladas, a partir de marzo de 1939 las apologías hispanistas y los discursos anticomunistas tuvieron una particular efervescencia. Varios escritores y periodistas de clara filiación conservadora se ocuparon de lanzar las campanas al vuelo por el triunfo definitivo de Franco declarado el 1º de abril de 1939. Quizá uno de los más elocuentes fue el exaltado católico Jesús Guiza y Azevedo, quien publicó un artículo diciendo:

> España, que según la predicción de Lenin tenía que ser socialista, acaba de afirmar la nación, la tradición, las clases, las sociedades intermedias, la Iglesia católica. La Vitoria de Franco es la victoria de Dios y la victoria de la verdadera nación del hombre [...] Franco ha hecho que en el mundo entero y también, naturalmente en México, suene a rayado y gastado el disco de las izquierdas [...] Pero muchos fingen oírlo sin estridencias [...] Ahora, después de Franco esto ya es imposible.[82]

Y los festejos por el triunfo de Franco no se quedaron sólo en el papel. El 2 de abril la delegación de la Falange en México organizó nuevamente un "plato único" en el Casino Español con el fin de celebrar la derrota de la República. En la mesa de honor estuvieron Augusto Ibáñez Serrano, Alejandro Villanueva Plata, visitador oficial de la Falange en América, Genaro Riestra Díaz, presidente interino en México de la

---

[82] Jesús Guisa y Azevedo, *Hispanidad y germanismo*, México, Polis, 1946, p. 234.

Falange, representantes de las legaciones alemana e italiana en México, y presidentes de organizaciones españolas como La Beneficencia, el Casino, el Centro Asturiano, y la Casa de Galicia. El visitador oficial de la Falange tuvo la arrogancia de decir que "la España de hoy no aspira ni tiene interés en reconquistar con las armas las 20 naciones en que en otra época extendió sus dominios, pero sí quería recuperar el dominio espiritual sobre ellas con amor, cariño, buenas razones, educación e inteligencia".[83]

Esto último se contradijo flagrantemente al salir de la fiesta. Unos falangistas en medio de su jolgorio empezaron a gritar vivas a Franco y se dirigieron al local de la Confederación de Trabajadores de México (CTM). Con tono provocador lanzaron consignas anticomunistas y más vivas a España. Desde adentro surgieron los gritos y los insultos haciendo que el mismísimo secretario general de la CTM, Vicente Lombardo Toledano, declarara furioso: "Si quisiera la CTM en minutos disolvería la Falange". La tensión entre la Falange y la CTM aumentaba provocando constantes enfrentamientos, hasta que el 4 de abril de 1939 el secretario de Gobernación, Ignacio García Téllez, declaró que no le reconocía ninguna personalidad de ningún tipo a la Falange y que "la hospitalidad de México está condicionada al respeto absoluto de nuestras instituciones". Acto seguido se ordenó la captura de Villanueva Plata, Genaro Riestra y José Celorio Ortega, quienes fueron conducidos a Veracruz para su deportación. La CTM todavía tuvo la puntada de lanzar la siguiente fanfarronada: "No, señoritas falangistas, lo de ayer no fue nada. Espérense y verán cómo trata el pueblo de México a sus enemigos".[84]

La guerra de papel adquirió entonces un tono más aguerrido. Los periódicos oficialistas *El Popular* y *El Nacional* reivindicaron la lucha

---

[83] *El Diario Español*, 3 de abril de 1939.

[84] *El Popular*, 4 de abril de 1939, y Mauricio César Ramírez Sánchez, "Exiliados españoles a través de las imágenes de la derecha mexicana", en Mari Carmen Serra Puche, José Francisco Mejía Flores y Carlos Sola Ayape (eds.), *De la posrevolución mexicana al exilio republicano español*, FCE, México, 2010, pp. 91-114.

antifascista, mientras que los diarios *Excélsior*, *El Universal* y *Novedades* no escatimaron sus plácemes por el fin de la guerra en España y el triunfo de Franco. Esto generó otro zafarrancho que protagonizaron los simpatizantes de la República al manifestarse frente a las oficinas del *Excélsior*. Al intervenir la policía, se logró detener a dos de los instigadores, el pintor David Alfaro Siqueiros y el líder comunista Rosendo Gómez Lorenzo. En la Jefatura de la Policía, Siqueiros hizo gala de su temperamento atrabancado sacando una pistola que, según él, le había regalado el general Cárdenas, y disparando al aire, trató de intimidar a sus captores. La cosa no pasó a mayores, pero quedó consignada en los periódicos como uno más de los "berrinches" del pintor y su clara intolerancia hacia todo aquel que no pensara como él.[85]

Caricatura del *Excélsior*, 6 de abril de 1939

[85] *Excélsior*, 6 de abril de 1939; *El Popular*, 7 de abril de 1939, y Luis González, *Los días del presidente Cárdenas*, en *Historia de la Revolución Mexicana, 1934-1940*, vol. 15, El Colegio de México, México, 1981, p. 267.

A partir de entonces el régimen cardenista mostró mucha menos tolerancia hacia las manifestaciones de las derechas profascistas y prácticamente dio por terminadas las actividades de la Falange en México. El gobierno mexicano nunca reconoció a la España franquista y en cambio sí abrió las fronteras para que los refugiados de la Guerra Civil pudieran establecerse en el territorio mexicano.

Así, México poco a poco se convertiría en hogar de miles de desterrados. Desde 1936, mientras se hacían sendas reparticiones en el agro mexicano, llegaban al territorio nacional centenares de asilados políticos. Un primer ejemplo humanitario fueron los niños huérfanos españoles enviados a Morelia. En mayo de 1937 el general Cárdenas anotó, como parte de lo que debía incluir en su informe de finales de aquel año, que "un grupo de damas mexicanas que entienden cómo debe hacerse patria" tomó la iniciativa de apoyar y alojar "a 500 niños que han venido a convivir con niños mexicanos, también huérfanos, en las escuelas internados que se instalaron en Morelia".[86] Aquellos infantes que desde entonces se conocieron como los "Niños de Morelia" marcaron un precedente en la política mexicana de asilo a los republicanos.[87] Y ése fue sólo el primer paso. A partir de ese momento y hasta avanzados los años cuarenta, México recibió a un número indeterminado de refugiados españoles cuyos estudiosos han calculado que se elevó hasta alrededor de 20 000 o 30 000. Pero independientemente de la cantidad, el exilio español en México tuvo un impacto por demás relevante en el desarrollo intelectual, cultural y artístico del país, sin por ello menospreciar las múltiples contribuciones que los republicanos hicieron en muchas otras áreas del diario acontecer en el territorio mexicano. El éxodo masivo recibido en México, transportado por muchos barcos, cuyos nombres se volvieron referencia fundamental del exilio como el *Sinaia*, el *Mexique*

---

[86] Cárdenas, *Obras. 1. Apuntes…*, *op. cit.*, p. 369.

[87] Dolores Pla, *Los niños de Morelia: un estudio sobre los primeros refugiados españoles en México*, INAH, México, 1985.

o el *Serpa Pinto*, y que arribaron principalmente al puerto de Veracruz, fue sin duda otro de los momentos cumbres de las relaciones internacionales del régimen cardenista y que ha sido estudiado y evocado de múltiples maneras y en gran diversidad de ocasiones.[88]

De la inmensa lista de experiencias que se han contado sobre el arribo de los exilados a territorio mexicano dos podrían resultar emblemáticas, aunque claramente distintas. Si bien muchas se concentraron en la Ciudad de México o en las capitales de los estados, estas dos partieron de la misma ciudad de Barcelona pero culminaron en las antípodas del país. El joven comunista catalán, miembro del Partit Proletari, Andrés Fábregas Roca, contaba:

A la derrota de la República tuvimos que salir de la patria: primero a Francia a un campo de concentración en Burdeos; luego a África en Casa Blanca; y

---

[88] El exilio y los aconteceres de los republicanos españoles en México ha sido muy estudiado en ambos lados del Atlántico. Aquí sólo se enumeran algunos de los trabajos más relevantes: Mauricio Fresco, *La emigración republicana española. Una victoria de México*, Editores Asociados, México, 1950; Kenny Michael *et al.*, *Inmigrantes y refugiados españoles en México (siglo XX)*, Ediciones de la Casa Chata, México, 1979; Eugenia Meyer (coord.), *Palabras del exilio*, vols. 1 y 2, INAH/Librería Madero, México, 1980; *El exilio español en México, 1939-1982*, FCE/Salvat, México, 1982; José Antonio Matesanz, *Las raíces del exilio: México y la Guerra Civil española, 1936-1938*, El Colegio de México, México, 2000; Mari Carmen Serra Puche, José Francisco Mejía Flores y Carlos Sola Ayape, *1945: Entre la euforia y la esperanza: el México posrevolucionario y el exilio republicano español*, FCE/UNAM, México, 2004; Dolores Pla Brugat, *El exilio español en la Ciudad de México: legado cultural*, Gobierno de la Ciudad de México, México, 2015; Fernando Serrano Migallón, *La inteligencia peregrina. El legado de los intelectuales del exilio republicano español en México*, El Colegio de México, México, 2009; Clara E. Lida, *Inmigración y exilio; reflexiones sobre el caso español*, Siglo XXI Editores, México, 1997; Agustín Sánchez Andrés y Silvia Figueroa Zamudio (coords.), *De Madrid a México. El exilio español y su impacto en el pensamiento, la ciencia y el sistema educativo mexicano*, Universidad Michoacana de San Nicolás de Hidalgo/Comunidad de Madrid, Morelia, 2001, y Jorge de Hoyos, *La utopía del regreso. Proyectos de Estado y sueños de nación en el exilio republicano en México*, El Colegio de México/Universidad de Cantabria, México, 2012.

luego por las aguas del Mar Caribe, sin destino, como un buque fantasma, de Santo Tomás a Santo Domingo y a la Martinica […] De ahí a Veracruz y Puerto México, hoy Coatzacoalcos, en donde desembarcamos.[89]

Poco tiempo después de su llegada a México en 1940 y con el apoyo de la Junta de Ayuda a los Refugiados Españoles, regenteada por Indalecio Prieto, que les proporcionaba a los exilados un estipendio de 1.50 diarios, Fábregas Roca fue enviado a Tuxtla Gutiérrez, la capital del entonces lejano e incomunicado estado de Chiapas, a trabajar como maestro en una escuela local. Su relato continuaba de la siguiente manera:

> Respecto al cambio entre mi vida europea y mi llegada, no tienen idea de lo contento, de lo satisfecho, porque para mí esto fue el paraíso bíblico: 15 000 habitantes. No había nombres de calles; "¿dónde vive fulano de tal?", "¿sabe dónde la tía de tal?", pues por ahí; se dormía con las medias puertas abiertas; una seguridad y una solidaridad cívica que ahora desgraciadamente se ha perdido. Ésa es la impresión que dio: un verdadero paraíso para echarse ahí en la hamaca y ya lo demás por la paz.[90]

Don Andrés se incorporó rápidamente a la vida provinciana tuxtleca y pronto se convirtió en uno de sus maestros y activistas culturales más afanosos del estado de Chiapas.

Un tanto diferente fue el caso de María Tarragona, una joven de Lérida, quien después de vivir la Guerra Civil en Barcelona, trabajando en una escuela, cruzó la frontera francoespañola tras la derrota de la República. Vivió en aquel país protegida por el Comité Británico de

---

[89] Andrés Fábregas Roca, *Obra reunida*, compilación y edición de José Martínez Torres y Antonio Durán Ruiz, Universidad Autónoma de Chiapas/Afínita Editorial, Tuxtla Gutiérrez, Chiapas, 2014, p. 60. Debo agradecer la generosidad de mi querido amigo y maestro, el antropólogo Andrés Fábregas Puig, quien me facilitó una copia de estos testimonios de su padre.

[90] *Ibid.*, p. 46.

Ayuda a los Republicanos Españoles y finalmente se subió al barco *De Grasse* en el puerto de Le Havre, mismo que se integró a un convoy que cruzó el océano Atlántico desde Southampton hasta Nueva York. María desembarcó en Nueva York en enero de 1940 y como ya contaba con un permiso que le había otorgado en Francia el joven funcionario del consulado mexicano Fernando Gamboa, tomó un tren a Laredo y su primera impresión de México la narró de la siguiente manera:

> Estábamos en la oficina de migración y mientras nos documentaban me asomé a una puerta. Al otro lado de la calle había un puesto con garrafones de aguas de colores y un enorme montón de fresas. ¡Fresas en enero!
>
> Sorprendida y maravillada le pregunté al oficial si me permitía atravesar la calle para ver de cerca el puesto; y me contestó: "Mire, ya está usted en México y puede ir a donde quiera con toda libertad y sin permiso de nadie".[91]

Con todo y la infinidad de encuentros y desencuentros que los migrantes españoles vivieron en México a partir de su arribo masivo en 1939, para estos trasterrados la figura del general Cárdenas seguiría siendo depositaria de su agradecimiento y reconocimiento hasta bien avanzado el siglo XX. Él mismo mantendría una cordial relación con algunos refugiados importantes como el propio embajador Félix Gordón Ordás, el general José Miaja o el pedagogo Rubén Landa Vaz.

Sin embargo muchos trabajadores, intelectuales y técnicos que habían sido expulsados de otros países durante los prolegómenos de la Segunda Guerra Mundial arribaron a tierras mexicanas a encontrar refugio. Desde el activista y líder soviético León Trotsky hasta el crítico de arte Paul Westheim, el grabador Georg Stibi o el doctor Oskar Stern y tantos más, pasando por los miles de españoles o los casi cuatro mil

---

[91] María Tarragona, "Gratitud en el recuerdo", en *Nuevas raíces. Testimonios de mujeres españolas en el exilio*, Ateneo Español de México, México, 2011, pp. 234-235.

judíos que se quedaron sin país y arribaron a México en aquel momento. Todos ellos encontraron en México la posibilidad de subsistir durante la guerra. Pero también hay que reconocer que la situación del exilio de muchos migrantes no fue del todo exitosa, en vista de que en varios ámbitos del gobierno mexicano se manifestaban ciertas propensiones a la xenofobia y al antijudaísmo. Cierto que en términos generales los exilados llegaban a un país que ya había tratado de superar algunas de sus viejas fobias contra los extranjeros, aun cuando todavía persistían sectores poco entusiasmados por la llegada de dichos migrantes.[92] De cualquier manera la mayoría fue relativamente bien recibida.

El asilo otorgado a Lev Davidovich Bronstein, mejor conocido como León Trotsky, por ejemplo, fue promovido por algunos intelectuales y artistas, entre los que destacaron Anita Brenner, Diego Rivera, Antonio Hidalgo, Francisco Zamora y Ricardo García Treviño. Los primeros se acercaron al general Múgica, quien a su vez le comentó al general Cárdenas la apremiante situación del principal enemigo político de Stalin. La Secretaría de Relaciones Exteriores autorizó la entrada al país del revolucionario soviético que venía huyendo de las furias estalinistas e intentaba establecerse en algún lugar en donde pudiera escabullirse de dicha persecución. Ya había sufrido un atentado contra su vida en Noruega, país del cual lo expulsaron sin miramiento alguno. El mítico líder del Ejército Rojo arribó a México en enero de 1937 en un barco que atracó en el puerto de Tampico, y junto con su esposa Natalia se estableció en Coyoacán. Primero fueron huéspedes de Frida Kahlo y Diego Rivera, y posteriormente, cuando arribó su nieto Vsevolod Platonovich Volkow, conocido como Esteban, se mudaron a la calle de Viena en aquel mismo suburbio de la capital.

El contacto de Trostky con el gobierno mexicano se hacía a través del general Múgica, con quien el soviético mantuvo una respetuosa

---

[92] Daniela Gleizer, *El exilio incómodo. México y los refugiados judíos, 1933-1945*, El Colegio de México, México, 2011.

relación. Su presencia en el país generó mucha discordia entre el Partido Comunista Mexicano y el general Cárdenas.[93] Y aunque sus actividades fueron reportadas en la mayoría de los periódicos, sobre todo las relacionadas con el tribunal Internacional Dewey, su estadía en el país hasta 1940 fue todo menos que tranquila. Constantemente salía en los periódicos. Los comunistas lo acusaban de ser espía fascista o de pertenecer al FBI. Tras una discusión bastante agria que trascendió en los periódicos capitalinos, Trotsky se distanció de Diego Rivera y de varios militantes de extrema izquierda. El 4 de mayo de ese año un grupo comandado por David Alfaro Siqueiros balaceó su casa, hiriendo a su nieto. Los agentes de Stalin se le fueron acercando cada vez más hasta que el 20 de agosto Ramón Mercader, quien se hiciera pasar por un militante interesado en las opiniones de Trotsky sobre sus escritos, lo asesinó en su propia casa.[94] La interpretación popular no tardó en aparecer:

Por fin lo venció el destino
en su propia residencia
donde el cobarde asesino
le arrancó allí su existencia.

Un zapapico alpinista
este asesino llevó
y al estar solo con Trotsky
a mansalva lo atacó.[95]

Después de conocer la noticia del atentado al revolucionario soviético, el general Cárdenas anotó en sus *Apuntes*: "Los comunistas simpatizantes

[93] Daniela Spenser, *Unidad a toda costa: La Tercera Internacional en México durante la presidencia de Lázaro Cárdenas*, CIESAS, México, 2007, p. 70.
[94] Olivia Gall, *Trotsky en México y la vida política en el periodo de Cárdenas, 1937-1940*, Era, México, 1991, p. 332.
[95] *Ibid.*, pp. 341-342.

del régimen de Stalin sostienen que con la defensa de Trotsky, se sirve a la burguesía imperialista. No. Al contrario se defiende a la revolución en su más pura esencia [...] La sangre de Trotsky será un fertilizante en los corazones de su patria".[96]

El presidente no sólo se había mantenido un tanto alejado de los comunistas mexicanos, sino que también lo había hecho de la política internacional soviética. A raíz del pacto de no agresión entre Hitler y Stalin, firmado en agosto de 1939, el General también se había deslindado de la posible alianza entre la Unión Soviética y México en relación con la guerra de España. Ambos países habían apoyado al gobierno republicano con armamento y contingentes, sin embargo México se mantuvo independiente al respecto y no reanudó sus relaciones con aquellas repúblicas gobernadas por Stalin.[97]

De cualquier manera a lo largo de aquellos turbulentos años treinta había quedado claro que México podía ser el destino de muchos asilados políticos y refugiados de los conflictos internacionales. Al final de aquella década el saldo resultó bastante positivo para quienes buscaron asilo en territorio mexicano. Aquí no sólo no se les persiguió, sino que muchos encontraron trabajo y fueron bien recibidos por una sociedad que, si bien todavía no se jactaba del todo de ser una comunidad abierta, por lo menos veía con buenos ojos a quienes podían contribuir a la construcción de su naciente cosmopolitanismo.

Terminando la contienda mundial algunos refugiados se quedarían y otros volverían a sus países de origen o lo que quedaba de ellos. En 1939 México se declaró neutral ante la conflagración internacional aunque más adelante se vería obligado a participar en ella. Con los Estados Unidos mantuvo relaciones amigables a pesar de las expropiaciones que afectaron a un importante grupo económico estadounidense. La política del "Buen Vecino" y del *New Deal* impulsada por el presidente

---

[96] Cárdenas, *Obras. 1. Apuntes...*, *op. cit.*, pp. 440-441.
[97] Spenser, *op. cit.*, p. 75.

Roosevelt y la presencia en México del embajador Josephus Daniels influyeron definitivamente en esta distensión. Daniels, quien fue un buen amigo del presidente Cárdenas y un político por demás conciliador, contribuyó de manera puntual a que las relaciones entre México y su vecino del norte lograran llevarse con dignidad y respeto. En sus memorias, tituladas *Un diplomático en mangas de camisa*, invariablemente se expresaría de manera afectuosa y entrañable a la hora de mencionar al general Cárdenas.[98] Una primera impresión positiva le causó el hecho de que el recién estrenado presidente tomara en serio su disposición de hacer respetar la ley clausurando el famoso *Foreign Club*. En sus memorias, Daniel narraría ese acontecimiento de la siguiente manera:

> Cárdenas actuó con la energía, rapidez y efectividad que acostumbraba. Una noche los dados y las cartas corrían profusamente por todas partes, al igual que todos los otros implementos de los juegos de azar; mientras en algunos salones se efectuaban fiestas elegantes, en otro se desplumaba a los incautos. La noche siguiente todo estaba a oscuras; las luces se hallaban apagadas; todos los útiles habían desaparecido y todo el personal se había marchado. Los propietarios sabían bien que toda apelación resultaba inútil, porque comprendían que, aun cuando Cárdenas no era un puritano, estaba decidido a impedir que se siguiera abusando del pueblo.[99]

Con cierta perspicacia, Daniels encontraría una importante similitud entre el proyecto cardenista y la mecánica política y económica que el presidente Roosevelt había echado a andar en Estados Unidos desde principios de los años treinta. Sin establecer que uno había dado la pauta para que el otro la siguiera, reconoció una empatía entre ambos gobiernos que pocos estudiosos se han ocupado de escudriñar. Hacia

---

[98] Josephus Daniels, *Diplomático en mangas de camisa*, Talleres Gráficos de la Nación, México, 1949, pp. 67-94.

[99] *Ibid.*, p. 81.

los inicios de la década de los años cuarenta, en un breve balance del sexenio del michoacano, Daniels anotó: "A lo largo de todo su periodo presidencial platiqué con frecuencia con el presidente Cárdenas y encontré que invariablemente tuvo una fe y una confianza en el presidente Roosevelt y en la política del New Deal". Y en seguida refrendaba su impresión sobre la empatía de los proyectos que ambos presidentes echaron a andar durante sus respectivos mandatos: "Pienso que en la percepción de Cárdenas algunas de las mismas propuestas se han llevado a cabo en ambos países, especialmente aquellas que tienen que ver con la intención de ayudar a aquellos que siempre han sido olvidados. La similitud de metas a alcanzar fue lo que identificó a Cárdenas con nuestro presidente".[100]

Pero tal vez tratando de reivindicar un nacionalismo particular mexicano, incapaz de voltear a ver al norte de manera positiva o quizá por cierta limitación al considerar que el modelo norteamericano ha sido el único existente en la mira de los propios estadounidenses, lo que llama la atención en los estudios sobre el cardenismo es lo poco que se ha considerado esa influencia mutua y los alcances internacionales que cardenistas y rooseveltianos compartieron. Si se siguen y se comparan paralelamente los dos proyectos de desarrollo económico y político resultarían sorprendentes las similitudes y las afinidades.

Pero regresando a la política interior del presidente Cárdenas, como ya se ha visto, algunos sectores de clase media y no pocos intelectuales se sintieron amenazados por la creciente presencia del *american way of life*. Estos sectores reivindicaron con frecuencia la hispanidad y el criollismo que, según ellos, eran los elementos que definían al mexicano cuya problematización y búsqueda de definiciones aparecieron de manera recurrente en la prensa mexicana de los treinta. La herencia hispana fue debatida en aquellos momentos en gran medida porque la devastadora guerra civil española coincidió con los mejores años del cardenismo. A pesar de la

---

[100] *Ibid.*, p. 92.

solidaridad gubernamental con la causa republicana, en las principales ciudades el tono españolista conservador se fue radicalizando y quedó clara la polarización de las percepciones locales justo con el arribo de los miles de trasterrados hacia mediados de 1939. Como ya se anotó, la llegada de los republicanos causó confusión, ya que por un lado se les vitoreó pero por otro se les atacó. La vieja colonia española tenía una gran influencia en materia económica y su peso podía percibirse sobre todo en la opinión pública.

Junto con algunos intelectuales de derecha como Alfonso Junco y Jesús Guisa y Azevedo, dicha colonia se encargó de insistir en que los refugiados eran todos "comunistas comecuras y devoradores de niños". Sin embargo, pronto se vio que dicha migración habría de ser mucho más benéfica para México que lo que vaticinaban los reaccionarios. Los refugiados se incorporarían a diversas actividades urbanas, siendo su influencia especialmente notoria en los ámbitos intelectuales y universitarios. Como en ese entonces la preocupación sobre "la mexicanidad" estaba adquiriendo vuelos particulares, orientándose en función de la defensa o la detracción de las tres grandes vertientes originarias del hispanismo, el indigenismo y el mestizaje, las derechas y no pocos republicanos se colocaron bajo la sombrilla de la primera, mientras que los nacionalistas y las izquierdas se cobijaron con la segunda. Pero el problema del mestizaje mexicano permeó también a los sectores medios e intelectuales que se debatían sobre el tema mexicanista, preocupados mayormente por la legitimidad propia o no tanto por su raíz hispana o indígena exclusivamente. Los mismos trasterrados llegaron a contribuir a la discusión de la mexicanidad ya entrados los años cuarenta, tal como sucedió con personalidades como José Gaos y José Moreno Villa, tan sólo para mencionar a dos importantes maestros e intelectuales.

Pero no sólo fueron españoles los que enriquecieron los ámbitos del conocimiento y artísticos, económicos, políticos mexicanos de los años treinta. Grupos importantes de alemanes, polacos, libaneses, franceses, chinos y de otras nacionalidades se fueron incorporando a las discusiones, a los comercios y en general a la producción urbana de ese entonces. De esa manera el debate intelectual y artístico adquirió referentes tanto negativos, como el de la Falange y los nazifascistas mexicanos, entre los que se contaban el ya mencionado Dr. Atl, Germán Lizt Arzubide, José Vasconcelos y el inefable Salvador Borrego, así como positivos, al estilo de la editorial Alemania Libre o la organización hebraica Hatikva Menorah, con figuras como Ludwig Renn, Bodo Uhse y Leo Katz, que se preocuparon por los socialistas, los judíos y los librepensadores que llegaban de Europa central a refugiarse a México. El intercambio de ideas, las polémicas periodísticas y las discusiones académicas, sobre todo las que giraban en torno de la política y las humanidades en general, fue de una riqueza nunca antes vista en los ámbitos intelectuales, sobre todo de la Ciudad de México. Para algunos agentes del espionaje internacional, especialmente los estadounidenses, dicho intercambio incluso se convertiría en un asunto de máxima sospecha, al grado de calificarlos de una posible "quinta columna" nazifascista o comunista que actuaba en México sin mayores cortapisas.[101]

Menos activa era el área de las ciencias, aunque también en medio de referencias extranjeras y de afirmaciones nacionalistas los estudiosos de la naturaleza, las matemáticas y la física vivieron un apogeo interesante. Tan sólo para mencionar algunos resultados en materia médica se tendió a fortalecer el trabajo clínico en los hospitales abriendo los primeros laboratorios de investigaciones anatomopatológicas y sobre el tifo en el Hospital General, a la par de que se impulsó el desarrollo de las especialidades en el área de la química y la biología. En esas disciplinas destacaron los españoles Rafael Fraile, Ramón Álvarez-Buylla y Domerio Más, por ejemplo. El general Cárdenas estuvo muy consciente de que era necesario impulsar un conocimiento médico propio y por ello apuntaló al Hospital General y promovió la construcción del Hospital Infantil y el Instituto de Higiene. La Escuela de Salubridad se

---

[101] Sosa Elízaga, *op. cit.*, pp. 352-360.

echó a andar compartiendo instalaciones con el Instituto de Salubridad y Enfermedades Tropicales en 1939.[102] Cierto es que el modelo de las ciencias naturales y exactas seguía los dictados de las universidades europeas y estadounidenses, como lo hace hasta el día de hoy. Pero de pronto aparecían, por ejemplo, las reivindicaciones de la medicina indígena maya a cargo del doctor Ralph Roys o de los aportes del patólogo trasterrado Isaac Costero,[103] o la necesidad de desarrollar una terapéutica menos acorde con el Boulevard Saint Germain que con el callejón de San Camilito, tal como lo recomendaba el doctor Leopoldo Salazar Viniegra en la revista *Criminalia* a la hora de hablar de cómo instrumentar un tratamiento para los drogadictos mexicanos.[104] Curiosamente el general Cárdenas, como presidente, fue muy sensible a las propuestas de los médicos nacionales en diversas materias tanto de salud pública como en cuestiones de producción de sueros y vacunas, así como de la higiene rural y la medicina social.[105] Pero no por ello se dejaron de aprovechar las aportaciones que muchos médicos y científicos que llegaron al país huyendo de la guerra en sus países de origen.

★

---

[102] Ricardo Pérez Montfort y María Rosa Gudiño Cejudo (coords.), *Cien años de Salud Pública en México. Historia en imágenes*, Secretaría de Salud, México, 2010, p. 129.

[103] Ignacio Chávez, *México en la cultura médica*, Instituto Nacional de Salud Pública/FCE, 1987, pp. 108-110.

[104] Leopoldo Salazar Viniegra, "El mito de la marihuana", *Criminalia*, núm. 4, 1 de diciembre de 1938, y Ricardo Pérez Montfort, *Tolerancia y prohibición. Aproximaciones a la historia social y cultural de las drogas en México, 1840-1940*, Penguin Random House, México, 2016, pp. 296-307.

[105] *Seis años de gobierno al servicio de México, 1934-1940*, Departamento de Plan Sexenal, 1940, pp. 301-321.

Los mexicanos, los medios y la diversión

Sabe azteca, tarahumara, ruso, inglés y francés, español,
alemán, mazahuara, y domina el chimpancés.

Fu-Man-Chu, 1937

La valoración de los recursos propios frente a la invasión de elementos extranjeros fue sin embargo mucho más evidente en los ámbitos de la cultura popular, aunque no por ello las expresiones vernáculas resultaran más impermeables a los dictados que venían de fuera. Ya se mencionaba que la película *Allá en el Rancho Grande*, de Fernando de Fuentes, estrenada en 1936, fue en gran medida la afirmación de una sociedad rural jerarquizada, pero muy reivindicativa de lo propiamente mexicano. Si bien se trató de una empresa particularmente exitosa en materia de difusión y, sobre todo, en cuanto a recaudación económica, no cabe duda que la nostalgia por ese mismo rancho grande como síntesis de aquello que se percibía como "muy mexicano" fue adoptada por muchos sectores de la Ciudad de México. Una secuela interminable de comedias rancheras que exportaron esa imagen de un mundo campirano, repleto de charros cantores y fanfarrones, chinas sumisas, borrachines simpáticos, terratenientes comprensivos y generosos, caballos, toros y gallos, como el representante del México típico y "verdadero", vino a contribuir a la autoafirmación ante las imágenes negativas de los mexicanos que provenían, sobre todo, del cine estadounidense.[106]

Esta reiterada imagen del México charro corrió a cargo de muchos miembros de la antigua aristocracia porfiriana y de algunos seguidores clasemedieros arraigados en el ámbito urbano que cotidianamente se mostraban en el Paseo de la Reforma o en los distintos lienzos de la ciudad vestidos con sus trajes de charros y sus sombreros galonados tal

---

[106] Emilio García Riera, *México visto por el cine extranjero*, vol. 1, *1894/1940*, Era/ Universidad de Guadalajara, 1987.

como si desfilaran rumbo a la representación de alguna opereta o teatro de revista. La nostalgia del México campirano los hacía blasonar ante propios y extraños el orgullo de su pasado como caballeros poseedores de un supuesto abolengo venido a menos, que no era otra cosa para ellos que "el México verdadero". Esta representación parecía montada particularmente para el disfrute de los turistas, a quienes se les recomendaba incluso que se acercaran a ese "Grand Old Man of Mexican riding, Don Carlos Rincón Gallardo, Marqués de Guadalupe and Grandee of Spain", para que les enseñara lo que era lo "típico mexicano" los domingos en el cortijo del Rancho del Charro.[107]

Diversos grupos de conservadores aprovecharon la afición del presidente de la República por los caballos para tratar de reivindicarse frente a quien también mostraba cierta disposición para disfrutar de las suertes charras. Aun así, el general Cárdenas tenía bastante claro que estas manifestaciones de nacionalismo de pacotilla estaban lejos de representar la defensa y el amor por el terruño que tanto los pequeños propietarios como los campesinos beneficiados por su política agraria revelaban de manera menos aparatosa y sofisticada. Durante su presidencia no desaprovechó la oportunidad de montar a caballo y recorrer caminos de herradura con sus acompañantes, sobre todo cuando se trataba de asistir a alguna reunión con campesinos o con indígenas. Por lo general montaba con su uniforme militar o incluso con su vestimenta civil, y nunca se le vio disfrazarse de charro o blasonar de su mexicanismo a partir de destrezas de jinete.

A pesar de la constante afirmación supuestamente nacionalista del conservadurismo tradicionalista, la invasión de los elementos extranjeros podía percibirse en muchos otros rumbos de la cultura mexicana. Incluso entre los mismos charros. Un visitante estadounidense, por ejemplo, se llevó la gran sorpresa de presenciar un jarabe tapatío protagonizado por

---

[107] Rodney Gallop, *Mexican Mosaic*, Faber and Faber, Londres, 1939, p. 38.

El presidente Cárdenas en gira por el estado de San Luis Potosí
(Archivo CERMLC)

el mismísimo Marqués de Guadalupe y una china poblana que en cada
pirueta mostraba orgullosamente sus "bloomers".[108]

Y el tono norteamericanizante era criticado por algunos mexicanó-
logos de la siguiente forma: "El taco ha sido sustituido por el 'sándwich'
y el tepache por el 'cocktail', cuando se encuentran dos personas el saludo es 'hallow' y al despedirse 'so long' y cuando se enojan una le dice
a la otra 'time check' toma tu 'sunday'".[109]

Pero otro momento de afirmación mexicanista, aun cuando tenía
toda la raigambre hispana, se llevaba a cabo los domingos a la hora de ir
a los toros. A lo largo de todo el sexenio cardenista las corridas tuvieron

---

[108] *Idem.*

[109] Gustavo Casasola, *Seis siglos de historia gráfica de México, 1325-1976*, vol. 6, ed.
Gustavo Casasola, 1978, p. 2864.

una doble función. Por una parte fueron la afirmación de la afición mexicana que se veía confrontada por las cuadrillas españolas, que por lo general reivindicaban al franquismo en medio de las tirantes relaciones provocadas por la Guerra Civil, y por otra eran la consagración de los cosos taurinos como espacios de uso masivo, alternativos al estadio nacional. Si bien este último era para el uso claramente orientado a favor de la Secretaría de Educación Pública o de la ritualidad oficial, los redondeles de toros y caballos eran un tanto más versátiles. En muchas ocasiones fueron capaces de reunir a las masas obreras para manifestar su apoyo a los líderes o a la política cardenista, y también a los candidatos del PRM o de la oposición, o igualmente sirvieron de arenas para celebrar kermeses plagadas de artistas y celebridades populares, con el fin de recaudar fondos ya sea para los bolsillos de los empresarios o para alguna causa un poco más noble, como la Cruz Roja o el Hospital de Beneficencia.

Así, además de la imagen del México charro y cantor, el otro fenómeno que se reveló como característico de ese periodo fue la cada vez mayor presencia de las multitudes en los actos públicos y en las calles.[110] Las masas no sólo se convocaban en espacios abiertos y de día sino que encontraron puntos de reunión en espacios un tanto más etéreos como en las transmisiones radiofónicas. Mucha de la presencia del cardenismo a nivel masivo se debió al uso cotidiano de la radio. El general Cárdenas acudió a tal sistema de comunicación colectivo desde sus épocas de gobernador en Michoacán, pero sobre todo a raíz de su incorporación al gabinete presidencial de Pascual Ortiz Rubio y Abelardo L. Rodríguez. Al fungir como presidente del PNR inició su aparición sistemática en la radio, y justo durante sus giras ése fue uno de sus recursos propagandísticos más importantes. Ya como presidente inauguró los mensajes de inicio de año, las transmisiones de las celebraciones civiles y del ritual oficialista, y no se diga las notas informáticas con sus discursos de

---

[110] Sergio González Rodríguez, "Los áridos treintas", *Nexos*, 140, agosto de 1989, p. 14.

impacto nacional, así como los mensajes radiofónicos que celebraban los grandes actos de distribución de la tierra, los llamados a la unidad obrera y campesina, y desde luego los que correspondieron a sus medidas más radicales como la expropiación de los ferrocarriles y la de la industria petrolera.[111] En junio de 1937, por ejemplo, señaló la importancia de hacer propaganda radiofónica a favor de las posibilidades de instalar nuevas industrias en México, y que por ese mismo medio se dieran a conocer los beneficios de las obras de irrigación y de fomento a la ganadería. También insistió en que era necesario utilizarlo para informar a la población sobre cómo combatir plagas y epidemias, así como para echar a andar programas de higiene y "pro-aseo".[112]

Y en efecto, la segunda mitad de los años treinta fue sin duda uno de los periodos de mayor gloria de la radio en la Ciudad de México. Convertidos, hacía un poco más de un lustro, en los electrodomésticos más codiciados de la vida urbana, los aparatos de radio fueron un miembro más en la vida de los que integraban lo que desde entonces se llamó "la gran familia mexicana". La expansión de la radio fue tan vertiginosa que tan sólo durante el sexenio cardenista prácticamente se duplicó el número de emisoras en todo el país. De las 57 radiodifusoras con las se contaba en 1934 en todo el territorio nacional, para 1940 ya eran poco más de 100. Y el quehacer radiofónico tenía tanta popularidad que la mayoría de las revistas impresas del momento contaba con su sección de radio que llevaba títulos como *Radiolandia*, *Microfoneando* o *Gentes del Radio*. Los hogares de las clases medias y obreras se familiarizaban con las voces de los locutores Alonso Sordo Noriega, Ricardo López Méndez, Humberto G. Tamayo, Jorge Marrón, Pedro de Lille, Manuel Bernal y tantos otros que con sus excesos verbales hacían los cortes de identificación y conducían programas en las tres principales estaciones

---

[111] Priscilla Pilatowsky, "Reconstruyendo el nacionalismo: impresos, radio, publicidad y propaganda en México (1934-1942)", tesis de doctorado inédita, El Colegio de México, 2015.

[112] Cárdenas, *Obras. 1. Apuntes…*, *op. cit.*, p. 373.

comerciales de la Ciudad de México: la xew, la xeb y la xeq, todas ellas con repetidoras en varias regiones del país, con lo cual cubrían también a los sectores rurales y provincianos de la República.

Lemas como "El aire no se lleva las palabras: conduce las ideas", que citaba constantemente Ricardo López Méndez, o el anuncio que inventara Humberto G. Tamayo que decía: "De los astros el sol, de los habaneros Ripoll", y la cantinela de consonancia inequívoca: "Almuercen, coman y cenen, con productos Menen", solían acompañar las labores cotidianas de miles de mexicanos. La radio se convirtió en un instrumento múltiple, capaz no sólo de presentar artistas y de hacer propaganda a favor de tal o cual producto, sino que llegó al extremo de fungir de terapeuta sentimental con los famosos programas de la *Dra. Corazón* e incluso a colaborar en casos judiciales como el *Investigador Policiaco del Aire*, de Alonso Sordo Noriega.[113]

La xew, que se autodenominaba "La voz de la América Latina desde México", junto con la xeq, se constituyeron en las bases de un emporio que no fue ajeno a la incorporación de modas y estilos estadounidenses al vivir urbano. Sin embargo en esos años la programación radiofónica se componía fundamentalmente con música hispanoamericana. El programa inaugural de la xeq, por ejemplo, realizado el 31 de octubre de 1938, abría con música española interpretada por la gran orquesta El alma de España, seguía con la Orquesta Típica Argentina de Juancito López y continuaba con el compositor cubano Sergio de Karlo. En seguida presentaba un programa de Conciertos con la Orquesta Sinfónica de la Universidad Nacional y pretendía mantener a su auditorio atento al aparato hasta pasado el mediodía transmitiendo la música de Consuelito Velázquez, Guillermo Álvarez, Luz de Gracia, Ernesto Riestra e Ignacio García.[114]

---

[113] *Vea*, 12 de abril de 1935.

[114] Jorge Mejía Prieto, *Historia de la radio y la televisión en México*, Editores Asociados, México, 1972, pp. 63-64.

Algunos de los programas más célebres de aquellos años fueron *La hora del aficionado*, que se instituyó en la XEW en 1935, el *Noticiero Carta Blanca*, *La hora azul* con Agustín Lara, *El Guasón del Teclado* con Francisco Gabilondo Soler, Cri-Crí, muchas veces apoyado por el ya famoso Manuel C. Bernal, el tío Polito, quien contaba los cuentos del propio grillito cantor. Pero también fueron muy populares las emisiones de *El mundo en su casa*, con el periodista Salvador Novo, y *La banda de Huipanguillo*, que pretendía traer hasta la intimidad del hogar los platillazos y las estridencias de los metales que caracterizaban a la música de comparsa popular.[115]

Y como ya se mencionaba, la radio no podía permanecer ajena a las transformaciones que vivía el país impulsadas por el gobierno cardenista. Desde 1931 la XEFO, estación que pertenecía al Partido Nacional Revolucionario, fue identificada como la Radio Nacional de México. Alternaba sus transmisiones con propaganda comercial y mensajes políticos de clara raigambre oficialista. Fue la primera en transmitir una campaña política —la del general Cárdenas entre 1933 y 1934— y se caracterizó por sus constantes controles remotos desde fábricas, minas, presas hidroeléctricas, ejidos y demás centros de trabajo con el fin de realizar la tarea pedagógica de mostrar lo que entonces llamaban "Los impulsos creadores de México" en un programa del mismo nombre.[116] La XEFO también transmitía música mexicana y tuvo entre sus directores artísticos a figuras como el compositor y actor Lorenzo Barcelata, así como al periodista Armando de Maria y Campos, quienes continuamente llamaban a los músicos y directores de orquesta Miguel Lerdo de Tejada y Alfonso Esparza Oteo, al joven cantante Pedro Vargas, al trío Los Calaveras, a las intérpretes Chela Campos y a Lucha Reyes a amenizar la continuidad radiofónica entre boletines oficiales, noticieros

[115] Elsa Fujiyaki, "Cronología de la Radio Mexicana", en *Asamblea de Ciudades*, *op. cit.*, p. 265.
[116] Mejía Prieto, *op. cit.*, p. 59.

gubernamentales y programas de alcance nacional. No contento con su propia estación, el DAPP del gobierno cardenista instauró en 1937 *La hora nacional* que tuvo a bien enlazar a todas las estaciones del país los domingos en la noche para enviar los mensajes oficiales y tratar de tejer un llamado "lazo de unión entre todos los mexicanos". Esto último no fue cumplido del todo, ya que el tono oficialista y un tanto aburrido acabó por invitar a que el aparato descansara por lo menos esa hora durante la semana.

El DAPP, al que se volverá más adelante, tuvo también injerencia en otra actividad radiofónica que marcó una época en los hogares mexicanos: los radioteatros. En 1938 se inició la primera temporada formal del "Teatro del aire en el DAPP", que no tardó en servir de modelo para las otras estaciones de radio. Originalmente la idea de esas producciones era la adaptación de obras clásicas con el fin de divulgar valores de la cultura occidental entre el público cautivo mexicano.[117] Sin embargo el afán comercial llevó a los extremos de explotar tanto los códigos morales de las clases medias como el chismerío o la imaginación pueril en forma teatralizada, que se convirtieron en unas de las corrientes más populares del radioteatro de finales de los años treinta. Ejemplos de ello podrían ser las famosas emisiones tituladas *El Club de la escoba y el plumero, El Programa Azul, La Hora Carta Blanca* o *El Programa Infantil*, que adquirieron la categoría de "clásicas de la radio" precisamente por adaptar diálogos, *sketches* y narraciones diversas al propio lenguaje de las ondas hertzianas.[118]

Muy ligados a las transmisiones radiofónicas, el teatro popular y los cabarets, tanto los arrabaleros como los aristocráticos, también formaron parte de la diversión y del corazón mismo de la vida bohemia urbana.

---

[117] Armando de Maria y Campos, *Carlo Manzini y el Teatro del Aire*, Botas, México, 1939, p. 17.

[118] Pável Granados, XEW *70 años en el aire*, Clío, México, 2000, p. 210, y Gustavo Hoyos Ruiz, XEW *13 años por los caminos del espacio*, Talleres Tipográficos Modelo, Mexico, s. f. (1943).

A pesar de que el régimen cardenista se empeñó en su cruzada contra el alcohol, el juego, la prostitución y el vicio, una corriente muy importante del cosmopolitanismo nocturno se desarrolló con especial ímpetu durante los años treinta, sobre todo en la Ciudad de México. Diversos programas de radio se producían desde el ambiente de los cabarets mostrando algunas de sus características menos recomendables según los criterios puritanos. Por ello en 1937 se restringieron dichas transmisiones quedando tan sólo permitidas para llevarse a cabo en lugares un tanto más aristocráticos como el Teocalli Super Club y El Patio. El lenguaje elegante y articulado de los locutores Pedro de Lille o Arturo de Córdova se llevaban mejor con el tuxedo blanco y la corbata de moño, que con el mundo del arrabal, en donde también continuó la diversión vernácula, aunque ya sin tanta difusión masiva.

Los escenarios y pasarelas del teatro Politeama, del centro nocturno Grillón, del cabaret Waikikí, de las academias de baile al estilo Salón Los Ángeles o Salón México, mostraron un repertorio de personajes, situaciones y vocabularios mucho más rico y menos controlado que el de las ondas hertzianas. Si bien muchos actores del teatro de revista y de las carpas ahora echaban a andar producciones en el mismísimo Palacio de Bellas Artes, tal como lo hizo el Roberto el Panzón Soto con su clásica pieza *Rayando el Sol* en 1937, había otros que mantenían vivos a los teatros Arbeu, Lírico o Follies Bergere con críticas políticas o cuadros costumbristas más satíricos que evocativos.

Durante el sexenio cardenista ese palacio, que después sólo incorporaría a la cultura académica y elitista, fue utilizado en múltiples ocasiones para llevar a un público muy popular a disfrutar de obras y representaciones que difundían los valores nacionalistas y oficiales, así como algunas piezas del repertorio clásico. Como ya se ha visto, sus pasillos y salas se llenaron cuando se convocó a la gran colecta para saldar la deuda petrolera en 1938. Sin embargo ése no fue el único momento en que dicho recinto recibió a los sectores populares. En septiembre de 1935, por ejemplo, la Compañía Nacional de Drama y Ópera, dirigida por

Fernando Soler, estrenó *El príncipe idiota*, de Fedor Dostoyevski, pieza adaptada por el conocido empresario de teatro vernáculo Pablo Prida. Según su propio testimonio, el éxito fue tal que en una sola función de domingo en la tarde se recabaron 11 000 pesos.[119] Otro acontecimiento que llenó al tope el Palacio de Bellas Artes, en junio de 1939, fue el estreno de la película *Juárez*, del director William Dieterle, protagonizada por Paul Muni y producida por la Warner Brothers. Si bien dicho filme no tuvo una respuesta favorable de la crítica mexicana, lo que sí logró fue un primer gran éxito de taquilla, similar al que obtenían las piezas que se ocupaban de los acontecimientos que agitaban la conciencia pública en aquel México cardenista.[120]

Y desde luego en los teatros vernáculos los géneros populares siguieron atizando la inconformidad de quienes asistían a ellos para pasar un buen rato o para evadirse de la ingrata realidad mexicana. Piezas como *Calles y más Calles*, *La resurrección de Lázaro* y *La que nos espera* contenían en su propio título mucho del desparpajo que Carlos López Chaflán, Elisa Berumen, el Chato Ortín, Amelia Wilhelmy, Joaquín Pardavé o las hermanas Arozamena mostraban ya iniciada la función. En aquellos teatros, figuras como Mario Moreno "Cantinflas", José Medel, Armando Soto La Marina "Chicote", y Jesús Martínez "Palillo", recogieron la herencia y la comicidad del "peladito" que el precoz José Muñoz Reyes "el Chupamirto", había dejado trunca al morir trágicamente en 1935.[121]

En aquellos ambientes populares Cárdenas era visto como un gobernante puritano y poco dado a los desvíos y distracciones que muchos otros políticos disfrutaban en el mundo cabareteril y burdelero sin el más mínimo aspaviento. A diferencia de los excesos que les eran conocidos a figuras como Maximino Ávila Camacho, Gonzalo N. Santos, Luis

[119] Pablo Prida Santacilia, *...Y se levanta el telón. Mi vida dentro del teatro*, Botas, México, 1960, pp. 251-252.

[120] García Riera, *op. cit.*, pp. 236-243.

[121] Armando de Maria y Campos, *El teatro de género chico en la Revolución mexicana*, INEHRM, México, 1956, pp. 379-399.

Napoleón Morones, Rodolfo Elías Calles o Tomás Garrido Canabal, el General tenía más fama de adusto, contenido y hasta intolerante, que de relajiento y "muchachero". Gracias a una pieza teatral estrenada en 1936 y titulada *San Lázaro, el milagroso*, en la que aparecía como principal protagonista el propio Cantinflas, la imagen de Cárdenas se asoció con la idea de que como presidente era capaz de producir milagros, como el reparto agrario y la contención de la voracidad de los empresarios. Su radicalismo también fue comentado en piezas como *El Tenorio Rojinegro*, *La Ley de Responsabilidades* y *Se acabaron los ateos*.[122] Y aquella imagen popular lo representó de una manera un tanto ambigua: por una parte era un hombre pudibundo y respetuoso, pero por otra era un tanto obcecado y serio, quien se tomaba las demandas populares muy a pecho y trataba de hacer todo lo posible por ser consecuente con ellas. Igualmente aparecía como el responsable de cumplir los anhelos justicieros de quienes tenían una larga historia de despojos y explotación, así como de haberse sacudido la mala fama que precedía a los políticos de cuño callista, sobre todo después de los zafarranchos de abril de 1935. Por ejemplo, en un cuadro titulado "Estampas coloniales", que aparecía en una revista titulada *El país del mañana*, estrenada en junio de aquel año en el Teatro Lírico, la escena presentaba un diálogo entre una pitonisa y un indio. Con un telón y un vestuario que ubicaban dicho diálogo en plena época colonial, el indio se quejaba de que unos "encomenderos" le habían "avanzado sus tierritas" y lo habían dejado a él y a toda su familia "en medio del potrero sentados en un nopal". La pitonisa le vaticinaba que en su futuro veía, "en el horizonte de esta patria, las figuras que han de venir a restituirte tus tierras, a compensarte de todo lo que te han despojado" y que sólo le quedaba esperar unos 400 años para que eso sucediera. El indio le decía: "¡Pero si pa' esa fecha ya me habré petatiado!" A lo que la pitonisa le contestaba en clara alusión a las conocidas propiedades del general Calles: "No importa, porque tus tataranietos

---

[122] *Ibid.*, p. 382.

recibirán el fruto con creces [...]. Les va a tocar [...] un pedazo de Santa Bárbara, un lote de las Palmas, tres hectáreas de Soledad de la Mota y de pilón un piloncillo de azúcar del Mante".[123]

Por cierto que Cantinflas se convertiría en el cómico de moda hacia finales de esa década, sobre todo al incursionar como actor en la vacilante industria fílmica nacional. Había emergido del mundo de las carpas, y en el teatro popular Follies Bergere, recién inaugurado en octubre de 1936, tuvo sus primeros éxitos al lado de otros dos cómicos, Estanislao Shilinsky y Manuel Medel. Ese mismo año participaría en la película *No te engañes corazón*, de Miguel Contreras Torres. Pero buena parte de su notoriedad como gran intérprete de los duelos verbales, de hablar y hablar y no decir nada, la adquirió en julio de 1937 cuando la prensa reprodujo la frase que Vicente Lombardo Toledano le zampó a su enemigo Luis Napoleón Morones, diciéndole que si quería discutir que fuera a "debatir con Candingas" —el diablo— y muchos cronistas entendieron que se trataba del mismo Cantinflas.[124] Lo cierto es que el propio Mario Moreno "Cantinflas", se había hecho famoso por burlarse de los discursos del líder de la CTM y desde luego por tomar a chunga cualquier tema obrero, socialista o campesinista que estuviese en boga.[125] Poco a poco su figura claramente identificable de pelado barriobajero empezó a verse con mayor frecuencia en los periódicos y revistas y su salto al medio cinematográfico fue casi inmediato. En 1937 participó en dos películas del ruso-mexicano Arcady Boytler, *Así es mi tierra* y *Águila o Sol*. De la mano del guionista Salvador Novo hizo su primer trabajo estelar en el cine con *El signo de la muerte*, de Chano Urueta, en 1939. Pero su despegue definitivo lo logró hasta filmar *Ahí está el detalle*, una comedia de

---

[123] *Ibid.*, p. 385.

[124] Miguel Ángel Morales, *Cómicos de México*, Panorama, México, 1987, p. 161, y Jeffrey Pilcher, *Cantinflas and the Chaos of Mexican Modernity*, Scholarly Resources, Wilmington, Delaware, 2001, p. 51.

[125] Un par de anécdotas al respecto también puede consultarse en Novo, *op. cit.*, pp. 110 y 351.

enredos de Juan Bustillo Oro producida en 1940, cuyo título se convirtió también en lema del propio Cantinflas durante gran parte de su carrera. Resultaba interesante la escena final de aquella película en la que el cómico retomaba el discurso obrerista del momento para reclamarle a su novia, una sirvienta interpretada por Dolores Camarillo "Fraustita", sus prestaciones de galán recuperado. Después de sus miles de enredos en una casa de clase media alta, por los cuales termina en un juicio en el cual es absuelto, Cantinflas le decía a Fraustita: "Aaah, pero que conste que si vuelvo al trabajo, vuelvo con mis mismos derechos: mi séptimo día, mi salario mínimo, mis horas extras y mi derecho de huelga". La retórica obrerista, al decir del crítico Emilio García Riera, "se derrumbaba con toda su pompa y circunstancia al recibir el impacto cantinflesco".[126]

Las huellas que dejaron las críticas de Cantinflas y del teatro barriobajero al gobierno del general Cárdenas sin duda llegaron a oídos del propio presidente. Contaba el embajador Josephus Daniels que al conocer el arrastre del cómico, el general Miaja, al poco tiempo de arribar a México, le sugirió al General "con toda seriedad que le prohibiera hacer chistes a costa de los hombres públicos, diciéndole: Debería Ud. impedir que lo haga. Por permitir una ridiculización semejante, el gobierno de la República Española perdió la confianza del pueblo y fue derrocado".[127] El mismo embajador estadounidense reconoció que Cárdenas era bastante más inteligente y en vez de seguir el consejo del republicano pidió a sus colaboradores que no hicieran nada al respecto. Es más: aun cuando algunos funcionarios sí trataron de acallar aquellas críticas, los mismos artistas, los productores y los críticos reconocieron que entre 1934 y 1940 se vivió un ambiente de particular tolerancia en el mundo del género chico tan acostumbrado a vivir de la chacota a costa de los políticos en turno.[128]

---

[126] Emilio García Riera, *Historia documental del cine mexicano*, vol. 1, Era, México, 1969, p. 274.

[127] Daniels, *op. cit.*, p. 559.

[128] De Maria y Campos, *El teatro de género chico…*, *op. cit.*, pp. 379-391.

Cantinflas, por su parte, se fue adentrando en el mundo del cine alternándolo con el del teatro popular, e incluso el cabaret. Su personaje terminaría por impresionar a funcionarios, intelectuales y artistas de diversa índole para convertirse con el tiempo en una referencia fundamental de la cultura mexicana. Carlos Monsiváis diría que el "carácter inofensivo de su humorismo" sería uno de sus mayores méritos, pues se "ajustaba al ideal del entretenimiento de la gran familia mexicana". Y en gran medida era verdad que ante la terrible realidad mexicana de los ambientes barriobajeros, Cantinflas tuvo "la facultad de exorcizar la fatalidad a golpes de humorismo blanco".[129] Fue sin duda una contribución importante del mundo urbano vernáculo a las representaciones artísticas y literarias nacionales en su afán de proyectarse hacia el resto del mundo, cuidando que fenómenos tan evidentes como la miseria, la pobreza moral y la violencia no salieran a flote con tanta frecuencia en el cuadro cinematográfico.

Sin embargo la vida nocturna y la permisiva en la ciudad no parecían abandonar los aires rancheros, aun cuando el afán cosmopolita llevaba tiempo tratando de adueñarse de sus bajos fondos. Las campañas que se lanzaron contra el vicio, la prostitución y la pornografía a lo largo del sexenio cardenista tuvieron éxitos momentáneos, pero justo es decir que tanto el ambiente del alcohol y las drogas como el de las hetairas y los proxenetas se mantuvo relativamente incólume durante ese periodo.[130] La Liga Mexicana de la Decencia sería una de las múltiples organizaciones que pelearía contra las meretrices del llamado Barrio Latino o del Callejón del Órgano y contra la pornografía que revistas como *Vea* y *Rotograbado* insistían en publicar a la hora de presentar desnudos

---

[129] Carlos Monsiváis y Carlos Bonfil, *A través del espejo. El cine mexicano y su público*, Ediciones El Milagro/Imcine, México, 1994, p. 33.

[130] Gabriela Pulido Llano, *El mapa "rojo" del pecado. Miedo y vida nocturna en la ciudad de México, 1940-1950*, INAH, México, 2016, pp. 38-51, y Pérez Montfort, *op. cit.*, pp. 265-282.

y costumbres barriobajeras sin demasiado pudor, aunque tratando de mantener cierta elegancia un tanto hipócrita y provinciana.[131]

Tal vez en el área en donde mayor injerencia tuvieron esos afanes de proscripción y de recato fue en el lenguaje. En esas revistas rara era la ocasión en que el lector posaba su mirada sobre una palabra soez o degradante. Cierto que los dobles sentidos y de vez en cuando el albur afloraban con cierta carencia de pudor, pero es posible afirmar que esas revistas tenían un particular respeto por el castellano y su uso correcto. Aun cuando se hablara del mundo vernáculo menos agraciado, por lo general eso se hacía con cierto miramiento y cuidado. Quizá la personalidad del propio presidente Cárdenas, recatada y respetuosa de los sectores menos agraciados, que se había difundido masivamente, influía en el estilo de cierto periodismo popular.

Un ejemplo entre muchos podría ser el reportaje que en marzo de 1936 el periodista Enrique Bonet escribió para la revista *Vea*, titulado "Un trapazo, jefe!", en el que reivindicó a unos pobladores particularmente ligados a la Ciudad de México y que eran nada menos que los boleros o limpiadores de zapatos. En este reportaje comparaba los dos tipos de boleros que ya abundaban en las principales calles del Centro. Unos eran los ambulantes, sobre todo niños y jóvenes, que cajón en mano

trotan calles que es un contento y no es raro que le dé cincuenta, cien o más vueltas a una misma manzana, introduciéndose, constantemente, con una persistencia y una constancia dignas de mejor causa, a los mismos restoranes, tiendas, piqueras, cantinas o cafés.

—¿Grasa, jefe? ¡Listo el bolero!

—Un diez, jefe.

—Trapazo de a quinto.

[131] Ricardo Pérez Monfort, "*Vea, Sucesos para Todos* y el mundo marginal de los años treinta", *Alquimia. Sistema Nacional de Fototecas*, año 11, núm. 33, INAH, México, mayo–agosto de 2008, pp. 50-59.

Señalando siempre el zapato con índice que no es precisamente de fuego, pero sí de mugre, y que quiere decir, con su señalización imponente:

—¡Mire nomás qué sucios tiene los rieles!

Otros boleros eran los llamados "encerrados" o boleros fijos, que según el mismo Bonet eran más bien hombres maduros, por lo general obesos por su falta de actividad ambulante, y también por su carácter amargo y su dipsomanía declarada.

El bolero fijo —continuaba Bonet—, el de la bolería enclavada en un pequeño local más o menos céntrico se ha vuelto un tanto hosco, y mira con demasiado recelo y hasta con disgusto las bromas de sus compañeros de trabajo.

—¡Orora! ¡Sígame fregando y por vía-Dios que lo separo del mundo!

Después de caracterizarlos, el periodista intentó describir con cierto naturalismo ramplón a un clásico ejemplar de bolero fijo, cuya figura fue al parecer muy conocida por los rumbos de Sana Inés y La Merced.

La "Mosca Desvelada" es un bolero sui-géneris que invariablemente, temprano, a las seis, a las siete o a las ocho, a más tardar se presenta a "reventarse" el primer amargo o la primera "naranjita" en casa de don Félix o con Franco, en las calles de la Santísima. Bigote desparpajado, abundante, de un güero que da risa, unos cuarenta años. Esa primera copa se toma casi siempre a cambio de un trapazo que casi resulta boleada. Las de más tarde ya son pagadas. Echa sus dos fierros sobre el mostrador y dice:

—Déme un amargo de a dos.[132]

En ese mismo tono el periodismo protagonizó en aquella época una gran cantidad de crónicas sobre los tipos populares de la Ciudad de

---

[132] Enrique Bonet, "Un trapazo, jefe!", *Vea*, 6 de marzo de 1936.

México. Vendedores, celadores, policías, cantineros, cuidadores, afanadores, meseros, prostitutas, garnacheras y tantos otros personajes urbanos desfilaron por aquellas plumas. Describieron, por ejemplo, el talento de un filarmónico, al parecer muy conocido en el primer cuadro de la capital durante la segunda mitad de los años treinta: "E. Veltrán Viva Dios". Con su nombre impreso en su guitarra logró popularizar sus canciones deambulando por el barrio de Tepito logrando hasta 75 centavos de propina diarios cantando los versos de una canción que decían: "Me parecen rieles todos los durmientes cuando dices que te vas".

Otro de los artistas ambulantes que mereció el aprecio del ya citado Enrique Bonet fue Pancho Pérez, un entrenador de perritos que "pasó 15 años de su vida en hacer que 'Rintintín' salte el aro, trepe el barril y lo mueva y casi no coma, que es lo más importante". A la hora de hacer su reportaje, el periodista dio cuenta de cómo este artista había preferido contratarse a sí mismo y a sus perritos para ingresar al mundo de la publicidad, antes que seguir de cirquero. Con banderolas atadas a sus cuerpos, los pequeños canes ahora anunciaban "Cafiaspirina" o "Archundia, el sastre de los éxitos", aumentando ligeramente los ingresos del artista.[133]

Pero así como se apreciaba el mundo popular, también la intolerancia solía distinguir a ciertos redactores moralistas y pusilánimes. Las presiones de las organizaciones preocupadas por la moral del pueblo mexicano, sumadas a cierta pudibundez de las autoridades, incluso llegaron a tratar de prohibir los besos en la vía pública en 1937. La sanción era pagar una multa "por faltas a la moral".[134]

Y como ya se mencionó, también la prohibición tocaría a los burdeles más conocidos de la capital, incluyendo al ya célebre lupanar de Graciela Olmos, *la Bandida*, ubicado en la calle de Nuevo León en

---

[133] Enrique Bonet, "Artistas ambulantes", *Vea*, 8 de mayo de 1936.
[134] Gustavo Casasola, *Seis siglos de historia gráfica de México, 1325-1976*, vol. 9, Ed. Gustavo Casasola, 1978, p. 2898.

plena Colonia Condesa. Buena amiga del general Calles, de sus hijos, de Luis Napoleón Morones y de una buena cantidad de políticos posrevolucionarios, la Bandida compuso varios corridos que sí transgredían los límites del lenguaje más o menos correcto y recatado que había caracterizado al periodismo y a la crónica de aquellos años. En algunos de esos corridos incluso hablaba del general Cárdenas de manera ofensiva llamándolo el "trompudo de Jiquilpan" y se lamentaba de las acciones que había emprendido el presidente en contra de sus supuestos amigos:

> Cárdenas fuiste un ingrato
> y con eso les pagaste
> hasta llamarlos traidores
> en el modo de expresarte;
>
> Cárdenas no te queremos
> por tu mala y vil acción
> traicionaste al amigo
> y ha de odiarte la nación.[135]

De manera un tanto ficticia se ha contado que el burdel de la Bandida fue protegido por algún general revolucionario, probablemente el mismísimo Maximino Ávila Camacho, durante el régimen cardenista, hasta que uno de sus parroquianos, un fanático nazifascista alemán, al enterarse de que dicho lugar también era solicitado por republicanos comunistas, decidió destruirlo y darle una paliza tal a doña Graciela Olmos que la dejó prácticamente inconsciente en el hospital. Una vez repuesta de sus dolencias, la Bandida volvió a regentear a sus pupilas desde el conocido Hotel Regis, en Avenida Juárez. Hacia el fin del

[135] Elías Chávez, "Tres decenios de alta política y corridos en el lupanar de La Bandida", Proceso, núm. 560, 27 de julio de 1987.

sexenio cardenista, y al parecer por componer otro corrido insultante, fue llevada a una entrevista con el general Cárdenas, quien le pidió que le cantara aquellos versos. Graciela cantó:

> Dices que sí, sí, sí…
> dices que no, no, no.
> Dices que amores
> contigo quiero yo.

> Tuvimos un presidente
> que estuvo hecho un demonio
> que rechingó a La Laguna,
> el henequén y el petróleo.

Según la crónica, después de escucharla, el General sólo dispuso que la policía la dejara libre.[136] *La Bandida* no tardó en encontrar los resquicios legales para reabrir su congal, y éste siguió funcionando hasta bien entrados los años sesenta, cambiando de sede hasta establecerse en la calle de Durango en una casa que, según las malas lenguas, le regalara el llamado "regente de hierro" Ernesto P. Uruchurtu.[137]

Sin embargo, volviendo a los años del presidente Cárdenas, lo que pareció ser el golpe más contundente a las casas y barrios de tolerancia terminó por diseminarlos por buena parte de la ciudad. En 1938, al ampliarse la calle de San Juan de Letrán se afectó a los callejones de Cuauhtemotzin, Ave María, Pajaritos, San Miguel, Vizcaínas, Bolívar,

---

[136] Magdalena González Gámez, *La Bandida*, Random House Mondadori, México, 2012, pp. 193-196.

[137] Para mayores detalles sobre la vida y las andanzas de Graciela Olmos, véase Eduardo Muñuzuri, *Memorias de la Bandida*, Costa-Amic, México, 1967; Sergio González Rodríguez, *Los bajos fondos. El antro, la bohemia y el café*, Cal y Arena, México, 1989, y Carlos Tello Díaz, "La casa de la Bandida", en *Historias del olvido*, Cal y Arena, México, 1998.

Meave, Echeveste, desde San Ignacio al Jardín de Tumbaburros. Todas estas callejuelas y rinconadas formaban el rumbo clásico de padrotes y prostitutas que poco a poco se reubicaron en otros espacios citadinos concretos, aunque no tardaron en regresar a los memoriosos ámbitos legendarios del placer y sus alrededores.[138]

Y en medio de todo esto, la capital mexicana durante aquellos años también seguía caracterizándose por su enorme cantidad de mendigos y personajes hundidos en la más cruenta miseria. Alrededor de los barrios industriales del nororiente, en las minas de arena del oeste o en los tiraderos de basura de Los Reyes, miles de seres humanos vivían al día pepenando, limosneando o quién sabe cómo sorteando el hambre cotidiana. La revista *Sucesos para Todos* los evocaba al afirmar que tal era su cantidad que incluso se habían organizado en la Alianza de Menesterosos Mexicanos o en la Liga Socialista de Mendigos.[139] Sin embargo su rostro quedaba grabado en muchos visitantes y lugareños dejando una impresión contundente. Para Frank Kluckhohn, un periodista estadounidense expulsado por las autoridades migratorias por difamar al país en 1939, la miseria tan manifiesta en la Ciudad de México era un claro indicador de lo incierto que aparecía el futuro del país a finales del cardenismo. La comparaba con aquella capital mexicana que vivió las terribles hambrunas, la escasez y las epidemias durante la Revolución entre 1915 y 1917.[140]

Y al ya citado "poeta del arrabal", Carlos Rivas Larrauri, esa misma miseria le hizo escribir en protesta los siguientes versos:

> pero me lleva la mocha
> de ver qu'el mundo arrastrado

---

[138] Sergio González Rodríguez, "Los bajos fondos", en *Asamblea de ciudades*, Museo del Palacio de Bellas Artes, INBA, 1992, p. 152.

[139] *Sucesos para Todos*, 5 de abril de 1938.

[140] Frank Kluckhohn, *The Mexican Challenge*, Doubleday, Doran & Co., Nueva York, 1939, p. 296.

no si haiga hecho pa' los probes
que nomás tamos tallando…
y lo que me da más muina
es que nos la'stemos dando
de qui aquí hay mucha justicia
p'al di arriba y p'al di abajo,
pa' que resúltemos luego
puritititos pájaros.[141]

Pero aun así, con todo y sus miserias, sus incontables contradicciones combinadas con virtudes, noblezas y podredumbres, la Ciudad de México, durante esos seis años en que el presidente Lázaro Cárdenas gobernó el país, vivió una agitación particularmente atractiva. Comparándola con el andar cadencioso de una mujer bien formada, un escritor anónimo de 1937 planteaba: "Si se camina por la Avenida Francisco I. Madero y después por la Avenida 16 de septiembre, si se concurre a los cabarets de moda, si se asiste a los grandes espectáculos […] cualquier transeúnte encontrará en México la respuesta a una conquista amorosa".[142]

★

[141] Carlos Rivas Larrauri, *Del arrabal*, Editores Mexicanos Unidos, 5ª ed., 1979, p. 230.
[142] *Vea*, 11 de junio de 1937.

Propaganda, cultura y representaciones

> Tenemos el deber de darle a conocer al pueblo cómo
> fue la Revolución Mexicana, cómo se sigue desarro-
> llando y cuáles son sus finalidades, a efecto de justifi-
> carla ante el pueblo de México y ante el extranjero por
> medio de la unificación del pensamiento.
>
> Agustín Arroyo Cházaro, 1937

Para tratar de encausar algunos de los arrebatos que desataban las relaciones entre la cultura nacional y la divulgación política se creó el
Departamento Autónomo de Prensa y Propaganda (DAPP) que, como
ya se ha mencionado anteriormente, fue la agencia de propaganda local e internacional más importante del gobierno del general Cárdenas.
Dirigido desde su creación en 1937 por el licenciado Agustín Arroyo
Cházaro, el DAPP fue un edificio en construcción de la misma manera
como lo fue la política cultural cardenista durante sus breves años de
existencia. Este departamento, además de participar en diversas exposiciones regionales, en producciones radiofónicas y cinematográficas a
nivel nacional, tuvo una particular injerencia en la proyección internacional de la imagen de México.[143]

Con el fin de reformular la idea que se tenía de México en otras
partes del mundo, sobre todo en Estados Unidos, se fue abandonando
la imagen de la violencia revolucionaria, de la autodeterminación agresiva e irracional y del voluntarismo anticatólico y seudobolchevique,

---

[143] En los últimos años varios estudios relevantes se han hecho sobre el DAPP, tal
vez los más importantes sean: Tania Celina Ruiz Ojeda, "El Departamento Autónomo de Prensa Publicidad", tesis inédita de doctorado, Universidad Michoacana
de San Nicolás de Hidalgo, Morelia, Michoacán, 2012; Pilatowsky, *op. cit.*; Sylvia
Dümmer Scheel, "En defensa de la Revolución: diplomacia pública de México
hacia Estados Unidos durante el gobierno de Lázaro Cárdenas (1934-1940)", tesis
inédita de doctorado, Lateinamerikanisches Institut, Freie Unversität, Berlín, 2015,
y Dafne Cruz Porchini, *Arte, propaganda y diplomacia cultural a finales del cardenismo,
1937-1940*, Secretaría de Relaciones Exteriores, México, 2016.

para edificar la representación de un país que se debatía entre su impresionante pasado, su contradictorio presente y su anhelado futuro. "Compartiendo símbolos y metáforas alusivos a un mundo utópico y nostálgico", se intentó que tanto el poder como la academia y el arte, coludidos con cierto nacionalismo exclusivista, pero paradójicamente también con muchos afanes de inclusión, lograran cumplir con una de las funciones fundamentales de la propaganda política durante aquellos años previos al inicio de la Segunda Guerra Mundial. Su misión era entonces nada menos que presentar una imagen compleja, pero a la vez entendible para todos, de lo que era ese país y los proyectos cardenistas, con el fin de homogeneizar la visión de las circunstancias mexicanas de entonces.[144]

El general Cárdenas había mostrado su preocupación por la falta de información que sobre México tenía la prensa internacional, especialmente la estadounidense.[145] A raíz del conflicto petrolero, ése parecía ser prácticamente el único tema que interesaba a periodistas y formadores de opinión. En Estados Unidos, además, existía una corriente de pensamiento que invariablemente mostraba su menosprecio hacia México y sus esfuerzos por salir adelante. Asimismo, la situación de tensión internacional era particularmente proclive a la divulgación sensacionalista que ya se había percibido en las campañas periodísticas de la cadena informativa de Randolph Hearst, cuyos intereses, así como los de sus amigos empresarios en México, resultaron afectados por las medidas cardenistas. El *New York Times*, el *Washington Post*, el *Wall Street Journal*, el *New York Daily News*, el *Times Herald*, y muchos periódicos regionales del vecino del norte, fueron las voces más aguerridas a la hora de denunciar al "ladrón mexicano" que intentaba arrebatar a las compañías petroleras sus propiedades. La ofensiva llegó a ser de tal magnitud que en ese mismo año de 1938 el gobierno mexicano estableció una oficina

---

[144] Cruz Porcini, *op. cit.*, p. 317.
[145] Cárdenas, *Obras. 1. Apuntes…*, *op. cit.*, p. 408.

en Nueva York para tratar de contrarrestar dichas campañas con "información adecuada".[146]

La imagen del país se encontraba por los suelos en la prensa estadounidense gracias a la labor, entre muchas otras, de tres periodistas cuyos nombres empezaban coincidentemente con la letra *K*, como si estuvieran vinculados con aquella famosa organización racista y segregacionista: el Ku Klux Klan. Se trataba de Frank Kluckhohn, Betty Kirk y Arthur Krok. Como ya se vio, el primero fue expulsado de México en diciembre de 1938 no sólo por escribir una serie de artículos denigratorios sobre el país y sus pobladores, sino porque su arrogancia lo llevó a confrontarse con el mismísimo general Múgica, quien solicitó a la Secretaría de Relaciones lo declarara *persona non grata* para el gobierno y el pueblo mexicanos. Su libro *The Mexican Challenge* reunía una buena cantidad de falsos argumentos y medias verdades que lo convertirían en una especie de juzgador que torcía los datos y los testimonios con el fin de mostrar que el futuro de México en aquellos años treinta era igual de incierto que durante los últimos años del porfiriato.[147] Pero más que eso, al parecer fueron su arrogancia y su falta de respeto a las autoridades las que justificarían plenamente la solicitud de Múgica. Haciéndose pasar por liberal y partidario de un capitalismo regulado por el Estado, Kluckhohn publicó severas críticas a las reformas cardenistas insistiendo en que tales medidas no sólo ahuyentaban la inversión, sino que implicaban un mayor control social por parte del Estado, al cual calificaba de ineficiente y demagogo. Llegó incluso a identificar tales medidas como producto de la avaricia del propio gobierno del general Cárdenas, a quien no dudó en tildar de mediocre y de patear las espinillas de Washington para salirse con la suya.[148]

---

[146] Lorenzo Meyer, *Grupos de presión extranjeros en el México revolucionario, 1910-1940*, Secretaría de Relaciones Exteriores, México, 1973, p. 71.

[147] Kluckhohn, *op. cit.*, p. 296.

[148] Kluckhohn, *op. cit.*, pp. 27, 140 y 155, véase también John A. Britton, *Revolution and Ideology. Images of the Mexican Revolution in the United States*, The University Press of Kentucky, Lexington, 1995, pp. 136-137.

También escudándose bajo cierto aire liberal, los artículos de Betty Kirk insistían en la existencia de una especie conspiración antiestadounidense orquestada desde México por parte de las potencias europeas. Si bien terminó abogando a favor del "socialismo", al cual el gobierno del general Cárdenas le solía "imprimir su propio estilo", aquellas notas de Kirk que aparecieron la *Christian Science Magazine*, el *New York Times* y la revista *Life*, publicadas años después en forma de libro y bajo el título de *Covering the Mexican Front: The Battle of Europe versus America*, alimentaban la paranoia estadounidense que de por sí estaba bastante ávida de pretextos para generar animadversión en contra de su vecino del sur.[149]

Por su parte el editorialista del *New York Times*, Arthur Krok, no paraba en mientes para afirmar, al igual que Klukhohn y Kirk, que en México existía una conspiración nazifascista que se hacía cada vez más peligrosa gracias a que "el dinero alemán se ha repartido generosamente en los círculos periodísticos mexicanos sin que el gobierno haya hecho nada para evitarlo".[150]

Otros periodistas e intelectuales estadounidenses también se ocuparon, aunque de manera muy distinta, de la personalidad y de la administración del general Cárdenas. No fueron pocos los que publicaron sus versiones en la prensa de su país, generando un panorama bastante complejo en torno de la información que sobre México se distribuía en los Estados Unidos. Con frecuencia los artículos carecían de profundidad y sobre todo se concentraban en temas noticiosos, destacando la mayoría de las veces la "enigmática personalidad" del general Cárdenas. Por ejemplo, en agosto de 1938 la influyente revista *Time*, seis meses después de la expropiación petrolera, dedicó su portada al presidente de México, y presentó una serie de notas medianamente positivas sobre su persona

---

[149] Betty Kirk, *Covering the Mexican Front: The Battle of Europe versus America*, University of Oklahoma Press, Oklahoma, 1942, p. 36.

[150] Kluckhohn, *op. cit.*, pp. 69-92, Kirk; *op. cit.*; AGN, Ramo Presidentes, Cárdenas, exp. 704.1/124.1; Ricardo Pérez Montfort, "La quinta columna y el buen vecino", en *Anuario de Historia*, año XI, UNAM, 1983, pp. 115-129.

Portada de *Time Magazine*, 29 de agosto de 1938
(Colección particular)

y su gobierno. Con cierta irreverencia, quien escribió un primer apartado titulado "Mexico's Roosevelt" se refería al General como si fuera un indio tarasco con "cabeza en forma de cacahuate", labios gruesos, y con un aspecto físico compacto y resistente.[151] Lo describió como el dirigente noble que, después de regañar a un cacique por quemar las casas de los peones que solicitaban tierras, les entregaba a los mismos armas e implementos de labranza, conminándolos a defender sus terrenos en paz. Al final de aquella nota, el reportero ponía en labios del presidente el siguiente mandato antialcohólico a los peones: "Con los rifles deben proteger a todos, incluso al dueño de la plantación. Y les ordeno que no permitan el establecimiento de cantinas. Si no se mantienen sobrios no podrán mantener la paz".[152]

---

[151] *Time Magazine*, núm. 32, 29 de agosto de 1938, p. 19.
[152] *Idem.*

En seguida los redactores de aquella revista describieron los grandes repartos agrarios que Cárdenas echó a andar siguiendo los mandatos del plan sexenal, comentaron brevemente la expropiación petrolera y el apoyo que el presidente Roosevelt estaba dispuesto a darle a México con el fin de tener un vecino que se respetase a sí mismo. El carácter del General parecía preocuparles especialmente, sobre todo porque no entendían cómo alguien a quien le decían "la esfinge", por su enigmático hieratismo, podía tener tanta aceptación popular.[153]

Pero otras notas aparecidas en la prensa estadounidense pretendieron dar una visión un poco menos acuciosa. La periodista Virginia Prewett, por ejemplo, en su libro *Reportage on Mexico* publicado hasta 1941, recogió algunos de los artículos que escribiera durante su estancia de casi cinco años en territorio mexicano. En ellos también mostraba cierta simpatía por el presidente, pero no les concedía mayor crédito a sus logros en materia de distribución de la tierra y tampoco se dejó impresionar por la mismísima expropiación petrolera. Según su muy personal opinión, tales medidas lo único que generaban era una gran desconfianza tanto en el gobierno mexicano como en el estadounidense. De ahí, concluía la periodista, que las crisis económicas y políticas, pero sobre todo los conflictos de México con su vecino del norte, resultaban inevitables y corrían el peligro de no encontrar una salida.[154]

El socialista y veterano estudioso del México posrevolucionario Carleton Beals, por su parte, escribió varios artículos en periódicos de izquierda como *The Nation* o *Current History* en los que valoraba positivamente las reformas del régimen de Lázaro Cárdenas. La restructuración del PNR y su transformación en el corporativo Partido de la Revolución Mexicana le valió múltiples elogios, que Beals sintetizó de la siguiente manera:

---

[153] *Ibid.*, p. 20.

[154] Virginia Prewet, *Reportage on Mexico*, E. P. Dutton, Nueva York, 1941, pp. 131-181.

Tal vez ciertos compromisos y concesiones a grupos muy diversos podrían empañar la imagen del gobierno y posponer su reconocimiento final; sin embargo y mientras tanto, Cárdenas ha sido capaz de darle a México un gran impulso en materia de reforma agraria, educación, progreso y reconstrucción, como ningún otro presidente lo ha logrado en su larga historia.[155]

Y diversos analistas e intelectuales estadounidenses mostraron también sus simpatías con el régimen del general Cárdenas, no sin expresar de vez en cuando alguna crítica. Aquellos que se identificaban como izquierdistas o críticos del curso que tomaba el capitalismo monopólico, tanto estadounidense como europeo en la segunda mitad de los años treinta, vieron a México y al régimen cardenista como una posible opción para tratar de paliar las enormes diferencias económicas y sociales producidas por los sistemas de explotación imperantes. Los esposos Nathaniel y Sylvia Weyl, el crítico Aldo Frank y el profesor latinoamericanista Frank Tannenbaum, se contaron entre estos defensores de los proyectos de desarrollo socioeconómicos y culturales del general Cárdenas frente al público estadounidense. Tanto Tannenbaum como Frank cultivaron incluso cierta amistad con el General y se cartearon intercambiando opiniones y experiencias. Los Weyl concluyeron un largo estudio sobre el México cardenista y lo publicaron en 1939 bajo el título *The Reconquest of Mexico. The years of Lázaro Cárdenas*. Después de revisar brevemente los orígenes rurales del propio Cárdenas en Michoacán, de hacer un recuento de los años revolucionarios y de cómo fue que los caudillos sonorenses se hicieron del poder nacional, la pareja estadounidense presentaba un balance del sexenio cardenista por demás positivo.[156] Les parecía que el socialismo moderado pero firme del General se distanciaba claramente del modelo soviético. Los Weyl

---

[155] Carleton Beals, "Cárdenas organized capitalism", *Current History*, núm. 46, The New York Times, Nueva York, mayo de 1937, p. 54, y Britton, *op. cit.*, p. 148.

[156] Nathaniel y Sylvia Weyl, *The Reconquest of Mexico. The years of Lázaro Cárdenas*, Oxford University Press, Londres/Nueva York/Toronto, 1939.

parecían congeniar con las propuestas y los estudios que ya un compatriota suyo, Eyler N. Simpson, había hecho sobre el campo mexicano durante la primera mitad de los años treinta y publicado en 1937: *The Ejido: Mexico's way out*.[157] Se trataba de uno de los textos que más influirían a la academia estadounidense preocupada por su vecino del sur durante aquella época. Simpson insistía en la necesidad de que las reformas agrarias mexicanas rápidamente debían orientarse para imponer en los sistemas de producción en el campo una "colectivización o socialización" con el fin de romper las inercias capitalistas. Los autores de *The Reconquest of Mexico* retomaron las apreciaciones de Simpson y dieron cuenta de los importantes cambios que vivió la sociedad rural durante el cardenismo, calificándolos de muy efectivos en su afán de paliar las enormes diferencias económicas y sociales que se vivían en el campo. Lo que no vieron con tan buenos ojos fue el crecimiento de las organizaciones de derecha a partir de 1938, y la tolerancia con la que el general Cárdenas parecía lidiar con ellas.[158] Aquella pareja viajó en marzo de 1939 por los Altos de Jalisco, invitados por el presidente como parte de su comitiva. En su recorrido pudieron ver la enorme influencia que todavía la Iglesia católica y el pensamiento conservador mantenían en el mundo rural mexicano, aunque también pudieron testimoniar cómo Cárdenas se relacionaba directamente con los campesinos y cómo trataba de orientar sus acciones a favor de las organizaciones productivas y de desfanatización. Los Weyl también tuvieron la oportunidad de entrevistar al general Francisco J. Múgica, quien fortaleció la propia imagen del cardenismo socialista, que finalmente se convertiría en el tema central de la valoración afirmativa y de los logros de aquel régimen, según lo que finalmente publicaron dichos autores.[159]

[157] Eyler Newton Simpson, *The Ejido: Mexico's way out*, University of North Carlina Press, Chapel Hill, 1937.

[158] Nathaniel y Sylvia Weyl, *op. cit.*, p. 369.

[159] *Ibid.*, pp. 6–8, y AFJM–UAER–UNAM, vol. 68, docs. 57 y 58.

El sociólogo Frank Tannenbaum había publicado en 1933 un estudio muy puntual sobre los logros de los gobiernos posrevolucionarios que llamó *Peace by Revolution: Mexico after 1910*.[160] Al año siguiente mostró su gran conocimiento sobre el continente en su *Wither Latin America?*[161] En los años veinte había visitado México en varias ocasiones para llevar a cabo sus investigaciones sobre la transformación del país en materia de propiedad y explotación de la tierra. En diciembre de 1928 Tannebaum conoció a Lázaro Cárdenas en Oaxaca, y desde entonces mantuvo una intermitente correspondencia con él. A la hora de la llegada del general Cárdenas a la presidencia, Tannenbaum ya era reconocido como uno de los académicos estadounidenses que mejor conocía la situación mexicana. Desde su prestigiado mirador en la Universidad de Columbia en Nueva York mantuvo una posición muy favorable hacia el agrarismo cardenista, así como ciertas dudas sobre los caminos que tomaba el impulso a la industrialización y la organización obrera, a las que más que ideológicamente "debían verse con realismo".[162] Considerándose amigo cercano del presidente Cárdenas, Tannenbaum le escribía con alguna frecuencia comentando y opinando sobre la situación mexicana. Elogió, por ejemplo, el reparto de La Laguna, pero también criticó la política industrial.

Durante los meses de junio, julio, agosto y parte de septiembre de 1936 Tannebaum viajó por buena parte del territorio mexicano encontrándose por lo menos tres veces con el presidente. Arribó el 4 de junio a la Ciudad de México en avión, pero al poco tiempo se fue por la carretera panamericana a Tamazunchale, San Luis Potosí, para después viajar a Xilitla, en seguida a Ciudad Valles y El Mante, en donde

---

[160] Frank Tannenbaum, *Peace by Revolution. Mexico after 1910*, Columbia University Press, Nueva York, 1933.

[161] Frank Tannenbaum, *Within Latin America?*, Columbia University Press, Nueva York, 1934.

[162] Archivo de Frank Tannenbaum, en Butler Library de Columbia University, Tannenbaum Papers, Exp. Cárdenas, Lázaro 1936-1938, carta T a LC, 8 de noviembre de 1937, y Britton, *op. cit.*, pp. 161-162.

se reunió con Cárdenas, poco después del reparto de las tierras de ese ingenio. De ahí se trasladaron a la Hacienda de Palomas en donde los esperó el general Saturnino Cedillo. El 17 de julio Tannenbaum cenó en la Ciudad de México con el general Cárdenas y doña Amalia en Los Pinos, para después seguir su gira por el norte del país. De Torreón continuó a Durango y de ahí a Zacatecas, para seguir a Aguascalientes y entrar a Los Altos de Jalisco. Por el estado de Guanajuato regresó a la capital mexicana. Tannenbaum anotó en su diario que había visto y conversado con el presidente el 21 y el 24 de agosto. En esta última fecha lo había hecho durante un almuerzo en el restaurante del hotel Hacienda de San Ángel Inn, cuya dueña, Madame Roux, era también buena amiga del general Cárdenas. Todavía tuvo tiempo de ir a felicitarlo por su informe el 1º de septiembre, ya que después de unos días de descanso en el hotel El Mirador de Acapulco regresó a Nueva York.[163]

El propio General le escribió en noviembre de 1936 una misiva en la que le decía cuánto había deseado que estuviera con él en San Pedro de las Colonias, durante el reparto que se estaba llevando a cabo en la región. Lo invitaba a que viajara nuevamente por México para hacer una gira por Jalisco, Nayarit, Sonora y Sinaloa con el fin de "ver que se encaucen debidamente los trabajos en toda la extensión ejidal".[164] En diciembre de 1936 Tannenbaum voló a Yucatán invitado por el propio Cárdenas, después de que el sociólogo le había confesado al presidente que el embajador Josephus Daniels lo tenía en la mejor de las opiniones.[165] Al año siguiente Tannenbaum intercedió en las tensas

[163] Archivo de Frank Tannenbaum, en Butler Library de Columbia University, Tannenbaum Papers, Diarios: Box 57.

[164] Archivo de Frank Tannenbaum, en Butler Library de Columbia University, Tannenbaum Papers, Exp. Cárdenas, Lázaro 1936-1938, carta LC a T, 20 de noviembre de 1936.

[165] Archivo de Frank Tannenbaum, en Butler Library de Columbia University, Tannenbaum Papers, Exp. Cárdenas, Lázaro 1936-1938, carta T a LC, 27 de octubre de 1936.

relaciones que se suscitaron entre el gobierno de México y la American Smelting, Co.[166]

A diferencia de algunos de sus compatriotas de izquierda, Tannenbaum no vio con buenos ojos la expropiación petrolera, ni tampoco se entusiasmó con la educación socialista. Esta última le generaba un particular escozor dada su puntual animadversión al marxismo que, según él, servía más para enturbiar las conciencias que para educarlas.[167] En cuanto a los asuntos del oro negro, el decreto del 18 de marzo tomó a Tannenbaum por sorpresa y calificó la acción radical del presidente Cárdenas de "drástica y apresurada". Aun así, en enero de 1939 intercedió frente al subsecretario de Estado estadounidense Sumner Wells a nombre del general Cárdenas, con el fin de tratar de atenuar la conflictiva situación generada entre las compañías expropiadas y los gobiernos, tanto de México como de Estados Unidos. También se preocupó por los posibles refugiados europeos que México podría recibir dadas las apremiantes circunstancias que se vivían tanto en Europa central como en España.[168]

La relación entre Tannenbaum y Cárdenas continuó hasta 1968, fecha en la que el primero murió. Sus cartas fueron y vinieron siempre con una gran cortesía y un particular respeto mutuo.

Algo parecido sucedió con el escritor Waldo Frank, quien al iniciarse la presidencia cardenista ya tenía un gran prestigio como interlocutor entre la cultura anglosajona y la latinoamericana. Había visitado México en diversas ocasiones y se había codeado con personajes como Diego

---

[166] Archivo de Frank Tannenbaum, en Butler Library de Columbia University, Tannenbaum Papers, Exp. Cárdenas, Lázaro 1936-1938, carta T a LC, 13 de diciembre de 1937 y enero de 1938.

[167] Archivo de Frank Tannenbaum, en Butler Library de Columbia University, Tannenbaum Papers, Exp. Correspondance 1936-1938, carta de T a Narciso Bassols, 4 de noviembre de 1937.

[168] Archivo de Frank Tannenbaum, en Butler Library de Columbia University, Tannenbaum Papers, Exp. Cárdenas, Lázaro 1936-1938, carta T a LC, 5 de enero de 1939.

Rivera, Emilio Portes Gil, Alfonso Reyes y Moisés Sáenz.[169] Sus ensayos tendían múltiples puentes entre la América indohispana y la del Norte, mostrando una poco frecuente admiración y conocimiento de la primera frente al público de la segunda. Así lo demostraban sus libros *Redescubrimiento de América* y *América Hispana* publicados en 1930 y 1932, respectivamente.[170] Simpatizando con muchos intelectuales de izquierda y no pocos comunistas, Waldo Frank fue un invitado especial en el primer congreso de la Liga de Escritores y Artistas Revolucionarios (LEAR) que se celebró en enero de 1937. Poco tiempo después entrevistó a León Trotsky, quien también había llegado a México recientemente, lo cual le valió severas críticas por parte de los comunistas y de sus propios correligionarios en los Estados Unidos. Frank incluso promovió la organización del llamado Contraproceso, encabezado por John Dewey, que sirvió para tratar de contrarrestar la ofensiva del comunismo estalinista en contra de Trotsky. Dicho acontecimiento se llevó a cabo en abril de 1937 en el pueblo de Coyoacán, aledaño a la Ciudad de México, y logró poner la confrontación entre Stalin y Trotsky nuevamente en la palestra internacional.[171]

Pero independientemente de ello, Waldo Frank mantuvo una buena relación con el general Cárdenas a lo largo de toda su presidencia. No sin cierta presunción, Frank incluso llegó a aseverar que la expropiación petrolera bien se pudo inspirar en su libro *Redescubrimiento de América* que el propio Cárdenas le confesó haber leído meses después de firmar el famoso decreto de marzo de 1938.[172] Escribiendo múltiples artículos en las revistas *The Nation* y *Foreign Affairs* con elogios a las políticas

[169] Alan Trachtenberg (ed.), *Memoirs of Waldo Frank*, The University of Massachussetts Press, Boston, 1973, pp. 155-161.

[170] Waldo Frank, *Redescubrimiento de América*, Revista de Occidente, Argentina, 1930, y Waldo Frank, *América Hispana, Un retrato y una perspectiva*, Espasa-Calpe, Madrid, 1932.

[171] Gall, *op. cit.*, pp. 97-107.

[172] Trachtenberg (ed.), *op. cit.*, p. 194.

cardenistas, el estadounidense narró sus experiencias y sus vínculos con el General, sobre todo después de los viajes que hicieron juntos al norte y al centro de la República en 1939.[173] La admiración que le profesó a Cárdenas también quedó impresa en sus memorias al describirlo así:

Una de sus metas, antes de que concluyera su sexenio, fue conocer todos los pueblos y comunidades del país. Me invitó a acompañarlo en varios viajes a lugares tan lejanos en el norte como Chihuahua o tan distantes en el sur como Tehuantepec y Oaxaca. Fuimos en avión, en tren, en auto por los caminos polvosos. Con frecuencia, en las montañas, el camino era demasiado empinado para los coches. Entonces montábamos a caballo —Cárdenas tenía unas monturas espléndidas— […] Estas visitas no se anunciaban con más de dos días de anticipación, justo lo necesario para organizar el festejo y la presentación de la larga lista de quejas y problemas. El presidente era bienvenido por las autoridades y luego se sentaba en una mesa, frecuentemente al aire libre, flanqueado por sus dos secretarios que anotaban nombres, detalles y promesas. Si el lugar tenía una plaza, Cárdenas se paseaba por ella conversando con los vecinos.[174]

A Waldo Frank le impresionó que Cárdenas no tuviera guardaespaldas y lo mismo le sucedió a William C. Townsend, quien, como ya se vio, participó en los proyectos de estudio de las lenguas indígenas, logrando un acercamiento amistoso con el General. Townsend también se involucró en la promoción de una imagen positiva de México e incluso, con los años, sería uno de los primeros biógrafos de Lázaro Cárdenas.[175]

Sin embargo, támbién es cierto, hubo algunos escritores estadounidenses que, aun siendo críticos, de izquierda y conocedores de las circunstancias mexicanas en aquella época de transformaciones, arremetieron

[173] *The Nation*, Nueva York, 5 y 12 de agosto y 9 y 16 de septiembre de 1939.

[174] Trachtenberg (ed.), *op. cit.*, p. 195.

[175] Véanse las pp. 118-120, Britton, *op. cit.*, p. 131, y William C. Townsend, *Lázaro Cárdenas, demócrata mexicano*, Gandesa, México, 1959.

contra el régimen y la propia persona del general Cárdenas. Uno de ellos fue el comunista y admirador de Diego Rivera, Bertram D. Wolfe, quien había sido expulsado de México en 1925 por sus actividades sediciosas relacionadas con el sindicato ferrocarrilero, pero que había regresado al país en 1936. Al año siguiente publicó un libro con ilustraciones y dibujos del propio Rivera, que se tituló *Portrait of Mexico*.[176] En su texto no bajó a Cárdenas de ser un dictador insignificante, mantenido por Washington y cuyo poder se debía principalmente al control del ejército. Incluso llegó a acusar al general Cárdenas de haberse enriquecido en un "juego de bolsa", gracias a la compra masiva de plata sabiendo que su precio aumentaría en el mercado internacional según un informe secreto del tesoro estadounidense.[177] Al conocer aquella acusación, el presidente le escribió a su amigo William C. Townsend para desmentir a Wolfe, y para que lo apoyara en caso de que dicha inculpación se convirtiera en noticia en Estados Unidos. Cárdenas le escribió a Townsend: "Wolfe escribió en su libro *Portrait of Mexico* que yo participé en un juego de bolsa que me convirtió en millonario. Eso es mentira. El dinero no me interesa. Mi único objetivo es mantener el poder para poder llevar a cabo mi deber de presidente".[178]

La acusación de Wolfe indignó al General. En sus *Apuntes* también se refirió a ella en una nota del 1° de mayo de 1937 en la que reflexionó sobre lo dicho en *Potrait of Mexico*: "El autor de esta obra, que de seguro persigue un fin político, sabe bien que la mayoría del pueblo mexicano no está al tanto de esas operaciones y precisamente por no conocerlas, pretende el autor de la intriga impresionar al pueblo con una invención mía que estoy muy lejos de tener".[179]

Otras voces se aprovecharon también de la compleja situación que generaban estas interpretaciones y notas para oscilar entre la admiración

---

[176] Bertram D. Wolfe, *Portrait of Mexico*, Covici Friede, Nueva York, 1937.
[177] *Ibid.*, pp. 206-209.
[178] Britton, *op. cit.*, p. 138.
[179] Cárdenas, *Obras. 1. Apuntes…*, *op. cit.*, p. 369.

por las transformaciones que vivía el país y la crítica acerba a la política, la presidencia o la personalidad de Cárdenas. De pronto resultaba incierto si tales informaciones se hacían con fines meramente comerciales, de divulgación mercenaria o si detrás de dichos asertos se escondían pretensiones intervencionistas y de una pragmática intolerancia. Lo que sí resultaba cierto es que entre el público y los lectores estadounidenses circulaba toda clase de noticias, falsas o verídicas, de los aconteceres mexicanos, justo en los momentos en que las tensiones internacionales escalaban día con día.

Por ello era muy importante la labor de divulgación de versiones sobre lo que sucedía en México que fueran más positivas y sobre todo que se basaran en realidades certeras. Y a ello se abocaron muchos intelectuales, artistas y propagandistas mexicanos colaborando estrechamente con los círculos oficiales. A través del arte y la cultura se logró trascender la incapacidad de transmitir lo que el discurso político trataba de manifestar con insistencia. A saber: que México ya había salido de su etapa precivilizatoria y revolucionaria, y que pretendía tomar las riendas de su desarrollo para incorporarse a lo que entonces aparecía como una panacea mundial y que era nada menos que la industrialización, o por llamarla de otra manera: la modernización. Pero para ello debía contar con el concierto de las demás naciones que compartían dicho paradigma de futuro. En un principio se pretendió lograr tal convencimiento a través del discurso y de una prensa un tanto retórica y vacía. Al darse cuenta de su fracaso, las autoridades cardenistas acudieron a las técnicas propagandistas y a la utilización de los medios de comunicación masiva. Por eso, la aparición del Departamento Autónomo de Prensa y Publicidad (DAPP), más que un instrumento del estado para difundir sus logros y proyectos, fue un gran neutralizador, o más bien, un gran controlador de la información que el régimen quería difundir en los territorios nacionales e internacionales. Y la manera de hacerlo no sólo fue a través del ya conocido discurso político vacuo y rollero, sino apelando al arte y a la difusión de valores culturales. Y fue precisamente a través de estos dispositivos que se sentaron las bases de un modelo que desde entonces ha servido puntualmente en las representaciones mexicanas y mexicanistas en el extranjero.[180]

La imagen del país se estructuraría a través de una serie de referencias en las que aparecían muchos Méxicos, pero en los que nunca faltaban algunos elementos como el pasado prehispánico y el mundo indígena, la riqueza natural de "nuestro territorio", el arte nacionalista, alguno que otro edificio moderno, construcciones coloniales, artesanías, fotografías sobre la variedad racial y las distintas etapas del proceso civilizatorio nacional, trajes típicos y las inevitables calaveras. Parecía seguirse el esquema que unos años después haría famoso al profesor de la Universidad de Berkley, California, Lesley Byrd Simpson, con su libro *Many Mexicos*, mismo que se convirtió en una especie de *bestseller* a partir de su aparición en 1941.[181]

Para construir esta estructura se requirió de la anuencia de artistas, arqueólogos, etnólogos, historiadores, literatos, fotógrafos y desde luego propagandistas. Entre estos últimos destacaron los museógrafos, escritores de boletines, funcionarios de relaciones públicas y de difusión cultural. Pero también fue necesaria la participación de diplomáticos y administradores públicos sensibles.

En materia de presentación internacional de la cultura y los méritos mexicanos, aparecieron dos grandes tendencias representadas por dos figurones de la difusión y el mundo artístico del siglo xx en México: Justino Fernández y Fernando Gamboa. El primero se basó en el conocimiento académico y en la crítica del arte para mostrar aquellas estructuras representativas de la cultura mexicana que debían exhibirse a nivel internacional. En cambio el segundo ponderó la puesta en escena de aquellas mismas estructuras, es decir: fueron las formas de exhibir las que se convirtieron en el meollo de la transmisión de aquellos valores

---

[180] Dümmer, *op. cit.*

[181] Lesley Byrd Simpson, *Many Mexicos*, Silver Aniversary Edition, University of California Press, Berkely, 1960.

culturales. Mientras Fernández apeló a la ciencia, a la historia y al arte *per se*, Gamboa retomó algunos de los elementos neurálgicos de la actividad propagandística para difundir los aportes mexicanos ante los ojos de los extranjeros.[182]

Esta segunda tendencia terminó consolidándose, en gran medida, por su considerable eficacia a la hora de interceder en un proceso de "mayor entendimiento" entre México y su vecino del norte, principalmente, pero también con otras naciones. Mientras el propio Fernández prefirió refugiarse en el mundo académico y el de la crítica del arte, Gamboa incursionó cada vez con mayor éxito en la organización de exposiciones internacionales, contribuyendo a que las imágenes de aquellas expresiones culturales representativas de México se convirtieran en colecciones itinerantes, independientemente del signo político que el gobierno en turno fuese capaz de imprimirles.

Una fallida experiencia en la Exposición Internacional de París en 1937 precedió el subsecuente afán de mostrar a México a nivel internacional. Un sinnúmero de problemas entre ingenieros, arquitectos, promotores culturales y contratistas redundó en la construcción de un pabellón mexicano que no pareció satisfacer a nadie. Parte de este fracaso tuvo que ver con la ambigüedad de las directrices gubernamentales y a la vez con las pugnas suscitadas entre sus realizadores. El propio general Cárdenas mantuvo cierta correspondencia con el ingeniero Manuel Chacón, encargado de la obra, quien por una parte pretendía satisfacer sus afanes de mostrar un México moderno e internacional en términos arquitectónicos, y por otra también cedía ante el folclorismo característico de las propuestas mexicanistas más tradicionales y chabacanas. En ese sentido trató de adular el michoacanismo del presidente indicándole que haría un restaurante decorado con el "sabor racial de Uruapan" y adosaría a la estructura principal del pabellón mexicano un mercado en el que se representarían las provincias mexicanas, "especialmente la

---

[182] Dümmer, *op. cit.*, p. 319.

región tarasca de Michoacán".[183] Las desavenencias entre el ingeniero y la presidencia se incrementaron cuando el propio general Cárdenas decidió apoyar más las iniciativas de un periodista francés llamado René Marchand, quien terminaría por tomar las principales decisiones sobre aquella "representación del México actual" en París. Los contenidos de la exposición interna de dicho recinto finalmente fueron supervisados por el recién creado DAPP, y éste les encargó a los artistas Gabriel Fernández Ledesma y Francisco Díaz de León, así como al periodista José de Jesús Núñez y Domínguez, que se encargaran de mostrar la historia, el arte y las industrias mexicanas combinando objetos, gráficas y fotografías. Y fueron estas últimas las que, al parecer, le dieron el tono propagandístico y moderno a dicha exposición.[184]

Si bien las reseñas sobre el pabellón mexicano en la Exposición Internacional de París en 1937 resultaron en términos generales favorables, las desavenencias y la desorganización que caracterizaron su factura hicieron que el poeta y entonces miembro del cuerpo diplomático mexicano Renato Leduc le escribiera a un amigo suyo lo siguiente: "En cuanto al pabellón mexicano, más vale no hablar. Como de costumbre nuestro gobierno ha pagado un dineral para ponerse en ridículo".[185] Aun así, habría que mencionar que dicha experiencia le sirvió a Fernando Gamboa para ir armando sus modelos museográficos que tanto éxito le proporcionarían en años subsiguientes. Como miembro de la LEAR, en su viaje al Segundo Congreso Internacional de Escritores Antifascistas celebrado en Madrid y Valencia a mediados de 1937, de lo cual se hablará en seguida, pasó por París y vio la exposición que albergaba el pabellón mexicano. Justo en ese año iniciaría su labor de curador y promotor del arte mexicano y lo más probable es que la experiencia parisina tuviera una influencia especial en su propia formación.

[183] Cruz Porcini, *op. cit.*, pp. 167-170.
[184] *Ibid.*, pp. 202-203.
[185] Carta citada en Cruz Porcini, *op. cit.*, p. 206.

Fernando Gamboa daría un impulso especial a la modernización de este tipo de promociones del arte y la historia mexicana con técnicas museográficas novedosas y colecciones diversas, poniendo un particular énfasis en las estrategias diplomáticas de los gobiernos en turno. Consciente de ello pudo participar, en parte con el apoyo del DAPP y en parte con la venia de las secretarías de Economía, Relaciones Exteriores y la de Comunicaciones, en la creación del siguiente pabellón mexicano que se construiría en la Feria Mundial "El Mundo del Mañana" de Nueva York en 1939-1940. También participó en la curaduría de una exposición que se tituló "Veinte Siglos de Arte Mexicano" en 1940, en el Museo de Arte Moderno (MOMA) de Nueva York. Esta última sirvió para volver a proyectar la imagen mexicana por el mundo artístico internacional. Las dos exposiciones mostraron las diferencias entre

Cartel de la exposición en el Museo de Arte Moderno de Nueva York, 1940
(Colección SRE)

las concepciones museísticas de Justino Fernández y las de Fernando Gamboa, complementadas con algunas propuestas de museógrafos estadounidenses, pero sobre todo se identificaron con el afán de mostrar que los vínculos entre México y Estados Unidos pretendían dejar atrás los malos entendidos y ahora era necesario apuntalar los principios amistosos del panamericanismo. Este último terminaría por imponerse de manera fehaciente, aunque lamentablemente la Segunda Guerra Mundial se interpuso en el camino, y no sería sino hasta 1947 cuando el Museo de Arte Moderno de Nueva York volviera a abrir sus puertas a la creación artística mexicana.[186]

El general Cárdenas no dudó en señalar la relevancia de la participación de México en las exposiciones internacionales y fue especialmente enfático en el papel de estas muestras para mejorar los vínculos entre Estados Unidos y los países latinoamericanos. En una alocución a los países del continente expuso:

México ve en las ferias, como en la que tanto éxito se celebra en Nueva York, un libro abierto que exhibe los valores morales de los pueblos, las manifestaciones del arte, de la ciencia y de la industria con sus características especiales; y ha sido por ello que aceptó agradecido participar en tan importante evento, presentando además, en el Museo de Arte Moderno de la propia ciudad de Nueva York, la exposición de cultura mexicana concretada en las diversas obras de arte y del saber que las generaciones ancestrales nos dejaron como vestigios de su avanzada civilización.[187]

Para las fechas en las que se inauguraría la exposición mexicana en el MOMA, el DAPP ya había dejado de existir, y ahora tocaba a otras instancias como el Instituto Nacional de Antropología e Historia, la propia

---

[186] Cruz Porcini, *op. cit.*, pp. 295-308.
[187] *Memoria de la Secretaría de Relaciones Exteriores*, septiembre de 1939-agosto de 1940, SRE, México, 1940, p. 3, también citado en Cruz Porcini, *op. cit.*, p. 228.

Secretaría de Educación y la de Relaciones Exteriores apuntalar aquellas iniciativas.

Pero independientemente de la eficacia o del aprovechamiento oportuno de las estructuras representativas de las expresiones culturales mexicanas a nivel internacional, algo que llamaba la atención durante la segunda mitad de los años treinta era cómo se daba una continuidad al pacto entre las élites culturales y el régimen posrevolucionario. En materia de difusión del arte, la literatura, el teatro, la danza y la música mexicanas, por lo menos hasta bien avanzado el siglo xx, dicho pacto no sólo les produjo beneficios mutuos tanto a los artistas y literatos como a los funcionarios públicos, sino que también estableció una especie de tradición en la que la sociedad mexicana dejó la responsabilidad de su representación y la difusión de sus valores en manos de las instancias gubernamentales. Tal situación generó múltiples reconocimientos, pero también no pocas discrepancias.

Las posiciones políticas y estéticas, las ideologías y desde luego las veleidades de muchos artistas mexicanos fueron puestas a prueba durante esta segunda mitad de los años treinta. Cierto que una figura central era Diego Rivera, quien no sólo gozaba de una fama internacional y de un prestigio indiscutible como artista, sino cuya vida cotidiana, con todo y sus opiniones sobre cualquier asunto, formaba parte de prácticamente todos los corrillos periodísticos. Con frecuencia, las entrevistas que le hacían tanto en la prensa mexicana como en la estadounidense propendían al escándalo. Su conflicto con Trotsky, por ejemplo, impactó a las izquierdas nacionales e internacionales entre 1938 y 1939. Sus diferencias se debían a diversos desencuentros, tanto de militancia política como de convicciones personales. Ambos declararon que su distanciamiento fue doloroso, pero ninguno pareció ceder ante las conocidas jactancias de su contrincante.[188] Mientras se acercaba el fin del sexenio cardenista el protagonismo de Rivera lo llevó a cometer una

---

[188] Gall, *op. cit.*, pp. 205-220.

buena cantidad de imprudencias, que oscilaron entre proponerse como candidato presidencial por el Partido Revolucionario Obrero y Campesino (PROC) a las elecciones de 1940 hasta convertirse en una especie de casateniente resentido por el hecho de que el mismo Trotsky le quiso pagar la renta de la "Casa Azul", donde este último vivió hasta que pudo mudarse a su propio espacio en la calle de Viena, en Coyoacán.[189] Con todo y sus ires y venires, en 1934 el pintor había vuelto a pintar el mural que un año antes provocó la indignación de los dueños del Rockefeller Center. Éstos lo habían mandado destruir por su claro tinte a favor de la figura de Lenin y el mundo soviético, y el gobierno mexicano le dio la oportunidad al pintor de reconstruirlo en las paredes del recién inaugurado Palacio de Bellas Artes. En 1935 Rivera concluyó su mural sobre la historia de México, iniciado en 1929 en la escalera central del Palacio Nacional. Pero después de ello no había logrado conseguir ningún encargo para pintar pared alguna en los edificios oficiales. Sólo en el verano de 1936 el ingeniero Alberto J. Pani le encargó la realización de un par de paneles con el tema de "El carnaval de la vida mexicana" para decorar las paredes del proyectado Hotel Reforma. Como solía hacerlo, el pintor trató de mostrar diversos momentos de la historia del México festivo. Incluyó los sacrificios prehispánicos, las representaciones de las hazañas del bandido bienhechor Agustín Lorenzo, y desde luego imágenes que mostraban el vínculo contemporáneo entre lo folclórico y lo turístico. El último panel lo dedicó a la escena política mexicana como una mascarada que sucedía bajo la observación de varios líderes internacionales como Hitler, Mussolini, Mikado y Roosevelt. Los personajes de la escena nacional portaban algunas máscaras de animales, pero podían ser bien reconocidos: un caballo mostraba un parecido extraño a Vicente Lombardo Toledano; un cerdo vestido de general bailaba con la Señorita México, robándole un plátano a sus espaldas; un obispo gordo y repugnante se carcajeaba de manera grotesca. Aquel "General Marrano"

---

[189] *New York Times*, 15 de abril de 1939.

podía interpretarse como una caricatura de Saturnino Cedillo, entonces todavía secretario de Agricultura, o incluso sus facciones presentaban algunas referencias indirectas al mismísimo general Lázaro Cárdenas. Así lo sugería uno de los panegiristas del propio Rivera.[190] Si bien el pintor terminó sus paneles y Pani no pareció objetarlos, un nuevo escándalo se suscitó antes de la inauguración del Hotel Reforma. Un buen día Rivera se enteró de que su obra estaba siendo intervenida con el fin de alterar aquellas referencias directas a los políticos mexicanos, y acudió pistola en mano a reclamarle a Pani. El altercado terminó con Diego Rivera en la cárcel, encabezando una huelga de trabajadores del hotel. Una vez que el caso llegó a los juzgados se le dio la razón al pintor, pero el dueño del hotel decidió retirar los paneles, que sólo se exhibieron públicamente varias décadas después de aquel incidente.[191] A partir de entonces Rivera se dedicó principalmente a su pintura de caballete y su presencia en los diarios se debió principalmente a su actividad política. En 1940 se iría de México por una temporada a pintar los murales del San Francisco Junior College en aquella ciudad-puerto del estado de California.

Otro pintor que también fue censurado durante esos años, aunque más bien por motivos de índole internacional, fue Juan O'Gorman. En 1938 se estaba construyendo el primer aeropuerto con pretensiones cosmopolitas de la Ciudad de México bajo la dirección del arquitecto Fernando Puga. El secretario de Comunicaciones, el general Francisco J. Múgica, gestionó con las aerolíneas la subvención de los murales que debían decorar el gran salón del público y que estarían a cargo de O'Gorman. Combinando la historia religiosa con la pagana, los temas escogidos por el pintor retomaban algunas ideas que se asociaban con la aviación como los ángeles, el ascenso al cielo de los santos, los pegasos y el mito de Ícaro, todas ellas contrastadas con los primeros intentos de

---

[190] Bertram D. Wolfe, *The Fabulous Life of Diego Rivera,* Stein and Day, Nueva York, 1969, p. 351.

[191] *Ibid.,* p. 352.

conquistar el aire que realizaron los hermanos Wright, los globos aerostáticos, los zepelines y demás. En aquellos murales destacaba cierto tono burlesco que no sólo era explícito en algunas figuras, sino también en ciertos letreros como uno que decía: "Después de inventada la aviación de los vuelos milagrosos al cielo no queda más que el vacilón". El propio O'Gorman contó años más tarde:

> Junto a la temática antes descrita, hice una crítica al nazismo. Éste fue el motivo por el que el ministro alemán, representante de Hitler en México, obligó al gobierno mexicano a destruir los murales, con la amenaza de suspender las compras de petróleo que Alemania hacía entonces a México en caso de no acatar las órdenes.[192]

Para cuando el gobierno decidió quitar los murales del aeropuerto y entregarlos a la SEP, el general Múgica ya había renunciado a la Secretaría de Comunicaciones. Sin embargo le tocó a él tener que enfrentar las presiones del representante alemán y, a pesar del respeto que O'Gorman y Múgica parecían profesarse en un principio, las tensiones entre la Secretaría de Comunicaciones y el pintor se pusieron al rojo vivo. El 7 de noviembre de 1938 el subsecretario, el ingeniero Modesto C. Rolland, conminó al pintor a que "corrigiera" sus pinturas en vista de que se había "permitido poner grabados con letreros a todas luces inmorales y haber también pintado cabezas con parecidos de jefes de gobiernos de Estados a quienes ninguna razón hay para insultar". Lo acusó de "desfogar sus ideas políticas de un modo muy inconveniente" y por lo tanto le daba un plazo de 48 horas para atender aquella demanda.[193] La acusación tal vez se refería al letrero que aparecía en la base derecha del panel central que decía: "Dios o sea el modo de producción y apropiación capitalista les da alas

---

[192] *La palabra de Juan O'Gorman. Selección de textos*, UNAM, México, 1983, pp. 17-18.
[193] *Ibid.*, p. 289.

a los animales venenosos". Quienes habían dado el dinero a la secretaría para financiar aquel mural que, entre otros asuntos, mostraba claramente unas serpientes con las caras de Adolfo Hitler y Benito Mussolini saliendo de un volcán, se inconformaron y levantando un acta fulminante ante la secretaría lograron que aquellos paneles de O'Gorman finalmente fueran retirados.[194] Además de las presiones del encargado de la legación alemana en México, el barón Rüdt von Collemberg, el presidente de la Compañía Mexicana de Aviación y director de la Compañía Exportadora de Petróleo Nacional, el licenciado Gustavo Espinosa Mireles, al parecer también se opuso a que ese mural titulado *La conquista del aire por el hombre* fuera expuesto en la sala central del aeropuerto. Es muy probable que las tensiones y cierto celo entre Espinosa Mireles y Múgica, quienes se conocían desde sus épocas constitucionalistas, también tuviesen algo que ver en estos desaguisados muralistas que no pasaron desapercibidos por la prensa. Cierto escándalo se desató cuando *Últimas Noticias* acusó al pintor de plagiar sus frescos de unos *collages* fotográficos estadounidenses, pero el columnista Salvador Novo lo trató de rescatar con las siguientes frases irreverentes: "La tragedia de Juanito O'Gorman no tiene, por lo demás importancia, pues lo mismo le ha sucedido a Diego, y sin embargo el crédito de Rivera no ha disminuido en ninguna parte. Lo notable es que lograra hacer mucho ruido un irlandés, sin matar a nadie".[195]

Pero otro pintor consagrado también aparecía con frecuencia en la prensa. José Clemente Orozco ya era considerado como un crítico del arte mexicano contemporáneo y un exponente fundamental del mismo. Durante el sexenio del general Cárdenas culminó algunas de sus obras más célebres, como su famoso *Hidalgo* en el Palacio de Gobierno de Guadalajara, su magnífico *Prometeo* en el Hospicio Cabañas también en la capital de Jalisco, o su impresionante *Alegoría de la Revolución mexicana*

[194] Ida Rodríguez Prampolini, *Juan O'Gorman. Arquitecto y pintor*, UNAM, México, 1982, p. 55.
[195] Novo, *op. cit.*, pp. 274-275.

en la Biblioteca Gabino Ortiz de Jiquilpan, Michoacán. Más sombrío e incisivo que Rivera, el muralismo de Orozco rompió patrones oficialistas y mostró abiertamente las sordideces de la política mexicana de su momento. Aun así parecía claro que el general Cárdenas tenía una preferencia particular por la pintura de Orozco. Fue a partir de su propia iniciativa que poco antes de que Orozco concluyera sus murales en la capilla del Hospicio Cabañas, en Guadalajara, se le encargara la decoración del edificio del antiguo Santuario de Guadalupe en Jiquilpan. El mismo presidente se reunió en su pueblo natal con el pintor a finales de noviembre de 1938. Cárdenas le encomendó al gobernador de Jalisco, Everardo Topete, que llevara a Orozco a Jiquilpan para que él mismo le enseñara el edificio que ahora ocupaba el Comisariado Ejidal y que previamente había sido la sede de una Escuela Agrícola Industrial. El ex-santuario de Guadalupe todavía tenía algunas decoraciones en su ábside relativas a la Virgen de Guadalupe, así como un altar, mismos que contemplaron Cárdenas y Orozco durante aquel encuentro. El testimonio del propio pintor fue bastante escueto: "El señor presidente me mostró el templo que ha de ser decorado", y al parecer la única petición de Cárdenas fue que en uno de los paneles hiciera referencia "al revolucionario Jesús Alvírez".[196] El contrato para la realización de dichos murales se estableció en ese primer momento sólo entre Cárdenas y Orozco. Éste tuvo que solicitarle al presidente que lo esperara un par de meses para empezar, puesto que todavía no había terminado su trabajo en el Hospicio Cabañas. Esos dos meses se convirtieron en poco más de un año, ya que Orozco empezaría a trabajar en Jiquilpan hasta febrero de 1940. Sin embargo el pintor tuvo que interrumpir su obra jiquilpense porque

---

[196] José Clemente Orozco, *Autobiografía*, Era, México, 1970, pp. 118-120. Probablemente se refería al coronel Roberto Alvírez de la Cueva, quien murió en la hacienda de Guaracha en 1913 tras la derrota de las fuerzas revolucionarias de José Rentería Luviano y de quien Lázaro Cárdenas seguro tenía noticias desde sus primeros pasos en la Revolución mexicana. Álvaro Ochoa Serrano, *Repertorio michoacano, 1889-1926*, El Colegio de Michoacán, Zamora, Michoacán, 1995, pp. 55-56.

fue invitado especial de la exposición "20 siglos de Arte Mexicano" en el Museo de Arte Moderno en Nueva York, y sólo la pudo continuar hasta agosto de ese año. Para colmo, en medio de tanto ajetreo, al general Cárdenas también se le ocurrió ofrecerle a Orozco la decoración del nuevo edificio de la Suprema Corte de Justicia. Como todavía no había terminado los murales de Jiquilpan y todo parece indicar que tampoco le habían pagado, Orozco estuvo a punto de abandonar el proyecto de la que ahora sería la Biblioteca Gabino Ortiz. Con rapidez se regularizaron los pagos y el contrato para decorar la Suprema Corte de Justicia le garantizó al pintor un buen trabajo para el siguiente sexenio, ya que comenzaría hasta el 1° de enero de 1941.[197]

Aun cuando el general Cárdenas mantenía una buena relación con Diego Rivera, David Alfaro Siqueiros, Rufino Tamayo, Roberto Montenegro y varios artistas importantes que destacaron durante su sexenio, su preferencia por José Clemente Orozco era discretamente perceptible. En su despacho particular y a lo largo del resto de su vida lo acompañaron un retrato de Ricardo Flores Magón con un fondo de color rojo intenso, pintado por Diego Rivera, y un gran cuadro representando a Mahatma Gandhi elevándose sobre una masa de figuras semidesnudas, todos confrontados por los cañones y la fuerza de la corona británica. Dicho cuadro se lo encargó a Orozco en 1944 y el General lo tuvo cubriéndole las espaldas mientras trabajaba sobre su escritorio hasta sus últimos días.

Por su parte, David Alfaro Siqueiros, quien, también como Rivera, estaba muy preocupado por su autopromoción y su vinculación con las izquierdas tanto nacionales como internacionales, tuvo una serie de encuentros y desencuentros con el régimen cardenista. Logró formar parte

---

[197] La historia de los murales de Orozco en Jiquilpan está magistralmente contada en la tesis de doctorado de Jesús Ernesto López Argüelles, titulada "Imágenes e imaginarios frente a frente. La lucha ideológica en Jiquilpan a través de la función social de un espacio público y de sus imágenes, 1919-1941. Santuario de Nuestra Señora de Guadalupe-Biblioteca Pública Lic. Gabino Ortiz", presentada en El Colegio de Michoacán en julio de 2007.

imprescindible del muralismo mexicano con su trabajo en el local del Sindicato Mexicano de Electricistas titulado *Retrato de la burguesía* realizado en 1939. Representando el avance del capitalismo hasta su muerte y sucumbiendo bajo un sol de libertad, este mural pretendía también mostrar los horrores de la Segunda Guerra Mundial que acababa de iniciarse en septiembre de ese año. Sin embargo Siqueiros parecía inclinarse más a favor de los arrebatos de su militancia política que por sus propios logros artísticos. Desde el inicio del sexenio del presidente Cárdenas, su confrontación con Diego Rivera debida a sus distintas visiones del arte público se ventiló tanto en México como en Estados Unidos, en periódicos y revistas, de izquierda y de derecha. Aun así formó parte de la LEAR en un principio y fue presidente de la Liga Nacional contra el Fascismo y la Guerra durante el primer semestre de 1936. Su conflictiva presencia en el medio artístico mexicano se suspendió a partir de entonces por tres años: uno que estuvo en Nueva York experimentando con nuevas técnicas semiindustriales, que eufemísticamente llamó "accidentes controlados", y dos que estuvo en España como miliciano del Ejército Popular, combatiendo a favor de la República. Ahí fue nombrado teniente coronel y participó en algunas batallas relevantes, pero volvió a México en 1939 tras la derrota de aquella España republicana. En ese mismo año, como ya se vio, siguió ganándose un lugar en las primeras planas confrontando a los simpatizantes del falangismo a punta de pistola y fanfarronería. Su connotado estalinismo lo llevó a seguir las órdenes de Giorgi Dimitrov, el encargado del servicio secreto de la Unión Soviética, y organizar un atentado en contra de León Trotsky el 4 de mayo de 1940. Como es sabido, el asalto a la casa del líder ruso fracasó y Siqueiros tuvo que huir de la justicia escondiéndose en un pueblo de Jalisco. Ahí fue aprehendido y llevado a la cárcel de Lecumberri, donde estuvo preso hasta principios de 1941.[198] Aquellos arranques pasionales que tenían mucho de intolerancia

---

[198] Irene Herner, *Siqueiros, del paraíso a la utopía*, Conaculta, México, 2004, pp. 254-268.

y de violencia caracterizaron la presencia pública de Siqueiros, aunque sin duda logró convencer a muchos del valor de sus propuestas estéticas, que poco a poco también contribuían a su propia notoriedad.

Pero otros artistas, también impulsados en parte por sus posiciones políticas y desde luego por sus propios perfiles creativos y sus propuestas estéticas, destacaron durante aquella segunda mitad de los años treinta. Leopoldo Méndez, Pablo O'Higgins, Luis Arenal, Alfredo Zalce, José Chávez Morado, Adolfo Mexiac y varios más echaron a andar el posteriormente muy reconocido Taller de la Gráfica Popular. Mucha de la imagen cardenista, de apoyo a las causas proletarias y campesinas, salió de aquel taller. Por su parte, la obra de Gabriel Fernández Ledesma y Francisco Díaz de León también representó al proyecto revolucionario del general Cárdenas, al ser ellos los coordinadores artísticos del Consejo Técnico del DAPP. Con el apoyo de dicho departamento consiguieron armar un estilo característico que pudo constatarse en los carteles, las portadas de los libros y en la mayoría de los impresos producidos por el gobierno durante esos años. Aquel estilo combinaría las propuestas del montaje fotográfico con el diseño de corte sencillo y original, que recordaría cierta influencia del realismo socialista o de la propaganda centroeuropea del momento. Sin embargo, los temas apelarían constantemente a su condición "mexicanista", por lo que su propuesta resultaba de fácil identificación.

Una iniciativa que destacó entre estos artistas fue la producción de una revista que sirvió principalmente para "demostrar, reflexionar, ilustrar y justificar el quehacer cultural mexicano" frente al público de habla inglesa. Por ello se llamó *Mexican Art and Life* y estuvo bajo la dirección del escritor José Juan Tablada, quien tenía una larga experiencia en difundir el arte mexicano entre el público anglosajón.[199] En

---

[199] Desde 1920 Tablada se había convertido en un importante divulgador de la cultura mexicana en Nueva York, donde residió hasta 1936, año en el que regresó a México, protegido por el secretario de Relaciones Exteriores Eduardo Hay. A su regreso escribió una columna regular en el periódico *Excélsior*, en la cual ejerció la

sus portadas pudieron presentar sus obras los pintores Carlos Orozco Romero, Jorge González Camarena y el fotógrafo Emilio Amero, entre otros. Los artículos estaban firmados por las prestigiosas plumas de Manuel Toussaint, Justino Fernández, Manuel Romero de Terreros, Alfonso Caso, Edmundo O'Gorman, Carlos Mérida, Jorge Enciso, Luis Cardoza y Aragón y Javier Villaurrutia.[200]

En su cuarto número, publicado en octubre de 1938, se publicó un texto del subsecretario de Relaciones Exteriores, Ramón Beteta, en el que invitaba a los inversionistas de la industria hotelera estadounidense a considerar los grandes contrastes y las múltiples posibilidades que ofrecía el México de finales de los años treinta, debido al impulso que se le estaba dando al turismo. Comparando lo que sucedía antaño con lo que ahora acontecía en el país comentaba lo siguiente:

Hace tiempo si un turista en nuestro país tomaba una foto a los pordioseros, a las humildes chozas que se ven regadas por todo el paisaje, o a las innumerables y obvias muestras de nuestra pobreza, corría el peligro de que se le confiscara su cámara, debido a que ciertas regulaciones políticas prohibían tomar fotografías de lo que fuese denigratorio para México. Cuando el presidente Cárdenas supo de esto, ordenó que se cambiaran tales regulaciones y que se dejara a los visitantes en plena libertad para tomar las fotos que quisieran. El general Cárdenas considera que no se nos debe culpar por la pobreza que priva en México, que es el resultado de siglos de inicua explotación que su existencia, que sería una locura negarla, explica más bien las medidas que se están tomando por esta administración para que mejoren las condiciones de vida de nuestras clases laborantes.[201]

---

crítica y el humor tanto en cuestiones culturales como políticas y cotidianas. Véase José Juan Tablada, *De Coyoacán a la Quinta Avenida: Una antología general*, UNAM, México, 2007, pp. 357-406.

[200] Cruz Porcini, *op. cit.*, p. 108.

[201] *Mexican Art and Life*, núm. 4, DAPP, México, octubre de 1938.

De esta manera la revista no sólo servía para difundir el arte y los valores arquitectónicos, coloniales o prehispánicos de México, sino que también participaba en el intento de crear una imagen y una conciencia menos sesgadas por las actitudes antimexicanas de ciertos sectores estadounidenses. Los artículos que aparecían en *Mexican Art and Life*, además de promover una imagen favorable del propio régimen cardenista, también se ocupaban de comentar las problemáticas sociales y los puntos de interés para el turismo en territorio mexicano, pero sobre todo, a través del análisis y los comentarios dedicados a múltiples expresiones culturales, hablaban de los valores que, según sus editores, merecían difundirse entre el público anglosajón.

Un muralista poco conocido que también contribuyó de manera fehaciente a la construcción de una especie de "estilo cardenista" en materia de representación y divulgación estética fue Ricardo Bárcenas. Oriundo de la Ciudad de México y fundador de la Escuela de Artes y Publicidad, su pintura congenió con las tendencias del momento en las que se exaltaba la especificidad del pueblo mexicano al retratarlo en medio de su paisaje característico y sus actividades cotidianas. A Bárcenas se le encargó la decoración del teatro Emperador Caltzontzin en Pátzcuaro, Michoacán, en la que combinó las ideas de modernización industrial y tecnológica con la exaltación de las tradiciones y la reivindicación de la creatividad artesanal. Uno de los dos murales que pintó en el vestíbulo del segundo piso de aquel recinto se tituló *El Plan Sexenal*, y claramente identificaba el constructivismo y el afán industrializador entre consignas políticas. El otro mural se llamó *Industrias de Michoacán* y en él se exaltaban los talentos de los artesanos locales, entre lacas, jícaras y máscaras, apostados en un primer plano, mientras que al fondo brillaban las pálidas aguas del lago de Pátzcuaro, con una isla al centro. Aquel teatro, cuya construcción estuvo a cargo de uno de los arquitectos favoritos del general Cárdenas, Alberto Leduc, se había erigido a un costado de la que sería la Biblioteca Gertrudis Bocanegra y que contendría también uno de los murales emblemáticos del cardenismo:

315

La historia de Michoacán, que el pintor Juan O'Gorman realizaría durante los años de 1941 y 1942.[202]

Por cierto que el pueblo de Pátzcuaro, en donde, como ya se vio, el propio general Cárdenas se había construido su quinta Eréndira, vivió una especie de revitalización artística que convocó a una buena cantidad de artistas, arquitectos y promotores culturales con el fin de convertirlo en un ejemplo de cómo podría ser una población mexicana tradicional y a la vez moderna. La reorganización de sus plazas, de sus monumentos y de su infraestructura, así como la valoración de su artesanía, sus actividades lacustres y de su propia historia, significaron un impulso sui géneris que incluyó múltiples convocatorias creativas. Así como se llamó a Bárcenas y a O'Gorman a trabajar en los murales de sus edificios públicos, también se le pidió al arquitecto Leduc que restaurara el Colegio de San Nicolás para convertirlo en el Museo de Artes e Industrias Populares. Su primer director, Rodolfo Ayala, convocó a varios estudiosos y artesanos importantes como Salvador Solchaga, Refugio Cerda y María Teresa Dávalos a que integraran su primera colección y muestra museográfica.[203]

El régimen cardenista dejaría una huella arquitectónica y monumental en aquella región que no tardaría en convertirse en una referencia geográfica, cultural e histórica. Desde 1933 se había iniciado, sobre la loma más alta de la isla de Janitzio, la construcción del gigantesco monumento a José María Morelos. El general Cárdenas le había encargado al exestridentista y director de la Escuela Libre de Escultura y Talla Directa, Guillermo Ruiz, la edificación de la estatua de 40 metros de altura, misma que se concluyó en 1935 y que pronto se convertiría en uno de los componentes visuales distintivos del Lago de Pátzcuaro. En su interior, el joven pintor Ramón Alva de la Canal ilustró la vida de

[202] Jennifer Jolly, *Creating Patzcuaro. Creating Mexico. Art, Tourism and Nation Building under Lázaro Cárdenas*, University of Texas Press, Austin, 2018, pp. 159-175.
[203] *Ibid.*, pp. 157-163.

Construcción del monumento a José María Morelos en la isla de Janitzio
(Archivo CEHRMLCAC)

Morelos en 55 viñetas, que podían observarse en el recorrido hacia la cúspide del monumento. Aquella estatua se convertiría en un polo de atracción turística y en una clara muestra de la estética modernista monumental que el régimen de Cárdenas pretendía destacar por encima de la dimensión tradicionalista colonial y católica que imperaba en la provincia mexicana.[204] No en vano fueron muchos los artistas contemporáneos convocados a contribuir a que Pátzcuaro fuera una especie de capital del arte mexicano del momento. Además de los ya mencionados, también contribuyeron a dicho renacimiento Fermín Revueltas, Justino Fernández, Roberto Cueva del Río, Carlos Cruz Reyes y Francisco Zúñiga.

Pero volviendo a la capital del país, tal vez una de las organizaciones más prolíficas en materia de activismo artístico y político durante el

---

[204] *Ibid.*, pp. 60-67.

317

gobierno del general Cárdenas fue la Liga de Escritores y Artistas Revolucionarios (LEAR), que ya se ha mencionado. Fundada en 1933, pretendía aglutinar a los más diversos creadores, independientemente de su disciplina o actividad, en su lucha contra del imperialismo, el fascismo y la explotación, y en favor de una cultura de los trabajadores y las masas campesinas. A partir de estas consignas la LEAR organizó exposiciones, editó libros, presentó obras de teatro, impartió cursos de idiomas, convocó a conferencias y mesas redondas, imprimió carteles, fotomontajes y volantes, ejecutó murales colectivos y envió delegaciones a Estados Unidos y Europa para vincularse con las organizaciones progresistas del momento. Además de incluir en sus filas a los miembros del Taller de la Gráfica Popular y a otros pintores, también reclutó a escritores como Juan de la Cabada, José Revueltas y José Mancisidor; a fotógrafos como Manuel Álvarez Bravo y Emilio Amero; a dramaturgos y gente de teatro y cine como Julio Bracho, Isabela Corona y Gabriel Figueroa, y a músicos como Blas Galindo, José Pablo Moncayo y Silvestre Revueltas. Este último sería su presidente desde finales de 1936 hasta principios de 1938. Silvestre presidió también a la delegación mexicana al Segundo Congreso Internacional de Escritores Antifascistas celebrado en Madrid y Valencia a mediados de 1937, con el fin de mostrar el aval de la LEAR a la causa republicana. Aquella delegación quedó integrada por los escritores Octavio Paz y su entonces esposa Elena Garro, Carlos Pellicer, María Luisa Vera, Armando Liszt Arzubide, José Mancisidor, Gabriel Lucio, Blanca Lydia Trejo y Juan de la Cabada, el futuro museógrafo Fernando Gamboa y su esposa Susana Steel, el pintor José Chávez Morado, y varios más. A pesar de tratarse de un grupo con profundas diferencias ideológicas logró impregnarse de la difícil situación que vivía España, que entonces sólo contaba con la solidaridad internacional de la Unión Soviética y de México.[205]

---

[205] Héctor Perea, *La rueda del tiempo: mexicanos en España*, Cal y Arena, México, 1996, pp. 459-479.

En aquel viaje de los artistas y escritores mexicanos a la Península Ibérica, si bien se suscitaron algunas polémicas interesantes, así como ciertos afanes protagónicos especialmente de quienes ya pretendían distinguirse del resto de sus congéneres, también es cierto que se dieron a conocer algunas de sus piezas importantes, tanto de la literatura como de la música, que tenían a la España del momento en sus entrañas.[206] Entre las primeras habría que destacar el raro poema de Octavio Paz "¡No pasarán!", algunos de cuyos versos decían:

> Como pájaros ciegos, prisioneros,
> como temblantes alas detenidas
> o cánticos sujetos
> suben amargamente
> hasta la luz aguda de los ojos
> y el desgarrado gesto de la boca,
> los latidos febriles de la sangre
> petrificada ya, e irrevocable:
> No pasarán.[207]

Algunas malas lenguas comentaron que Paz había escrito dicho poema con el único fin de que lo invitaran a España, pero lo cierto es que el poeta ya había demostrado su preocupación por lo que sucedía en la península, y su presencia tanto en Valencia como en Madrid fue una clara afirmación de ello, aun cuando no dejó de causar cierta polémica y también, justo es decirlo, un poco de escozor entre los asistentes.

Y de las obras musicales que la delegación mexicana llevó a España, tal vez la más desgarradora sería el *Homenaje a García Lorca* que Silvestre Revueltas terminó de componer estando en aquel país en medio

---

[206] Jorge Volpi, "Octavio Paz en Valencia", *Revista de la Universidad de México*, nueva época, núm. 51, México, mayo de 2008, pp. 13-20.

[207] *El Nacional*, 4 de octubre de 1936.

del ambiente de la guerra civil, que le acababa de quitar la vida al gran poeta andaluz. La obra se estrenó en Valencia y tuvo un impacto incierto aunque, por tratarse de un homenaje a uno de los primeros mártires literarios de dicha guerra, su éxito quedó asegurado.

Cierto que los bonos de México en la España republicana se encontraban al alza. Desde 1936 el presidente Cárdenas se había manifestado a favor de su causa y en agosto se preocupó por enviar pertrechos de guerra de fabricación mexicana para auxiliar al gobierno de Azaña. También había instruido al embajador Adalberto Tejeda para que comprara en Francia por cuenta de España el armamento que su gobierno legítimo le solicitara.[208] A lo largo de la Guerra Civil la solidaridad de México hacia la República Española se mantuvo firmemente, y una vez derrotada abriría sus puertas a los republicanos.

Como ya se mencionaba, la migración española contribuyó de manera fehaciente al desenvolvimiento de la cultura y el arte mexicanos de los años treinta. Gracias a las iniciativas y los trabajos de Daniel Cosío Villegas, Gilberto Bosques y Alfonso Reyes, una pléyade de profesionistas, humanistas y científicos refugiados de la Guerra Civil española encontraron en México la posibilidad de continuar sus labores en escuelas, fábricas, universidades, institutos y otras áreas productivas y gubernamentales, como El Colegio de México y el Fondo de Cultura Económica, tan sólo por mencionar un par.

El primero se creó a partir de la Casa de España, fundada en 1937, con el fin de recibir a los trasterrados y proporcionarles un lugar que les permitiera vincularse con la realidad mexicana. En 1940 se convirtió en una institución de enseñanza e investigación humanística que, a partir de entonces, junto con la UNAM y el Instituto Politécnico Nacional (IPN), daría un impulso particular a la educación superior y técnica del país.

---

[208] Cárdenas, *Obras. 1. Apuntes…*, *op. cit.*, pp. 354-355.

El Fondo de Cultura Económica, por su parte, se había creado en 1934, bajo la responsabilidad de Daniel Cosío Villegas y otros economistas como Jesús Silva Herzog, Gonzalo Robles y Eduardo Villaseñor. Una buena cantidad de refugiados españoles y de otras latitudes encontró trabajo en dicha editorial, convirtiéndola en una de las empresas libreras más importantes y exitosas de habla hispana.[209] La labor conjunta de científicos e intelectuales mexicanos y españoles demostró ser puntualmente productiva.[210] Pero también contribuyeron al desarrollo de la intelectualidad mexicana e internacional desde México grupos importantes de alemanes, polacos, libaneses, franceses, y de otras nacionalidades que se fueron incorporando a las discusiones, a la creatividad y en general al mundo científico y cultural nacional.

Escritores como Malcolm Lowry o Anne Seghers y Egon Erwin Kisch, artistas como Matías Goeritz, Enrique Climent o Leonora Carrington vinieron a México a encontrar amparo ante la destrucción mundial que se avecinaba. Gracias a ellos el México cardenista pudo convertirse en "un país refugio", en el cual muchos extranjeros lograron sobrevivir a las calamidades de la Segunda Guerra Mundial. La imagen de ese México cardenista contribuyó a generar el prestigio y el mito de ser uno de los pocos países del mundo capaces de recibir a toda clase de exiliados en el siglo XX.[211] Pero tal vez lo más importante para este país fue la contribución de los refugiados en el intercambio de ideas, las polémicas periodísticas y las discusiones académicas, sobre todo en aquellas que reflexionaron en torno de la política, las humanidades y la ciencia del momento, que fueron de una riqueza nunca antes vista en los ámbitos intelectuales y artísticos de México. Las letras, las ciencias,

---

[209] Víctor Díaz Arciniega, *Historia de la Casa. Fondo de Cultura Económica, 1934-1994*, FCE, México, 1996.

[210] Clara Lida, *Caleidoscopio del exilio. Actores, memoria, identidades*, El Colegio de México, México, 2009.

[211] Pablo Yankelevich, *México, país de refugio. La experiencia de los exilios en el siglo XX*, INAH/Plaza y Valdés, México, 2002, p. 12.

las técnicas y las artes vivieron a partir de entonces un impulso que prácticamente inscribió al país y a sus saberes en un cosmopolitanismo muy propio, pero a la vez capaz de medirse con el resto de los países en los debates internacionales más relevantes. En México, a pesar de que todavía soplaban fuertes vientos pueblerinos y provincianos, de pronto era posible discutir sobre el teatro del recién galardonado con el premio Nobel, Eugene O'Neill; sobre la psicología individual de Alfred Adler o sobre las propuestas artísticas del suizo Paul Klee. Los hallazgos de la tumba 7 de Monte Albán se compararon con los de Tutankamón en Egipto, mientras la historia de amor del duque de Windsor con Wallis Simpson era vista como uno más de los escándalos hollywoodenses que protagonizaron Mary Astor o Thelma Todd. Y lo mismo se podía escuchar al conjunto Jazz Band Alcázar tocando alguna pieza de George Gershwin en el teatro Goya que al pianista puertorriqueño Jesús Sanromá interpretar a Igor Stravinsky en el Palacio de Bellas Artes.

Y hablando de músicas habría que tomar en cuenta que durante el sexenio del general Cárdenas también dichas artes junto con la danza y el ballet tuvieron un especial desarrollo en México. Desde mediados de los años veinte la vanguardia musical académica mexicana estuvo íntimamente ligada a la filosofía y al pragmatismo nacionalista que profesaban los políticos posrevolucionarios. Esta corriente de signo y filiación múltiple, tan en boga durante esos años, llevó a los compositores, a los intérpretes y a quienes practicaban la danza de manera profesional, a vincularse cada vez más con el discurso gubernamental y con sus altos mandos. Algunos incluso emularon las prácticas caciquiles tan en boga entre los políticos y hombres de poder. Un crítico musical, por ejemplo, recordaba que desde mediados de los años veinte hasta los primeros años treinta, el compositor y tal vez el músico más renombrado del momento, el maestro Carlos Chávez, "siendo director del Conservatorio Nacional se había constituido en dictador de todo cuanto a música concernía y sus actos y deseos —aun los más arbitrarios— eran sostenidos, sancionados, y tramitados por el ministro de Hacienda y Crédito Público, Ignacio Montes de Oca, que según se murmuraba tenía grande ascendiente con Plutarco Elías Calles".[212]

La posición política de Chávez se identificaba con los lineamientos generales del discurso que favorecía la educación masiva y reivindicaba, con cierto tono demagógico, los valores y las expresiones de las artes populares e indígenas mexicanas. Con motivo de su nombramiento como director del Conservatorio, su amigo, el pintor y diseñador Agustín Lazo, le escribió desde París en 1930 una carta en la que parecía más irónico que encantado. Lo mostraba de la siguiente manera:

> ¡Por fin llegó tu momento! y ahora eres responsable junto con Diego Rivera de la mentalidad de las futuras generaciones de artistas patrios; ojalá y los dos consigan borrar el europeísmo de las nuevas producciones y encajar en esas cabecitas que no hay más tabla de salvación que nuestro maravilloso arte popular […] ¡Viva México![213]

Siguiendo cierto compromiso de inspiración marxista —más de forma y palabra que de fondo— esa reivindicación de lo popular en el arte mexicano lo llevó a participar en la construcción de aquellos estereotipos culturales nacionalistas tan profusamente explotados por la élite en el poder.[214] Haciendo alianzas con otros caciques culturales, como el mismo Diego Rivera, el escritor y político Martín Luis Guzmán o el operador callista Manuel Puig Casauranc, Chávez siguió los lineamientos de exaltación de una noción mitológica del "pueblo", mucho más cercana a una idealización que a un conocimiento profundo. Algunas

---

[212] Alfredo Carrasco, *Mis recuerdos*, edición, introducción, notas críticas y catálogos de Lucero Enríquez, UNAM, México, 1996, p. 398.

[213] *Epistolario selecto de Carlos Chávez*, selección, introducción, notas y bibliografía de Gloria Carmona, FCE, México, 1989, p. 113.

[214] Ricardo Pérez Montfort, *Estampas de nacionalismo popular mexicano*, CIESAS, México, 1994.

de sus obras con ciertas referencias de estilo maya o azteca, otras basadas en corridos o piezas populares compuestas durante estos primeros años treinta, demostraban su adhesión a los postulados de los constructores de nacionalismo cultural mexicano. Entre 1933 y 1934 Chávez tuvo su primera "probadita" de poder federal, cuando fue nombrado director del Departamento de Bellas Artes de la Secretaría de Educación Pública, cuando ésta estuvo bajo la responsabilidad del licenciado Narciso Bassols. Como ya se vio, desde 1930 había sido director del Conservatorio Nacional, cargo que mantuvo mientras ocupaba su dirección en la SEP. Con la salida de Bassols de la Secretaría de Educación, Chávez fue relevado de los dos cargos que detentaba. Durante todo este tiempo no dejó de componer.

Sin embargo, a la par de sus composiciones, la trayectoria de Chávez siguió evolucionando a favor de su ascenso en la dinámica misma del poder. Una de sus principales estudiosas y críticas mencionaba que, con la "sinfonía proletaria" *Llamadas*, con la que se reinauguró el Palacio de Bellas Artes en 1934, Chávez fue considerado como uno de los principales protagonistas de lo que sería identificado a partir de entonces como el "arte oficial". Al decir de la musicóloga Yolanda Moreno Rivas, "una actitud pública y publicitaria siempre relacionada con el poder político que le otorgaba su filiación de fondo y forma con el régimen cardenista, le valieron el distanciamiento y la incomprensión de artistas independientes".[215] Como hijo pródigo del sistema sus obras fueron escuchadas con cierta suspicacia, aunque justo es decir que también le forjaron un camino importante en el quehacer musical académico durante el sexenio del general Cárdenas, convirtiéndolo en una especie de hombre imprescindible a la hora de hablar de la música mexicana. Así como Diego Rivera, José Clemente Orozco y David Alfaro Siqueiros eran las figuras más protagónicas del arte mexicano, Manuel M. Ponce,

---

[215] Yolanda Moreno Rivas, *La composición en México en el siglo XX*, Conaculta, México, 1994, p. 27.

Silvestre Revueltas, y sobre todo Carlos Chávez serían los principales representantes de la música mexicana.

Chávez fue uno de los muchos artistas que creyó en la necesidad de que el gobierno fuese el promotor del quehacer artístico nacional. También compartió visiones muy particulares de lo nacional en las cuales, desde el centro político, económico y cultural del país, se sancionaría todo aquello que debía considerarse "mexicano". En un ensayo publicado hacia finales de la Segunda Guerra Mundial, el mismo Carlos Chávez hizo un veloz recorrido por la historia de la música mexicana, desde "las culturas indias" —particularmente la azteca— hasta lo que él llamaría "la nueva cultura" —que incluía lo acontecido en los años veinte y treinta del siglo xx—. Pasaba rápidamente por las aportaciones europeas a la música colonial y la decimonónica, y se concentraba de manera puntual en el "nacionalismo musical", del cual él era uno de los principales exponentes. Bajo este título, Chávez pretendía abarcar gran parte del quehacer musical mexicano de finales del siglo xix y las primeras décadas del siglo xx, refiriéndose particularmente a una "corriente de mutua influencia entre la música culta y la música popular" que se juzgaba, en ese momento, de puntual importancia para el desarrollo cultural del país. El debate entre las propuestas "mexicanistas" y lo que Chávez llamaba una "verdadera personalidad nacional" que debía reflejarse en la "autenticidad de grandes compositores", parecía ser lo que había caracterizado la música mexicana de la década de los años treinta. El vigor de "lo nacional" se sustentaba entonces en una combinación de talento y lo "auténtico".[216] Sin definirlas del todo, ambas categorías parecían estar más cerca del discurso estatista y de ciertos reconocimientos subjetivos de las vanguardias modernizadoras, que de los ámbitos populares y democráticos. Como buen representante de un gremio que pretendía ser independiente pero que disfrutaba plenamente

---

[216] Carlos Chávez, "La música", en *México en la Cultura*, Secretaría de Educación, México, 1946, pp. 473-550.

de los beneficios del poder, Chávez vivió los años treinta en medio de serias contradicciones.

Así, como miembro de una élite ya bien establecida y reconocida por el poder político y económico del país en aquellos años, Chávez voltearía su mirada hacia sus antecesores con relativo desdén, y comparando el quehacer musical con el "renacimiento de la pintura mexicana", les escatimaría a los compositores y directores de orquesta como Julián Carrillo, Rafael J. Tello, Manuel M. Ponce, José Rolón, y algunos otros miembros de su generación, la posibilidad de haber formado una escuela importante de "renovación musical" posrevolucionaria en el México de entonces. Basándose en las memorias de la señorita Herrera y Ogazón, en las que se daba toda clase de detalles sobre "los egoísmos, las pasioncillas ruines, las morosidades y las negligencias", Chávez llegaba incluso a titular los antecedentes de su propia época como protagonista musical como "La depresión de 1913 a 1928". La música mexicana no había vivido prácticamente nada relevante hasta 1928, año en que se fundó la Orquesta Sinfónica Nacional y que tuvo, desde luego, al mismísimo Carlos Chávez como su primer director.

Al final de aquel ensayo, justo es decirlo, reconocía que ya empezaban a despuntar algunos compositores nuevos, "ávidos, trabajadores y creadores", entre los que destacaban Silvestre Revueltas, Candelario Huízar, Eduardo Hernández Moncada, Luis Sandi, José Pablo Moncayo y Blas Galindo. Además de su consabida autocomplacencia, Chávez dejaba al lector un fuerte sabor a desunión y conflicto en la reciente historia musical mexicana, y una falta de reconocimiento tácito a sus colaboradores contemporáneos que, sin duda, ya formaban parte de la historia musical mexicana, muy a su pesar. Pero más aún, quedaba un tufo de justificaciones demagógicas que no tardarían en servirle como un peldaño más en el ascenso de su carrera como cacique cultural mexicano.[217]

---

[217] Ricardo Pérez Montfort, "Carlos Chávez en los años cuarenta: cacique o caudillo cultural", en Yael Bitran y Ricardo Miranda (eds.), *Diálogo de resplandores: Carlos Chávez y Silvestre Revueltas*, México, Conaculta/INBA, 2002, pp. 182-192.

Según la misma musicóloga Yolanda Moreno Rivas, Chávez "creyó en la función transformadora del arte en la sociedad; por esta convicción no ajena a la noción utilitaria de una cultura de masas, colaboró al establecimiento de un discurso artístico de relativa autonomía pero siempre imbricado a un Estado promotor y destinado a generar un modelo de contenido y expresión".[218] La contradicción entre una cultura de masas y una de élites afloraría en el momento en que ese mismo Estado reorientó el rumbo del desarrollo del país, y más que apuntalar a las masas y a su cultura, se propuso fomentar las expresiones culturales y los beneficios económicos de una élite literalmente encerrada en sí misma.

Así, el Carlos Chávez de los años treinta, que había visto surgir sus propios proyectos comprometidos con sus congéneres y colegas del Conservatorio, el de la Orquesta Sinfónica de México y del Departamento de Bellas Artes de la Secretaría de Educación Pública de principios de los años treinta, parecía otro individuo con otros intereses, una vez que concluyó el régimen del general Cárdenas. Su cambio fue notorio avanzados los años cuarenta, y no se diga ya en la década de los cincuenta del siglo XX.

Pero independientemente de la carrera política de Carlos Chávez, habría que reconocer que el nacionalismo musical que se desarrolló de manera polivalente en México respondía de manera muy diversa a los intentos por renovar las referencias musicales académicas y contemporáneas del país. El propio Chávez tuvo pretensiones invocadoras y reconstructivas de músicas e instrumentos indígenas o prehispánicos, tal como lo demostró la "Sinfonía india", que compuso entre 1935 y 1936, o "Xochipilli-Macuilxóchitl", estrenada en 1940. Estas mismas preocupaciones pudieron percibirse en la obra de otros compositores, como Candelario Huízar en su 2ª Sinfonía "Ochpantzli" de 1935, o en las recreaciones de expresiones populares y folklóricas de los "Sones de Mariachi" de Blas Galindo, que se estrenaron en 1940, y desde luego

---

[218] Moreno Rivas, *op. cit.*, p. 29.

en el clásico "Huapango" de José Pablo Moncayo, que se tocaría por primera vez en público un año después. Así la fuerza y el impulso de la música mexicana de concierto dio cuenta de diversas renovaciones de los lenguajes, de exploraciones y de "nuevos estilos nacionalistas" que le prometían un futuro exitoso.

Los estudios sobre las expresiones populares también habían tocado al ambiente musical académico. Un caso por demás interesante fue el que promovió el musicólogo, compositor y crítico Gerónimo Baqueiro Foster, quien desde los primeros años de la década de los treinta se vinculó con algunos soneros campesinos veracruzanos para investigar las estructuras musicales, las afinaciones de los instrumentos y las formas de las danzas vernáculas, como parte de un programa del Departamento de Bellas Artes de la SEP. A partir de 1936 aquel estudio se hizo cada vez más sistemático, hasta que en agosto de 1937 Baqueiro presentó en la Escuela de Danza, entonces dirigida por Nelly Campobello, una síntesis de su trabajo con el fin de que los estudiantes de la escuela conocieran la música y el baile que se practicaban en los fandangos veracruzanos. A dichas presentaciones acudieron también don Nicolás Sosa y Chencho Gutiérrez, dos soneros jarochos traídos expresamente desde Alvarado.[219] Baqueiro Foster sería un pionero en el estudio de la música vernácula, que simultáneamente inspiraría a varios compositores de aquel "nacionalismo musical" que tan en boga se puso entre compositores e intérpretes mexicanos durante esos años.

Al parecer, el general Cárdenas no era muy dado a promover y disfrutar esta música académica o de conservatorio, que más parecía escrita para el público elitista y "culto" que para el disfrute del "pueblo". Sus gustos musicales parecían ser poco sofisticados. Le gustaban los valses

---

[219] Jessica Gottfried y Ricardo Pérez Montfort, "Fandango y son entre campo y ciudad. Veracruz-México 1930-1990. Apuntes sobre el encuentro entre Gerónimo Baqueiro Foster y Nicolás Sosa", en Ricardo Pérez Montfort, *El fandango y sus cultivadores, Ensayos y testimonios*, Editorial Académica Española, Saarbrücken, Alemania, 2015, pp. 177-194.

de Johann Strauss y la música de Agustín Lara y de Ignacio Fernández Esperón, Tata Nacho, a quien además conocía desde que fue gobernador de Michoacán.[220] Si bien el gobierno del General tuvo la determinación de subvencionar a la Orquesta Sinfónica de México que dirigía Carlos Chávez, rara vez se le vio asistir a un concierto en el Palacio de Bellas Artes a escuchar a dicha agrupación musical.[221] Las audiciones de las piezas de compositores clásicos y contemporáneos, la ópera y la música de las vanguardias de aquella época de entreguerras, no resultaban de fácil asimilación. Aun así, el compromiso político y la música de concierto encontraron algunos exponentes importantes en el México de entonces, y de los cuales habría que destacar a Jacobo Kostakovsky, a José Pomar y desde luego a Silvestre Revueltas.[222] Sin embargo, más que el vínculo entre la ideología progresista y las expresiones musicales académicas, lo que destacó en esa época fue la inserción de la composición mexicana del momento en la corriente que ya empezaba a llamarse "nacionalismo musical".

Cabe señalar que este impulso nacionalista en las composiciones musicales de concierto buscaba emparejarse con lo que ya había sucedido en otras expresiones artísticas del momento, principalmente en las artes plásticas, en la literatura y el teatro. Los temas "mexicanistas" volvieron a ponerse de moda en el arte académico, y no siempre tuvieron desenlaces afortunados. Si bien fomentaron un conocimiento un poco más profundo de la historia, la arqueología, las tradiciones, la geografía y las prácticas cotidianas de los mexicanos, también es cierto que con el fin de seguirle la corriente a este afán nacionalista, una buena cantidad de manifestaciones artísticas, sobre todo aquellas que empezaron a inundar los medios de comunicación masiva, sólo apelaba superficialmente

---

[220] Amalia Solórzano de Cárdenas, "Acompáñame, chula", en *Se llamó Lázaro Cárdenas,* CEHRMLC/Grijalbo, México, 1995, p. 579.

[221] *Epistolario selecto de Carlos Chávez, op. cit.,* p. 229.

[222] Julio Estrada (ed.), *La música de México, I. Historia. 4. El periodo nacionalista (1910-1958),* UNAM, México, 1984, p. 128.

a esa "mexicanidad".[223] Muchas buscaron la sanción gubernamental y contribuyeron a un discurso artístico oficialista y un tanto vacío. Pero otras, que sí buscaron una expresión propia, pudieron convertirse en vanguardia y aportaron con mucho a dibujar un perfil particular en las expresiones y las creatividades de su tiempo.

En este proceso la figura y el talento del compositor, violinista y director de orquesta Silvestre Revueltas, tuvieron una relevancia particular. A lo largo de la década de los años treinta, una vez que se estableció en la Ciudad de México después de una larga estancia en Estados Unidos, la influencia de Revueltas en el impulso de la música mexicana fue creciendo de manera pujante, al grado de llegar a convertirse en un personaje único y muy distinguible en el mundo cultural mexicano.

Fueron conocidas sus pugnas y diferencias con Carlos Chávez, suscitadas a mediados de 1935, y su ya mencionado éxito en España. Pero mucho más relevante fue su labor como compositor de música de cámara y para gran orquesta. También compuso piezas para cine y ballet, entre las que destacaban sus partituras para la película *Redes* (1934) de Fred Zinneman y Paul Strand, así como sus adaptaciones de piezas revolucionarias para la cinta *Vámonos con Pancho Villa* (1935) de Fernando de Fuentes, y su póstumo *Renacuajo Paseador* (1940). De todas éstas, la música que tal vez resultaría paradigmática de aquel momento fue la que compuso para la cinta *Redes*.

La historia de la realización de esta película es sin duda una muestra de la precariedad con la que se hacía el cine de arte en aquella época. El fotógrafo Paul Strand ya era un artista más o menos reconocido en el ambiente neoyorkino cuando arribó a México a finales de 1932. La fuerza y convicción de su obra había impactado al medio fotográfico del este estadounidense poco antes de la Primera Guerra Mundial, cuando demostró ser partícipe de un realismo social que invitaba más

---

[223] Ricardo Pérez Montfort, *Avatares del nacionalismo cultural. Cinco ensayos,* CIESAS/CIDEHM, México, 2000, pp. 11 y 12.

a la reflexión que a la simple observación.[224] Strand era un militante de lo que se llamó "fotografía directa", es decir: de aquella foto que no permitía la manipulación del negativo, o en otras palabras, del llamado arte objetivo. Esto fue admirado por varios de sus colegas entre los que destacaron Dorothea Lang, Walker Evans y sobre todo su mentor, el extraordinario fotógrafo Alfred Stieglitz.[225]

Después de vivir algunas decepciones en los Estados Unidos, Strand decidió aceptar la invitación de su amigo, el compositor Carlos Chávez, quien acababa de ser nombrado director del Departamento de Bellas Artes de la Secretaría de Educación Pública. El secretario era nada menos que Narciso Bassols, quien no ocultaba su filiación marxista, y cuyo radicalismo lo mantuvo tan sólo tres años en los altos mandos de la secretaría, después de una intensa lucha contra sectores retardatarios y extremistas.

El fotógrafo llegó a la Ciudad de México a principios de 1933 y en febrero de ese año ya se le había organizado una exposición en la recién inaugurada Sala de Arte del Palacio de Bellas Artes. El éxito de esta exposición lo conminó a quedarse en el país a trabajar para la SEP, primero como instructor artístico en Michoacán y después como director de una Oficina de Fotografía y Cine creada especialmente para él por su amigo Carlos Chávez. El compositor y ahora funcionario, siguiendo cierto afán nepotista, le asignó a su sobrino, Agustín Velázquez Chávez, como traductor y compañero de instrucción. Este personaje terminó por convertirse en un verdadero dolor de cabeza tanto para el propio Carlos Chávez como para Paul Strand.

Entre enero y diciembre de 1934, justo el año en que se llevó a cabo la campaña política a favor de la candidatura presidencial del general Cárdenas, Velázquez Chávez y Strand, junto con otros personajes del medio cinematográfico mexicano como Julio Bracho y Emilio Gómez Muriel,

[224] Marc Howard Boothe, *Aperture Masters of Photography: Paul Strand*, Aperture Foundation, Nueva York, 1987, p. 8.

[225] Belinda Rathbone, *Walker Evans. A Biography*, Houghton Mifflin, Boston/ Nueva York, 1995, pp. 39-40.

a la par de otros amigos cineastas como Fred Zinneman, Henwar Ro-
dakiewicz, Ned Scott y Barbara Messler, emprendieron la aventura de
realizar en el entonces pequeñito puerto de Alvarado, en el estado de Veracruz, una de las películas más emblemáticas de la historia del cine comprometido mexicano. Originalmente la cinta se tituló *Pescados*, y su realización fue tal vez también una de las más tortuosas de dicha historia.[226]

Tratando de seguir con el compromiso del arte objetivo, Paul Strand
se convirtió en el principal impulsor de este proyecto que involucró a
un buen número de pescadores como actores no profesionales, en un
entorno natural particularmente difícil para la convivencia y sobre todo
por unas condiciones económicas especialmente adversas. El flujo intermitente de recursos económicos hizo que los realizadores tuvieran
que comprar un par de botes y unas redes para mantener a sus actores.
A esto habría que añadirle que el propio año de 1934 fue inefablemente
exiguo en materia de pesca y que, para colmo, a mediados de ese año,
Narciso Bassols y con él Carlos Chávez fueron removidos de sus cargos,
dejando al equipo de producción en Alvarado colgados de la brocha.
Pero esto no fue lo peor. El sobrino del compositor, traicionando a su
tío y actuando como interventor, retomó las riendas de la producción
por orden del nuevo director de Bellas Artes, Antonio Castro Leal.
Éste retuvo los negativos, que por cierto también habían sufrido varios
periplos catastróficos al ir y venir de Alvarado a México y de ahí a Hollywood para su revelado, y finalmente de regreso a México, y los puso
en manos del propio Velázquez Chávez, quien ahora se hacía pasar como
jefe de producción de la misma oficina de la cual había sido responsable Paul Strand. Velázquez Chávez incluso parece haber manipulado la
situación para impedir que Carlos Chávez escribiera la música para la

---

[226] Los detalles del rodaje de *Redes* pueden consultarse en Emilio García Riera,
Historia documental del cine mexicano, vol. 1, Era, México, 1969, pp. 69-71, y sobre todo
en James Krippner, "Traces, Images and Fictions: Paul Strand in Mexico, 1932-34",
The Americas. A Quarterly Review of Inter-American Cultural History, vol. 63, núm. 3,
enero de 2007, pp. 359-389.

película otorgándole tal encargo nada menos que a Silvestre Revueltas.[227] Este compositor acababa de perder a su hija Natalia en circunstancias de mucha pobreza y aun así empezó a componer a una gran velocidad. En octubre de 1934 se trasladó a Alvarado a conocer el trabajo que realizaban Strand y su equipo. A finales de ese mes terminó la partitura, aun antes de que concluyera el rodaje. Revueltas todavía tendría que hacer varias adecuaciones a su música.

Finalmente en noviembre de 1934, muy poco tiempo antes de que Cárdenas tomara posesión de la presidencia, la oficina de Velázquez Chávez le dio al equipo de Paul Strand sólo un mes más para acabar la película, y poco tiempo después éste terminó por irse del país, endeudado con sus amigos y teniendo que pagar de su propio peculio varios cientos de dólares por el arreglo de su cámara.

Cartel de *Redes* destacando la participación de su compositor
(Colección INBA)

---

[227] Una reseña puntual de esta tragedia de enredos la hace magistralmente Eduardo Contreras Soto en su libro *Silvestre Revueltas en escena y en pantalla. La música de Silvestre Revueltas para el cine y la escena*, INBA/INAH, México, 2012, pp. 73-130.

Salvando los pormenores y las dificultades que Paul Strand vivió en México a la hora de producir *Redes*, el resultado fue sin duda una pieza cinematográfica de singular belleza, puntualmente comprometida con la denuncia social y con "las corrientes más avanzadas de la plástica, la música y demás artes mexicanas en el tiempo que fue realizada".[228] Si bien en ella se puede atisbar una decidida influencia del cine de Sergei Eisenstein, lo cierto es que *Redes* fue también un parteaguas en el cine nacional e internacional. De su estética abrevaron muchos cineastas y cinefotógrafos, en particular Gabriel Figueroa y "El Indio" Fernández en su cine mexicanista, pero también otras figuras del cine mundial como Luccino Visconti, Ralph Steiner o Elia Kazan.[229] La amalgama entre la imagen de Strand y la música de Revueltas también mostró resultados extraordinarios. La secuencia final de *Redes* pertenece a uno de los momentos más logrados del cine mexicano y es, sin duda, una pieza maestra de fotografía, edición, música y sobre todo de lo que entonces se llamó "compromiso artístico y social".

El mensaje de *Redes* resultaba particularmente optimista. La imagen final de la ola marina a punto de reventar resumía la fuerza de la organización y la unión capaces de emprender las medidas necesarias para encontrar soluciones y así combatir la injusticia social y la pobreza. A finales de 1934 acababa de llegar al poder el joven presidente Lázaro Cárdenas del Río, quien no tardaría en iniciar un cambio radical en materia económica, social y política en prácticamente todos los rincones del país. Lamentablemente Paul Strand, desilusionado y golpeado por su experiencia mexicana, ya no se quedó en el país a testimoniar estos cambios. Sin embargo el presidente Lázaro Cárdenas le reconoció su labor en enero de 1938. En una carta personal le decía:

---

[228] García Riera, *Historia documental...*, *op. cit.*, p. 70.
[229] John Mraz, *México en sus imágenes*, Artes de México/Conaculta, México, 2014, p. 186.

Cuando se concluyó la película *Redes* tuve oportunidad de ver una exhibición de la misma, y admirar en ella talento indiscutible en la dirección, fotografía excepcionalmente hermosa, y vigoroso sentido social. Habiendo sido usted director de la mencionada película y fotógrafo de la mayor parte de las escenas, considero justo escribirle para felicitarlo por esa obra, cuyos méritos han sido reconocidos en este país, como acertada y nueva interpretación artística de paisaje y costumbres seculares.[230]

Pero independientemente del reconocimiento oficial y de las peripecias de su realización, lo cierto es que *Redes* de Fred Zinneman y Emilio Gómez Muriel, y especialmente por la fotografía de Paul Strand, pasaría a la historia del cine mexicano como uno de sus primeros momentos más logrados y comprometidos. Y lo mismo sucedería con la música de Silvestre Revueltas. Estrenada una parte de su partitura en mayo de 1936, poco antes de que la película se proyectara en las salas cinematográficas de la Ciudad de México y de Veracruz, la suite de concierto *Redes* se interpretaría en diversas ocasiones durante los años treinta, tanto en México como en Europa. La versión para concierto de la música de *Redes*, además de muchas otras piezas para orquesta, para conjuntos de cuerdas y alientos, así como varias canciones y varias partituras para ballet y para cine le dieron a Silvestre Revueltas un prestigio muy merecido en el mundo musical de su tiempo.

También fue reconocida su actividad como presidente de la LEAR, que tuvo cierto peso a la hora de formalizar el compromiso de los "trabajadores de la cultura" con el régimen cardenista. Y desde luego fueron muy citadas sus inclinaciones a la bohemia y al alcohol, producto de un desgarramiento interno que a veces se manifestaba implacablemente.

Sin embargo, justo es decir que Silvestre Revueltas mostraba una unicidad difícil de enmarcar y catalogar en medio de un ambiente que

---

[230] James Krippner, *Paul Strand in Mexico*, Aperture/Fundación Televisa/Conaculta, Nueva York, 2010, p. 91.

anhelaba lo heterogéneo, la esperanza y lo posiblemente válido para todos. Aun así, no cabe duda de que su obra tuvo destacados logros que de varias maneras lo identificaron como "compositor mexicano". Ese adjetivo nacional, que desde un par de lustros antes ya pretendía definir cierta especificidad en la creación de mercados artísticos y artesanales sobre todo frente a los turistas estadounidenses y europeos, se le adjudicó sin cortapisas.[231] El consumo de aquello que se consideraba "típico", auténtico y popular, que algunos analistas identificarían como una especie de sello de garantía, estaría ligado a esa vertiente del nacionalismo musical, aunque el propio Revueltas jamás se identificaría con ningún tipo de "moda" o corriente artística. La estadounidense recién incorporada a las élites culturales mexicanas, Verna Carleton Millán, en su libro *Mexico reborn*, lo describió de la siguiente manera:

> Revueltas es la personificación de las mejores cualidades del carácter mexicano combinadas con todo aquello que es fatal. Un verdadero bohemio, en el buen sentido de la palabra, Revueltas es tranquilo, desorganizado y lo que los mexicanos llaman "simpático". Todo mundo lo quiere, todo mundo entiende sus debilidades y se las perdona porque es profundamente humano. Para quien lo conoce y tiene la fortuna de ser su amigo su falta de disciplina se ve compensada por una simplicidad cándida y exquisita que permea toda su naturaleza tal como lo hace la luz transparente de las mañanas en la Ciudad de México.[232]

Sin embargo, para congeniar con la ambigüedad de ese llamarse "mexicano", aquella personalidad toda simpatía llegaba a destilar una enorme

---

[231] Helen Delpar, *The Enormous Vougue of Things Mexican. Cultural Relations between the United States and Mexico, 1920-1935*, University of Alabama Press, Tuscaloosa/Londres, 1992, y James Oles, *South of the Border, Mexico in the American Imagination 1914-1947*, Smithsonian Institution Press, Washington/Londres, 1993.

[232] Verna Carleton Millán, *Mexico Reborn*, Houghton Mifflin, Boston, 1939, p. 182.

amargura que parecía encauzarse hacia ciertas convicciones políticas radicales con una claridad asombrosa. El mismo Silvestre, figura central de la LEAR, llegó a plantear, justo cuando el país se encontraba en medio de la "utopía" cardenista, una reflexión con la que seguramente congeniaría un hombre de izquierda latinoamericano y creador como lo era el poeta chileno Pablo Neruda en ese momento. Neruda ocupaba un cargo menor en la embajada de su país en México cuando conoció a Silvestre Revueltas.[233] El compositor y el poeta vivían entonces en carne propia la imposibilidad de sobrevivir aprovechando su propio talento y su vocación artística. Revueltas se preguntaba en medio de su pesimismo:

¿Por qué un artista, un creador, ha de sufrir hambres y miserias? Aquí descansa entre nosotros, el secreto del fracaso de la cultura de México como pueblo. Somos un país de descamisados y zánganos. Se desprecia al músico, al pintor, al poeta, por considerarlos como a los bufones de los burócratas [...] Pero es que se les hace bufones por la fuerza del hambre [...] Aunque muchos nos rebelemos, la rebeldía es la soledad; la soledad infecunda, el abandono, la miseria.[234]

En estos planteamientos desesperanzados de Revueltas era posible ver la contradicción que caracterizaba a muchos músicos y no pocos artistas de aquellos años. A pesar de estar inmersos en un pujante proceso de renovación de enorme importancia para el país y a favor de una propuesta de cultura nacional reconocida por el Estado, la falta de apoyo y los enormes obstáculos que impedían la cohesión de grupos artísticos, así como el egoísmo y el afán por el rápido ascenso, lograron contaminar sus actividades cotidianas, deteriorándolos como individuos y como creadores.

---

[233] Pablo Neruda, *Para nacer he nacido*, Seix-Barral, Barcelona, 1978, pp. 127-128.
[234] Otto Mayer Serra, *Música y músicos de Latinoamérica*, Atlante, México, 1947, p. 833.

Esta tensión entre ambigüedades y decepciones llevó a Silvestre Revueltas a vivir su vida en los extremos, así como lo hicieron otros grandes artistas mexicanos de aquellos tiempos. Los días 6 y 7 de octubre de 1940, mientras los diarios de la Ciudad de México encabezaban sus planas con la detención de David Alfaro Siqueiros por el atentado que había perpetrado en la casa de Trotsky, en las páginas interiores de los mismos periódicos algunos amigos y colegas de Silvestre Revueltas daban cuenta de su muerte prematura y lo homenajeaban con despedidas sentidas y literarias. El músico y musicólogo Gerónimo Baqueiro Foster escribió en el *Excélsior*, con un dejo de rencor debido a sus siempre tardíos reconocimientos, las siguientes frases reveladoras:

Indiferente tanto a los éxitos como a los fracasos, Revueltas siguió impasible su camino y produjo nuevas obras cuyo valor empezará a conocerse ahora [...] que muchas lágrimas ha hecho derramar este gran músico elegido esta vez por la "separadora de amigos". Estaba escribiendo "La Coronela". Pero no pudo darle término Revueltas a su última partitura. Expiró con el lápiz en las manos bosquejando la "Danza de la muerte".[235]

Los homenajes continuaron a lo largo de ese dramático fin de año que coincidiría con el fin del sexenio cardenista.

En el ámbito de la música popular el tono era bastante menos trágico y el romanticismo de compositores como Agustín Lara, Luis Alcaraz, Gonzalo Curiel y José Sabre Marroquín, alternaba con la danzonera de Consejo Valiente, Acerina, el conjunto rumbero del puertorriqueño Rafael Hernández y la orquesta multifacética de Juan S. Garrido, tan sólo para mencionar tres de los incontables ensambles musicales que se constituyeron en el México de la segunda mitad de los años treinta. A la par de aquellos sensibleros y cumbancheros se escuchaban también las

---

[235] *Excélsior*, 7 de octubre de 1940.

canciones rancheras del trío Garnica-Ascencio o de la primera cantante bravía Lucha Reyes, cuyo estilo ya impactaba a la música mexicana de manera indeleble. Las aportaciones folclóricas mexicanistas de Ignacio Fernández Esperón, Alfonso Esparza Oteo o Lorenzo Barcelata y los boleros de María Greever y Jorge del Moral, también se pusieron de moda y no era raro escuchar en un mismo cabaret, en una misma noche, la voz aterciopelada de Pedro Vargas, la cadencia tropical de Toña La Negra y la trova serena de los Hermanos Martínez Gil.[236]

Para entonces unos cuantos estudios de grabación marcaban el inicio de una industria fonográfica que iría de la mano del propio quehacer radiofónico y cinematográfico. Si bien la producción de discos se encargaba a compañías como la Peerles, la Camden, RCA Víctor o la Okeh —casi todas filiales de empresas estadounidenses— el vínculo entre éstas, las estaciones de radio y los productores de cine sería fundamental para su difusión masiva y su colocación en el mercado nacional y latinoamericano. Atraídos por el auge de estos medios de difusión masiva, numerosos artistas de provincia cargados con sus jaranas, marimbas, bajos sextos, guitarras, violines y acordeones, o de países latinoamericanos equipados con rumbas, tangos, cumbias, bambucos, claves y valsecitos criollos, llegaron a la Ciudad de México para participar en esta época dorada de la música popular y la radio mexicanas.[237] A ella contribuyeron también las revistas ilustradas, los periódicos, las historietas y hasta los diarios deportivos.

Los ritmos latinoamericanos y caribeños tuvieron un auge particular a finales de los años treinta, pero sin duda fue la música romántica la que atrapó los gustos de la audiencia radiofónica, misma que acudía los fines de semana a las salas cinematográficas a convalidar el éxito de aquellos compositores cuyas piezas se convertían en temas de películas

---

[236] Pablo Dueñas H., *Historia documental del bolero mexicano*, Asociación Mexicana de Estudios Fonográficos, A. C., México, 1990, pp. 153-173, y Gabriel Abaroa Martínez, *El Flaco de oro*, Planeta, México, 1993, pp. 113-115.

[237] Yolanda Moreno Rivas, *Historia de la música popular mexicana*, SEP/Conaculta, México, 1979, pp. 73-89 y 127-130.

e incluso daban el título a cintas que ratificaban su renombre. Según Carlos Monsiváis:

> En la década de los treinta, entre huelgas y avances de una conciencia sindical y socialista que afianza la lealtad popular a las instituciones convergen el crecimiento de la industria gráfica, gracias a las historietas y diarios deportivos, el crecimiento de la industria cinematográfica y el auge de la industria radiofónica. Sin que los intelectuales o los funcionarios lo admitan o sospechen, una revolución cultural, modesta pero implacable, se aprovecha de la densidad urbana, desplaza a la literatura como centro de reverencia masiva, promueve a la vez y sin contradicciones la alfabetización y el analfabetismo funcional [...] y le concede un espacio mínimo a una nueva sociedad, ya no campesina, ya no dependiente al extremo de los dictados gubernamentales, proveniente al mismo tiempo de las costumbres antiguas y de las necesidades de la modernización.[238]

Por ello en esa sociedad convivieron el pragmatismo cardenista y el romanticismo del bolero que ya empezaba a identificarse con el clásico estilo de Agustín Lara. No en vano al preguntarle al General cuál era la canción que más le gustaba, él contestó: "Rosa", el bolero de Agustín Lara.[239]

Los versos de aquel bolero no podían ser más románticos:

> Mi vida, triste jardín
> tuvo el encanto de tus perfumes
> y tu carmín.
> Brotaste de la ilusión
> y perfumaste con tus recuerdos
> mi corazón.

---

[238] Monsiváis y Bonfil, *op. cit.*, p. 92.
[239] *Agustín. Rencuentro con lo sentimental*, Domés, México, 1980, ilustración 16.

Rosa deslumbrante,
divina rosa que encendió mi amor
eres en mi vida
remedo de la herida
que otro amor dejó.

Rosa palpitante
que en un instante mi alma cautivó.
Rosa, la más hermosa,
la primorosa flor
que mi ser perfumó.

Y como todo acontecer del corazón, la música romántica también despertó infinidad de pasiones, tal como lo harían las contiendas políticas del momento. Y quizá una de las más intensas fue la que se vivió durante las postrimerías del régimen cardenista.

Pedro Vargas, Lázaro Cárdenas y Agustín Lara
(Tomada del libro *Agustín. Reencuentro con lo sentimental*)

★

El resurgimiento de las derechas mexicanas y la sucesión presidencial de 1940

—¿En qué se parece Ávila Camacho al Income Tax?
—En que es un pinche impuesto.

Conseja popular, 1940

En los primeros días de septiembre de 1939 la prensa internacional reportó la invasión del ejército alemán a Polonia. Adolfo Hitler, desafiando al resto de los países europeos, sometió rápidamente a la resistencia polaca y se mostró implacable con las voces disidentes. La respuesta de Inglaterra y Francia fue la muy esperada declaración de guerra, que dio inicio a lo que sería la cruentísima segunda conflagración mundial. A pesar de la delicada situación internacional, la política interna de México se convirtió en arena predilecta de la oposición y el conservadurismo. Los miembros del clero habían prevenido a sus organizaciones seculares contra el uso de la violencia, pero eran muy frecuentes la agresiones de los católicos de ciertas localidades del centro y occidente del país contra los miembros de las misiones culturales cardenistas. Fue justamente en el Bajío, esa región agrícola particularmente próspera y reaccionaria, donde surgió el centro de operaciones de la Unión Nacional Sinarquista (UNS), que había nacido en León el 23 de mayo de 1937. Sus principales fundadores fueron Juan Ignacio Padilla, José Antonio Urquiza, José Trueba Olivares, Miguel Zermeño Pérez y un enigmático alemán llamado Helmuth Oskar Schreiter. El sinarquismo apareció como una organización paramilitar formada sobre todo por jóvenes profesionistas, hijos de hacendados y pequeñoburgueses, que en sus inicios sólo contó con unos cientos de integrantes, pero que alcanzó los 200 000 afiliados en 1940.

Uno de sus jefes era Salvador Abascal, un hombre profundamente católico, antiyanqui, anticomunista y nacionalista, que había militado en la organización católica La Base algunos años antes. Este grupo conservador y militante se había formado con algunas cuadrillas de creyentes resentidos por el mal arreglo con el que pareció terminar la Guerra Cristera a la hora de acordar el famoso *modus vivendi* de 1929. Otras organizaciones como La Legión y lo que quedaba de la Liga Nacional de la Defensa de la Libertad Religiosa también contribuyeron a la formación de la UNS, que desde sus inicios le otorgó a Abascal ciertas responsabilidades de liderazgo. A partir de 1937 el sinarquismo se pronunció en contra del colectivismo estatista y de la reforma agraria, y acusó de "bolcheviques" a quienes ejercían el poder cardenista. El programa de la UNS se relacionaba en la teoría y la apariencia con los movimientos fascistas, nazis y falangistas de Europa. Sus líderes pretendían identificarse como miembros de las clases medias, campesinas y trabajadoras, aunque justo es decir que sus huestes no parecían tener los recursos necesarios para integrar aquellos sectores y más bien se mostraban como lugareños desposeídos que rayaban en la miseria. La intención de sus primeros ideólogos era "salvar a México a través de la fuerza de las tradiciones católicas e hispánicas como la familia, la fe y el orden político cristiano" y se definían de la siguiente manera:

El sinarquismo es un movimiento positivo que unifica, construye y engrandece, y por lo tanto diametralmente opuesto a las doctrinas que sustentan postulados de odio y de devastación, sinónimo del comunismo cardenista [...] El sinarquismo será el más ardiente defensor de la justicia y por consiguiente perseguirá a los que trafican con la miseria humana.[240]

Formado a partir de una base agraria pobre y conservadora, así como con algunos miembros de ciertos sectores medios y laborales resentidos sobre todo del centro-occidente de la República Mexicana, la UNS se organizó principalmente como un frente de lucha contrario al proyecto

---

[240] Pablo Serrano Álvarez, *La batalla del espíritu. El movimiento sinarquista en el Bajío (1932-1951)*, Conaculta, México, 1992, p. 163.

cardenista y a la educación socialista. En su discurso abundaron los *antis*: el sinarquismo se autodefinía como anticomunista, antijudío, antimasón, antiprotestante y, sobre todo, antiyanqui. Con su uniforme característico que constaba de una camisa azul de dril oscuro y de manga larga, un pantalón y una corbata del mismo color, sus dirigentes parecían emular a la Falange española, aquella organización que se atribuía en gran medida el triunfo del generalísimo Francisco Franco y la derrota de la España republicana en 1939. En ocasiones parecían querer reproducir la beligerancia nacional-socialista germana y la arrogancia del fascismo italiano, poco antes de que diera inicio la Segunda Guerra Mundial.

Como ya se ha visto, desde mediados de los años treinta parecía estar de moda vestir algún uniforme que identificara a las organizaciones a las que pertenecían sus agremiados, ya fueran de izquierda radical o derechistas de contragolpe. Durante las manifestaciones callejeras y los desfiles tales atuendos marcaban las diferencias, pero también servían para manifestar afinidades y fobias. Los sinarquistas incluso se identificaron con un saludo característico que consistía en poner la mano derecha en el hombro izquierdo y levantar el codo. Con dicho saludo se pretendía mostrar una férrea disciplina, que congeniaba cabalmente con sus intentos de demostración organizativa. El invariable uso de banderas y de símbolos patrios igualmente los vinculaba con el nacionalismo, destacándose sobre todo su propia bandera de color verde oscuro con un círculo blanco dentro del cual se delineaba el territorio de la República Mexicana.

Su estructura organizativa establecía un orden jerárquico que apelaba a la rigidez y a la disciplina. Los dirigentes se autonombraban a partir de cierta dimensión carismática que no admitía cuestionamientos. Éstos dirigían auténticos batallones de seguidores que entre 1939 y 1940, tan sólo en el estado de Guanajuato, llegaron a tener 40 centros de representación en 85% de los municipios de la entidad. Según uno de sus principales estudiosos, de los aproximadamente 60 000 militantes sinarquistas que a nivel nacional se habían reclutado durante aquel par de años, tan sólo en el Bajío su proporción era de poco más de 46 000.[241] Otro académico en cambio afirma que en 1940 los efectivos sinarquistas llegaron a ser poco más de 310 000 y sólo en Guanajuato se contaban alrededor de 75 000.[242] Para ese año, podía decirse que la UNS era la organización "más poderosa de aquella sociedad que se oponía a los cambios revolucionarios" que se habían vivido durante la presidencia del general Lázaro Cárdenas. Debido a sus constantes enfrentamientos con los agraristas y con los maestros rurales, mismos que con frecuencia producían trágicos saldos de sangre, los sinarquistas identificaron y elevaron en calidad de mártires a varios de sus miembros caídos, cuyo ejemplo fue utilizado para unificar al movimiento. Sin embargo profundas divisiones internas no permitieron que este grupo se vinculara con otras organizaciones de la derecha mexicana.[243]

Como ya se vio, otros estratos conservadores y contestatarios, como la Acción Mexicanista Revolucionaria, también conocida como Camisas Doradas, dirigida por Nicolás Rodríguez; la Confederación de Clase Media, dirigida por Enrique Sáenz de Sicilia, y el Comité Pro-Raza, que actuaba bajo la dirección del general Ramón F. Iturbe, también reaccionaron ante los supuestos tintes de "rojo bolchevique" que adquiría la política y la cultura mexicanas durante los primeros años de la presidencia de Cárdenas. Pretendiendo recuperar una mexicanidad esencialista y exaltando valores tradicionales por medio de la violencia y la propaganda racista, estos grupos quisieron ocupar un papel protagónico durante aquellas épocas, sin lograrlo. Aun así, pequeños y medianos comerciantes, militares surgidos de la revolución que no comulgaban con los programas de desarrollo del gobierno cardenista y miembros de la burguesía urbana, continuaron con sus reticencias hasta el final del sexenio.

---

[241] *Ibid.*, pp. 312–313.

[242] Jean Meyer, *El sinarquismo, el cardenismo y la Iglesia, 1937-1947*, Tusquets Editores, México, 2003, p. 64.

[243] Abraham Nuncio, *El PAN. Alternativa de poder o instrumento de la oligarquía empresarial*, Nueva Imagen, México, 1986, pp. 39–41.

En medio de este paisaje político surgió otra organización de profunda raigambre conservadora: el Partido Acción Nacional (PAN), comandado por el licenciado Manuel Gómez Morin y otros opositores al régimen como Efraín González Luna, Gustavo Molina Font y Jesús Guiza y Acevedo, claramente identificados con la derecha empresarial y con la Iglesia católica. A partir de su distanciamiento del poder posrevolucionario en 1934 luego de confrontarse con él siendo rector de la UNAM, Gómez Morin fue un severo crítico del proyecto cardenista aunque, en términos generales, admitía la rectitud de intención del general Cárdenas. Lo confrontaba presentando los resultados reales de sus propias encuestas y no los datos que consideraba demagógicos del discurso oficial, se manifestaba en contra de la colectivización forzada y la sindicalización burocrática. El PAN enarboló la bandera del liberalismo, propugnó por la descentralización del poder, la reorganización municipal, e intentó rescatar la importancia de la autonomía de los estados frente a la Federación. Entabló un pleito de largo alcance contra el centralismo y la supremacía del gobierno federal, y enfatizó la necesidad de democratizar las estructuras políticas y sociales del país. Se reconocía como representante de un conservadurismo liberal que había sido desbancado por una administración posrevolucionaria, demagógica e ineficiente.[244] Congregaba sobre todo a adultos y viejos católicos, tenía muchos simpatizantes urbanos y no pocos representantes de la gran burguesía financiera, comercial e industrial. Tras su fundación en 1939 tendría mucho camino que recorrer para obtener algún triunfo medianamente importante en las justas electorales, ya fuesen locales, estatales o federales. De cualquier manera, desde sus inicios engrosó las filas de la oposición en contra del proyecto cardenista y trató de no perder la oportunidad de involucrarse en la cambiante vida política del país.

---

[244] Héctor Gómez Peralta, *Las doctrinas conservadoras del Partido Acción Nacional: la transición ideológica del falangismo a la democracia cristiana*, Universidad Autónoma de Morelos/Fontamara, México, 2014, pp. 19-20, y Soledad Loaeza, *El Partido Acción Nacional: la larga marcha, 1939-1994: oposición leal y partido de protesta*, FCE, México, 1999, pp. 145-165.

Pero desde hacía algún tiempo, y sobre todo a partir de los últimos meses de 1938, empezó a gestarse en diversos sectores de la población una efervescencia opositora particularmente sensible contra el cardenismo. Esta oposición se situaba sobre todo en organizaciones de clase media que peleaban contra los grupos oficiales o de izquierda, responsabilizándolos de la crisis económica que azotaba al país, a raíz de la complicada situación económica nacional provocada, entre otras muchas razones, por la expropiación petrolera. Además de la carga que representó la deuda externa, la fuga de capitales y el mismo boicot económico orquestado por las empresas extranjeras agravaron la situación. El descenso en la producción interna de alimentos y la crisis en la extracción y venta de minerales contribuyeron a que se intensificaran los efectos de la espiral inflacionaria. La agricultura había sido golpeada por múltiples trastornos climatológicos desde mediados de 1938 hasta principios de 1939. El cúmulo de cargas agobiantes a la economía mexicana iba provocando el encarecimiento desmedido de los productos y los alimentos básicos, lo que no tardó en percibirse sobre todo en los bolsillos de la clase trabajadora y de los sectores medios. Las carencias y los continuos choques políticos provocaron también un repliegue de ímpetus en la carrera reformista, la cual se desaceleró sensiblemente durante aquellos últimos semestres del gobierno del general Cárdenas.

Para la segunda mitad de 1938 empezó a reducirse la intensidad de los repartos, que cada vez resultaban más complicados en términos políticos, económicos y sociales. Durante los dos últimos años del sexenio el agrarismo radical se apaciguó, provocando las protestas de aquellos a quienes se les habían asegurado tierras de labranza y ya no les tocó beneficiarse de las distribuciones. En comparación con los tres años anteriores en que se habían repartido más de 500 000 hectáreas, en 1939 y 1940 sólo se distribuyeron 50 000 cada año.[245] La CTM, enrolada ya en la

---

[245] José Álvaro Moisés, Lisa North y David Raby, *Conflicts within Populists Regimes, Brazil and Mexico*, Latin American Research Unit, Studies, vol. II, núm. 1, Toronto, Ontario, octubre de 1977, p. 42.

estructura del PRM, empezó a ejercer un severo control sobre las huelgas obreras y los sindicatos, interviniendo directamente en la autonomía de las organizaciones laborales. Como un intento de recuperar sus bonos, Cárdenas instrumentó una política de repatriación de braceros residentes en Estados Unidos, que no tuvo el éxito deseado.[246]

La prensa y la opinión pública estaban dispuestas a amarrar navajas en contra del general michoacano y su gobierno empezó a perder popularidad. Así, su último año en la presidencia pareció significar el repliegue de las políticas radicales agrarias y obreras para entrar en una era de impulso al desarrollo técnico, de apoyo a la industrialización del país, a la asistencia pública y a la salud. Las confrontaciones con algunos sectores muy conservadores que mantenían una influencia particular en la UNAM hicieron que el régimen apoyara al recién creado IPN como contrapeso a la animadversión universitaria. Para 1940 el Politécnico ya tenía 38 escuelas y más de 20 000 alumnos, 60% hombres y el 40% restante mujeres.[247] Aquellos jóvenes provenían principalmente de hogares de obreros y empleados públicos, a diferencia de los estudiantes de la UNAM, que provenían sobre todo de las clases medias y pudientes.

El régimen tuvo también que enfrentar las críticas de antiguos revolucionarios como Antonio Díaz Soto y Gama, Ramón F. Iturbe, Jacinto B. Treviño y Marcelo Caraveo, quienes formaron el opositor Comité Revolucionario de Reconstrucción Nacional, que se mostraba abiertamente en contra de la política colectivista del cardenismo en el campo, que ellos mismos habían apoyado al inicio del sexenio.[248]

---

[246] Fernando Saúl Alanís Enciso, "Haciendo patria: El regreso de los trabajadores mexicanos de Estados Unidos (1934-1940)", tesis inédita de doctorado, El Colegio de México, 2004, y Fernando Saúl Alanís Enciso, *El gobierno del general Lázaro Cárdenas, 1934-1940 (una visión revisionista)*, El Colegio de San Luis Potosí, México, 2000.

[247] Miguel Ángel Gámiz Rodríguez, *Apuntes para la historia del internado: Instituto Politécnico Nacional, 1936-1956*, IPN, México, 2010, p. 36.

[248] José Ariel Contreras, *México, 1940. Industrialización y crisis, Estado y sociedad civil en las elecciones presidenciales*, Siglo XXI Editores, México, 1980, pp. 19-20.

Desde los últimos meses de 1938 se empezaron a barajar las precandidaturas para la contienda por la primera magistratura del país. Para entonces ya había una buena cantidad de personalidades presidenciables, entre las que estaban el coronel Adalberto Tejeda, los generales Joaquín Amaro y Gildardo Magaña, así como el embajador Francisco Castillo Nájera. Cada uno tenía su propio prestigio y ascendencia en alguna de las múltiples organizaciones sociales y políticas tanto oficiales como independientes, y alguno incluso consideraba que tenía la venia del mismísimo presidente Cárdenas. Tejeda seguía rondando el radicalismo agrarista en el estado de Veracruz, aunque su distanciamiento de la política local durante su estancia como embajador en Francia y en España, entre 1935 y 1939, le había mermado sus posibilidades de volver a la contienda. Al general Amaro todavía se le asociaba con el callismo desbancado al inicio del sexenio, por lo que sus intentos de convertirse en sucesor de Cárdenas no tenían prospecto alguno. En marzo de 1939 lanzó un manifiesto criticando duramente al régimen cardenista, lo cual le valió una andanada de reacciones que terminaron por desacreditarlo. Buscaría después una alianza con Juan Andrew Almazán, sin embargo éste nunca lo tomó en serio.[249] Gildardo Magaña blasonaba de un pasado que lo reivindicaba como general zapatista, como el representante más influyente del cuartel suriano después de la muerte de Emiliano Zapata. Además de sus antecedentes agraristas y de ser uno de los primeros compiladores de la historia del zapatismo, había llevado con cierta solvencia el gobierno del estado de Michoacán durante el sexenio cardenista. Sin embargo murió súbitamente en diciembre de 1939. Por su parte, Francisco Castillo Nájera había sido un muy eficiente embajador de México ante los Estados Unidos, y corrían rumores de que el propio Cárdenas lo veía con especial simpatía. Sin embargo, la emergencia de la Segunda Guerra Mundial y las delicadas circunstancias que implicaban

---

[249] Martha B. Loyo, "Las oposiciones al cardenismo", en León y González (coord.), *op. cit.*, pp. 480-492.

las relaciones entre Estados Unidos y México justo en esos momentos hicieron que el general Cárdenas le pidiera que continuara en Washington cumpliendo con su misión. Ahí se mantuvo hasta que en octubre de 1945 fue llamado a ocupar la Secretaría de Relaciones Exteriores.

Como todavía el ejército era la institución que otorgaba más mandos y responsabilidades a sus altos rangos y que entre sus jerarquías, supeditadas al jefe supremo que ocupaba la presidencia en turno, se percibía aún más solidez y disciplina que las que había en todas las que participaban en el relevo del poder, finalmente sólo destacaron cuatro militares con trayectorias revolucionarias como posibles sucesores del presidente Cárdenas: el general Rafael Sánchez Tapia, quien no logró la nominación del PRM y aun así continuó en la contienda de manera independiente; el general Francisco J. Múgica, quien representaba el ala más radical del gobierno cardenista y cuyo temperamento impetuoso e intolerante, pero inteligente y responsable, lo distinguía; el general Juan Andrew Almazán, de conocida trayectoria empresarial y con fuertes antecedentes revolucionarios y oportunistas, y el general Manuel Ávila Camacho, fiel amigo de Cárdenas y personaje un tanto gris pero institucionalmente comprometido.

El general Rafael Sánchez Tapia había sido el encargado de la Secretaría de Economía hasta finales de 1937 y en 1938 fue ascendido a general de brigada. Tal vez creyó que su estrella política iba en ascenso; sin embargo la contienda rápidamente lo dejó fuera de la posible nominación del partido oficial, y de manera independiente se mantuvo como candidato, tal vez con el fin de darle cierta justificación o, si se quiere, cierta legitimidad a la justa electoral que se llevaría a cabo un año y medio después, a mediados de 1940. Bien a bien, no quedaba claro cuál era la razón por la que insistió en continuar en cartelera.

El general Múgica tan sólo mantuvo su posible precandidatura durante seis meses después de iniciada la contienda. En un principio contó con el apoyo de los senadores Ernesto Soto Reyes, Alberto Salinas Carranza, Carlos Góngora Salas y siete correligionarios más, también miembros del Senado de la República. Sin embargo, un grupo importante de

Los candidatos más cercanos al general Cárdenas eran sin duda
Francisco J. Múgica y Manuel Ávila Camacho
(Archivo CEHRMLCAC)

gobernadores se movilizó para impedir que Múgica, quien se creía entonces que era el favorito del general Cárdenas, pudiera llegar a la nominación del PRM. Al parecer fue por iniciativa de Emilio Portes Gil, quien mantenía cierta ojeriza contra Múgica desde que había perdido injerencia en la política cardenista en 1938, que los titulares de los gobiernos de Veracruz, Tamaulipas y el Estado de México se manifestaran como antimugiquistas. Miguel Alemán, Marte R. Gómez y Wenceslao Labra en un primer momento, y después Maximino Ávila Camacho en Puebla, Román Yocupicio en Sonora, Gabriel Guevara en Guerrero, Javier Rojo Gómez en Hidalgo y Anacleto Guerrero en Nuevo León fueron los gobernadores que junto con algunos representantes de las cámaras legislativas iniciaron sus maquinaciones a favor de Manuel Ávila Camacho "para que les sirviera de bandera contra el peligro de Múgica".[250] El mismo día en que los generales Múgica, Ávila Camacho y Sánchez Tapia renunciaron como miembros del gabinete del presidente

---

[250] Contreras, *op. cit.*, p. 15, y Santos, *op. cit.*, pp. 648-649.

Cárdenas, 24 gobernadores se declararon a favor del poblano en Jalapa, encabezados por el licenciado Miguel Alemán.[251] En la cámara alta, de los 58 senadores, 42 ya se habían definido como avilacamachistas, y sólo una quinta parte lo había hecho a favor de Múgica.[252] Desde enero de 1939 el general michoacano se quejó ante el presidente de que las cámaras y varios sectores del PRM se habían adelantado para autodeclararse a favor de Ávila Camacho.[253] Su distanciamiento de los comunistas, por el apoyo que el propio Múgica había dado al asilo de Trotsky, tampoco le ayudó mucho a la hora de buscar simpatizantes influyentes. Como en aquellos momentos todavía los dos sectores más poderosos del PRM, la CTM y la CNC, no se habían inclinado a favor de ningún candidato, los mugiquistas se manifestaron en contra de la nominación de Manuel Ávila Camacho, puesto que quien de veras garantizaba, según ellos, la continuidad del proyecto cardenista era el propio general Múgica. Sus simpatizantes esbozaban un programa de seguimiento de la política agraria, planteaban la necesidad de subordinar el interés privado al beneficio social y buscaban el apoyo de los trabajadores y campesinos, con el fin de crear un Frente Popular, y remataban con las siguientes frases:

Sabemos que con Múgica la verdadera Revolución Social de México seguirá por el mismo cauce de firmeza y precisión que se ha trazado el general Cárdenas y por ello confiamos que todas las secciones que integran las diferentes centrales obreras y campesinas del país, sabrán estar, oportunamente, a la cabeza de las conquistas logradas, sosteniendo dentro de sus propios plenos, la personalidad de nuestro candidato [...] Con Múgica las izquierdas de la Revolución.[254]

---

[251] Alfonso Taracena, *La Revolución desvirtuada*, t. VII, 1939, Costa-Amic, México, 1970, p. 15.

[252] Loyo, *op. cit.*, p. 471.

[253] *Francisco J. Múgica: un romántico rebelde*, presentación, estudio, introducción y selección de Javier Moctezuma Barragán, FCE, México, 2001, p. 524.

[254] *La Prensa*, 20 de enero de 1939.

Sin embargo, es muy probable que sus propias condiciones de radical y revolucionario fueran debilitando la candidatura de Múgica, y no sería extraño que eso también influyera en la falta de apoyo por parte del presidente. Se decía que Cárdenas no tenía intención alguna de meter las manos por ninguno de los candidatos que se disputaban la nominación del PRM. Eso se siguió reiterando mucho tiempo después y es posible que ello también significara el inicio del distanciamiento entre los dos michoacanos.[255] Desde entonces se generó mucha especulación sobre por qué Cárdenas no apoyó la candidatura de Múgica. Para algunos la razón radicaba en que la situación internacional se estaba complicando y las presiones estadounidenses eran tan fuertes que el General decidió salvar lo que ya se había logrado durante su sexenio, sin asumir el riesgo de que su sucesor se radicalizara y pusiera en peligro lo conseguido en materia de reformas, organizaciones corporativas y nacionalizaciones.[256] Para otros la decisión tuvo más que ver con el incremento de la actividad política de las derechas y con la amenaza de que la situación derivara en una agitación inmanejable.[257] Y unos más interpretaron que la sucesión se le fue de las manos al propio Cárdenas y que no tuvo más opción que dejar que las organizaciones corporativas, los poderes estatales y el mismo ejército se involucraran en el proceso, con el fin de encontrar un candidato que atenuara las reformas y no asumiera más riesgos internos ni externos que atentaran contra la soberanía nacional y la paz pública.[258] Lo cierto es que a partir de entonces se pudo percibir cierto resentimiento del general Múgica hacia el propio

---

[255] Cuauhtémoc Cárdenas, *Cárdenas por Cárdenas*, Debate, México, 2016, p. 517.

[256] Héctor Aguilar Camín y Lorenzo Meyer, *A la sombra de la Revolución mexicana. Un ensayo de historia contemporánea de México, 1910-1989*, Cal y Arena, México, 1989, p. 183, y Enrique Krauze, *La presidencia imperial. Ascenso y caída del sistema político mexicano, 1940-1996*, Tusquets, México, 1997, p. 33.

[257] José Agustín, *Tragicomedia mexicana 1. La vida en México de 1940 a 1970*, Planeta, México, 1990, p. 9.

[258] Sosa Elízaga, *op. cit.*, p. 330, y Daniela Spenser, *En combate. La vida de Lombardo Toledano*, Penguin Random House Grupo Editorial, México, 2017, pp. 209-210.

Cárdenas, quien siguió valorando a su amigo y correligionario, pero ya no se mantuvo el afecto tan estrecho que antes los distinguía. La vida les depararía encontrarse nuevamente colaborando con la siguiente administración, lo cual lograrían sin mayores confrontaciones ni reclamos. Sin embargo, durante ese último año del gobierno cardenista aquel vínculo sufrió un quiebre significativo. En su carta de renuncia a la candidatura presidencial enviada a los medios el 14 de julio de 1939, Múgica se mostraba profundamente decepcionado por las condiciones tan desiguales que se suscitaron durante la contienda dentro del PRM y no dudó en acusar a dicho partido de antidemocrático. También se quejó por la falta de oportunidades y de la imposibilidad de debatir proyectos. Él mismo había invitado a los demás contendientes a conversar entre ellos y con algunos periodistas en "alguno de los restaurantes que existen en la Ciudad", lo cual ninguno de los convocados aceptó.[259] Pero sobre todo lamentó el inicio de una tradición que se convertiría en práctica común del partido oficial: "la cargada", que consistía en prácticamente avasallar a los contendientes antes de escuchar sus propuestas. Terminó calificando aquel proceso de ejercer "un violento monopolio personalista" y de convertir a las elecciones en un "desastre moral del espíritu revolucionario".[260]

El general Juan Andrew Almazán, por su parte, dándose cuenta de que no tenía muchas posibilidades de lograr que lo postularan como candidato por las vías oficiales y una vez que supo que el PRM se había inclinado a favor del general Ávila Camacho, decidió lanzarse a la contienda tratando de unir a la oposición a través del Partido Revolucionario de Unificación Nacional (PRUN), que más que un partido era un frente para impulsar su propia candidatura. En enero de 1939 se constituyó el Comité Revolucionario de Reconstrucción Nacional que sostendría la candidatura de Almazán. A dicho comité se afiliaron

---

[259] *Francisco J. Múgica…*, *op. cit.*, p. 542.
[260] *Ibid.*, p. 558.

diversas figuras con cierto prestigio revolucionario, aunque con claros afanes contestatarios, como Gilberto Valenzuela, los generales Marcelo Caraveo, Pablo González, Ramón F. Iturbe y Jacinto B. Treviño. También se vincularon al almazanismo personajes de raigambre antaño revolucionaria, como Aquiles Elorduy, Antonio Díaz Soto y Gama y Roque González Garza. No tardaron en sumarse otras figuras bastante controvertidas, como el propio Diego Rivera y Gerardo Murillo, el Dr. Atl.[261] El almazanismo adquiriría mucha fuerza entre la clase media y entre algunos líderes obreros, comerciantes y empresarios que estaban cansados de las sacudidas constantes del cardenismo. Declarándose en contra de los líderes, la colectivización, la educación socialista y el ejido, Almazán pugnó por el regreso a la pequeña propiedad de granjas individuales y por la autonomía municipal. Invocó en varias ocasiones a Emiliano Zapata como su inspirador principal recordándole a su público que había servido bajo su mando en los no tan lejanos años de la Revolución. Una vez declarado candidato a la presidencia por el Comité Central Almazanista de Monterrey el 30 de junio de 1939, aquel general opositor recibió el apoyo de cientos de veteranos revolucionarios de grupos obreros y campesinos importantes, pero sobre todo se identificó como el favorito de los empresarios norteños.[262]

En términos generales, el PRUN y la oposición tendrían una plataforma política múltiple formada por una buena cantidad de organizaciones locales y gremiales que reunían toda clase de siglas, al grado de que, como bien dijo el historiador Luis González, al pronunciarlas aquello parecía una cohetería.[263] La formaban los recién formados Partido Acción Nacional (PAN), el Partido Revolucionario Anticomunista (PRAC), el Partido Revolucionario de Organización Nacional de la Juventud (PRONJ), el Partido Revolucionario Obrero y Campesino (PROC)

---

[261] Taracena, *op. cit.*, p. 22.
[262] Contreras, *op. cit.*, p. 24.
[263] González y González, *op. cit.*, p. 259.

y el Partido Comunista Mexicano (PCM), entre otros. Cierto que todos eran partidos muy pequeños, aunque el propio PRUN llegó a reunir una cantidad nada desdeñable de militantes que se había formado principalmente con la desbandada del PRM al no simpatizar con la candidatura del general Ávila Camacho. De cualquier forma, puestos juntos, sí podían convertirse en una combinación que por lo menos sonaba bastante explosiva: PRUN, PAN, PRAC, PROJ, PROC y PCM.

El PRM, como ya se ha visto, se pretendió organizar de manera corporativa y emplazó a sus cuatro sectores para que tuvieran su bautizo electoral en las justas presidenciales de 1940. Desde mediados de 1938 habían empezado los preparativos y los impulsos futuristas. Desde entonces se hablaba ya de que la contienda se daría principalmente entre dos posibles candidatos: los generales Múgica y Ávila Camacho. Se quiso también entonces involucrar nuevamente al general Manuel Pérez Treviño, quien seguía considerándose como contrincante posible, tal como había sucedido en 1934 con el PNR y los ajustes entre callistas. Pero la situación a finales del gobierno de Cárdenas ya era muy diferente y Pérez Treviño decidió salirse del partido y formar su propia organización, que se llamó Partido Revolucionario Anti-Comunista, y a decir verdad no tuvo presencia alguna entre el electorado.[264] Como ya se ha visto, Múgica pronto se dio cuenta de que tampoco contaba con muchas posibilidades de recibir el apoyo de los distintos sectores del PRM, pues sólo había obtenido la anuencia de algunos senadores del llamado Grupo Izquierdista, combinados con un poco significativo aval del Bloque de Obreros Intelectuales. Fuera del ámbito oficialista, sólo esperaba la posible nominación de aquel Partido Socialista de las Izquierdas, que por la vía libre había postulado al coronel Adalberto Tejeda en la contienda de 1934.

En cambio, entre diciembre de 1938 y enero de 1939 el PRM decidió mover toda su maquinaria electoral a favor de Manuel Ávila Camacho. Pronto se formó el Comité Central Pro-Ávila Camacho, y la CTM junto

---

[264] Garrido, *op. cit.*, p. 266.

con la CNC, además de la mayoría de los gobernadores, cerraron filas en torno de quien hasta el 17 de enero de 1939 había sido Secretario de Guerra y Marina. El 22 de febrero de aquel año la CTM declaró a Ávila Camacho como su candidato a la presidencia y dos días después la CNC hizo lo mismo. Los dirigentes reconocieron que no habían recibido indicación alguna de parte de la Presidencia de la República. Vicente Lombardo Toledano incluso lo hizo de manera por demás teatral y exagerada diciendo: "¡Canalla, maldito traidor, audaz y cínico el que diga que Cárdenas dio nombres y dio consignas a nadie en México! Eso es una vil mentira".[265]

Habría que insistir también en que desde finales de 1938 la sociedad mexicana estaba pasando por un proceso de polarización política profunda y que a principios de 1939 la situación internacional tampoco era muy favorable. Ya se presentía que la derrota de España llevaría a una confrontación mucho mayor entre los países del viejo continente. En marzo las tropas de Francisco Franco entraron en Madrid y en septiembre se desató la Segunda Guerra Mundial en Europa, con la invasión alemana a Polonia. Y aunque México se declaró neutral, en esas circunstancias el general teziuteco Manuel Ávila Camacho, dadas sus ponderaciones y su particular tono desapasionado, fue ganando popularidad. En julio de 1939 Luis I. Rodríguez dejó la presidencia del PRM en manos del general Heriberto Jara, y así tres veracruzanos se fueron apuntalando dentro del propio liderazgo avilacamachista: el propio Jara, Miguel Alemán y el cada vez más influyente senador Cándido Aguilar. Desde luego contaban con el apoyo del coterráneo del candidato, el líder obrero Vicente Lombardo Toledano, secretario general del contingente poderoso de la CTM. La recién creada CNC, a través de su líder Graciano Sánchez, también se perfiló como sólido apoyo a favor del poblano. Y tanto los militares como el sector popular finalmente lo secundaron. En octubre de 1939 se le nombró candidato oficial del PRM

---

[265] Contreras, *op. cit.*, p. 46.

y con ello, era bien sabido, tenía prácticamente garantizado su ascenso a la presidencia. En noviembre de aquel año se celebró la Convención Nacional del PRM en el Palacio de Bellas Artes, que ratificó la candidatura de Ávila Camacho, y al mismo tiempo se empezó a discutir el Plan Sexenal que debía implementarse durante el periodo presidencial de 1940 a 1946. Aquella maquinaria electoral se ocuparía de promover por todo el país la figura de quien había recibido en las carpas y en los círculos políticos el mote de "el soldado desconocido".[266]

El presidente Cárdenas mantuvo su intensa actividad y sus giras por buena parte del país durante aquella segunda mitad de 1939 y durante casi todo el año siguiente. De abril a julio de 1939 llevó a cabo un largo viaje por el norte, visitando San Luis Potosí, Tamaulipas, Nuevo León, Coahuila, Durango, Chihuahua, Sonora, Baja California, Sinaloa y Nayarit. Desde Tepic regresó por Jalisco a Michoacán y pasando el Estado de México volvió a la capital. En Sonora se detuvo a finales de mayo y prácticamente todo el mes de junio estuvo visitando desde Cananea hasta los territorios yaquis y mayos en el sur del estado, recordando sus andanzas revolucionarias y supervisando los distritos de riego que debían beneficiar a las comunidades agrarias tanto indígenas como mestizas. Después siguió a Baja California y llegó hasta la Bahía Sebastián Vizcaíno, casi a la mitad de la península. Ahí pudo constatar lo despoblado que estaba aquel territorio y que las pocas poblaciones estaban a merced de quienes explotaban sus costas, su fauna y su flora. Si realmente no se quería dejar aquel territorio a la deriva o de plano en manos de aventureros tanto nacionales como extranjeros, era necesario echar a andar un programa de desarrollo y poblamiento extensivo. Por ello una especial atención le merecería la Baja California en los años venideros. De ahí, el General se siguió a Nayarit y a mediados de julio volvió a despachar en la capital de la República.[267]

---

[266] González y González, *op. cit.*, p. 228.
[267] Cárdenas, *Obras. 1. Apuntes...*, *op. cit.*, pp. 412-428.

En noviembre de 1939 la emprendió hacia la península de Yucatán, de donde regresó hasta el 26 de diciembre. En aquel sureste recorrió también parte del territorio de Quintana Roo, y visitó Isla Mujeres y Cozumel en el Caribe yucateco. Además de supervisar el tropezado funcionamiento del gran ejido henequenero, el General pudo darse cuenta de cómo la situación, sobre todo en Tabasco y en Campeche, ya se había tranquilizado, y la vida en aquellos parajes se llevaba ahora con menos turbulencias y agitaciones. Como buena parte del viaje se hizo por mar, sus notas sobre las embarcaciones nacionales insistieron en que había que prestar "mayor atención a nuestra modesta marina de guerra" y "tratar de organizar una marina mercante para que se aproveche en beneficio del país la riqueza pesquera".[268]

En enero de 1940 el presidente Cárdenas realizó una gira más por el estado de Guerrero, durante la cual visitó algunas comunidades indígenas en la región de la Montaña, para volver a la Ciudad de México a finales del mes. La agitación política en torno de las campañas, tanto avilacamachistas como almazanistas, estaba empezando a adquirir visos preocupantes, por lo que decidió permanecer cerca del centro de la toma de decisiones durante los meses siguientes. Además la situación internacional también se complicaba día con día. Los avances de los ejércitos del Eje Berlín-Roma-Moscú-Tokio sobre buena parte de la Europa continental y el noreste de Asia generaron una particular inquietud en el ánimo del presidente. En sus *Apuntes* mencionaría que México no parecía estar preparado para defender su territorio y su soberanía. El 31 de mayo de 1940 anotó: "Tanto por la actual contienda en Europa como en previsión de conflictos futuros, México, neutral o beligerante, debe tomar desde ahora las medidas convenientes para la defensa y la seguridad de su territorio."[269]

---

[268] *Ibid.*, pp. 431-432.
[269] *Ibid.*, p. 440.

Planteaba también que era necesaria la creación de un Consejo de la Defensa Nacional y que era de singular relevancia implantar el servicio militar obligatorio "y la instrucción militar a las reservas del ejército y a todos los ciudadanos de la República". Y ante aquellas circunstancias estableció uno de los principios fundamentales del presidencialismo mexicano que tanto determinarían al sistema político mexicano en el futuro: "En el Gobierno una sola fuerza política debe sobresalir: la del presidente de la República, que debe ser el único representante de los sentimientos democráticos del pueblo".[270]

Antes del cambio de poderes, el general Cárdenas hizo los últimos intentos por tranquilizar las pasiones políticas que asolaban al país. Ciertas iniciativas políticas que favorecían la industrialización con exenciones tributarias y control sindical pretendieron sacar a flote la maquinaria económica de México. Junto con ello, el PCM y los movimientos de izquierda fueron sometidos a cierta restricción de actividades que se consideraban "sediciosas", mientras que en algunas áreas de la sociedad mexicana se observaba una particular simpatía hacia las potencias del Eje. Los rápidos triunfos militares del ejército nazi y las baladronadas del fascismo italiano fueron vistos en México con cierto asombro y fascinación que solía derivar en apasionamiento. No fue raro que en las salas de cine de la Ciudad de México, a la hora en que los noticieros mostraban las imágenes de las invasiones germano-italianas, o los ininteligibles discursos de Hitler o Mussolini, algunos espectadores se pusieran de pie y aplaudieran entusiasmados.[271]

Con la guerra mundial encima, México y su candidato oficial, Manuel Ávila Camacho, se sostuvieron con una consigna política que desde

---

[270] *Idem.*

[271] Alfonso Taracena anotaría en su diario el 12 de mayo de 1940 cuando Cárdenas, "a nombre de la nación mexicana", protestó contra la invasión nazi de Bélgica y Holanda: "Eso de a nombre de la nación mexicana es mucho decir, pues la mayoría del pueblo mexicano simpatiza con los alemanes". Alfonso Taracena, *La Revolución desvirtuada*, t. VIII, 1940, Costa-Amic, México, 1971, p. 79.

1938 se había bautizado como de "Unidad Nacional" y que pretendía una alianza general entre la población mexicana contra los embates, primero de las compañías petroleras, y después ante los peligros de la guerra, tratando de aliviar las pugnas internas.[272] La conseja popular, sin embargo, identificó ese llamado a la unidad que sonaba más a ficción que a realidad como una de las principales desventajas que acompañaban la candidatura del general Ávila Camacho, quien hasta ese momento no había figurado de manera relevante en el agitado sexenio cardenista. Por esa misma razón los encargados de la difusión de su candidatura decidieron colgarle la conocida consigna de la "Unidad Nacional", misma que utilizarían como eslogan avilacamachista a lo largo del siguiente sexenio.[273]

En cambio, el principal opositor, el general Juan Andrew Almazán, se apostó bajo la gastada sombrilla del anticomunismo y de la limitación a la preeminencia del Estado en cuestiones económicas, políticas y sociales del país. Sus consignas políticas se confundían entre demagogias y denuncias. Se presentaba como el candidato verdaderamente revolucionario, identificando que en aquella lucha electoral "la reacción estaba representada por los continuistas, los que propugnan las dictaduras totalitarias, por los que pretenden burlar el voto popular, por los enemigos del pueblo".[274]

El general Cárdenas anotó que se reuniría con Almazán el 7 de mayo en casa del gerente del Banco de México, Luis Montes de Oca. Pretendía "escucharlo sobre asuntos relacionados con su campaña electoral que quiere darme a conocer", escribió.[275] Más que eso, lo que al parecer recibió de parte de Almazán aquel día fueron sobre todo quejas "de los numerosos atentados" que sus partidarios sufrían en el país, "haciendo hincapié en forma especial, en las molestias, arrestos,

---

[272] Luis Medina, "Origen y circunstancia de la idea de la unidad nacional", en *Lecturas de política mexicana*, El Colegio de México, México, 1971, pp. 77-114.

[273] *Idem*.

[274] Taracena, *La Revolución*..., t. VIII, *op. cit.*, p. 114.

[275] Cárdenas, *Obras. 1. Apuntes*..., *op. cit.*, p. 438.

destierros, bajas, ceses, etc. de que estaban siendo víctimas los elementos del Ejército Nacional y la Policía del Distrito Federal, así como de infinidad de empleados civiles" que simpatizaban con su candidatura.[276] Según el propio Almazán, el presidente insistió en que se siguieran dando estas reuniones, con el fin de mantenerse informado de aquellos atropellos y tratar de evitarlos, lo cual ya parecía que no estaba en sus manos. Durante varias concentraciones almazanistas a lo largo del mes de junio la violencia se siguió provocando entre los perremistas y sus opositores. Y ya cerca de las elecciones parecía que la mayoría de los núcleos urbanos favorecía al almazanismo; en cambio el ámbito rural era —fraudulentamente o no— el capital político del candidato oficial. El escritor Mariano Azuela retrató la situación en la Ciudad de México de la siguiente manera:

Nadie hablaba sino de la gran manifestación que el pueblo metropolitano preparaba al general Almazán, candidato de los oposicionistas al gobierno de Lázaro Cárdenas, y nadie quería privarse del espectáculo que tenía ya su grano de sal y del que se esperaba algo. Por ejemplo, los diputados y senadores, alarmados por la popularidad del candidato enemigo, en mítines y banquetes, francachelas y en las mismas cámaras, habían amenazado al pueblo con una carnicería. Uno dijo que él personalmente disolvería a pedradas la manifestación, otro excitó a sus colegas a concurrir al acto con sus armas bien engrasadas, debidamente respaldados por sus pistoleros.[277]

La polarización vaticinaba unas elecciones reñidas, y los dos candidatos hicieron varios llamados a la calma, aunque, al parecer, ya Almazán y su seguidores preveían la posibilidad de que se llevara a cabo un gigantesco fraude electoral. En caso de que así sucediera, los almazanistas

[276] *Memorias del Gral. J. Andreu Almazán. Informe y documentos sobre la campaña política de 1940*, Ediciones El Hombre Libre, México, 1941, p. 27.

[277] Mariano Azuela, *Nueva burguesía*, en *Obras completas*, vol. 2, FCE, México, 1993, p. 10.

vaticinaban que tendría lugar una gran insurrección general, aunque todavía las amenazas se mantenían latentes y no pasaban de ser materia de agitación periodística.

Con estas dudas y esperanzas en puerta se vivieron las elecciones de 1940. Cárdenas prometió que serían unas elecciones limpias y pacíficas y resultaron sucias, violentas y fraudulentas. En el interior de la República Mexicana fueron vigiladas sobre todo por los miembros de la CNC, logrando un primer gran triunfo de lo que eventualmente se llamaría "el voto verde". En cambio en las ciudades lo que privó fueron las irregularidades. El testimonio de Gonzalo N. Santos resultaba por demás elocuente. Narraba que aquel domingo 7 de julio de 1940, metidos en la cabina de una ambulancia, sus golpeadores y matones, también conocidos como sus "gargaleotes", rondaron por las calles de la Ciudad de México y en donde veían una casilla que probablemente podía contener más votos almazanistas que perremistas, la asaltaban y destruían.[278] Incluso los noticieros cinematográficos estadounidenses, a las pocas semanas de haberse llevado a cabo las elecciones mostraron con lujo de detalle el robo de urnas y la violencia desatada durante la jornada electoral. En el documental *The March of Time*, producido entre agosto y septiembre de 1940, por ejemplo, se pudo ver el arribo de una ambulancia cargada de sicarios a las inmediaciones de una casa donde estaban las urnas. Acto seguido avasallaban a los asistentes y salían corriendo con las cajas bajo el brazo. En otro momento se mostraba una mano acercándose a la urna, mientras otra la detenía para mostrar que la primera tenía más de 20 boletas empaquetadas en una sola.[279]

El propio general Cárdenas no pudo votar en el lugar en el que le tocaba ejercer su derecho ciudadano. Cuando llegó a la escuela donde estaba ubicada su casilla, los asistentes lo empezaron a abuchear, gritando

---

[278] Santos, *op. cit.*, pp. 225-708.

[279] *The March of Time*, núm. 7.3, "Mexico: Good Neighbour's Dilemma, realizador Louis de Rochemont, octubre de 1940.

vivas a Almazán y mueras al PRM. Pronto su estado mayor lo obligó a que abandonara el recinto. Cuenta Gonzalo N. Santos que el general Ávila Camacho le encargó que "limpiaran" una casilla que se encontraba en la calle de Juan Escutia, para que Cárdenas pudiera ejercer su voto. Santos y sus gargaleotes cumplieron con aquel encargo, balaceando con sus ametralladoras Thompson el recinto en donde se encontraba dicha casilla. En seguida llegaron los bomberos para que "cañonearan a manguerazos pisos y paredes hasta que no quedara ni una sola mancha de sangre", y esperó a que el general Cárdenas y su amigo Agustín Arroyo Cházaro llegaran a aquel domicilio donde se encontraba una urna muy vigilada por perremistas y pistoleros, para que ahí sí lograran depositar su voto.[280] Sorprendentemente, el General no hizo ninguna alusión al respecto en sus *Apuntes*. El saldo final del mero día de las elecciones fue de 30 muertos y 158 heridos.[281]

El resultado oficial de aquellas elecciones fue apabullante: Ávila Camacho recibió 2 476 641 votos, mientras Almazán sólo computó 151 101 y Sánchez Tapia 9 840.[282] Los almazanistas organizaron una gran protesta, desconocieron las elecciones y pretendieron armar un gobierno paralelo. Con un llamado que titularon "Plan de Yautepec", parecían estar dispuestos a confrontar al gobierno de manera violenta e impetuosa. En seis estados de la República se reportaron brotes de rebeldía y el general Almazán, junto con su hermano y algunos simpatizantes, viajaron a los Estados Unidos a encabezar el movimiento desde el otro lado de la frontera. Al parecer hubo varios intentos por establecer contacto con autoridades de alto nivel en Estados Unidos, pero fueron sobre todo los reportajes periodísticos los que le dieron cierta notoriedad al almazanismo en aquel país. Entre agosto y octubre el movimiento se fue

---

[280] Santos, *op. cit.*, pp. 714-715.

[281] González y González, *op. cit.*, p. 299. Alfonso Taracena aumentó el número de muertos a 50, "aunque oficialmente se informa que son 27 y 125 heridos", Taracena, *La Revolución...*, t. VIII, *op. cit.*, p. 115.

[282] Garrido, *op. cit.*, p. 294.

desactivando, no sólo por el control que los militares y los gobernadores locales mantuvieron en el territorio mexicano bajo la supervisión constante del general Cárdenas, sino principalmente porque las movilizaciones carecieron de un liderazgo certero y firme. El propio Almazán no parecía estar dispuesto a tomar ningún riesgo y finalmente la amenaza de un conflicto mayor se disipó.[283] En diciembre el mismo PRUN desconoció a Almazán y lo tildó de claudicante, con lo que el cambio de poderes en la Ciudad de México y en toda la República pudo llevarse a cabo con cierta calma.

El 1º de septiembre el presidente Cárdenas presentó el último informe administrativo de su gestión ante el Congreso de la Unión. En su mensaje político condenó la violencia que se generó durante el proceso electoral, el cual se llevó a cabo "dentro de una normalidad legal" pero que fue subvertida por las fuerzas contendientes, olvidando que existía una soberanía popular depositada en los cuerpos legislativos, los cuales sancionaron la legitimidad de las elecciones. Si bien se actuó con libertad y tolerancia, fue cierto que una facción parecía llamar a la violencia subversiva, misma que sería combatida con toda la fuerza de la ley. También mencionaría que las compañías petroleras recibirían poco más de 200 millones de pesos como indemnización y se pronunciaría a favor del respeto a la vida humana, protestando por la terrible situación de guerra que se vivía a nivel internacional. Los almazanistas siguieron protestando tanto dentro como fuera del país hasta que finalmente el 12 de septiembre la Cámara de Diputados declaró formalmente al general Manuel Ávila Camacho presidente electo de la República Mexicana.[284] Tres días después, el 15 de septiembre, en una entrevista que le hiciera José C. Valadés al teziuteco, éste declaró de manera un tanto insólita que era creyente y que respetaría todos los credos religiosos durante su presidencia. Era la primera vez que un presidente se declaraba católico

---

[283] Sosa Elízaga, *op. cit.*, pp. 426-437.
[284] Taracena, *La Revolución…*, *op. cit.*, t. VIII, pp. 142-143.

desde que se había dado por concluida la fase armada de la Revolución en 1917. Aquella declaración no le debió haber gustado mucho al general Cárdenas, sin embargo no tuvo la intención de comentarla. Lo que sí hizo fue declarar a la prensa que después del 1º de diciembre se retiraría del gobierno para "hacer todo, menos política", lo cual no fue rigurosamente cierto.[285]

Antes de entregar el poder, el general Cárdenas redactaría unas notas que le entregó al presidente entrante. En ellas se enfatizaba la importancia de mantener alejados a los inversionistas estadounidenses de México mientras Estados Unidos no abandonara "su teoría de reconocer la nacionalidad de otros países". En otras palabras: mientras los estadounidenses interesados en México velaran sólo por sus intereses, y no por México, la política debía ser aquella que les impidiera el acceso a los bienes del país.[286] Y el otro tema en el que insistió fue en la necesidad de poblar las regiones del territorio mexicano que padecían de despoblamiento, como las penínsulas del Baja California y de Yucatán. Consideraba que una tarea pendiente era la de llevar contingentes de nacionales a ocupar aquellos parajes que bien podían ser botín de extranjeros. Planteaba que ése era "un deber que nos impone la imperiosa necesidad de proteger la integridad de nuestro territorio frente a la expansión que vendrá del norte".[287]

El General se había propuesto, una vez entregado el poder, no volver a él más que en caso de extrema necesidad. En algún momento escribió que se aislaría en la isla de Cozumel.[288] Y al final de aquel año de 1940 sí parecía tener la intención de mantenerse al margen de toda administración pública. "Me hago el propósito de no leer en mucho tiempo periódicos que hablen de política [...] No cometeré el error de

---

[285] *Ibid.*, p. 145.
[286] Cárdenas, *Obras. 1. Apuntes…*, *op. cit.*, p. 442.
[287] *Ibid.*
[288] *Ibid.*, p. 440.

contestar ataques de personas o de grupos que hayan o no estado en oposición a mi gobierno [...] Me retiro a trabajar alejado por completo de toda actividad política, estimando que así seré más útil a mi país."[289]

En diciembre el General y su familia decidieron retirarse de aquella agitación en Palmira, su finca de Cuernavaca, desde donde visitaron algunos parajes cercanos como Tepoztlán y las zonas militares aledañas del estado de Morelos. Después salieron rumbo a Acapulco, en donde pasaron unos días. Y finalmente regresaron a Cuernavaca, para concluir ahí el año de 1940.

Durante los últimos dos años de su presidencia, el general Cárdenas hizo lo posible por mantener constantemente contacto con su familia. En varias ocasiones viajó con Amalia, Alicia y Cuauhtémoc por diversas regiones del país, y los fines de semana por lo general hacía excursiones a parajes cercanos a la Ciudad de México, si acaso sus giras le permitían estar ahí. En Palmira, la finca de Cuernavaca, solían pasar también algunos días de asueto conviviendo con amigos y parientes. A finales de 1939 al viaje que realizara a la península de Yucatán llevó a su esposa y a su hijo, e hizo un par de anotaciones sobre el gusto que Cuauhtémoc sentía al acercarse al mar.[290]

A lo largo de su presidencia el General intentó pasar todo el tiempo que pudo con su familia y reunirse con ella en excursiones, paseos y alguno que otro festejo particular. Existen diversas evidencias fotográficas al respecto y al parecer no fueron pocos los momentos en que Cárdenas estuvo cerca de su esposa Amalia y sus hijos Alicia y Cuauhtémoc. Este último prácticamente vivió su primera infancia en Los Pinos, mientras que Alicia, ya adolescente en 1935, llegaría a ser una muchacha joven y guapa en los años venideros, tal como lo demuestra una foto en la que aparece sentada sobre el cofre de un automóvil abrazando dos enormes ramos de flores y acompañada por su padre.

---

[289] *Ibid.*, p. 443.
[290] *Ibid.*, p. 431.

La cercana relación entre Cuauhtémoc y su papá se reflejaría en la dimensión afable y amorosa con la que el General también mantenía su estrecho vínculo matrimonial con Amalia. Un par de imágenes así lo parecen comprobar, cada una tomada en un ámbito más distinto. En la primera, que está fechada en Jiquilpan en 1938 y aun evidenciando ciertas posturas que acusan que pudo ser una escena expresamente posada para la foto, se observa al presidente mostrándole un libro a Cuauhtémoc jovencito y bien peinado, siguiendo las líneas de su lectura, mientras doña Amalia contempla la escena con placidez y comodidad.

Alicia y el General
(Colección de la familia Cárdenas)

Amalia, Cuauhtémoc y el General en Jiquilpan, 1938
(Colección particular de la familia Cárdenas)

En el cuadro parece que el muchachito disfruta particularmente la compañía de sus padres, así como la lectura que realiza, puesto que su cara esboza una mueca de felicidad. En cambio, el General mira con orgullo a su hijo y muestra una actitud paciente y amable.[291] Y si bien

[291] Algunos periodistas, sobre todo en momentos de revanchas y retruécanos políticos, denunciaron que no siempre las cosas iban bien en la familia del presidente Cárdenas. Por ejemplo, según una entrevista realizada por Jacobo Zabludovsky a Arturo Cárdenas Pelayo y a Héctor Luis Cárdenas Ocampo en marzo de 1988, en la primavera de 1939 nació uno de los vástagos que el general Cárdenas tuvo fuera de su matrimonio con doña Amalia. En tal entrevista se mencionaba que Héctor Luis Cárdenas Ocampo había nacido el 23 de marzo, siendo su madre Graciela Esperanza Ocampo, a quien el presidente Cárdenas conoció en una de sus giras por Guanajuato. El nacimiento de aquel niño se mantuvo en silencio discreto durante mucho tiempo, aunque supuestamente el General sí se prestó a darle su nombre. Según lo dicho en esta entrevista Cárdenas tuvo cuatro hijos, además de Alicia y Cuauhtémoc, quienes fueron los únicos reconocidos públicamente. Aquellos cuatro serían: Lázaro (nacido en 1933), Héctor Luis, Arturo y Susana. Sobre estos últimos no se anotaba la fecha de su nacimiento. Véase *Proceso*, 26 de marzo 1988. Justo es

doña Amalia aparece en un segundo plano y un tanto al margen de la actividad que padre e hijo llevan a cabo, su mirada se dirige claramente a lo que aquel par está haciendo y con un gesto un tanto melancólico se integra pasivamente al núcleo familiar. Es pues, una imagen de una familia armónica con vínculos afectuosos y sencillos.

La segunda fotografía, también de los años finales del sexenio y tomada durante algún festejo que bien podría ser oficial o personal, es mucho más espontánea y probablemente debida a un fotorreportero de prensa. En ella el mismo Cuauhtémoc niño coloca un puñado de confeti sobre la cabeza de su padre en una especie de arranque travieso. El General lo mira apaciblemente y con amorosa benevolencia, quizás abstrayéndose de la consabida formalidad de su carácter. Con los hombros y el saco repletos de papel picado, en su rostro parece dibujarse el inicio de una sonrisa. Un espectador a la derecha observa inquisitivamente la escena como esperando la reacción del presidente.

El General y Cuauhtémoc y su irreverencia de papel picado
(Colección del CEHRMLCAC)

decir que ninguno aparece siquiera nombrado y menos reconocido en los cuatro volúmenes de los *Apuntes* del General.

La irreverencia y, sobre todo, una inusitada libertad de prensa, estuvieron a la orden del día a lo largo de aquel sexenio durante el cual se vivió también un espectacular desarrollo de las revistas ilustradas y de fotorreportajes. En cuanto a la primera, los inevitables chistes sobre el General y sus colaboradores hicieron poca mella entre censores y cuidadores de la imagen presidencial, como ya se vio en el caso de los corridos de *la Bandida*. Las burlas y los chascarrillos sobre las grandes orejas o los gruesos labios del General fueron un lugar común. Aunque de pronto aparecían algunas chirigotas un tanto más agresivas, como aquella que contaba la conseja de una comitiva de vecinos de Jiquilpan que pretendieron ponerle el nombre de Lázaro Cárdenas a una calle del pueblo, a lo cual el General se negó rotundamente. Como los vecinos insistieron, el presidente accedió de mala gana, siempre y cuando los vecinos le pusieran su nombre a la calle pero en idioma tarasco. "Se retiraron contentos para luego regresar desconcertados, pues no se podía porque resultaba un nombre muy feo, nada menos que 'Trompi Pendécuaro'."[292] Cierto que el chiste era bastante malo, pero mostraba claramente el desacato y el desdén con que algunos buscadores de la risa fácil generaban momentáneas alianzas vernáculas y no por ello menos reaccionarias.

Las revistas ilustradas, en cambio, procuraron apelar a una mayor sofisticación técnica y tal vez por eso asumieron ciertos riesgos que no se habían permitido desde hacía mucho tiempo en materia de libertad de prensa. Siguiendo los modelos de revistas estadounidenses y europeas como *Life*, *Picture Post* y *Vu*, semanarios como *Todo*, *Hoy*, *Rotofoto* y *Vea* hicieron posible que algunos fotoperiodistas y no pocos gacetilleros adquirieran cierta celebridad gracias a su talento, su tenacidad y su oportunismo. Entre los fotógrafos habría que destacar la labor de Enrique Díaz, Ismael y Gustavo Casasola, Antonio Carrillo Jr., Luis Farías, Luis Zendejas, Enrique Delgado y Manuel García. Y hacia el final de los años treinta, también destacarían los hermanos Mayo, Walter Reuter

---

[292] Taracena, *La Revolución...*, *op. cit.*, t. VII, pp. 13-14.

y Juan Guzmán, que en realidad se llamaba Hans Gutman, todos ellos migrantes recientes incorporados al mundo hebdomadario ilustrado. En ocasiones el eventualmente muy famoso Manuel Álvarez Bravo también se incorporaría a esa pléyade de principales protagonistas de este primer auge del fotorreportaje y las publicaciones periódicas con instantáneas y monitos.[293] Bajo el mando de los editores José Pagés Llergo y Regino Hernández Llergo, estas revistas no destacaron por su alianza con el régimen cardenista, sino más bien por sus vínculos con el sector privado y sus coqueteos con la oposición. De pronto sus contenidos parecían denuncias muy vehementes sobre la miseria y las profundas diferencias sociales que se vivían en el México de los años treinta, aunque tampoco faltaban en sus páginas algunos elogios o adulaciones a ciertas medidas tomadas por la administración pública, como fue el caso de la expropiación petrolera o la declaración de neutralidad frente al conflicto mundial iniciado en septiembre de 1939. Aun así, estas publicaciones lograron mostrar un lado ligero del acontecer nacional, gracias a que sus fotorreportajes tuvieron la capacidad de caricaturizar algunos momentos informales del diario ir y venir de los políticos o tomar instantáneas particularmente reveladoras de la simple vida cotidiana del México de entonces. En más de una ocasión sorprendieron a dichos políticos y personajes públicos en circunstancias chuscas o comprometidas y no faltaron los comentarios informales y juguetones editorializando las fotografías publicadas. Un clásico momento de esas situaciones fue el reportaje que apareció en *Rotofoto* en mayo de 1938, realizado justo durante la viaje que el presidente Cárdenas y buena parte de su gabinete hicieron a San Luis Potosí para tratar de contener la rebelión cedillista. En algún momento los integrantes de aquella comitiva decidieron darse un chapuzón en una poza que se les apareció en el camino. Los fotorreporteros aprovecharon el momento para documentar ese "baño de políticos". A la hora de publicar las imágenes de varios

---

[293] John Mraz, *México en sus imágenes*, Artes de México-CONACULTA, México, 2014, pp. 245-256.

miembros del gabinete cardenista en calzoncillos y dispuestos a refrescarse en aquel idílico paraje, los redactores identificaron a los mismos con "ninfas del bosque que han podido resistir en este mundo, después que aparecieron en él las doctrinas marxistas". Y remataban con ironía diciendo que "realmente estamos descubriendo que aquí en este país, el único que no se pone las botas es el Presidente".[294] El reportaje congeniaba con la postura conservadora de los editores de aquella revista, que no fue una excepción en la prensa ilustrada de su tiempo y que, como ya se ha dicho, usaba la libertad de expresión con fines lúdicos, irreverentes y reaccionarios más que para la reflexión y la crítica.

Además de los redactores de estas revistas, entre los que se encontraban Salvador Novo, Xavier Villaurrutia, Rosario Sansores, José Barros Sierra y Mariano Alcocer, tan sólo para mencionar algunos, también destacaban los forjadores de epigramas, rimas y versos, que igualmente oscilaban entre la crítica, la crónica y el chascarrillo. Tal vez el más destacado de aquellos versadores juguetones era José F. Elizondo, alias Pepe Nava. Fueron muchísimos los epigramas que publicó durante el gobierno del general Cárdenas, pero tal vez algunos de los más mordaces empezaron a circular cuando ya se acercaba la entrega del poder al siguiente presidente, que sería el general Manuel Ávila Camacho, en medio de las amenazas fallidas de una violenta reacción por parte de los partidarios del general Andrew Almazán. El epigramista lució entonces sus dotes entre reaccionarias y lúdicas escribiendo los siguientes versos:

Dicen que van a premiar
—*hors concourse*, naturalmente—
un burro, lindo ejemplar,
una mula preeminente
y una gallina sin par.

---

[294] Rebeca Monroy Nasr, *Historias para ver: Enrique Díaz, fotorreportero*, UNAM/INAH, México, 2003, pp. 216-217.

Revisado el expediente
resulta ser, cual verán
el burro del Presidente,
la mula de Teziutlán
y como último exponente:
la gallina de Almazán.[295]

Y era cierto que el final del sexenio cardenista no tuvo la brillantez que sí logró durante algunas de sus jornadas más relevantes entre 1936 y 1938. Los últimos meses de 1940 se habían ido entre contiendas a veces muy encarnizadas y un intento por mantener la serenidad dados los complicados sucesos internacionales y los afanes de la llamada "Unidad Nacional". La herencia de aquel mandato todavía tendría mucho que otorgarle al país y, con todas sus fallas, las reformas cardenistas incidieron en la mejoría de amplios sectores sociales mexicanos, los cuales a la larga lo convertirían en un significativo momento de la mitología popular nacionalista. El propio General anotó un par de frases particularmente enfáticas en sus *Apuntes* el 1º de diciembre de 1940, después de entregarle la presidencia al general Ávila Camacho: "Terminó el periodo constitucional de mi gobierno y salgo satisfecho de haber concluido con mi mandato. Me esforcé por servir a mi país y con mayor empeño al pueblo necesitado. Cancelé muchos privilegios y distribuí una buena parte de la riqueza que estaba en pocas manos".[296]

El sexenio del general Cárdenas se transformaría con el tiempo en una referencia obligada a la hora del recuento de los momentos transformadores y los logros que más importancia tuvieron en la historia de la sociedad mexicana durante el agitado siglo xx.

[295] Taracena, *La Revolución...*, *op. cit.*, t. VIII, p. 196.
[296] Cárdenas, *Obras. 1. Apuntes...*, *op. cit.*, p. 443.

Los años de la Segunda Guerra Mundial

1941-1945

Las primeras andanzas del expresidente

> Yo declaré, estando en el poder, que todo el que
> llegue a asumir la primera magistratura de la Re-
> pública debía retirarse en lo absoluto de la política.
> Sigo pensando igual.
>
> Lázaro Cárdenas, 7 de marzo de 1941

Después de pasar el año nuevo en su finca de Palmira, en Cuernavaca, el expresidente Lázaro Cárdenas, su esposa Amalia, y sus hijos Alicia y Cuauhtémoc, regresaron a la Ciudad de México, para en seguida emprender el viaje a Jiquilpan, Michoacán. Ahí, el General tenía pensado permanecer al margen de las lides políticas con las que se iniciaba el sexenio del general Manuel Ávila Camacho, a quien consideraba su amigo personal y su correligionario más cercano. La casa de Jiquilpan ya se había adaptado para cubrir las necesidades del expresidente y su familia. Contaba con un par de patios con amplios corredores, una sala y un comedor bastante grandes, así como recámaras, baños y por lo menos dos despachos, donde el General podía recibir y departir con sus hermanos y cuñados, sus aliados políticos y sus paisanos. En 1941 Cárdenas cumpliría 45 años de edad y ya llevaba nueve años de casado con Amalia Solórzano, quien todavía no cumplía los 34 años. Alicia estaba rayando en los 20 y Cuauhtémoc entraría a los 7, edad con la cual sus padres lo inscribieron en la escuela primaria de Jiquilpan, en donde pensaban radicar a partir de entonces. Se trataba de una familia joven que, desde luego, tenía mucha vida por delante. Ahora tratando de mantenerse más cercano a su grey, el General pretendía separarse de las turbulencias gubernamentales que tanto lo habían alejado del seno familiar durante los últimos años. Si bien trató de cumplir con tal propósito, no por eso dejó de preocuparse por algunas declaraciones que varios críticos adelantaron a su recién concluido gobierno, durante los primeros meses de la nueva administración.

Por ejemplo, una primera anotación en sus *Apuntes* de 1941 la dedicó a las desafortunadas declaraciones del recién estrenado gobernador de Puebla, Gonzalo Bautista quien, aprovechando la distensión que empezó a sentirse entre el clero católico y el régimen, informó que haría lo posible por que se reformara el énfasis que el artículo 3° constitucional establecía en la laicidad de la educación impartida por el Estado. Tal vez provocada por el reconocimiento de parte del presidente Ávila Camacho de que era católico, el jefe del gobierno poblano asumió una actitud de particular anuencia hacia el clero, que le resultó especialmente incómoda al general Cárdenas.[1] El gobernador Bautista impulsó unas primeras reformas constitucionales con el fin de acabar con la educación socialista y permitir que cierto espíritu conservador regresara a las escuelas, aduciendo que tanto padres de familia como instituciones privadas tenían derecho a participar en algunas funciones que, según el propio General, debían pertenecer exclusivamente al Estado, particularmente la educación. El clero católico, al decir del propio Cárdenas, estaba detrás de las intenciones del poblano, y tenía una clara ambición de impedir la injerencia estatal

---

[1] Lázaro Cárdenas, *Obras. 1. Apuntes, 1941-1956*, t. 2, 2ª ed., UNAM, México, 1986 (primera edición, 1973), p. 15.

en el "nuevo sistema de convivencia social".[2] Cuatro años después, el General pudo confirmar que el propio Bautista, en su rancho de La Calera, en el estado de Puebla, se había construido una iglesia particular en la que solazaba sus ímpetus religiosos y su hipocresía católica. "¡Cuánta pobreza de espíritu en el campo político!", anotó entonces el michoacano en su diario.[3]

La preocupación por el fortalecimiento del clero y de sus activistas políticos, especialmente de los sinarquistas, se mantuvo a lo largo de estos años en la conciencia del General. Así lo demuestran las diversas referencias que hizo sobre dicho movimiento, tanto en sus *Apuntes* como en algunas declaraciones públicas, ya como comandante del Pacífico o como secretario de la Defensa.[4] En 1944 dedicó un par de páginas de su diario para reflexionar sobre la Unión Nacional Sinarquista (UNS), a la cual veía como "una asociación de intereses para detener el avance progresista de la clase trabajadora que amenaza acabar con los privilegios y las oligarquías políticas y religiosas". Se trataba, según el General, de un grupo de "enemigos del agrarismo y el sindicalismo revolucionarios, [que] sirven de apoyo al capitalismo que tiene su gran auxiliar en el alto clero de México y de todo el Continente que obedece las directivas de Roma".[5]

Como ya se vio en el capítulo anterior, los dirigentes de la UNS eran por demás combativos y autoritarios. Se autonombraban a partir de cierta dimensión carismática que no admitía cuestionamientos. Dirigían batallones de seguidores católicos que provenían principalmente de sectores campesinos y medios, que no habían alcanzado los beneficios de las reformas cardenistas o que habían sido afectados por ellas. Se trataba de contingentes muy religiosos y reaccionarios, convencidos de que la

---

[2] *Ibid.*, p. 19.

[3] *Ibid.*, p. 144.

[4] Lázaro Cárdenas, *Palabras y documentos de… Mensajes, discursos, declaraciones, entrevistas y otros documentos. 1941/1970*, vol. 3, Siglo XXI Editores, México, 1979, p. 32.

[5] Cárdenas, *Obras. 1…*, *op. cit.*, p. 115.

consigna de "Religión y Patria" satisfacía sus expectativas de respeto a su catolicismo y a su propiedad.

Ya desde 1938, durante algunas manifestaciones de repudio al gobierno cardenista, la UNS dio cuenta de la muerte violenta de algunos de sus militantes. En mayo de ese año en Villahermosa se cobraron los primeros muertos. En julio de 1939 en Juan Martín, cerca de Celaya, durante otra refriega contra una manifestación sinarquista cayeron otros cinco o seis simpatizantes, entre ellos Tere Bustos, quien se convertiría en una importante mártir del movimiento. El presidente Cárdenas acudió a dicha localidad a tratar de conciliar a las fuerzas en choque, sin mucho éxito. Desde entonces comprendió que era hora de tomarse al sinarquismo muy en serio. Como ya se vio, la sucesión presidencial de 1940 dividió profundamente al país, y los sinarquistas condicionaron la participación de sus filas en la oposición almazanista, puesto que su movimiento no parecía buscar un lugar en el poder. La ambigüedad sobre su actividad política formal y de oposición mostraba con frecuencia uno de sus flancos más débiles. Su líder, Manuel Zermeño, indicaba por ejemplo: "Los sinarquistas somos respetuosos del gobierno constituido y obedientes a los justos mandatos de la autoridad".[6]

En efecto, la UNS parecía evitar la tentación de participar en levantamientos armados y al mismo tiempo instaba a sus militantes a no participar en los procesos electorales. Muy a pesar de sus mártires y de la constante insistencia de poner fin a las confrontaciones en pequeño con una gran movilización, sus líderes apelaban invariablemente a la serenidad. Trataban de evitar, a toda costa, que sus enemigos los aniquilaran a través del uso institucional de la violencia. Aun así no desaprovechaban oportunidad alguna para mostrar su fuerza social y su capacidad organizativa. Emulando la famosa "marcha sobre Roma" de los fascistas italianos de 1922 o el muy conocido *Sturm* alemán, consistente en realizar

---

[6] Citado en *ibid.*, p. 51.

mítines relámpago, la organización de la UNS generalmente tomaba por sorpresa a las autoridades posrevolucionarias.

Uno de los momentos más significativos en los que la UNS llegó a demostrar su fuerza se suscitó en Michoacán, la tierra misma del General, en mayo de 1941. Fue entonces cuando tuvo lugar la famosa toma de Morelia, seguida por los muy publicitados "hechos en la ciudad de León".

El 18 de mayo de 1941 el presidente de la República, el general Manuel Ávila Camacho, con todo su gabinete y varios representantes extranjeros asistieron a la ciudad de Morelia a las fiestas que celebraban los 400 años de su fundación. Durante la víspera, más de 20 000 sinarquistas tomaron los trenes del estado de Michoacán y se dirigieron a la capital para desfilar militarmente frente a quienes acudieron a tal festejo. Una vez concluido el desfile, a eso de las dos de la tarde, se dio la orden de dispersión y los sinarquistas volvieron a los trenes y regresaron a sus poblados de origen. Un diputado contó lo sucedido de la siguiente

Desfile de sinarquistas en Morelia, 18 de mayo de 1941
(Foto tomada del libro de Salvador Abascal, *Mis recuerdos. Sinarquismo y Colonia María Auxiliadora 1935-1944*)

manera: "Los sinarquistas han desfilado por las calles de Morelia [...]
siendo lo más doloroso para quienes amamos a la Revolución, observar
que ese contingente fuerte y disciplinado estaba integrado en su mayoría
por ejidatarios y obreros".[7]

En el ánimo popular quedaron unos versos impregnados de optimismo y enjundia que comentaban la manifestación en la capital michoacana como un verdadero triunfo del espíritu y de su movimiento:

Cuando fuimos a Morelia
a nuestra concentración
de gusto y de regocijo
se nos llenó el corazón.

De vernos los sinarquistas
por toda la Calle Real
y encabezando el desfile
nuestro gran jefe Abascal.

Un capitán, de coraje
porque no logró su intento,
quería mandar a la cárcel
al jefe del movimiento.

Pero él con la gallardía
y su palabra valiente
le dijo que no cabía
porque era mucha su gente...

Son veinte mil sinarquistas
los que empieza a formar

---

[7] *Ibid.*, p. 58.

> y sus hermosas banderas
> empiezan a desplegar...
>
> Éste fue un triunfo, señores,
> el que en Morelia tuvimos,
> por eso con alegría
> a nuestras casa volvimos.[8]

El 25 de mayo, una semana después de la simbólica toma de Morelia, los sinarquistas volvieron a la calle. Los hechos se suscitaron en León, la capital del estado de Guanajuato, a la que ellos llamaban eufemísticamente "Sinarcópolis". Al parecer los 40 000 sinarquistas que acudieron a dicha población en el centro del Bajío sólo querían festejar el cuarto aniversario de la UNS, demostrando nuevamente su capacidad organizativa y su fortaleza social. Al son de unos enormes tambores y desfilando detrás de sus líderes que cabalgaban erguidos con sus banderas en alto, las huestes sinarquistas cantaban su himno titulado "Fe, sangre, victoria" como si se tratara de un ejército triunfante que después de una cruenta batalla reactivara sus emociones como una fuerza invencible y plena de gloria ante la animación popular.

Un par de años más tarde una estadounidense que fue testigo de tales manifestaciones escribió:

No olvidaré jamás el México que he visto ahí; millares de rostros marcados todos trágicamente por el hambre y la esperanza, por la excitación del desfile, con los estandartes, los tambores, los grandes caballos blancos, por el hecho de verse juntos. Es preciso ver la gran plaza con sus arcos en dos de los lados, el palacio municipal y la gran iglesia, frente a frente y entre

---

[8] Armando de Maria y Campos, *La Revolución mexicana a través de los corridos populares*, t. II, INEHRM, México, 1962, p. 438.

los dos, la tribuna, una inmensa bandera. Hay que oír todas la campanas de la ciudad repicando sin parar.[9]

Como se trataba de demostraciones de fuerza en la que los organismos oficiales no tenían participación alguna, las autoridades se mostraron particularmente suspicaces, aunque reconocían que un baño de sangre sería inútil si acudían a la represión para tratar de controlarlas. En un principio cedieron ante la tentación de prohibirlas, pero al poco tiempo dieron marcha atrás y declararon: "También los sinarquistas son mexicanos y tienen derecho a la protección del gobierno".[10]

Sin embargo el impacto social de las manifestaciones y tomas de ciudades completas quedó en el ánimo de los sinarquistas como un gran triunfo en medio de las miserias que vivían cotidianamente. Consideraban a la Revolución como un enorme fracaso, pues les había prometido tierras, educación, justicia social y un futuro promisorio que no parecía llegar nunca.

Las complicadas circunstancias internacionales planteaban al gobierno mexicano la necesidad de mantener al sinarquismo lo más controlado posible, dadas sus simpatías por los radicalismos de derecha y sus afinidades con el fascismo. El gobierno de Ávila Camacho, con las intervenciones intermitentes del general Cárdenas y el muy decidido apoyo del general Múgica, procedió a mediatizar al sinarquismo ofreciéndole a uno de sus líderes, el licenciado Salvador Abascal, la posibilidad de encabezar la colonización de una desértica región en Baja California Sur. A más de 250 kilómetros de La Paz y a unos 70 kilómetros de Loreto el gobierno les cedió a los sinarquistas los terrenos que formarían la colonia María Auxiliadora. Múgica había sido nombrado gobernador de dicho territorio a finales de 1940, y fue gracias a

---

[9] Margaret Shedd, "Thunder on the Right in Mexico", *Harper's Magazine*, abril de 1945, citada en Meyer, *op. cit.*, p. 43.

[10] Declaraciones del presidente Manuel Ávila Camacho reproducidas en *El Sinarquista*, núm. 136, 2 de octubre de 1941, citado en Serrano Álvarez, *op. cit.*, p. 25.

su administración y cuidado que dicha colonia pudo subsistir durante unos cuantos años. Abascal, con cerca de 500 individuos, acompañados por sus familias y conocidos cercanos, emprendieron el viaje a Baja California a tratar de construir una utopía cristiana y agraria en pleno desierto.[11] En marzo de 1942 el gobernador, Francisco J. Múgica, y el comandante del Pacífico, el general Lázaro Cárdenas, visitaron aquella colonia para constatar, según un informe de los propios sinarquistas, que ahí "todo marcha bien". Según ese mismo informe: "Nuestros visitantes quedaron admirados de nuestro trabajo y ofrecieron 2 000 pesos para la construcción de una escuela [...] Cárdenas dijo que nos ayudaría".[12] Sin embargo, al poco tiempo los conflictos internos y la dura vida del desierto hizo que algunos de los miembros originales de esa colonia empezaran a desertar, y los que no lo hacían parecían vivir con una enorme tristeza a cuestas, al grado de que después de una visita de uno de los líderes que venían del centro de la República éste le informó a uno de sus superiores: "Me di cuenta de que les hacen falta pasatiempos sanos, para fomentar la alegría que tanto hace falta, especialmente en esta colonia [...] mucho le agradecería que me comunique todas las ideas que tengan ustedes para hacer alegre la vida".[13]

Pero por más que se empeñaron en sacarlo adelante, el proyecto fracasaría con el tiempo. De cualquier manera la colonia María Auxiliadora tendría un significado simbólico particular en la propia historia del sinarquismo.[14] Esa comunidad se empezó a desmoronar cuatro años después de su instauración, aunque justo es decir que sus restos siguen

---

[11] Archivo INAH, colección Pompa y Pompa de Microfilms, Rollos 52 12.2.11, 66 12.1.25, 124 12.2.27.

[12] Archivo INAH, colección Pompa y Pompa de Microfilms, Rollo 66 12.1.25.

[13] Archivo INAH, colección Pompa y Pompa de Microfilms, Rollo 100 12.2.03.

[14] Salvador Abascal, *Mis recuerdos. Sinarquismo y Colonia María Auxiliadora (1935-1944)*, Tradición, México, 1980, pp. 694-697, y Rodrigo Ruiz Velasco Barba, *Salvador Abascal. El mexicano que desafió a la Revolución*, Rosa María Porrúa Ediciones, México, 2014, pp. 152-155.

ahí causando cierta pena a sus misérrimos pobladores, y a todo aquel que quiera visitarlos.

Monumento a Salvador Abascal en María Auxiliadora, Baja California Sur
(Foto RPM, diciembre de 2011)

Lo cierto es que al echar a andar el proyecto colonizador del desierto, tan lejos de sus principales centros de actividad en el Bajío, el gobierno avilacamachista logró debilitar la unidad del sinarquismo, misma que a partir de 1942 y 1943 entró en un proceso de desarticulación, que culminó en 1944 al abolirse formalmente su organización, gracias a la ley del 23 de junio de dicho año, que prohibía la manifestación y creación de grupos políticos sediciosos, dada la emergencia de guerra en la que se encontraba el país.

Pero volviendo al año de 1941 y al general Cárdenas, otros asuntos relacionados con algunas críticas a su gobierno, que aparecieron durante los primeros meses del régimen avilacamachista, lo mantuvieron más cerca de la vida política de lo que, según él, había deseado estar. Por ejemplo, el 12 de febrero de ese año el general Abelardo L. Rodríguez, aprovechando una reunión de políticos y empresarios en el Club France de la Ciudad de México, atacó de manera muy evidente, aunque sin mencionarlos, a los líderes obreros del momento, especialmente a Vicente Lombardo Toledano y a Fidel Velázquez, vinculándolos con un afán de control al que, tampoco pronunciando su nombre, había contribuido claramente el gobierno de Cárdenas. Los dirigentes de la CTM no tardaron en vincular a Rodríguez con las derechas almazanistas, el sinarquismo y el recién creado y muy reaccionario Partido Acción Nacional.[15] La trifulca alcanzó las primeras planas y ni tardo ni perezoso, el propio General anotó en su diario: "El reciente discurso del general Abelardo Rodríguez carece de la fuerza moral para afectar o dañar la obra de la Revolución. Ha servido en cambio para agrupar al verdadero sector revolucionario".

Y aun teniendo en cuenta que el general Rodríguez se contaba entre los correligionarios de su amigo el presidente Manuel Ávila Camacho y que muy probablemente también lo tuviera en la lista de sus posibles amistades, no paraba en mientes a la hora de identificarlo con los sectores que, todavía muy ligados a las esferas de influencia del callismo, pretendían recuperar su poder y su prestigio. El General lo despachó con una frase lapidaria: "Tuvo la Revolución hombres que no resistieron la tentación de la riqueza, claudicaron de sus principios, perdieron la vergüenza y se volvieron cínicos".[16]

Y así, sin perder la atención a los aconteceres que bien podían dar marcha atrás a algunos de los logros que consideraba importantes de su régimen recién concluido, Cárdenas se ocupó, durante 1941, de por lo

[15] Luis Medina Peña, *Del cardenismo al avilacamachismo*, vol. 18 de *Historia de la Revolución Mexicana, periodo 1940-1952*, El Colegio de México, México, 1978, p. 137.

[16] Cárdenas, *Obras. 1...*, *op. cit.*, p. 18.

menos otros tres asuntos relevantes para el país en esos momentos. El primero fue el regreso del general Plutarco Elías Calles a México el 31 de mayo, que tuvo una buena cantidad de repercusiones en el medio político nacional. El segundo fue el conflicto suscitado el 23 de septiembre en la Fábrica de Materiales de Guerra, que provocó un sonado enfrentamiento entre los obreros y los soldados. Esa situación mostraba todavía cierta efervescencia en cuanto organización tanto del ejército como de los trabajadores. Y el tercero fue un asunto internacional que tenía que ver con la defensa de lo logrado durante el sexenio que acababa de presidir. A raíz de las negociaciones iniciadas el 18 de noviembre entre los gobiernos de los Estados Unidos y México que llevarían al arreglo de la deuda petrolera meses después, y que empezaban con un tratado comercial en el que los vecinos del norte mostraban su disposición para apoyar la estabilización del peso comprando nuevamente plata mexicana a la misma escala que se tenía antes de 1938, el General dedicó varias páginas a hacer un balance de su gestión.[17] Refutando algunas críticas que en esos días le asestaron a su sexenio, el General reflexionó, en sus *Apuntes*, haciendo una breve síntesis de lo que se había logrado en materia política y económica. Estos tres asuntos volverían a ocuparlo en diversas ocasiones a lo largo del sexenio de Manuel Ávila Camacho.

El regreso del general Calles a México planteó la posible reconciliación del régimen avilacamachista con los sectores que se sintieron desplazados durante el gobierno de Cárdenas. Desde los inicios del sexenio de Ávila Camacho varios políticos que mantenían una clara filiación callista habían saltado nuevamente a la palestra principal de los aconteceres nacionales. Tal vez el más connotado era Ezequiel Padilla, quien fungía como secretario de Relaciones Exteriores, y que, como ya se vio, había sido uno de los responsables del primer distanciamiento entre

---

[17] María Emilia Paz Salinas, "México y la defensa hemisférica, 1939-1942", en Rafael Loyola (coord.), *Entre la guerra y la estabilidad política. El México de los 40*, Conaculta/Grijalbo, México, 1990, p. 63.

Calles y Cárdenas. Otro era Francisco Javier Gaxiola, quien ocupaba la cartera de Economía, y que mantenía una lealtad particular hacia el general Calles desde los primeros años veinte. El polémico y temido hermano del presidente, Maximino Ávila Camacho, quien destacaba por su carácter acomodaticio y atrabiliario, tampoco ocultaba su devoción callista. Y no habría que olvidar al general Abelardo L. Rodríguez, quien seguía manteniendo una buena relación con el caudillo sonorense. Tanto Maximino como Rodríguez ocuparían puestos importantes en el gobierno del presidente Ávila Camacho. El mismo general Cárdenas, a pesar de haber propiciado la expulsión del general Calles de México en 1936, parecía guardarle bastantes consideraciones todavía, pues difícilmente se podía olvidar de los años en que ambos mantuvieron una relación de tutor-discípulo durante la guerra revolucionaria de la segunda década del siglo XX, y después como colaboradores en el proceso de institucionalización del poder posrevolucionario.

Si bien habría varios encuentros propiciados por el propio Ávila Camacho entre los generales Calles y Cárdenas a partir del regreso del primero a México, y sobre todo durante el siguiente año, tal parecía que ambos habían decidido mantener la relación en calma. No sólo se encontraron en varias ocasiones y se saludaron de manera muy civilizada, sino que incluso llegaron a coincidir en cuestiones políticas avanzado el sexenio.[18] Un primer encuentro público se suscitó durante un banquete que el presidente ofreció al ejército el 11 de septiembre de 1942 en el que los expresidentes se reunieron para compartir "La misma mesa: el mismo pan", tal como llamó a esa reunión el reportaje de la revista *Hoy*.[19] Los reporteros acudieron a la reunión con morbosas expectativas, y mucha fue su decepción cuando al estar el general Calles frente al general Cárdenas, éste le extendió la mano y le dijo: "¿Cómo

---

[18] Enrique Plascencia de la Parra, *El ejército mexicano durante la Segunda Guerra Mundial*, Siglo XXI Editores/UNAM, México, 2017, pp. 164-165.

[19] *Hoy*, 12 de septiembre de 1942.

le va, General?" A lo que el sonorense respondió tomándole la diestra: "Muy, bien, General, ¿y usted?" El general Cárdenas contestó: "Muy bien", y siguió saludando a los demás presentes. No corrió sangre, ni se insultaron. Los dos hicieron como si nada hubiese pasado entre ellos.[20]

Lo mismo sucedió durante la ceremonia de la Unidad Nacional celebrada el 16 de septiembre de ese año en que el presidente Ávila Camacho reunió a los seis expresidentes vivos en Palacio Nacional con el fin de mostrarle al pueblo mexicano que la élite política estaba haciendo un frente común ante las complicadas circunstancias que implicaba el ingreso de México a la guerra mundial. Plutarco Elías Calles, Emilio Portes Gil, Pascual Ortiz Rubio, Adolfo de la Huerta, Abelardo L. Rodríguez, Lázaro Cárdenas, recientemente nombrado secretario de la Defensa, y el presidente Manuel Ávila Camacho, fueron descritos entonces con cierta solemnidad ramplona por parte del propio General, como "seis soldados unidos al conjunto nacional que ofrecen integralmente sus servicios a la patria".[21] Como se verá más adelante, aquella reunión tuvo varios efectos colaterales, pero la esperada confrontación entre Calles y Cárdenas tampoco se dio ahí. El michoacano reconoció en sus *Apuntes* que "al encontrarnos los expresidentes reunidos en el despacho del señor presidente nos saludamos con cordialidad y conversamos como si no hubiéramos sido unos y otros entre sí factores de acontecimientos políticos que llegaron a distanciarnos".[22]

Cárdenas no sólo se refería a su propio conflicto con Calles, sino también al distanciamiento que el sonorense tuvo con Pascual Ortiz Rubio en 1932 y que lo obligaron a renunciar a su cargo de presidente constitucional. También, y desde luego, debió tener en mente las

<hr>

[20] Alfonso Taracena da otra versión de aquel encuentro. Según él sólo se saludaron "intentando los dos una inclinación de cabeza […] Mas a pesar del acercamiento, los generales Calles y Cárdenas se dieron las espaldas". Alfonso Taracena, *La vida en México bajo Ávila Camacho*, t. 1, Jus, México, 1976, pp. 253-256.

[21] Cárdenas, *Obras. 1…*, *op. cit.*, p. 90.

[22] *Ibid.*, p. 90.

circunstancias que provocaron el levantamiento de Adolfo de la Huerta en 1923 en contra del régimen del general Álvaro Obregón, en las cuales el propio Calles tuvo muchas responsabilidades. De la Huerta, Ortiz Rubio y el propio Cárdenas tenían cuentas pendientes con Calles, y al parecer ninguno de los tres hizo el menor aspaviento a la hora de saludarlo durante esa reunión.

Seguramente los seis mantenían sus resquemores, más aún si se piensa que Abelardo L. Rodríguez y Emilio Portes Gil, al igual que Cárdenas y Ávila Camacho, seguían activos en materia política, no siempre congeniando y en el mismo bando. Pero lo relevante fue que quienes

El presidente Manuel Ávila Camacho lee su discurso durante la ceremonia de la Unidad Nacional.
A sus costados Plutarco Elías Calles y Lázaro Cárdenas, más allá Abelardo L. Rodríguez y Pascual Ortiz Rubio, en la extrema derecha Emilio Portes Gil (Foto Hermanos Mayo/AGN)

parecían protagonizar el mayor encono, que eran Calles y Cárdenas, no dieron oportunidad para que se generara ningún tipo de inquietud política. Es más: al parecer ambos volvieron a reunirse un par de veces antes de la muerte de Calles, que ocurriría en octubre de 1945.

Igualmente en las imágenes que se publicaron de la ceremonia de la Unidad Nacional, al aparecer Cárdenas del lado izquierdo del presidente Ávila Camacho y Calles a su derecha, los dos con la vista al frente y con gesto adusto, mostraban que en medio de los demás convocados, ellos seguían siendo piezas de gran peso en la política mexicana.

Aun cuando tanto Calles como Cárdenas habían hecho declaraciones de que ya no intervendrían en la política mexicana, tal parece que todavía estuvieron juntos por lo menos a principios de 1944 en una reunión en la que se discutiría la manera de contrarrestar la creciente influencia del clero católico y las organizaciones de derecha, como los sinarquistas y el Partido Acción Nacional, en los asuntos nacionales. Los *Apuntes* del General abren ese año con cinco párrafos dedicados al sinarquismo y a cómo las derechas estaban minando los avances de la Revolución, lo cual podría corroborar que la mencionada reunión sí se llevó a cabo. Al parecer la misma tuvo lugar en Las Palmas, la casa del general Calles en Cuernavaca, y a ella acudieron tanto el presidente Ávila Camacho como el general Cárdenas y el expresidente Pascual Ortiz Rubio. Los cuatro discutieron sobre el peso que estaba recuperando la reacción en materia política y mientras Ortiz Rubio permanecía en silencio, Calles y Cárdenas coincidieron en que era necesario acotar el margen de acción del clero y los sinarquistas. Por su parte, Ávila Camacho manifestó su convencimiento de que las derechas de pronto tenían razón a la hora de evaluar los logros de las administraciones revolucionarias y que una forma de mediatizarlas era escuchar sus peticiones sin establecer de entrada puntos de vista radicales.[23] Tal

---

[23] Algunos detalles sobre esta reunión pueden consultarse en Plascencia de la Parra, *op. cit.*, p. 165.

parece que ni Calles ni Cárdenas estuvieron de acuerdo, pero mientras el primero reconocía que ya no podía hacer gran cosa al respecto, el segundo sugirió que para ser consecuente con sus planteamientos tendría que renunciar a la Secretaría de la Defensa. El presidente le pidió que no se precipitara y que tuviera en mente que un cambio en el gabinete en ese momento podría ser perjudicial para el gobierno. Con la anuencia de Calles, Cárdenas ratificó su alianza con Ávila Camacho, aunque a partir de entonces mantuvo la carta de su renuncia como un as escondido en la manga. Ocho meses después la volvería a utilizar en circunstancias muy distintas.

Pero volviendo a la relación entre el general Calles y el expresidente Cárdenas, ésta finalmente volvió a aparecer en los *Apuntes* del General el 19 de octubre de 1945, dos meses después de haber renunciado definitivamente a la Secretaría de la Defensa Nacional. Ese día el General registró el fallecimiento de su antiguo mentor. Sobre el respeto y la admiración que aún le profesaba tres frases resultaban por demás elocuentes: "Deja en su haber un saldo favorable en su vida de maestro, revolucionario y estadista. Cuando se hayan serenado las pasiones políticas se le juzgará mejor [...] Al regresar del exilio me saludó con nobleza".[24]

Una semana después el General volvió a escribir sobre las circunstancias que provocaron su distanciamiento y su ruptura con Calles, retomando algunas reflexiones sobre su expulsión del país en 1936. Como resultado de la ola de publicaciones que suscitó la muerte del general Calles, Cárdenas justificó su actuación en su diario comentando que se trató de una medida "necesaria y saludable para el país y para él mismo". El balance final de su obra como estadista y revolucionario, una vez que se sosegaran las pasiones de esos momentos, concluía el General, sería por demás positivo. Remataba sus apuntes de ese día diciendo: "Las causas políticas de su destierro y las demás imputaciones

---

[24] Cárdenas, *Obras. 1...*, *op. cit.*, p. 191.

que se le hagan de su vida política dejarán a salvo un importante 'haber' ganado durante el periodo de la lucha armada y durante su gestión presidencial".[25]

Otro tema político que le preocupó al general Cárdenas durante este primer año como expresidente fue el que surgió entre soldados y obreros en la Dirección de Materiales de Guerra de la Secretaría de la Defensa Nacional. A finales de septiembre de 1941 un conflicto estalló debido a una disputa entre militares y un sector de la organización laboral. Los trabajadores de la Dirección de Materiales de Guerra se habían organizado en un sindicato que pertenecía a la CTM, pero mantenían una alianza especial con el General. Lo habían visitado a principios de año para ofrecerle "un nutrido contingente" a la hora de celebrar el 18 de marzo en Jiquilpan, en donde solía festejarse ese día con particular denuedo desde 1938. Al poco tiempo, en otra reunión que se llevó a cabo en el rancho de Galeana, donde Cárdenas estaba pasando una temporada con su familia, el General les comentó que debían tener cuidado porque existía cierto peligro de que se convirtieran en "instrumento de políticos" que tenía clara intención de desestabilizar al régimen de Ávila Camacho.[26]

Aun así, la confrontación entre militares y obreros no pudo evitarse. El director de Materiales de Guerra, el general Luis Bobadilla Gamberros, era amigo personal de Cárdenas y excolaborador de Manuel Ávila Camacho cuando éste había sido secretario de la Defensa en el sexenio anterior. El sindicato y el general Bobadilla mantenían una tensa relación, a raíz de la denuncia de varias irregularidades en la Fábrica de Pólvora de Tacubaya, la cual corría el peligro de estallar en cualquier momento, debido a un ineficiente control de sustancias explosivas. Una vez resueltos los mecanismos de seguridad, la tensión continuó azuzada principalmente por "agitadores irresponsables" que

---

[25] *Ibid.*, p. 193.
[26] *Ibid.*, p. 18.

eran vistos como herencia del sexenio anterior, y que respondían a cierto radicalismo imbuido en el discurso de muchos líderes obreros, avalados por el propio Vicente Lombardo Toledano y la CTM. Si bien el liderazgo de dicha central ya lo ocupaba el moderado y complaciente Fidel Velázquez, todavía no había disminuido el tono intransigente y militante de la prédica obrerista. El sindicato de Materiales de Guerra organizó el 23 de septiembre una marcha que concluyó frente a la casa presidencial en Chapultepec, donde una comisión pidió hablar con el presidente. Un grupo de soldados, al mando del coronel Maximino Ochoa Moreno, jefe de ayudantes presidenciales, se opuso a la entrada de los obreros, los cuales trataron de desarmarlos. El coronel Ochoa ordenó que se disparara contra el contingente sindical y varios obreros resultaron muertos, mientras la multitud se dispersaba desorganizadamente. La trifulca se utilizó para hacer toda clase de acusaciones que mostraban el estado de efervescencia que se estaba viviendo en ese momento. Por un lado la prensa insistió en que el jefe de ayudantes era un simpatizante de los nazis y los falangistas infiltrado en las filas del ejército, y por otro los líderes de la CTM pretendieron defender a sus agremiados, aunque también reconocieron que el radicalismo parecía confundir a las masas obreras.[27] El general Cárdenas se puso del lado del sindicato y anotó en su diario: "Ojalá que el sacrificio de estas víctimas de la causa obrerista venga a hacer más atentos y más humanos a los subalternos oficiales ante las quejas de los trabajadores".[28]

El conflicto alcanzó la vena popular, que no tardó en expresar su descontento en una pieza que su autor, Manuel Muñiz C., tituló "El corrido de Materiales de Guerra" y que decía:

---

[27] Plascencia de la Parra, *op. cit.*, pp. 31-32, y Daniela Spenser, *En combate. La vida de Lombardo Toledano*, Penguin Random House Grupo Editorial, México, 2018, pp. 217-218.

[28] Cárdenas, *Obras. 1…*, *op. cit.*, p. 50.

Nunca podrás olvidar
sobre esta mísera tierra,
a Materiales de Guerra
y su afán de bienestar.

Quiero y me niego a narrar
los tristes hechos de ayer,
porque no puedo creer
en tan gran iniquidad…

Hoy ya no admite la tierra
hombres de pechos sinceros:
¡díganlo, fieles obreros
de Materiales de Guerra!

Cuando la dicha buscaron,
contentos y entusiasmados,
las armas de los soldados
sus vidas arrebataron…

Ésa no es Revolución,
militares respetables
guarden y envainen sus sables
para mejor ocasión.

No atormenten la nación
que hoy anhela bienestar
procuren siempre brindar
al pueblo cooperación.

Miren al trabajador
como miembro de la raza

y que el torno y la coraza
gocen del mismo valor.[29]

La confrontación entre trabajadores y militares venía ganando terreno desde hacía algunos años, sobre todo a raíz de la creación de las llamadas "milicias obreras", que con la venia del entonces presidente Cárdenas la CTM empezó a organizar a partir de 1938. Si bien estas milicias carecían de armamento, su organización incluía cierta disciplina militarizada, ejercicios deportivos y una presencia ordenada y corporativa en los desfiles y rituales cívicos. Aunque se llamaban "milicias", en ellas no participaba el ejército en su entrenamiento y menos en su organización. Esto fue visto con particular sospecha en la institución armada y varios militares pensaron que la anuencia del gobierno en torno de su creación era un primer paso para ir disolviendo al ejército y así instaurar la "dictadura del proletariado" que constantemente aparecía en las alocuciones de Lombardo Toledano y sus seguidores. Incluso algunos de estos militares esgrimieron consignas declaradamente anticomunistas, pensando que si no hacían nada al respecto pronto perderían sus espacios de acción e influencia. No tardaron en formarse pequeños grupos especialmente ruidosos, como el Partido Revolucionario Anticomunista o la Unión Nacional de Veteranos de la Revolución, que vieron con muy malos ojos los enormes contingentes de obreros desfilando en formaciones militares el 1° de mayo de 1939 o el 20 de noviembre del mismo año. Generales como Manuel Pérez Treviño, Marcelo Caraveo, Pablo González, Francisco Coss y Joaquín Amaro pusieron el grito en el cielo, sobre todo después de que el propio Lombardo anunció que se iba a crear una escuela militar para entrenar a las milicias obreras de la CTM.[30]

---

[29] Antonio Avitia Hernández, *Corridos de la capital*, Conaculta, México, 2000, pp. 196-197.

[30] Edwin Liuwen, *Mexican Militarism. The Political Rise and Fall of the Revolutionary Army (1910-1940)*, University of New Mexico Press, Albuquerque, 1968, pp. 127-128.

Dicha escuela nunca se creó y más bien con el arribo del moderado general Manuel Ávila Camacho a la presidencia la suspicacia de los militares empezó a disminuir. Aun así, el zafarrancho del 23 de septiembre de 1941 entre obreros de Materiales de Guerra y soldados puso en alerta a los miembros del ejército, tanto a los reaccionarios como a los de izquierda, porque tal parecía que ese escándalo implicaba un regreso a las tensiones vividas al final del sexenio cardenista.

Y al respecto habría que mencionar que, como trasfondo de esta situación, también estaba la disputa sobre si el ejército podía tener una participación en la vida política institucional o si de plano debía mantenerse al margen. El general Cárdenas había planeado que dicha participación se hiciera a través del sector militar del refundado Partido de la Revolución Mexicana en 1938. Ávila Camacho, por su parte, no se opuso a la creación de ese sector a la hora de reestructurar el PRM. Como candidato a la presidencia, ese sector le fue particularmente útil, pues sirvió para encauzar a los militares afines a su candidatura y también para dejar fuera de la contienda a quienes apoyaban al opositor Juan Andrew Almazán.[31] Sin embargo, una de sus primeras acciones como presidente en funciones, el 10 de diciembre de 1940, fue suprimir aquel sector del partido.[32] Con ello probablemente también quiso demostrar que quien ahora mantenía el control de la situación era él, claro está, con la venia de los principales militares del momento y sobre todo del general Cárdenas, quien no se opuso a tal medida.

A pesar de lo que la prensa del momento y algunos estudiosos de este periodo han sostenido, más que una disensión entre el poder cardenista y el avilacamachista lo que aparecía en primera instancia era una continuidad por demás llevadera. Si bien Ávila Camacho insistirá en la mediación y la no confrontación entre intereses contrapuestos,

---

[31] Plascencia de la Parra, *op. cit.*, p. 25.
[32] Luis Javier Garrido, *El Partido de la Revolución Institucionalizada. La formación del nuevo Estado en México (1929-1945)*, Siglo XXI Editores, México, 1982, pp. 303–306.

llama la atención cómo el proyecto cardenista siguió vigente en muchos rubros de la administración pública avilacamachista. Es cierto que en materia agraria los repartos de tierra ejidales empezaron a disminuir y que los trámites burocráticos se volvieron cada vez más lentos y difíciles. Sin embargo, no se frenaron. Una sociedad plagada de contrastes seguía participando con algunas dudas y resistencias en la imposición de un proyecto altamente centralista. La provincia mexicana, y más aún las comunidades indígenas —que tanto habían preocupado al gobierno anterior—, continuaban siendo objeto de estudios antropológicos pero también se mantenían como resistentes usufructuarios del proyecto de desarrollo nacional. El abandono en el que se encontraban era tan sólo una de las múltiples contradicciones nacionales. En el campo se vivió una paulatina reorientación de la política gubernamental, que no ocultó su afición por la pequeña propiedad, pero que continuó con el apoyo a los proyectos ejidales cardenistas. Poco antes de tomar posesión de la presidencia, el general Ávila Camacho había declarado a la prensa: "Creo que debemos en materia agrícola emplear diversos sistemas de trabajo y producción. Lo mismo el sistema colectivista, que el mutualista, que el cooperativista, que la pequeña propiedad [...] Uno de mis mayores deseos es que, cuanto antes, se proceda a la titulación de la parcela y que los pequeños propietarios puedan gozar de toda la confianza que debe inspirar el gobierno".[33]

Diez días después del cambio de poderes, el presidente planteó la posibilidad de la parcelación de los ejidos con el fin de restar fuerza política al colectivismo y aumentar el potencial productivo de la propiedad individual. A partir de 1941 los trámites burocráticos ligados al reparto de tierras se complicaron y entorpecieron, e incluso en algunas zonas de interés turístico o colindantes con ciudades importantes se daría marcha atrás en la dotación ejidal. Con Marte R. Gómez como secretario de Agricultura y Fomento, y Fernando Foglio Miramontes

---

[33] *Hoy*, 21 septiembre de 1940.

en el Departamento Agrario, el gobierno invirtió en sistemas de riego y apoyó el surgimiento de un sector ranchero o agrícola más ligado a la pequeña o gran propiedad, sobre todo en el norte del país. Este sector no tardó en alcanzar cierta prosperidad económica, gracias a la rápida comercialización de cereales, legumbres y frutas en el mercado estadounidense, abierto por la emergencia bélica.[34]

Sin embargo, todavía había un amplio sector de la población que no había logrado acceder a la tierra ni a los beneficios que instrumentó el gobierno de Cárdenas en materia de reforma agraria. En especial las comunidades indígenas se mantenían al margen del desarrollo nacional, y de ello era muy consciente el General. Después de visitar las poblaciones tarascas de las islas y las riberas del lago de Pátzcuaro, a finales de julio de 1941, anotó una larga disquisición sobre la necesidad de lograr que los pueblos indios se convirtieran en un "factor más activo en el desarrollo nacional". Mencionando sus experiencias entre los kikapús, los yaquis, los chamulas y los mayas, reconoció que mucha responsabilidad de su atraso se debía al "capitalismo criollo que ha sido incapaz de elevar la economía de los pueblos" y remataba diciendo que el campo mexicano mantenía su atraso porque las reformas revolucionarias todavía no habían logrado una distribución equitativa de la riqueza: "En realidad ha faltado a la Revolución mexicana barrer desde sus cimientos a los enemigos de los trabajadores: quitarles el poder económico a los ricos de ayer y a los ricos de hoy".[35]

Aun con este tipo de conclusiones, habría que reconocer que el campo mexicano se mantuvo con muy pocas variaciones, y mucho menos con transformaciones radicales, a lo largo del sexenio avilacamachista. Como queriendo establecer ciertos estereotipos de los trabajadores mexicanos del campo, consistentes en la imagen del campesino

---

[34] José C. Valadés, *La Unidad Nacional. Historia de la Revolución mexicana*, vol. 10, SEP/Ediciones Gernika, México, 1985, pp. 5-7.

[35] Cárdenas, *Obras. 1...*, *op. cit.*, p. 45.

miserable y abandonado, casi siempre ligado a alguna comunidad indígena, a la par del ranchero noble y mestizo, fanfarrón y dicharachero, como representante del México provinciano y campesino, el nuevo gobierno quiso favorecer a la pequeña propiedad, aunque no se atrevió a poner un alto a la distribución ejidal. Es más: el segundo Plan Sexenal proclamado en 1940, como fundamento del programa gubernamental del PRM, establecía claramente que el ejido seguía siendo la base de la economía agraria. Se pensaba que fortalecer el mundo campesino y ranchero era el sustento básico del proyecto industrializador del país. Así lo reiteraron tanto Cárdenas siendo presidente, como Manuel Ávila Camacho siendo candidato en aquel final de los años treinta.[36]

Pero también en aquellos momentos la dimensión folclórica del campo y los campesinos que aparecía en los principales medios de comunicación se inclinaba a mostrar a un México un tanto inverosímil, en el que las luchas agrarias eran prácticamente inexistentes. La invención cinematográfica del mundo rural exhibía un país que era sobre todo producto de la imaginación y la nostalgia de los sectores medios urbanos que empezaban a crecer de manera inusitada.[37] Igualmente un reconocimiento al modelo de progreso estadounidense se iría adueñando de las conciencias locales, aun cuando la llamada "mexicanidad" rural y ranchera generara muchas reflexiones y polémicas.[38] Mientras la pobreza se presentaba en el discurso político y en el lenguaje de los empresarios con cierto afán pintoresquista, los sectores medios ingresaban a los primeros peldaños de una escala social que parecía rescatarlos de la ignominia económica. La carrera burocrática se convirtió en una especie de salvavidas para la emergente clase media, de la misma manera que el desarrollo industrial logró captar, en las principales

---

[36] *¡Cárdenas habla!*, PRM, Imprenta La Impresora, México, 1940, pp. 283-285.

[37] Carlos Martínez Assad, "El cine como lo vi y como me lo contaron", en Loyola, *op. cit.*, pp. 354-355.

[38] Carlos Monsiváis, "Sociedad y cultura", en Loyola, *op. cit.*, pp. 263-264.

ciudades del país, a una gran migración proveniente de la malograda provincia mexicana.[39]

Continuando con el modelo de desarrollo instrumentado desde mediados de los años treinta, la industria mexicana conoció grandes posibilidades de crecimiento durante el primer lustro de los años cuarenta. Esto se dio gracias a la ampliación del mercado interno, la restricción de la libre competencia, la protección arancelaria y los estímulos fiscales que ya se habían echado a andar desde la década anterior.

Además de los conflictos sociales suscitados entre 1938 y 1940 la población se había enfrentado a una severa crisis económica provocada principalmente por la reacción internacional a la expropiación petrolera. A dicha crisis contribuyó también el desplome de la producción agrícola, afectada por cuestiones tanto climatológicas como de demanda y distribución. Pero también aquella retracción económica se debió particularmente a la pasividad de los inversionistas que se mantuvo como defensa frente a la posible continuidad del proyecto cardenista.[40]

Hacia el final de su primer año como expresidente el general Cárdenas nuevamente reflexionaría sobre los logros de su gestión y justificaría su actuación planteando que había cumplido con lo establecido por el Plan Sexenal de 1933 como mandato para su administración. Sin particularizar, respondió a las críticas que habían aparecido en la prensa afirmando que éstas no recordaban que "la Revolución tenía entonces una deuda con el pueblo y más olvidan que la tiene a la fecha". Haciendo un balance, dedicó un par de párrafos a exponer lo que en materia política se había logrado y que consistía en la organización cívica de las masas, la libertad de expresión y la "crítica pública". Pero también anotó: "El gobierno se apoyó en los sectores obrero, campesino, maestros, intelectuales revolucionarios y contó también con la simpatía de

[39] Bertha Lerner de Sheinbaum y Susana Ralsky de Cimet, *El poder de los presidentes. Alcances y perspectivas (1910-1973)*, IMEP, México, 1976, p. 175.

[40] Medina Peña, *op. cit.*, pp. 133-143.

núcleos ajenos a toda actividad política [...] El gobierno sintió el apoyo popular y actuó interpretando el programa aprobado en la Convención Nacional de Querétaro".[41]

De esta manera, el General parecía seguir pendiente de lo que los diarios y los medios políticos opinaban sobre su gestión recién concluida. Así, los asuntos de la Iglesia, de los obreros y los dimes y diretes de la administración pública no dejaron de preocuparle. Y un tema que definitivamente continuó inquietándolo fue el petróleo. El 5 de marzo dedicó varias reflexiones en sus *Apuntes* sobre el proyecto de ley del petróleo presentado recientemente al Congreso que, según él, autorizaría "la explotación petrolera por sociedades mixtas" en las que se combinaría la inversión del Estado y las privadas, "inclusive extranjeros".[42] Esto desde luego iba en contra del motivo inicial de la nacionalización del petróleo, y el General manifestó su esperanza de que el presidente Ávila Camacho reconsiderara la posibilidad de permitir la aceptación de dicha ley. Trató de justificar a su amigo, diciendo que, durante su presidencia, a él también le había pasado que no había podido revisar algunos proyectos personalmente con cuidado, dada la confianza que les tenía a sus subordinados, y que por ello no se había percatado oportunamente de su improcedencia. Pensaba para sí que ojalá el presidente Ávila Camacho tuviese el tamaño suficiente para no dar marcha atrás en un asunto que tanto le había costado al propio General y a la nación.[43]

Pero mucho más que a estas preocupaciones y diatribas, Cárdenas dedicó sus días y sus horas, como recién inaugurado expresidente, a recorrer el occidente de la República, particularmente el estado de Michoacán, en donde parecía sentirse como pez en el agua. En tren, en auto y a caballo se dejó ver por los rumbos lacustres de Pátzcuaro

---

[41] Cárdenas, *Obras. 1...*, *op. cit.*, p. 52.

[42] *Ibid.*, p. 22.

[43] *Ibid.*, pp. 22-23.

y sus alrededores, por su pueblo natal de Jiquilpan, en las colindancias de Jalisco y el lago de Chapala, y la Tierra Caliente, donde mantenía el rancho Galeana, cerca de Apatzingán, al cual volvió con especial entusiasmo. A estos últimos parajes no había regresado durante todo su sexenio, y tal parecía que cierto prurito le había impedido acudir a esta región mientras era presidente. No quería que se pensara que favorecía de alguna forma esas tierras con las que mantenía un vínculo estrecho, pero más que nada porque ahí tenía una extensa propiedad.[44]

En los primeros días de febrero de 1941 el General se llevó a su familia a Tierra Caliente, al rancho Galeana, con el fin de pasar varias semanas en la región. Ahí se quedaron hasta finales del mes, recorriendo y visitando diversas poblaciones de la zona, en la que, al parecer, el pequeño clan se sentía a sus anchas. El 16 de febrero, después de recordar cómo llegó por primera vez a Tierra Caliente en 1913 para ingresar a la Revolución, el General dedicó algunas líneas a su familia sobre lo bien que la estaban pasando: "Amalia está contenta, le gusta la Tierra Caliente y me interpreta en mis propósitos. Alicia se manifiesta gustosa y Cuauhtémoc encantado corriendo a caballo".[45]

Además de mantener algún ganado y de experimentar con cruzas de toros y vacas cebú que había conseguido siendo el encargado militar de las huastecas, Cárdenas tenía intenciones de cultivar palma y limón en Galeana. También había convertido aquella propiedad en centro de operaciones de varios proyectos importantes para el desarrollo de la Tierra Caliente a los que dedicaría mucho tiempo y esfuerzo. Uno de los más importantes fue la construcción de la carretera que debía unir el pie de la Sierra Tarasca con la costa del Pacífico. Desde los vergeles de Uruapan a los enormes depósitos ferríferos de Las Truchas, se planeaba trazar una vía que recorriera más de 300 kilómetros por un muy

---

[44] Cuauhtémoc Cárdenas, *Cárdenas por Cárdenas*, Penguin Random House Mondadori Grupo Editorial, col. Debate, México, 2016, p. 525.

[45] Cárdenas, *Obras. 1*, *op. cit.*, p. 17.

intrincado territorio que implicaba cruzar los fértiles valles de Nueva Italia y Apatzingán, subir por la Sierra Madre Occidental hasta el poblado de Arteaga y de ahí bajar a Playa Prieta. El General recorrió aquel territorio por lo menos tres veces durante el año de 1941. A principios de año lo hizo acompañado por el gobernador de Michoacán, el general Félix Ireta, el jefe de la zona militar, el general José Tafolla, y una comitiva integrada por sus antiguos colaboradores Gabino Vázquez, Natalio Vázquez Pallares, Antonio Florencia y varios más.[46]

En abril volvió a Galeana y se quedó por el rumbo hasta finales de mayo. Durante sus recorridos insistió en la necesidad de impulsar la vía férrea Uruapan-Zihuatanejo, la cual ya se había terminado hasta un ramal que llegaba a Apatzingán. Entre el 6 y el 7 de mayo avanzó con su comitiva de Arteaga hasta Playa Azul, en donde aprovechó para bañarse en el mar, y dejar su testimonio de que por ahí se podía entrar al agua y caminar una muy larga distancia sin que el nivel descendiera más de un metro. Al día siguiente, después de acampar en una pequeña enramada, siguieron a caballo hacia Las Truchas, en donde nuevamente se percató de que ese lugar podía convertirse en un polo de desarrollo si se explotaba debidamente el subsuelo férreo y se proyectaba la construcción de un puerto, al que debía arribar el ferrocarril que continuaría hasta Zihuatanejo.[47] Aquel sueño de construir un puerto en Las Truchas, aprovechando la riqueza minera de la región, tardaría en volverse realidad, y para ello tendría que sortearse una buena cantidad de obstáculos, tanto de la naturaleza como de la avaricia humana.

El General volvería a Galeana y sus alrededores una vez más en septiembre, para regresar a su pueblo natal pasando por Pátzcuaro a principios de octubre. Además de Jiquilpan, donde al parecer el General quiso establecer su principal centro de actividades, la quinta Eréndira de Pátzcuaro también le sirvió de estación de trabajo durante ese año.

---

[46] *Ibid.*, pp. 19-20.
[47] *Ibid.*, p. 34.

Aquella casa con su granja y sus jardines, y desde luego con su maravillosa vista hacia el horizonte lacustre michoacano, era un espacio que también ya tenía infraestructura suficiente como para albergar a la familia del General, y permitirle recibir amigos y comitivas que fueran a visitarlo. Tanto el General como Amalia sentían un particular aprecio por la quinta Eréndira. Ésa fue la primera casa que tuvieron juntos, recién casados, y durante el sexenio se habían encargado de ir arreglándola conforme a un gusto muy ligado a la estética de la arquitectura vernácula michoacana. Su primera edificación, hecha a finales de los años veinte, poco tenía que ver con el estilo colonial, puesto que su planta moderna y su estructura basada en el concreto y el tabique no la diferenciaban mucho de las casas de campo de la élite gobernante de aquel momento. Sin embargo a partir de 1935 los esposos Cárdenas empezaron a remodelarla. Ya desde 1930 el General le había solicitado al pintor Fermín Revueltas que decorara su interior con algunos murales relativos a la leyenda de la princesa Eréndira y del encuentro entre el rey Tanganxoán y el conquistador Cristóbal de Olid. Poco tiempo después le solicitaron a Roberto Cueva del Río, quien también se encargaría de decorar el Teatro Emperador Caltzontzin en Pátzcuaro, que pintara nuevos murales en la biblioteca y en la sala de la quinta. Sobre esas paredes blancas se dibujaron otras dos figuras muy admiradas por el propio Cárdenas: Vasco de Quiroga y José María Morelos. Ambos fueron representados custodiando los costados laterales de un gran ventanal que hasta hoy mira hacia los confines lacustres. Entre 1935 y 1943 la remodelación de la casa siguió las pautas establecidas por Alberto Leduc, uno de los arquitectos más cercanos al General.[48] La tejas de barro, las columnas, los marcos de cantera, tanto de puertas como de ventanas, el uso de trabes con zapatas de madera, los balcones, los patios, las fuentes y hasta las

---

[48] Jennifer Jolly, *Creating Pátzcuaro, Creating Mexico. Art, Tourism and Nation Building under Lázaro Cárdenas*, University of Texas Press, Austin, 2018, pp. 188-192 y 246-250.

bancas de los jardines remitían a ese sabor de pueblo que tanto se repetía en el altiplano lacustre y montañoso de Michoacán y que parecía serle tan caro al expresidente y a su familia.

El general Cárdenas y su esposa en un rincón del jardín de la quinta Eréndira
(Archivo CERMLC)

Y, en efecto, durante su primer año como expresidente, el General tuvo la oportunidad de recuperar una vida familiar de la que, por obvias razones, durante su sexenio se había distanciado. A lo largo de 1941 fueron varias las referencias personales que hizo sobre su familia en sus *Apuntes*, pero justo en su aniversario de bodas con Amalia, el 25 de septiembre, anotó con cierta amorosa solemnidad lo siguiente:

Hoy se cumplen nueve años de verificado mi casamiento con Amalia. Estoy contento; en realidad he sido feliz con ella. Ha sabido usar del tacto necesario para tratarme en medio de mil problemas morales, políticos y sociales en que he participado. Es cariñosa e inteligente y nunca ha manifestado la menor exigencia en cuanto a la forma que hemos vivido, tanto durante mi administración como después. No asistimos a fiestas y se muestra contenta, así estemos en la ciudad o el campo. Es una buena esposa y una buena madre. Nuestro hijo Cuauhtémoc es un gran estímulo para ella.[49]

Y tal parecía que ese nuevo periodo de su vida le permitiría no sólo recorrer sus terruños con mayor empeño, sino que también tendría más tiempo para podérselo dedicar a su familia. Sin embargo en diciembre de ese año el agravamiento de la situación internacional le impuso una nueva tarea, que nuevamente lo alejó de sus seres más cercanos.

Comandante del Pacífico

> El tiempo se va venciendo
> ya se aproxima su raya
> quién sabe cómo nos vaya
> por lo que está sucediendo...
>
> José Guadalupe Reyes,
> San Luis Potosí, 1941

El 7 de diciembre de 1941, estando en su casa de Jiquilpan, el general Cárdenas se enteró por la radio de que la fuerza aérea japonesa había bombardeado las instalaciones militares de Pearl Harbor, en las islas de Hawái, además de otras posesiones británicas en el Pacífico. Al día siguiente escuchó la declaración de guerra de los Estados Unidos a Japón, y también que otras naciones como Inglaterra, Canadá, Holanda y los Países Bajos, así como El Salvador, Guatemala, Haití, Honduras, Panamá y Costa Rica entraban al conflicto internacional definiendo su estado de beligerancia contra el imperio nipón. Desde ese momento el General insistió en que México debía mantenerse alerta sin declarar la guerra, aunque colaborando de manera absoluta con "los defensores de la democracia". Ese mismo día le envió un mensaje al presidente Ávila

---

[49] Cárdenas, *Obras. 1...*, *op. cit.*, p. 49.

Camacho, poniéndose a sus órdenes. El mandatario le contestó inmediatamente solicitándole que se presentara cuanto antes en la capital. El 9 de diciembre fue recibido en el despacho particular presidencial a las 17 horas. No se tiene información exacta sobre lo que sucedió en aquella reunión, pero en la foja de servicios del general Cárdenas se indica que a partir del 8 de diciembre de 1941 reingresó al servicio activo, poniéndose a disposición del gobierno por "motivo penoso acontecimiento declaración guerra EU y Japón".[50]

Durante los dos días siguientes cesaría de estar a disposición de la presidencia y el propio presidente lo nombraría comandante general de la Región Militar del Pacífico. Con fecha del 11 de diciembre, aquel nombramiento implicaba no sólo la creación de una nueva región militar que tendría jurisdicción desde Baja California hasta Chiapas, es decir: 12 zonas militares del occidente, sur y norte del país y las dos zonas navales de Mazatlán y Acapulco, sino también el establecimiento del encargo particular, por parte del comandante supremo de las fuerzas militares del país, de velar por los intereses nacionales en zonas especialmente desprovistas de defensa como lo eran las costas mexicanas del Pacífico.[51]

El encargo presidencial y la responsabilidad del recién nombrado comandante del Pacífico se pusieron inmediatamente en marcha. El 15 de diciembre el General llegó a Jiquilpan para anunciarle a su familia que debía emprender en seguida un viaje hacia Baja California con el fin de establecer su comandancia en el puerto de Ensenada. Amalia, Alicia y Cuauhtémoc lo acompañaron cuatro días después a Guadalajara, en donde se despidieron con tristeza y aprehensión seguramente, porque era muy probable que no volvieran a ver al General durante un tiempo indeterminado. Nuevamente la familia se separaba, aunque ahora lo

[50] Archivo Sedena, Expediente del General Lázaro Cárdenas del Río, Cancelados XI/III/1-4, t. 4, LCR 041.

[51] Ángel J. Hermida Ruiz, *Cárdenas, comandante del Pacífico*, Ediciones El Caballito, México, 1982, p. 12.

hacía con el nerviosismo que poco a poco empezaba a invadir el ambiente impregnado de consignas de guerra y de emergencias nacionales.

En Guadalajara, Cárdenas se reunió con algunos militares que serían sus colaboradores cercanos durante aquel periplo hacia el norte. José Muñoz Cota sería su secretario y el coronel Luis Alamillo Flores, junto con el teniente coronel Feliciano Flores Díaz, el mayor Arturo Dávila Caballero y los capitanes Armando Pérez González y Gerónimo Gómez Suástegui, formarían su estado mayor, del cual sería el jefe el comodoro Roberto Gómez Maqueo, quien se uniría al grupo más adelante. También se integró otro amigo y excolaborador del General, el ingeniero Genaro Vázquez. Acompañado por el gobernador de Jalisco, Silvano Barba González, Cárdenas y su comitiva siguieron su viaje hasta Tequila y ahí tomaron el tren a Mazatlán, a donde llegaron al día siguiente. De ahí siguieron a Culiacán y luego rumbo a Hermosillo. Aprovecharon su paso por Vícam, en el estado de Sonora, para visitar algunos campos cultivados por los yaquis, y para refrendar el vínculo que el General mantenía con aquellas comunidades indígenas.

Al llegar a Hermosillo la comitiva fue recibida en la estación por una muchedumbre que mostraba cierta inquietud, al parecer debido a intensos rumores de que tropas estadounidenses habían cruzado la frontera un día antes y ocupado algunos puntos del territorio nacional. Si bien el asunto no derivó en mayores problemas, la presencia de Cárdenas parecía dar cierta seguridad a los afanes más agitados, y él mismo no hizo mención de aquello en sus *Apuntes*. Sin embargo, su cercano colaborador, el coronel Alamillo Flores, sí insistió en sus *Memorias* que había sido necesario calmar dicha incertidumbre con los discursos de Muñoz Cota y del propio Alamillo.[52]

El 22 de diciembre salió la comitiva con el general Cárdenas a inspeccionar la costa del Mar de Cortés, llegando hasta Punta Peñasco,

---

[52] Luis Alamillo Flores, *Memorias. Luchadores ignorados al lado de los grandes jefes de la Revolución mexicana*, Contemporáneos, México, 1976, pp. 549-550.

que entonces era un pequeño puerto prácticamente abandonado por el Estado mexicano. Con la conciencia de que éste era un punto particularmente indefenso del territorio nacional, el General comentó en sus *Apuntes* que era necesario ampliar su muelle, y sobre el cerro de la Cholla, donde una empresa estadounidense pretendía construir un hospital, subrayó: "Debe reservarse este sitio para obras de defensa del puerto". Un párrafo más adelante sus consideraciones fueron mucho más explícitas: "Urge desarrollar con mayor población este puerto, para resguardarlo mejor ante la pretensión que siempre ha tenido el Estado norteamericano de Arizona de adquirir una faja que le dé salida al mar".[53]

La preocupación por la avidez estadounidense sobre estos territorios fronterizos y peninsulares, pretextando la emergencia de la guerra mundial, y desde luego por "nuestras raquíticas condiciones materiales y militares" en materia de resguardo y defensa, se iría acrecentando en la conciencia del General. Más aún si se toma en cuenta que prácticamente no se tenía información precisa sobre la situación que guardaba la mayor parte del territorio de esa región del noroeste mexicano. Después de visitar Punta Peñasco, la comitiva siguió hacia Río Colorado, de ahí a Mexicali y a Tecate hasta llegar a Tijuana. En aquella pequeña ciudad fronteriza, Cárdenas solicitó una reunión en corto con el gobernador del territorio de Baja California, el general Rodolfo Sánchez Taboada, el comodoro Roberto Gómez Maqueo, quien había sido nombrado jefe de su estado mayor, y el coronel Luis Alamillo Flores. Como no había comandante de zona militar, debido a un reemplazo que todavía no se llevaba a cabo cabalmente, aquellos cuatro individuos eran *de facto* las autoridades máximas de ese momento en la región. Sánchez Taboada y Gómez Maqueo se habían integrado a la comitiva del General en Punta Peñasco, pero fue hasta su arribo a Tijuana cuando pudieron sentarse a comentar lo poco que sabían de la situación que vivía el territorio. La

---

[53] Cárdenas, *Obras. 1...*, *op. cit.*, p. 55.

crónica que de dicha reunión hizo el coronel Alamillo fue por demás reveladora:

> El General preguntaba y el gobernador respondía, expresando sus pensamientos con timidez y sin claridad. Repitió lo que ya todos sabían, agregando a su propio juicio la opinión colectiva de la entidad que gobernaba. Cuando se dirigió al comodoro, pensando, como a mí también me ocurría, que habiendo llegado antes que nosotros podría proporcionarnos información fresca y abundante, quedé anonadado al oír el susurro de su voz lenta y poco comprensible contestando que "él nada sabía acerca de lo que estaba ocurriendo".[54]

Así, con muy poco conocimiento de lo que sucedía en la península de Baja California, en el Mar de Cortés y en las costas del estado de Sonora, el general Cárdenas finalmente llegó a Ensenada, en donde se estableció la Comandancia de la Región Militar del Pacífico. El General ya conocía esa población por lo menos desde 1933, pues ahí el expresidente Abelardo L. Rodríguez se había mandado edificar una hermosa mansión, El Sauzal, en la cual fungió como anfitrión de varias reuniones políticas importantes, sobre todo en los momentos en que el general Calles era la pieza clave del acontecer nacional. Cárdenas sabía que El Sauzal era el centro desde el cual el general Rodríguez supervisaba sus negocios, especialmente la Empacadora Nacional de Productos Marinos, que había comprado en 1932 y que en 1937 transformó en Pesquera del Pacífico, convirtiéndola en una relevante industria local, que enlataba sobre todo atún y sardina para venderla tanto al mercado estadounidense como al mexicano.[55] Dicha exitosa empresa estaba a unos pasos de aquella mansión en la cual el general-empresario también

---

[54] Alamillo Flores, *op. cit.*, p. 552.
[55] Arnulfo Ochoa Sánchez, *A flor de agua. La pesquería de atún en Ensenada*, Conaculta/Plaza y Valdés, México, 1997, pp. 33-34.

podía estar al tanto de otros importantes negocios suyos como el cultivo masivo de aceitunas o la incipiente industria vitivinícola que ya empezaba a desarrollarse en el famoso Valle de Guadalupe. Al escoger Ensenada como su centro de operaciones, quizá Cárdenas no sólo tomó en cuenta su ubicación geográfica y estratégica, sino que también pudo considerar su presencia ahí para no perder de vista a quien, aunque consideraba su correligionario, también era cierto que había dado muestras de su condición reaccionaria y procapitalista. No tardaría el presidente Ávila Camacho en encargarle al general Rodríguez la Comandancia de la Región Militar del Golfo y con ello tratar de equilibrar a las fuerzas armadas en pos de su idea de la unidad nacional.[56]

En la hermosa bahía de Todos Santos se había construido un lujoso hotel–casino, que llevaba el nombre de Hotel Playa. Inaugurado en octubre de 1930, en plena vigencia de la ley seca estadounidense, aquel gran inmueble de estilo "californiano", tan abundante en tejas, arcos y celosías, se convirtió en referencia obligada del turismo de lujo estadounidense. Se trataba de un conjunto de 74 habitaciones, con varias albercas, bares, restaurantes, una gran sala de baile, jardines, patios y, desde luego, todo a la orilla de la playa. Su casino llamó la atención de magnates y artistas de Hollywood, mismos que le dieron fama internacional, hasta que en 1935, con la prohibición del juego instrumentada por el gobierno del general Cárdenas, el Hotel Playa empezó a tener problemas económicos. Sus puertas cerraron en 1938, dados los múltiples embargos que sufrió a partir de entonces y su insuficiencia financiera que no le permitió mantenerse tan sólo con los servicios de hotelería. Y así se quedó bajo la custodia de un vigilante hasta que en 1941 se convirtió en la sede de la Comandancia del Pacífico.[57]

---

[56] Plascencia de la Parra, *op. cit.*, p. 37.

[57] Manuel Arturo Meillón García y Manuel Ibarra León, *Del Hotel Playa Ensenada al Centro Cultural Riviera, 75 años de historia gráfica*, Gobierno del Estado de Baja California/Archivo Histórico del Estado/Museo de Historia de Ensenada, México, 2005.

Postal del Hotel Playa en Ensenada, *ca.* 1938–1940
(Colección de André Williams)
Tomada del libro Manuel Arturo Meillón García y Manuel Ibarra León,
Del Hotel Playa Ensenada al Centro Cultural Riviera, 75 *años de historia gráfica*, 2005

Desde sus oficinas en ese recinto, el 26 de diciembre el General le envió al presidente Ávila Camacho una misiva en la que se declaraba honrado por la distinción que significaba "la delicada misión" que le había conferido al nombrarlo comandante de la región militar del Pacífico.[58] El fin de aquel su primer año como expresidente lo pasaría lejos de su familia, muy probablemente en su despacho de la Comandancia que ocupaba las instalaciones del Hotel Playa, escuchando el mar a lo lejos. Entre sus múltiples preocupaciones tal vez apareció la imagen de Amalia a quien, en la primera hora del 1º de enero de 1942, le escribió: "Maly: He sentido contigo la llegada del año nuevo. Te dejo en estas líneas la emoción con que te recuerdo y quiero".[59]

[58] Lázaro Cárdenas, *Epistolario de…*, vol. 1, Siglo XXI Editores, México, 1974, pp. 441–442.
[59] Cárdenas, *Obras. 1…*, *op. cit.*, p. 63.

Para los primeros días de 1942 el general Cárdenas ya había recabado suficiente información sobre la región de la cual era la máxima autoridad militar y cumpliendo su deber rindió un extenso informe al presidente Ávila Camacho. Fechado el 3 de enero en Ensenada, Baja California, el telegrama que le envió a su amigo y correligionario mostraba que el conocimiento sobre la situación que guardaban las costas de la península y de Sonora se había incrementado, aunque todavía existían muchos vacíos que tardarían bastante tiempo en llenarse. En primer lugar mencionaba a los cuerpos militares con los que contaba la región y cómo estaban distribuidos. No parecía haber más de 10 batallones en todo el territorio de Baja California, y sólo había "aparatos del primer regimiento aéreo en Tijuana, Ensenada y La Paz". En cuanto a embarcaciones y transportes, se contaba únicamente con los buques *Progreso* y *Potosí*, los guardacostas G-22 y G-29, y algunos camiones de redilas. El resto del equipo militar, que por cierto consistía en unas tres o cuatro unidades más, se encontraba en reparación en distintos puertos del litoral, por lo que era imposible contar con ellas a mediano plazo. Tampoco se tenía suficiente combustible ni refacciones para los aviones y los barcos. Por ello el General le urgía al presidente que diera las instrucciones para que en cuanto antes se remediara tal situación. Pero su mayor preocupación no era la falta de recursos militares, los cuales el propio Cárdenas sabía que no se podían incrementar de la noche a la mañana, sino la incursión de tropas estadounidenses en territorio mexicano llevada a cabo sin su consentimiento y desconociendo si existía alguna autorización concedida por otra instancia gubernamental.[60]

Recién arribado a Ensenada, Cárdenas se enteró de que un grupo de 30 estadounidenses, "aparentemente desarmados", se había internado en territorio bajacaliforniano y cerca de la Bahía de San Quintín, en el Rancho Hamilton, a unos 300 kilómetros al sur de la frontera

---

[60] Cárdenas, *Epistolario de…*, , *op. cit.*, pp. 442-443.

se encontraba realizando "servicios de observación". Inmediatamente mandó a un destacamento al mando del mayor Arturo Dávila Caballero a encontrar a los estadounidenses. Tal parece que ese grupo de extranjeros, "integrado por un jefe, nueve oficiales y veinte de tropa, dos estaciones de radio semiportátiles, cinco estaciones de radio móviles, cinco carros blindados sin armas, y cinco camiones",[61] además de dos aviones, ya había llegado mucho más al sur y estaba explorando en los alrededores de Santa Rosalía, a las orillas del Mar de Cortés. Al encontrarlos, el destacamento al mando del mayor Dávila procedió a detenerlos, lo que generó una sensible tensión entre mexicanos y estadounidenses. Acto seguido, uno de los oficiales, de nombre Walter, subió a uno de sus aeroplanos y voló hasta Ensenada, en donde aterrizó "en medio de la neblina de esa mañana" en una de las calles principales de la población, generando mucha inquietud entre transeúntes y comerciantes. Contó el general Alamillo que "en cuanto bajó de su aparato fue detenido y conducido al cuartel general. Se mostraba exasperado, violento y hasta grosero [...] a gritos solicitaba que se le dejara hablar con 'Cardinas'".[62] Poco a poco se fue calmando y en seguida mostró su acreditación como jefe del destacamento estadounidense enviado a México por el comandante del IV Ejército de aquel país estacionado en la costa californiana del norte. Sin embargo los pobladores ya habían rodeado el avión y al parecer tenían intenciones de incendiarlo. Tal era el nerviosismo que se vivía en algunas poblaciones fronterizas, en gran medida provocado por la incertidumbre y la constante difusión de rumores que insistían en que en los litorales mexicanos se encontraban "hidroaviones enemigos", "submarinos japoneses y nazis", así como estaciones de radio que emitían señales clandestinas que favorecían a las potencias del Eje. Desde el inicio de la guerra la paranoia fomentada por la supuesta existencia de una "quinta columna"

---

[61] *Ibid.*, p. 442.

[62] Alamillo Flores, *op. cit.*, p. 556.

en territorio mexicano agitaba las conciencias y mantenía a diversos sectores de la población con un temor cotidiano.[63]

El cónsul de Estados Unidos en Ensenada tuvo que intervenir en ese momento solicitando una entrevista con el comandante de la Región Militar del Pacífico, a la que asistió también el coronel Martin, subjefe del estado mayor del general John De Witt, comandante de la Defensa Occidental de los Estados Unidos, así como el propio Walter, con el fin de aclarar la situación. El general Cárdenas pidió que los estadounidenses abandonaran el territorio mexicano, lo cual sucedió hasta el 25 de enero, y también quedó en que muy pronto debían reunirse los altos representantes militares de los dos países para acordar los términos de una colaboración entre ambos mandos. Esto sucedería el 20 de enero, a petición del general De Witt y en común acuerdo con la Comandancia del Pacífico. En dicha reunión, celebrada en el Casino de Agua Caliente en Tijuana, Cárdenas y De Witt se mostraron particularmente condescendientes y se felicitaron por haber logrado dicho encuentro. Acto seguido el estadounidense le entregó al comandante del Pacífico un documento secreto que contenía "un plan de operaciones a desarrollar, contando con la colaboración de las fuerzas militares de México, para la defensa de la costa americana y mexicana del Pacífico".[64] El General se comprometió a revisarlo y a someterlo a sus superiores para su aprobación, siempre y cuando sí cumpliese con la "intención de satisfacer las situaciones, necesidades, exigencias, etc. de ambos mandos" y así lograr la cooperación militar sin mayores demoras. El general De Witt le sugirió a Cárdenas que mientras revisaba el plan, tuviese a bien hacer una lista de los materiales de guerra que México necesitaba para cumplir con el mismo. Los estadounidenses verían entonces la manera de proporcionar a los mexicanos dichos materiales. Finalmente, según la

---

[63] José Luis Ortiz Garza, *Ideas en tormenta. La opinión pública en México en la segunda guerra mundial*, Ediciones Ruz, México, 2007, pp. 155-167.

[64] Cárdenas, *Epistolario de...*, *op. cit.*, p. 453.

minuta de la reunión, el General "manifestó al general De Witt que el ejército y el gobierno mexicano están en condiciones de mantener una vigilancia absoluta en todo su territorio y evitar que dentro del mismo se aloje o esconda contingente enemigo".[65] Aun cuando, en el informe que Cárdenas envió al presidente Ávila Camacho y en la minuta de la reunión, se insistió en que la misma fue "en extremo cordial", las razones que dieron los estadounidenses para enviar a un contingente a internarse en territorio mexicano, antes del arribo del comandante del Pacífico a su cuartel general en Ensenada, mostraron un claro desprecio a la soberanía nacional. El querer cerciorarse de que no existían núcleos japoneses que pudieran hacer actos de sabotaje, la pretensión de comprobar que tampoco había estaciones clandestinas de información que pudieran afectar la organización militar estadounidense entre San Francisco, California, y el Canal de Panamá, y el afán de verificar que no había bases aéreas o submarinas de las potencias enemigas en la península de Baja California, parecían pretextos que no ocultaban el menosprecio a la capacidad de defensa territorial mexicana. Cierto que ésta era bastante limitada, pero el mismo General anotó en sus *Apuntes* la siguiente frase un día después de la reunión: "Colaborar en la defensa de una causa común, sí y con toda sinceridad, pero con dignidad, exigiendo que no se quiera considerar a México como pueblo inferior".[66]

Unas semanas antes de aquella reunión, el general Cárdenas había enviado a todos los comandantes militares y navales de la Región Militar del Pacífico un instructivo en el que los exhortaba a llevar a cabo una "activa propaganda con objeto de que arraigue en la conciencia colectiva la necesidad de que México apoya la causa de la democracia". Desde el punto de vista castrense reconocía que México debía interpretar la actual situación "con verdadero sentimiento patrio, dadas nuestras condiciones muy particulares de pueblo joven sin potencia militar".

[65] *Ibid.*, p. 454.
[66] Cárdenas, *Obras. 1...*, *op. cit.*, p. 66.

Planteaba que con el fin de evitar un ataque sorpresivo, en breve se establecería un *"servicio general de vigilancia* que tendrá como objeto anunciar, inmediatamente, la presencia de elementos que puedan considerarse sospechosos". Reconocía también que tanto Baja California como el istmo de Tehuantepec eran las regiones más vulnerables en gran medida como "resultante de especulaciones estratégicas del extranjero". Insistía también en la necesidad de cuidar la soberanía nacional a través de "unificar al ejército con el pueblo" ilustrándolo acerca de qué significaba la lucha por la democracia y el plan de dominio del nazifascismo, cuidando de no "herir las susceptibilidades que pudieran ser perjudiciales para la nación". Finalmente exhortaba a los comandantes a que instrumentaran algunas medidas que prepararan el ánimo de la población dadas las circunstancias de la guerra internacional. Pedía que se facilitara el oscurecimiento de las ciudades, la organización de abrigos y trincheras, la impartición de conferencias y la difusión de folletos sobre cómo proceder en caso de algún ataque y la organización de comités civiles, de médicos y enfermeras, de bomberos, etc. con el fin de mantener a los ciudadanos informados y preparados, tratando de mantener un ánimo de confianza y optimismo.[67]

Cárdenas había tomado la iniciativa de convertir a las fuerzas bajo su mando en agentes de vinculación entre el ejército y la población local para establecer una conciencia colectiva sobre la necesidad de que fueran los mexicanos los que resguardaran la soberanía nacional. También en los primeros días de aquel año de 1942 le había escrito al general Múgica, quien era el gobernador de Baja California Sur y comandante de la tercera zona militar, que no veía con buenos ojos la incursión de militares estadounidenses en el territorio mexicano. Textualmente decía: "La presencia del grupo extranjero por San Quintín me preocupa mucho, y aunque es cierto que tratándose de guerra y entre países aliados son frecuentes convenios de esta índole, en el presente caso más conveniente

---

[67] Cárdenas, *Epistolario de...*, *op. cit.*, pp. 446-448.

es que no existan dado que la vigilancia de nuestro litoral la podemos hacer nosotros mismos con toda eficacia".[68]

Y su viejo y querido amigo, aunque ahora bastante distanciado de él dadas las disputas por la sucesión presidencial de 1940, estuvo de acuerdo, como lo estaban muchos miembros del ejército nacional. Aun consciente de las deficiencias que padecían las fuerzas armadas mexicanas en esa región, Múgica incluso abundó en la argumentación al respecto en su carta de respuesta: "Muy pronto los aviones tendrán necesidad de aterrizar y aprovisionarse en nuestros campos, y quizá simultáneamente las unidades navales organizadas se apostarán en nuestros puertos ya que para todo esto hay autorización del Gobierno Nacional y lo nuestro es insignificante. ¡Es imposición de la guerra y fuerza incontrastable de nuestra debilidad y de nuestra vecindad y sólo remotamente de nuestro idealismo!"[69]

Sin embargo, tanto el presidente de la República como el secretario de Relaciones Exteriores, el licenciado Ezequiel Padilla, y el jefe del Estado Mayor Presidencial, el general Salvador S. Sánchez, no parecían tener la misma claridad que Cárdenas y Múgica. El general Sánchez, por ejemplo, autorizaría el 4 febrero de 1942 a un grupo de reconocimiento estadounidense que llegara hasta la Bahía de Magdalena a hacer un estudio sobre la posibilidad de establecer ahí una base aérea. Esto incomodó tanto al General, que tres días después ya estaba en un avión con rumbo a la Ciudad de México para entrevistarse con el mismísimo presidente Ávila Camacho. La Bahía de Magdalena era para Cárdenas un motivo de mucha preocupación porque sabía de la relevancia que revestía esa región del sur de la península en las estrategias militares estadounidenses, pues se temía que ahí se diera un brote de apoyo a un ataque japonés, dada su importancia estratégica en todo el litoral pacífico.[70]

---

[68] *Ibid.*, p. 444.

[69] Carta citada en Anna Ribera Carbó, *La patria ha podido ser flor. Francisco J. Múgica, una biografía política*, INAH, México, 1999, p. 176.

[70] Cárdenas, *Epistolario de…*, *op. cit.*, p. 449.

El General no pudo hablar con el presidente en la capital, puesto que en esos momentos salía de gira por el occidente del país. Lo alcanzó en Guadalajara el 9 de febrero, y aprovechó así para darse una vuelta por Pátzcuaro y Jiquilpan con su hija Alicia.

Fueron dos las entrevistas que Cárdenas sostuvo con el presidente en aquella ocasión. La primera se llevó a cabo el 9 y la segunda el 12 de febrero. Es posible que en su encuentro inicial el General le informara personalmente a Ávila Camacho sobre el plan de operaciones que el general De Witt le había propuesto en su reunión del 20 de enero, y que ambos quedaran en que era necesario hacer una contrapropuesta, misma que Cárdenas se encargó de entregarle en su siguiente entrevista. Aunque también es muy probable que en esa primera reunión el propio Cárdenas se mostrara especialmente molesto por la autorización que el general Salvador S. Sánchez había extendido a los estadounidenses para realizar inspecciones en la Bahía de Magdalena el 4 de febrero. Una carta fechada el mismo 9 de febrero del General al presidente menciona otros dos temas que se trataron durante la reunión: facilitar el paso de tropas en tránsito entre territorio mexicano y estadounidense que utilizaran el Ferrocarril Inter-California y garantizar la unidad de mando en la región cuya responsabilidad recaía en el propio comandante del Pacífico.[71] Aunque este último punto no se explicaba claramente en dicha carta, lo más probable es que tuviera que ver con el hecho de que el jefe del Estado Mayor Presidencial, el general Sánchez, se hubiese saltado la autoridad del propio Cárdenas para autorizar el ingreso de estadounidenses a territorio nacional. El General no podía estar de acuerdo con esa situación y es probable que el presidente lo calmara al respecto, diciéndole que situaciones como ésa se dirimirían más bien en la Comisión México-Norteamericana de la Defensa Conjunta, que no tardaría en instalarse y que mientras él seguiría siendo la única autoridad a la que debía responder. En cambio,

---

[71] *Ibid.*, p. 457.

el primer punto no parecía tener mayor conflicto. El tren Inter-California, también conocido como *el Chinero*, por la gran cantidad de trabajadores chinos que llegó a transportar de la costa pacífica al Valle del Colorado, unía el puerto de San Diego en Estados Unidos con la ciudad de Yuma, en Arizona, internándose en territorio mexicano cerca de Mexicali. Era pues un ferrocarril internacional que debía servir tanto a los vecinos del norte como a los mexicanos, más aún en una situación de guerra en la que los dos países involucrados eran aliados.

El General mantuvo sus suspicacias respecto de lo logrado en aquellas dos entrevistas. En sus *Apuntes* anotó que le había entregado al presidente un "oficio en que concreté la responsabilidad en el caso de no cumplirse las obligaciones que se contraen en virtud del propio plan", refiriéndose al proyecto de colaboración con el comando de la Defensa Occidental del Ejército de los Estados Unidos presentado por la Comandancia de la Región del Pacífico.[72] Aun así, Cárdenas recibió la instrucción de regresar a Baja California y continuar con la inspección de las fuerzas armadas y de la situación que guardaban tanto la población como la producción en la costa pacífica. Se llevaría consigo también la autorización presidencial de hacerles saber a las fuerzas armadas estadounidenses que se internaran en territorio mexicano, que tanto la tierra como las costas nacionales serían patrulladas y vigiladas sólo por elementos del ejército mexicano.

La posición de Cárdenas coincidía con la de muchos miembros del ejército y también con la de múltiples sectores de la población mexicana. Buena parte de la opinión pública mantenía una posición anti-yanqui y la colaboración con Estados Unidos era vista más como una imposición que como una alianza. Tal parecía que involucrarse con Estados Unidos en la guerra mundial implicaba subordinarse a sus demandas estratégicas y por lo tanto México perdía autodeterminación

---

[72] Cárdenas, *Obras. 1...*, *op. cit.*, p. 69.

y dignidad.[73] Cárdenas no permitiría que se comprometiera la soberanía nacional, pero también tenía claro, al igual que el presidente Ávila Camacho, que era necesaria la colaboración con los estadounidenses. Como bien diría el historiador Enrique Plascencia: "Al mismo tiempo que el presidente obligaba a Cárdenas a cooperar con Estados Unidos, aunque fuese a regañadientes y peleándose por los uniformes [...] finalmente el michoacano tenía que transigir en algo, y ese ceder un poco, después de discutir intensamente, le daba mayor legitimidad a su gobierno".[74]

Y las concesiones se darían principalmente permitiendo el apoyo de Estados Unidos en materia de transferencia tecnológica, sobre todo a la hora de instalar equipos de detección aérea en las costas que estaban bajo la jurisdicción del comandante del Pacífico, y eventualmente en el reequipamiento general del ejército mexicano, una vez que el país les declarara la guerra a las potencias del Eje.

Pero volviendo a esos días de mediados de febrero de 1942, después de entrevistarse con el presidente en Guadalajara, el General pasó media semana más en Jiquilpan para encontrarse con Amalia y Cuauhtémoc. Alicia ya se había regresado a México, y su esposa y su hijo arribaron desde Mazatlán, en donde ambos habían fijado residencia. Los planes iniciales de los Cárdenas eran, una vez que quedara establecida la organización de la Comandancia del Pacífico en Ensenada, trasladarse a Mazatlán, donde dicha comandancia quedaría definitivamente y en donde todos podrían estar nuevamente juntos.[75] Amalia estaba haciendo las gestiones para inscribir a Cuauhtémoc en la primaria del puerto, y ambos se encontraban aguardando la llegada del General.

Sin embargo, en vista de que todavía había mucho que hacer en Baja California, la familia decidió que Amalia y Cuauhtémoc se mudaran

---

[73] María Emilia Paz, *Strategy, Security and Spies. Mexico and the U.S. as Allies in World War II*, Pensilvania University Press, Filadelfia, 1997, pp. 122-123.

[74] Plascencia de la Parra, *op. cit.*, p. 40.

[75] Cárdenas, *Obras. 1...*, *op. cit.*, p. 65.

de Mazatlán a Ensenada, a donde llegarían un par de meses después a reunirse nuevamente con el General.

El 16 de febrero salieron de Jiquilpan temprano para ir a tomar el tren en Tequila, Jalisco, con rumbo a Mazatlán. Ahí el comandante del Pacífico dejó a su esposa y a su hijo, y junto con su amigo, el general Miguel Henríquez Guzmán, y el mayor Luis Sánchez Gómez, del Estado Mayor Presidencial, con otros correligionarios siguieron rumbo al puerto de Topolobampo, en el estado de Sinaloa. Ahí abordaron el cañonero *Potosí*, que los llevó cruzando el Mar de Cortés hasta el puerto de La Paz, en Baja California Sur, donde arribaron el 19 de febrero en la noche. Al día siguiente los recibieron en el muelle el general Francisco J. Múgica, gobernador del territorio, y otros miembros del gobierno local y del ejército.

Luego de permanecer unos días en aquellos parajes del sur de la península, se organizó una comitiva para emprender un viaje de supervisión a la Bahía de Magdalena. Después de recorrer parte de ese territorio por tierra se embarcaron en Puerto Chale y terminaron estableciéndose en la base naval de la isla Margarita, en donde los cañoneros *Potosí* y *Guanajuato*, junto con un par de guardacostas, fondeaban en estado de alerta. Para sorpresa de los militares que acompañaban a los generales Cárdenas y Múgica, frente a la bahía se encontraba "una flota de guerra de numerosas naves, haciendo gala del poderío norteamericano".[76] El General preguntó a uno de los dependientes locales cuánto llevaban allí aquellas embarcaciones de guerra, para enterarse de que ya tenían tres días de estar estacionadas, vigilando frente a la bahía. Es decir, habían llegado el 25 de febrero y el 28, cuando arribó la comitiva del comandante del Pacífico, seguían ahí. Al parecer no habían hecho maniobras de desembarco, pero su sola presencia resultaba amenazante. El General solicitó que se estableciera contacto por radio con el capitán de la flota. Mientras se instalaba el transmisor, tuvo tiempo de nadar

---

[76] Hermida Ruiz, *op. cit.*, p. 97.

un rato en el mar para percibir la tranquilidad y la transparencia de esas aguas. Una vez posibilitada la comunicación con el comando naval estadounidense, el General solicitó información sobre qué hacían tantas naves en aquel lugar, ya que su comandancia no tenía ninguna noticia de que tal presencia militar estuviera autorizada para ingresar en mar territorial mexicano. Después de un intercambio por demás tenso, los estadounidenses le comunicaron al comandante del Pacífico que estaban ahí "por convenios celebrados recíprocamente entre ambos gobiernos".[77] Al poco tiempo se escucharon los motores de varios aviones que sobrevolaron la base naval de la isla Margarita, generando un estado de enorme tensión entre la tropa y su comandancia. El General le insistió a la autoridad de la flota que no tenía permiso de estar ahí y que en caso de avanzar hacia tierra se verían en la necesidad de repelerlos. Según la crónica del incidente, "el señor General Cárdenas tenía enrojecidos los oídos y su mirada era fulminante".[78] Siguieron varias horas de inquietud y espera, hasta que llegó la noche. Múgica y Cárdenas se mantuvieron alertas hasta las primeras horas de la mañana siguiente, cuando aquella flota procedió a retirarse.

Mientras esto estaba sucediendo, un telegrama del teniente general De Witt, comandante del ejército estadounidense, fue recibido en la base naval de la isla Margarita. En dicho telegrama se informaba que varios aviones "no identificados" habían sobrevolado el área de Los Ángeles, California, lo cual había causado una gran inquietud en la población y sobre todo entre las fuerzas militares estadounidenses. Como tales aviones no habían atacado ningún punto del territorio vecino, De Witt le informaba al general Cárdenas que "la única hipótesis es que estos aviones fueron tripulados por simpatizadores del enemigo, partiendo de algún campo no registrado, en este país, o en algún campo

---

[77] *Ibid.*, p. 98.

[78] Aquel desencuentro fue narrado por el general Reynaldo Pérez Gallardo en su libro *Bahía Magdalena* publicado en 1943 y ampliamente citado en Hermida Ruiz, *op. cit.*, pp. 96-100.

de la República Mexicana".[79] El incidente generó desde luego mucho nerviosismo entre los angelinos, la prensa y los altos mandos estadounidenses, contribuyendo a la paranoia que ya de por sí alcanzaba una particular intensidad. En seguida el General le escribió al presidente Ávila Camacho, mostrándole su preocupación por la "intención dolosa" que encerraban aquellas suposiciones de que existían bases enemigas en Baja California, y le reiteraba que el ejército bajo su mando mantenía una estricta vigilancia y patrullaba constantemente en dicho territorio. Al general De Witt también le contestó el comandante del Pacífico con una larga carta en la que le explicaba que su hipótesis de que los aviones enemigos habían salido de algún campo mexicano no tenía ningún sustento y que desde luego ello perjudicaba "el concepto de cooperación que el gobierno y el pueblo de mi país están prestando para la defensa de América". En un párrafo decía claramente:

En nuestro país, señor general, no hay campos de aterrizaje que no estén controlados por las autoridades civiles y militares de la nación; no hay más aviadores que los formados en nuestra Escuela de Guerra; los aviones que compramos a su país, vienen siempre bajo registro y quedan bajo el cuidado del gobierno civil o militar en los campos oficiales de vuelo. Por otra parte, los aviones que existen en México son en su mayoría de corto radio de acción, y además difícilmente puede violarse la vigilancia que el Comando de la Región Militar del Pacífico, los comandos de las zonas militares y las autoridades de todo orden tienen en la frontera de modo muy especial.[80]

En aquella misiva Cárdenas expresó su deseo de que el comando de De Witt tratara de impugnar las sospechas de que México estaba sirviendo de base para ataques contra Estados Unidos, ya que tal actitud

[79] Cárdenas, *Epistolario de…*, *op. cit.*, p. 461.
[80] *Ibid.*, p. 462.

incrementaba la suspicacia entre dos pueblos que debían mantener un vínculo efectivo. Tres días después De Witt respondió diciendo que haría todo lo posible por "preservar las ligas de respeto y honor militar que existen entre nuestras naciones y en las que descansa nuestra mutua seguridad", admitiendo que la hipótesis de que aquellos aviones que tanto habían asustado a la población de Los Ángeles, igual habían despegado y aterrizado en algún lugar de Estados Unidos.[81] Así, esos roces iniciales, que algunos calificaron como un primer round en "una guerra de uniformes", quedaron saldados.[82]

Tal vez durante esa tensa espera en Bahía Magdalena o quizá a lo largo de esas tres semanas en que los generales Múgica y Cárdenas estuvieron juntos recorriendo el sur de la península, ambos tuvieron la oportunidad de zanjar diferencias y de restablecer su amistad. Tenían mucho en común y desde luego compartían una trayectoria que se había visto resquebrajada durante la sucesión presidencial de 1940, de la cual Múgica al parecer quedó bastante dolido. Aun así, aquel amigo, mentor y correligionario ya había intentado restaurar su vínculo con el General, poco tiempo después de haber sido nombrado gobernador del territorio de Baja California Sur. Desde ahí, a mediados de 1941, le escribió una extensa carta al expresidente Cárdenas en la cual con cierta nostalgia le comentaba que "si viviéramos juntos en la patria chica andaríamos muy contentos dando una que otra serenata y moviéndonos con aquella inquietud de los años 27 y 28 en que supimos vivir la vida en forma trascendental". Pero también reconocía que a sus 58 años tal vez lo que necesitaba él era "del reposo o de la tregua que la edad tranquila siempre está dispuesta a proporcionar a la fogosa juventud".[83]

---

[81] *Ibid.*, p. 463.

[82] Plascencia de la Parra, *op. cit.*, p. 39.

[83] *Desdeldiez*, Boletín del Centro de Estudios de la Revolución Mexicana "Lázaro Cárdenas" A. C., Jiquilpan, junio de 1983, pp. 103-115; carta también publicada en Javier Moctezuma Barragán (presentación, estudio introductorio y selección), *Francisco J. Múgica. Un romántico rebelde*, FCE, México, 2001, pp. 238-239.

Desde luego ninguno de los dos se imaginaba entonces que pasarían juntos esas jornadas de tanta tensión como las que vivieron a finales de febrero y principios de marzo de 1942.

Si tuvieron oportunidad de hablar de sus semejanzas y diferencias en aquellos días es difícil asegurarlo, sobre todo porque ninguno de los dos dejó constancia de ello. Y lo más extraño es que el propio General tampoco hizo mención en sus *Apuntes* del incidente con la flota estadounidense frente a la Bahía de Magdalena. Lo que sí apuntó fue un breve reconocimiento a la obra de Múgica en algunas poblaciones de los alrededores de La Paz y otro beneplácito dedicado al comodoro Mario Rodríguez Malpica, comandante de la zona naval correspondiente a aquella hermosa bahía.[84]

El 10 de marzo el General y una reducida comitiva abandonaron la isla Margarita para emprender el viaje hasta Ensenada. Una pequeña parte de la ruta la hicieron a bordo de un guardacostas y el resto la continuaron por tierra, avanzando lentamente por la brecha-carretera que ya empezaba a llamarse con el ambicioso nombre de "trans-peninsular". Llegaron a Ensenada ocho días después. Habían recorrido poco más de 1 000 kilómetros a través de magníficos desiertos, extensos bosques de cactáceas, bahías de aguas cristalinas y tranquilas, amplias salinas, montañas rocosas de impresionantes alturas, inmensas dunas y valles con depresiones y pozos que hacían las veces de pequeños oasis, en medio de esa tierra cuya resequedad parecía imposible de aliviar.

Una vez que regresó a su cuartel general, el General tuvo un poco más de tiempo para atender algunos asuntos domésticos y para seguir ajustando la tensa relación que todavía se percibía entre los mandos militares estadounidenses y su comandancia.

Amalia y Cuauhtémoc arribaron a Ensenada a finales de marzo. El 13 se abril el hijo del general Cárdenas ingresó en la escuela federal

---

[84] Cárdenas, *Obras. 1...*, *op. cit.*, pp. 71 y 74.

El comandante con dos de sus colaboradores en el antiguo Hotel Playa
convertido en Comandancia Militar del Pacífico
(Foto tomada del libro *Del Hotel Playa Ensenada al Centro Cultural Riviera,
75 años de historia gráfica*, Gobierno de Baja California, 2005)

Progreso de ese puerto, con el fin de continuar con el año lectivo de
segundo de primaria, y Amalia buscó un lugar para ella y su familia, tal
vez rehabilitando algún espacio dentro de las extensas instalaciones del
antiguo Hotel Playa. Si bien el tranquilo ambiente de Ensenada poco
podía competir con la bulliciosa vida portuaria de Mazatlán, su magnífica playa, su hermosa bahía, sus biodiversos y despoblados alrededores,
la amigable presencia de pescadores y pequeños comerciantes, pero sobre todo la compañía de su esposo y su hijo, hacían que en aquel lugar
la vida resultara mucho más llevadera, aun con la amenaza de guerra
que constantemente se cernía sobre ese territorio. Al poco tiempo se les

unió Alicia, y en Ensenada y sus alrededores se mantuvo la familia hasta mediados del verano. Durante su estancia en el extremo noroeste de la República Mexicana los cuatro pudieron escaparse en diversas ocasiones para tratar de convivir y aligerar las tensiones que formaban parte de la cotidiana labor del General. Varios fines de semana se fueron de día de campo al cañón de San Carlos, en las cercanías de Ensenada, o a un paraje conocido como el rancho "del inglés" arriba de La Guilla. También visitaron en las cercanías de Tijuana el rancho Jauja, propiedad de Maurilio Magallón, el cual tenía diversos árboles frutales y un ancho corredor con cultivo de parras. Algún fin de semana lo pasaron en la mansión del general Abelardo L. Rodríguez en El Sauzal, disfrutando la alberca y sus extensos prados aledaños para andar a caballo. Aprovechando el inicio de la temporada de calor, en mayo, la familia y un grupo de amiguitos de Cuauhtémoc se trasladaron rumbo al río La Misión cerca de Rosarito. Después de esa escapada, el General anotó en sus *Apuntes* con paternal complacencia: "En el estero los muchachos encontraron un pato buzo que persiguieron dentro del agua hasta cogerlo, soltándolo por dos veces. Se le dejó sobre el propio estero sin haber sufrido más que las caricias y el susto [...] Pasamos toda la tarde siguiendo a pie por la costa hasta el rancho Salinas, regresando al oscurecer a Ensenada".[85]

Sin embargo las escapadas se terminaron al poco tiempo cuando la complicación de las circunstancias internacionales y los compromisos del General los obligaron nuevamente a mudarse. Aquella estadía frente a la hermosa Bahía de Todos Santos terminaría cuando la época de lluvias empezaba a arreciar y fue necesario recoger todo para volver a instalarse en la capital del país. A mediados de junio Amalia, Alicia y Cuauhtémoc, junto con el General, regresaban a la Ciudad de México, porque a este último se le iba a encargar una nueva responsabilidad en el gobierno del general Ávila Camacho. Desde el 1º de septiembre

---

[85] Cárdenas, *Obras. 1...*, *op. cit.*, p. 83.

dejó de fungir como comandante de la Región Militar del Pacífico para convertirse en el nuevo secretario de la Defensa Nacional.[86] La familia entonces fijaría su nuevo domicilio en la avenida Insurgentes 1778, en la colonia Guadalupe Inn, muy cerca de donde habían vivido antes de que el General asumiera la presidencia de la República a finales de 1934.[87] Sus hermanas y cuñados continuaban habitando la casita de la calle Wagner número 50, en la misma colonia, por lo que Amalia, Cuauhtémoc y Alicia pudieron sentirse nuevamente arropados por familiares y conocidos.

Pero el tiempo que transcurrió entre abril y septiembre de 1942 todavía le deparó una buena cantidad de adversidades y aconteceres al general Cárdenas. El 24 de marzo se celebró una segunda entrevista entre el comandante del Pacífico y el general De Witt, comandante de la Defensa Occidental y del Cuarto Ejército estadounidense. Para entonces la Comisión México-Norteamericana de Defensa Conjunta (CMNDC) ya se había instalado formalmente en la embajada de México en Washington y no se tardó en ratificar el acuerdo que existía desde el 1º de abril de 1941 firmado por el embajador Francisco Castillo Nájera y el subsecretario de Estado estadounidense, Benjamin Sumner Welles, en el que se concedía acceso irrestricto a los aviones militares del país vecino a aeropuertos y pistas aéreas mexicanas.[88] Pero el ingreso de Estados Unidos a la Segunda Guerra Mundial en diciembre de ese año complicó las cosas, lo mismo que el nombramiento del general Cárdenas como comandante del Pacífico. Como ya se ha visto,

---

[86] Archivo Sedena, Expediente del General Lázaro Cárdenas del Río, Cancelados XI/III/1-4, t. 4, LCR 048.

[87] El 21 de septiembre de 1942 el general Cárdenas mandó instalar dos teléfonos de carácter privado: uno en su domicilio de avenida Insurgentes número 1778, en la colonia Guadalupe Inn, y otro en la calle Donizetti número 10, en la colonia Vallejo. En este segundo domicilio despachaba el General, como secretario de la Defensa. Archivo Sedena, Expediente del General Lázaro Cárdenas del Río, Cancelados XI/III/1-4, t. 4, LCR 049.

[88] Plascencia de la Parra, *op. cit.*, p. 51.

el General insistía en que el patrullaje y la supervisión del territorio nacional lo hiciera personal del ejército mexicano. Pero a principios de 1942 la CMNDC planteó la necesidad de que técnicos estadounidenses instalaran en territorio mexicano equipos de detección, estaciones de radio y bases navales y aéreas, para lo cual era necesario que fuerzas militares pudieran ingresar al país.

La agenda de seguridad de la costa occidental del continente fue en un principio prioritaria para la CMNDC y del lado estadounidense se seguía insistiendo en la necesaria presencia de sus técnicos y fuerzas militares a la península de Baja California. Por eso, una vez más en aquella segunda reunión entre De Witt y Cárdenas celebrada en el campo militar Lockett, al oeste del puerto de San Diego, California, el primero volvió a afirmar que tenía instrucciones de mandar "tres equipos detectores de sonido aéreo con personal norteamericano para instalarlos y servirlos entre tanto se preparaba personal mexicano". También planteaba que era imprescindible que personal estadounidense participara en la construcción de bases aéreas y navales en lugares estratégicos que pronto le daría a conocer a la Comandancia del Pacífico. A lo que el General le hizo saber nuevamente que "toda clase de instalaciones en el país deben hacerse y servirse por personal mexicano".[89] Al parecer existían posiciones irreductibles al respecto, pero en un telegrama que el comandante del Pacífico le envió al presidente Ávila Camacho le informó que finalmente habían llegado al acuerdo de que

estaciones y bases sean construidas y servidas por elementos mexicanos, correspondiendo el mando a los mismos elementos mexicanos, proporcionando el comando norteamericano tanto los materiales que fuesen necesarios, como la ayuda técnica que sea solicitada, quedando destacados en dichas bases aéreas determinados elementos norteamericanos sólo para atender detalles de orden técnico indispensables para

---

[89] Cárdenas, *Obras. 1...*, *op. cit.*, p. 77.

la operación de su material de tránsito, subordinados militarmente al comando mexicano.[90]

De esta manera tanto un lado como el otro salvaron la cara y procedieron a ponerse de acuerdo sobre dónde tendrían que establecerse las bases y los detectores de sonido aéreo, que era como entonces se llamaba a los radares.[91] Como se trataba de una tecnología recientemente incorporada al ejército estadounidense y que se mantenía como secreto militar, la transferencia del conocimiento a técnicos mexicanos sobre la operación e instalación de los mismos era un tanto complicada y llevaría algún tiempo. Las autoridades estadounidenses supusieron que esto se lograría hasta el mes de agosto de ese año, por lo que instaron al gobierno mexicano a seleccionar al personal que debía entrenarse al respecto y para ello tendrían sólo un par de meses. En cambio con relativa rapidez se llegó a un acuerdo sobre dónde tendrían que construirse los campos aéreos que tanto estadounidenses como mexicanos identificaron como puntos relevantes en la defensa continental. En el territorio que correspondía a la Comandancia del Pacífico estas bases aéreas se edificarían en Ensenada, La Ventura, San Antonio del Mar, Rosario, La Salada e Ixtepec. Según el general Cárdenas, con personal que estaba bajo su mando se podían construir y operar estos campos para dar servicio a la aviación tanto mexicana como norteamericana.[92]

El 24 de abril nuevamente se reunieron De Witt y Cárdenas en el Casino de Agua Caliente, en Tijuana, para precisar los términos en que se instruiría a los técnicos mexicanos sobre la instalación y el uso de los radares. Pero una vez más el estadounidense insistió en que era

---

[90] Cárdenas, *Epistolario de...*, *op. cit.*, p. 471.

[91] La palabra radar proviene del acrónimo: *radio detecting and ranging*. Se adoptó primero por la marina estadounidense y no tardó en incorporarse a la industria aérea militar. Véase Lorenzo González Mejía, *En la Esime, Ensenada y la guerra*, IPN, México, 2004, p. 22.

[92] Cárdenas, *Epistolario de...*, *op. cit.*, p. 474.

El comandante del Pacífico y el general John De Witt en Agua Caliente
(Archivo CEHRMLAC)

necesaria la incursión de por lo menos 40 miembros del ejército de su país por cada transmisor radial ubicado en territorio mexicano y que en cada una de las instalaciones debían permanecer por lo menos cinco técnicos estadounidenses hasta que terminara la guerra. De nuevo el General se opuso y solicitó instrucciones al presidente Ávila Camacho. Después de varios estira y afloja llegaron al siguiente arreglo: sólo seis oficiales estadounidenses entrarían al territorio mexicano acompañados por militares mexicanos.[93]

Sin embargo en la CMNDC, que sesionaba por lo general en la ciudad de Washington, en Estados Unidos, las negociaciones hicieron caso omiso de los arreglos a los que ya habían llegado De Witt y Cárdenas, y nuevamente el general Salvador S. Sánchez, jefe del Estado Mayor Presidencial, dio la autorización para que ingresaran a territorio mexicano los 40 estadounidenses por cada detector planeado, así como sus equipos y vehículos. Como se trataba por lo menos de tres estaciones,

---

[93] *Ibid.*, p. 481.

se estaba dando lugar a la entrada de alrededor de 120 individuos, cuyo control era muy difícil de lograr con los recursos de que disponía el general Cárdenas. Aun cuando todos los militares bajo su mando conocían la postura de la Comandancia del Pacífico respecto del ingreso de contingentes del ejército estadounidense a territorio mexicano, tres militares mexicanos, según el propio General, incurrieron en el delito de permitir el paso de extranjeros armados a México. Además del jefe del Estado Mayor Presidencial, los tres militares eran: el secretario de la Defensa Nacional, el general Pablo Macías Valenzuela, el comandante de la Zona Militar del Territorio Norte de Baja California, el general Juan Felipe Rico, y el inspector de las fuerzas armadas en dicha región, el general Agustín Olachea. El comandante del Pacífico estuvo a punto de mandar a Rico y Olachea a ser consignados en un consejo de guerra, por lo que se ganó su enemistad, misma que le cobrarían años más tarde.[94] El caso del general Pablo Macías daría mucho más de qué hablar, como se verá más adelante.

Pero volviendo a la entrada de aquel contingente de cerca de 120 militares estadounidenses a México, no cabe duda de que al general Cárdenas le sorprendió tal autorización, e inmediatamente se comunicó con el presidente de la República para informarle lo que estaba sucediendo. La comandancia a su cargo desde luego se oponía a dar marcha atrás al acuerdo que ya había logrado con De Witt. En una larga carta fechada el 15 de mayo le insistió al presidente que tenían que ser fuerzas mexicanas las que operaran esos radares y las que construyeran las bases aéreas y navales acordadas con los estadounidenses.[95] Ávila Camacho trató de contener la autorización otorgada por el general Sánchez y avalada por Macías, Rico y Olachea, pero otros acontecimientos de gran trascendencia nacional generaron un estado de emergencia inaplazable.

---

[94] Cuauhtémoc Cárdenas, *op. cit.*, pp. 544-546.
[95] Cárdenas, *Epistolario de…*, *op. cit.*, pp. 484-485.

A la medianoche del 13 de mayo el barco *Potrero del Llano*, que navegaba con bandera mexicana cerca de las costas de Florida en el Golfo de México, fue torpedeado por un submarino alemán, causando que los 46 000 barriles de petróleo que transportaba se incendiaran y calcinaran a 14 marinos, incluyendo su capitán, el teniente Gabriel Cruz Díaz. Aquel barco, de origen italiano, había sido incautado un mes antes en el puerto de Tampico, y ahora servía para restablecer la exportación de petróleo mexicano a los Estados Unidos. La embarcación empezó a hundirse después del ataque y un guardacostas estadounidense salvó a 21 sobrevivientes.[96]

La noticia llegó rápidamente a oídos del presidente Ávila Camacho y no tardó en ocupar las primeras planas de los principales diarios del país. En las ediciones de la tarde del día 14 y en las del día 15 la indignación pobló la prensa. *El Universal* cabeceó con la siguiente frase: "Enérgica protesta de México: En defensa del honor nacional".[97] Y en efecto, esa misma noche el secretario de Relaciones Exteriores, Ezequiel Padilla, mandó una nota de protesta a diversas legaciones y consulados de México en Europa, con el fin de que éstas les hicieran llegar a los gobiernos de Alemania, Italia y Japón la protesta mexicana.[98] Si bien los diarios confirmaban que se trataba de la agresión de un submarino alemán a una embarcación de un país que mantenía su neutralidad, también "comenzó a murmurarse que quien lo había torpedeado era una nave norteamericana, para hacer que México se decidiera a entrar en la contienda de una vez".[99] Pero independientemente de ello, lo cierto es que la indignación general no parecía orientar a la opinión pública a favor de una declaración de guerra. La revista *Tiempo* llevó a cabo una encuesta sobre la voluntad ciudadana en torno de la participación

---

[96] Mario Moya Palencia, *1942, ¡Mexicanos, al grito de guerra!*, Miguel Ángel Porrúa, México, 1992, p. 11.

[97] *El Universal*, 15 de mayo de 1942.

[98] Moya Palencia, *op. cit.*, p. 16.

[99] Taracena, *op. cit.*, p. 74.

de México en el conflicto internacional mostrando un resultado que reconocía la indecisión de la mayoría de los mexicanos. Poco más de la mitad de los encuestados se oponía a que México declarara la guerra a las potencias del Eje.[100]

Pero la reivindicación del "honor y la dignidad" y el convencimiento de librar la lucha por las "libertades democráticas" se posesionó de los argumentos a favor del ingreso de México a la Segunda Guerra Mundial, y esto dio cierto margen de control interno, que no estuvo exento de conflictos. Tales fueron los casos de la instauración del servicio militar obligatorio y la suspensión de ciertas garantías individuales que garantizaba la Constitución Política de la República Mexicana. La situación de emergencia justificaba plenamente el uso de medidas autoritarias cuando la llamada "política de conciliación" estaba llegando a sus límites.

El 18 de mayo el general Cárdenas, al conocer la noticia del hundimiento del *Potrero del Llano*, le escribió al presidente Ávila Camacho una carta en la que lo instaba a actuar con serenidad y no se precipitara declarando la guerra, como lo estaba solicitando una buena cantidad de representantes populares y dirigentes de izquierda. Entre ellos destacaban Vicente Lombardo Toledano y el líder del Senado, León García.[101] El General le recomendaba al primer mandatario que analizara cuidadosamente la situación porque "la declaración de guerra tendría por objeto obtener por medio de las armas la reparación de la agresión sufrida y México no está por hoy en condiciones de hacerlo careciendo como carece de elementos". Ponía en duda, además, la posibilidad de que Estados Unidos facilitara a México "los pertrechos suficientes para su defensa".[102] Mostraba así, una vez más, sus suspicacias

---

[100] *Tiempo*, 29 de mayo de 1942, citada en Blanca Torres Ramírez, *México en la segunda guerra mundial*, en *Historia de la Revolución Mexicana, periodo 1940-1952*, vol. 19, El Colegio de México, México, 1979, pp. 86-87.

[101] Torres Ramírez, *op. cit.*, p. 83.

[102] Cárdenas, *Epistolario de...*, *op. cit.*, p. 486.

frente a la supuesta ayuda "desinteresada" de los estadounidenses en la complicada situación que se estaba viviendo. En sus *Apuntes* ese mismo día anotó: "Cuando se quiere a toda costa ir a la guerra por otros intereses, no faltarán motivos, pero se carecerá siempre de causas morales que lo justifiquen".[103]

Al día siguiente el General recibió un mensaje de Ávila Camacho en que le pedía que se trasladara de inmediato a la Ciudad de México. El 21 de mayo, la víspera del día en que cumplió 47 años de edad, voló de Mexicali a la capital. Un día antes lo acompañaron Amalia, Alicia y Cuauhtémoc en el recorrido de Ensenada a la capital del territorio de Baja California. Su esposa no veía con buenos ojos ese viaje, pues probablemente tenía la premonición de que pronto su familia iba a tener que mudarse hacia la Ciudad de México y que nuevamente el General iba a tener más responsabilidades que lo mantendrían alejado de ellos. Mostrando su indisposición, atribuyó aquel estado a la altura de las montañas que tenían que cruzar para llegar hasta Mexicali.[104]

Mientras viajaban hacia el aeropuerto de esa ciudad, otro acontecimiento volvió a cimbrar a la opinión pública mexicana. El 20 de mayo en la noche, cuando regresaba rumbo a Tampico después de haber desembarcado 56 000 barriles de crudo en un puerto de Delaware, al este de Baltimore, el buque-tanque *Faja de Oro*, que navegaba con bandera mexicana, fue torpedeado por un submarino enemigo. Nueve de sus tripulantes murieron y el resto fue rescatado por los guardacostas estadounidenses.[105] Al día siguiente el presidente Ávila Camacho recibió al general Cárdenas en Los Pinos a las nueve de la noche y ahí mismo le comentó que, en vista de este nuevo ataque, se veía obligado a declarar la guerra a las potencias del Eje. El General le reiteró que había muchos inconvenientes si se empeñaba en hacer tal declaración, pero

---

[103] Cárdenas, *Obras. 1...*, *op. cit.*, p. 83.
[104] Cárdenas, *Obras. 1...*, *op. cit.*, p. 85.
[105] Moya Palencia, *op. cit.*, p. 20.

que contara con él en cualquier situación.[106] El 22 de mayo se reunieron por segunda vez en la mañana y por la tarde se convocó a un periodo extraordinario de sesiones en el Congreso de la Unión, al que acudiría el propio presidente junto con su Consejo de Ministros, para informarles a los diputados y senadores que a partir de ese día existía un estado de guerra entre México y los países del Eje. Seis días después, frente al Congreso de la Unión, Ávila Camacho pronunciaba las siguientes palabras: "El estado de guerra es la guerra. Sí, la guerra con todas sus consecuencias, la guerra que México hubiera querido proscribir para siempre de los métodos de la convivencia civilizada, pero que en casos como el presente, y en el actual desorden del mundo, constituye el único medio de reafirmar nuestro derecho a la independencia y de conservar intacta la dignidad de la República".[107]

Es muy probable que ese mismo día 22 el presidente le haya planteado al General la necesidad de tenerlo más cerca, dadas las complicadas circunstancias que implicaba la propia declaración de guerra. Cárdenas anotó al pie de una carta fechada el 30 de julio de 1942, que en su entrevista de ese día le comentó a Ávila Camacho que, atendiendo a su llamado, se haría cargo de la Secretaría de la Defensa Nacional. Pero antes tenía pendiente un viaje a lo largo de la península de Baja California con el fin de asegurarse de que las estaciones detectoras que insistentemente promovían los militares estadounidenses quedaran establecidas "con personal en su mayoría mexicano". Para entonces ya se había seleccionado a un grupo de jóvenes ingenieros del Instituto Politécnico Nacional (IPN) para que se fueran a capacitar a la base aérea de March Field, en Riverside, California, en la instalación y mantenimiento de radares.[108]

---

[106] Cárdenas, *Obras. 1...*, *op. cit.*, p. 84.
[107] Moya Palencia, *op. cit.*, p. 21.
[108] González Mejía, *op. cit.*, pp. 57-64.

Otros asuntos que el General quería resolver antes de regresar a la Ciudad de México tenían que ver con la supervisión de los avances en materia de comunicación entre Punta Peñasco y Santa Ana, en el estado de Sonora, y ahí mismo también quería promover la justa distribución del agua entre los campesinos mestizos y los yaquis en la región de Vícam y Ciudad Obregón.[109] También quiso regresar a Ensenada para darles la noticia a Amalia, Alicia y Cuauhtémoc de que pronto tendrían que dejar la magnífica Bahía de Todos Santos, pues el estado de guerra obligaba a la familia a regresar a la capital, en donde el General asumiría una nueva y mayor responsabilidad dentro del gobierno del general Ávila Camacho.

El 3 de julio Cárdenas dejaría Baja California para pasar una semana en sus terruños michoacanos, según le informó al presidente. En seguida preparó un largo recorrido por el istmo de Tehuantepec, región que todavía se encontraba bajo la jurisdicción de la Comandancia del Pacífico. Partió de la Ciudad de México el 28 de julio y en tren llegó a Córdoba, Veracruz, al día siguiente. De ahí siguió con su comitiva hasta Jesús Carranza, en el centro del istmo, arribando el 30 de julio a Ixtepec, Oaxaca. A lo largo de aquel tropezado recorrido dio cuenta de "la deficiente alimentación y las condiciones insalubres en las que vive la mayoría de la población" afectada por el paludismo y las enfermedades intestinales, lo cual afectaba la baja producción en el campo. Si bien los veracruzanos le causaban una buena impresión por su jovialidad y laboriosidad, también le preocupaba la ausencia de prosperidad en una región tan rica y exuberante.[110] Al arribar al istmo de Tehuantepec dio fe de la condición estratégica que tenía aquel "estrechamiento más reducido de la América" y que era necesario cuidarlo de las ambiciones de otros países. Con el apoyo y la intervención directa del gobierno y el ejército estadounidenses, en

---

[109] Cárdenas, *Epistolario de...*, *op. cit.*, pp. 487-489.
[110] Cárdenas, *Obras. 1...*, *op. cit.*, pp. 85-86.

Ixtepec se planeaba construir un gran aeródromo capaz de alojar una flota completa de bombarderos, con 125 oficiales y 1 250 hombres de tropa. La idea era ampliar el radio de la defensa del Canal de Panamá. El gobierno mexicano no parecía estar al tanto de las intenciones estadounidenses e insistía en que todo el personal del aeródromo fuera mexicano. La construcción de la base avanzó rápidamente, sin que se llegara a un acuerdo claro sobre su operación. A principios del año siguiente el proyecto dejó de ser importante para Estados Unidos, quedando las instalaciones a medio construir.[111]

Durante su viaje a Tehuantepec, Cárdenas supervisó la construcción del aeródromo, así como la continuación de la carretera panamericana que debía unir los estados de Oaxaca y Chiapas. En vez de comentar los avances sobre la base aérea, el General se sintió complacido porque el Hospital Militar que él había mandado edificar en Ixtepec cuando fungió como jefe de operaciones militares en el istmo, durante el régimen de Álvaro Obregón, seguía operando bajo la dirección del doctor moreliano Barba y González.[112] Con ello mostraba cierto desdén por los afanes estadounidenses de controlar militarmente la región y valoraba, no sin cierta vanidad, sus propios logros como benefactor de los istmeños.

Después de pasar una noche en Tehuantepec, la comitiva continuó hasta el puerto de Salina Cruz, al cual encontró también bastante precario. A bordo de un guardacostas salieron de aquellos parajes con rumbo a Acapulco, a donde arribaron el día 6 de agosto. El General encontró que dicho puerto enclavado en esa "hermosísima bahía" ya se había desarrollado con numerosas construcciones y nuevas colonias, que le vaticinaban un futuro promisorio. Acapulco era entonces un pueblo de pescadores, custodiado por una discreta construcción militar de origen colonial, conocida como el Fuerte de San Diego. Ahí

---

[111] Plascencia de la Parra, *op. cit.*, p. 54.
[112] Cárdenas, *Obras. 1…*, *op. cit.*, p. 87.

se había establecido una pequeña base naval en la playa de Icacos, que igualmente apenas contaba con la mínima estructura para recibir a los guardacostas. Si bien una carretera ya unía el puerto con el resto del país desde finales de los años veinte, sus encantos apenas se encontraban en la mira de quienes los explotarían hasta la saciedad a partir de la segunda mitad de los años cuarenta.[113] El General concluyó su visita por esa región que recorrió desde el Golfo de Tehuantepec, por la Costa Chica hasta la Costa Grande de Guerrero el 12 de agosto.[114] En seguida viajó a Mazatlán, en donde supervisó el traslado de la Comandancia del Pacífico de Ensenada a aquel puerto, tal como lo había planeado desde que fue nombrado comandante del Pacífico. Sin embargo, él ya no ocuparía esas oficinas, sino que dejaría su lugar a quien hasta ese momento fungía como secretario de la Defensa, el general Pablo Macías.[115] Todavía tuvo oportunidad de disfrutar de una comida de despedida que le ofreció su amigo el gobernador Rodolfo T. Loaiza en las playas cercanas al puerto, antes de tomar camino rumbo a sus querencias michoacanas, de donde volvió a la Ciudad de México con Amalia y Cuauhtémoc el 8 de septiembre. Al día siguiente se entrevistó con el presidente, quedando de verse dos días después, para asumir el cargo que desde julio el primer mandatario le había pedido ocupar.

---

[113] Andrew Sacket, "Fun in Acapulco? The Politics of Development in the Mexican Riviera", en Dina Berger y Andrew Grant Wood (eds.), *Holiday in Mexico. Critical Reflections on Tourism and Tourist Encounters*, Duke University Press, Durham y Londres, 2010, pp. 163-165, y Guadalupe Loaeza *et al.*, *Acuérdate de Acapulco*, Travesías Editores, Mexico, 2011, pp. 60-63.

[114] Cárdenas, *Obras. 1...*, *op. cit.*, p. 88.

[115] Hermida Ruiz, *op. cit.*, p. 187.

Secretario de la Defensa Nacional

> La administración que presidí hizo el tránsito difícil de un periodo repleto de cuestiones y diferencias con el país vecino a una situación como la presente, pletórica de perspectivas de amistad y fecunda colaboración.
>
> Lázaro Cárdenas, enero de 1946

El 11 de septiembre de 1942 el general Lázaro Cárdenas rindió la protesta de ley aceptando el cargo de secretario de la Defensa Nacional. Si bien su nombramiento está fechado el 1º de septiembre,[116] fue 10 días después cuando asumió formalmente dicha responsabilidad, misma que se ratificó con una comida ofrecida en el Casino Militar. A dicho banquete asistieron los expresidentes Plutarco Elías Calles, Abelardo L. Rodríguez y Pascual Ortiz Rubio.

Además de integrarse al Comité de Unificación Nacional con los demás expresidentes bajo la coordinación del general Abelardo L. Rodríguez y de participar en la ceremonia de acercamiento celebrada en la Plaza de la Constitución el 15 de septiembre, el general Cárdenas encabezó junto con el presidente Ávila Camacho el desfile militar del día siguiente, que marcó un hito en la historia de la presentación de las fuerzas armadas ante la sociedad mexicana. El primer mandatario le había encargado al general Abelardo L. Rodríguez que comandara la organización de esa parada, la cual no sólo trató de fomentar un acercamiento entre los mundos castrenses y civiles en tales momentos de emergencia nacional, sino que también evidenció los beneficios que la alianza con Estados Unidos en materia bélica podían significar para México. Además de un enorme contingente de jóvenes integrantes de

---

[116] Archivo Sedena, Expediente del General Lázaro Cárdenas del Río, Cancelados XI/III/1-4, t. 4, LCR 046-47.

diversas escuelas militares, entre las que destacaban aspirantes a médicos, a aviadores, a marineros, a técnicos, a deportistas y a agrónomos, un largo cuerpo de unidades motorizadas impresionó a las multitudes asistentes. Camiones, jeeps, carros de combate, tanques, artillerías y cañones de diversos calibres, ametralladoras antiaéreas y ambulancias, evidenciaban el novedoso equipamiento del ejército facilitado por los aliados estadounidenses, y presentaban un cuerpo militar unido y orgulloso capaz de emprender la defensa del territorio y tal vez participar en misiones más allá de las fronteras nacionales.[117] El propio general Cárdenas reconoció que ese desfile había causado "una magnífica impresión en el público" y le atribuyó al presidente de la República aquel mejoramiento y adelanto.[118]

Ya como secretario de la Defensa, el General tuvo que afrontar varios asuntos que implicaron no sólo una reorganización de las fuerzas armadas, sino también su modernización y especialmente su posible participación en la contienda internacional, que para finales de 1942 no parecía estar del todo claro a favor de qué bando se inclinaría la victoria final. Si bien en junio de ese año, con el avance sobre Sebastopol, Hitler rompió definitivamente con la Unión Soviética, convirtiéndola en uno de sus enemigos más poderosos, tanto Inglaterra como Francia se encontraban sumamente debilitadas. Aun con la disposición bélica y el apoyo a los antiguos aliados por parte de los Estados Unidos, la segunda mitad de ese año se fue en cruentísimas batallas, en las que las potencias del Eje resintieron sus primeras pérdidas importantes tanto en las costas africanas como en Rusia y en sus posiciones en el Pacífico. Fue sólo hasta finales de 1942 cuando las derrotas de Rommel, los avances de Midway y Guadalcanal, así como la heroica fortaleza soviética mostrada durante el sitio de Stalingrando empezaron a arrojar cierta esperanza

[117] Plascencia de la Parra, *op. cit.*, pp. 55-56.
[118] Cárdenas, *Obras. 1...*, *op. cit.*, p. 90; véase también Francisco L. Urquizo, *3 de Diana*, México, s. e., 1947, p. 107.

en el triunfo de las fuerzas aliadas. A finales de noviembre de ese año el General pudo escribir en sus *Apuntes*: "La victoria del Eje empieza a declinar y no se levantará ya. Los reveses sufridos en África y en Rusia están abriendo la brecha de su total derrota".[119]

Pero en México, durante los últimos meses de 1942, hubo algunas cuestiones de índole interno que ocuparon el quehacer cotidiano del general Cárdenas. La más importante tenía que ver con la reorganización de la propia Secretaría de la Defensa y la modernización del ejército y la marina. Las fuerzas de la marina se habían incorporado a esa secretaría y uno de los primeros acuerdos con el presidente fue reordenar el mando en las diversas zonas militares y navales. Se creó el Comando de la Región Militar del Istmo de Tehuantepec, mismo que se le otorgó al general Joaquín Amaro, antiguo correligionario de Cárdenas, pero también distanciado de él durante la contienda presidencial de 1940. Aquel nombramiento respondía tanto a la necesidad de apuntalar la unidad y el prestigio de los mandos militares, como a tratar de mantener cerca y bajo la lupa a quienes no gozaban de toda la confianza del secretario de la Defensa. El presidente Ávila Camacho parecía querer equilibrar los mandos del ejército, y no soltar toda la responsabilidad del mismo al general Cárdenas, aun cuando mantenía una confianza particular en la capacidad y el tacto político del michoacano. Y al parecer ese mismo criterio privó a la hora de nombrar al general Pablo Macías como comandante del Pacífico, estableciendo su cuartel general en Mazatlán, pero quitándole la jurisdicción de Michoacán, Jalisco, Colima y Nayarit.[120]

El general Macías había sido el primer secretario de la Defensa del gabinete del presidente Ávila Camacho, pero no había congeniado ni con el mandatario ni con el michoacano, a pesar de que no tuvo más que estar de acuerdo cuando el primer mandatario le encargó a Cárdenas la Comandancia del Pacífico a partir de diciembre de 1941. Además

---

[119] Cárdenas, *Obras. 1…*, *op. cit.*, p. 94.
[120] Cárdenas, *Obras. 1…*, *op. cit.*, p. 91.

de ser "ignorante y negligente",[121] y de haber demostrado una especial incapacidad a la hora de formar parte de la CMNDC, aquel sinaloense no tardaría en verse involucrado en un escándalo, del que el General estuvo muy pendiente durante esos años: el 21 de febrero de 1944, durante las fiestas del carnaval y mientras cenaba en el hotel Belmar de Mazatlán, el coronel Rodolfo T. Loaiza, gobernador de Sinaloa, fue asesinado a quemarropa por un gatillero llamado Rodolfo Valdés, alias *el Gitano*, quien se dio a la fuga. Loaiza había sido senador por ese estado y era amigo de Cárdenas, pues con él había coincidido en diversas ocasiones desde sus épocas de candidato del PNR a la presidencia de la República. Loaiza apoyó al General durante los difíciles días de la expropiación petrolera y a finales de su mandato logró ascender a la gubernatura de Sinaloa con el apoyo del PRM. Su asesinato fue una noticia que molestó particularmente al General, sobre todo porque sucedió bajo la comandancia de Macías en la región militar del Pacífico y porque coincidentemente le dejó el camino libre a dicho general sinaloense para ocupar la gubernatura de su estado natal a partir de 1945. Pero resultó que, a principios de ese año, el gatillero Valdés, quien se había entregado a la justicia local, fue llevado en calidad de preso a la Ciudad de México, en donde se entrevistó con el secretario de la Defensa. En dicho encuentro Valdés aceptó ser el autor material del asesinato, pero implicó al general Macías diciendo que él le había ordenado acabar con Loaiza. El general Cárdenas informó al presidente sobre el caso y éste ordenó que Macías fuese puesto a disposición de un juzgado militar. Sin embargo, después de un encuentro con Ávila Camacho y con su secretario de Gobernación, el licenciado Miguel Alemán, el sinaloense logró que se suspendiera su proceso en el juzgado militar y se enviara el caso a las autoridades competentes de Mazatlán. Ahí se resolvió su problema de manera un tanto irregular y sólo se sentenció a Valdés a 25 años de

---

[121] José C. Valadés, *Historia general de la Revolución mexicana*, vol. 10, SEP/Ediciones Gernika, México, p. 30.

cárcel. A los tres años dicho gatillero se fugó de la prisión y después de algunas peripecias terminó siendo guardaespaldas de diversos políticos locales. Macías, por su parte, logró terminar su periodo en la gubernatura de Sinaloa y luego ocupó algunos puestos en la administración del ejército, incluso recibió la medalla Belisario Domínguez otorgada por el Senado de la República en 1973.[122] El general Cárdenas siguió con cierto detenimiento el caso de Loaiza, Valdés y Macías para llegar a la siguiente conclusión: "Mientras que la ley no se aplique por igual a pobres que a influyentes, los castigos extremos aplicados a desvalidos desmoralizarán más al pueblo y aumentará la delincuencia".[123]

Pero volviendo a la reorganización de las fuerzas armadas a finales de 1942, otro problema con el que se enfrentó el General fue la necesidad de integrar bajo su mando tanto las negociaciones con los representantes militares estadounidenses como las injerencias de otras instancias de gobierno en los cuerpos militares y navales. Lo primero lo resolvió formando parte integral de la CMNDC, a la cual se integró como el representante de mayor relevancia de las fuerzas armadas de México, después del presidente de la República. En aquel cargo tuvo que lidiar con el secretario de Relaciones Exteriores, el licenciado Ezequiel Padilla, quien no le simpatizaba demasiado y con quien tuvo algunos roces, sobre todo relacionados con el envío de tropas mexicanas a combatir en el extranjero, como se verá más adelante.

En cuanto a la injerencia de otras oficinas de la administración pública en cuestiones de las fuerzas armadas y de la marina, Cárdenas tuvo que enfrentar algunos pormenores un tanto incómodos. Por ejemplo, el Estado Mayor Presidencial, cuyo jefe era el general Salvador S. Sánchez, había adquirido un alto nivel de influencia en asuntos militares. Dicha

---

[122] El asesinato del gobernador Rodolfo T. Loaiza forma parte de la mitología inicial y la historia de las guerras del narcotráfico en Sinaloa. Puede consultarse en Luis Astorga, *El siglo de las drogas. El narcotráfico del Porfiriato al nuevo milenio*, Plaza y Janés, 2005, pp. 65-67.

[123] Cárdenas, *Obras. 1...*, *op. cit.*, pp. 121, 144, 157, 163 y 171.

prioridad se la había otorgado el propio presidente Ávila Camacho, y en septiembre de 1942 el general Sánchez tuvo la iniciativa de crear el Consejo Supremo de Defensa, un organismo que debía coordinar la colaboración de distintas secretarías durante el estado de guerra con el fin de "administrar en forma indicativa y descentralizada todo lo relativo a la defensa militar, económica, comercial, financiera y legal".[124] Afortunadamente las acciones para echar a andar dicho consejo no tuvieron mayores consecuencias, ya que además de irrelevantes, sus labores se traslapaban claramente con las responsabilidades de la propia Secretaría de la Defensa. Esta última fue desarticulando el peso tanto del consejo como del propio Estado Mayor Presidencial, y poco a poco concentró la conducción de los asuntos militares en la persona del secretario de la Defensa y, desde luego, del propio presidente. Aun así el Estado Mayor Presidencial todavía mantuvo cierta relevancia, aunque colaborando cada vez más estrechamente con los dos militares que mayor mando ejercieron en aquellos años, que sin duda eran Lázaro Cárdenas y Manuel Ávila Camacho. Las competencias entre ambos parecían zanjarse sin mayores conflictos y por lo general estaban de acuerdo. Sin embargo, no todo fue miel sobre hojuelas. Varios fueron los desencuentros, sobre todo a la hora de poner a prueba cierto afán radical que todavía podía percibirse en las convicciones políticas y nacionalistas del general Cárdenas.

Pero con el fin de lograr mejoras sustanciales en el ejército y la marina, así como para tratar de evitar más roces entre los altos mandos militares, Cárdenas mantuvo al general Francisco L. Urquizo como su subsecretario, y gracias a él es posible acceder a una crónica literaria bastante completa de la transformación de las fuerzas armadas durante ese periodo.[125] Urquizo tenía antecedentes revolucionarios e institucionales que lo vinculaban tanto al presidente Ávila Camacho como al

---

[124] Plascencia de la Parra, *op. cit.*, p. 115.
[125] Urquizo, *op. cit.*

propio general Cárdenas. Durante la rebelión de Agua Prieta en 1920 se mantuvo fiel al gobierno de Carranza, y lo acompañó hasta su último momento en Tlaxcalantongo. Posteriormente salió del país y se reincorporó al ejército durante la presidencia de Cárdenas, cuando éste abrió nuevamente las filas militares a los antiguos constitucionalistas.[126] Poco a poco se fue involucrando en la administración castrense y acercándose cada vez más al propio Manuel Ávila Camacho, cuando éste asumió la responsabilidad de las fuerzas armadas durante el sexenio cardenista. Continuó entre la jerarquía castrense hasta el 17 de agosto de 1942, fecha a partir de la cual se hizo cargo de la Subsecretaría de la Defensa Nacional, poco tiempo antes de que el propio Cárdenas asumiera el mando de la misma. Para entonces Urquizo se había ganado la confianza tanto del presidente como del comandante del Pacífico, y estuvo cerca de los dos cuando se llevaron a cabo las primeras sesiones de la CMNDC. Gracias a la Ley de Préstamos y Arrendamientos que se había firmado siguiendo los lineamientos iniciales de aquella comisión se facilitó el traslado de material bélico estadounidense a México "en cantidades ilimitadas y a un costo sumamente bajo", con la supervisión del propio Urquizo, de algunos de sus subalternos y del Estado Mayor Presidencial.[127]

En sus memorias, Urquizo contaría que a partir de 1942, gracias a la guerra y a la "buena voluntad" estadounidense, el ejército mexicano adquirió material de guerra suficiente para considerarse una institución armada a la altura de su momento. Contaba con integrantes que se preparaban cabalmente, para que su entera modernización fuera posible. El desfile del 16 de septiembre fue la comprobación del salto cualitativo en

---

[126] Secretaría de la Defensa Nacional, *Historia del Heroico Colegio Militar de México*, t. III, Secretaría de la Defensa Nacional, México, 1973, pp. 117-123, y Ricardo Pérez Montfort, "Tropa vieja y tropa nueva. Francisco L. Urquizo, sus memorias noveladas y la transformación del ejército mexicano", en *Cotidianidades, imaginarios y contextos; ensayos de historia y cultura, 1850-1950*, CIESAS, México, 2008, pp. 475-501.

[127] Urquizo, *op. cit.*, p. 106.

las fuerzas armadas. "Deseábamos que el pueblo se diera cuenta de los nuevos flamantes elementos de que disponíamos", recordó Urquizo.[128]

La modernización del ejército mexicano no sólo incluyó la adquisición y el entrenamiento para el uso de nuevo y moderno equipo bélico importado de los Estados Unidos. Implicó también la integración y el entrenamiento de un amplio contingente de conscriptos, jóvenes de 18 años de edad que fueron incorporados a las fuerzas militares a partir de la instauración del servicio militar nacional obligatorio.[129] Si bien dicho servicio ya se había establecido desde septiembre de 1940, no fue sino hasta la puesta en vigor de la Ley del Servicio Militar Nacional el 3 de agosto de 1942 cuando se hizo realidad. Los conscriptos debían inscribirse obligatoriamente en las oficinas del ejército a partir del 1º de enero de 1943 para así formar parte de las primeras reservas del mismo y estar listos en caso de una emergencia nacional que ya se veía venir. Cerca de 80 000 individuos acudieron al llamado de reclutamiento y fue necesario organizar su capacitación y entrenamiento.[130]

Sin embargo, en 1942 no parecía existir la infraestructura militar suficiente para llevar a cabo esta tarea. El ejército tampoco contaba con los jefes, oficiales y sargentos necesarios, y para colmo amplios sectores de la población nacional se opusieron al reclutamiento obligatorio. Algunos grupos políticos opositores, como el Partido Acción Nacional y los sinarquistas, objetaron en un principio tal medida. En muchas provincias ni siquiera se atendió el llamado a la inscripción. Tampoco lo hicieron las comunidades indígenas, e incluso en algunos lugares se dieron pequeños brotes de rebelión y motines, pues se temía que los jóvenes fueran enviados a combatir en algún frente internacional. En

---

[128] *Ibid.*, p. 107.

[129] Plascencia de la Parra, *op. cit.*, pp. 59-99.

[130] Urquizo, *op. cit.*, p. 121. Las cifras varían de acuerdo con las fuentes: el gobierno habló de 750 000 asistentes a los primeros entrenamientos, mientras que las fuentes estadounidenses decían que no llegaban a los 200 000. Algunos incluso decían que no pasaban de los 10 000. Plascencia de la Parra, *op. cit.*, p. 72.

Matamoros, Puebla, por ejemplo, cerca de 400 individuos se arremolinaron alrededor de las oficinas de reclutamiento y tuvieron que ser contenidos por el ejército. El general Cárdenas tuvo que acudir a dicha localidad para calmar los ánimos y asegurarles a los padres de familia que sus hijos no serían enviados a la guerra.[131] Pero el asunto era bastante más complicado. El mismo Urquizo reconocía que la Intendencia General del Ejército Mexicano

estaba muy lejos de poder satisfacer su verdadera misión; hasta entonces se había concretado a ser una oficina de compras, y otra de contabilidad solamente. No había cocineros, no había cocinas, no había vajillas, ni útiles, ni había una idea de todo aquello. Tampoco conocía la intendencia de muebles para dormitorios ni lavanderías. Hasta entonces nuestros pobres soldados dormían en el suelo, teniendo por única cama una manta y un capote, y su ropa se las lavaban "sus soldaderas", en la casucha donde buenamente podían vivir.[132]

Aun cuando el ejército durante la segunda mitad de los años treinta ya había vivido cierta modernización que lo hacía muy diferente a aquel que el mismo Urquizo tuvo oportunidad de conocer en las primeras décadas del siglo XX, no cabe duda que el gran paso que daría durante el primer lustro de los años cuarenta resultaría definitivo. Se trató de un verdadero salto de una Tropa Vieja a una Tropa Nueva, que cambió radicalmente la estructura, la conformación, la imagen y quizá hasta la mentalidad de las fuerzas armadas mexicanas. Pero durante los primeros años cuarenta múltiples rémoras seguían presentes en las fuerzas armadas. El subsecretario de la Defensa describía cómo era la tropa, poco antes de que llegara aquel proceso de modernización:

---

[131] Torres Ramírez, *op. cit.*, p. 136.
[132] Urquizo, *op. cit.*, p. 109.

El personal [del Ejército] es bueno; sufrido, pudiendo decirse que abnegado; es eficiente y fácilmente asimila la enseñanza [...] No existe el servicio de intendencia y cada soldado come de su haber en donde mejor le conviene, y lava su ropa también como puede. El resultado de la falta de este importantísimo servicio se traduce en que el soldado "se junte" con una mujer para que le haga la comida y le atienda su ropa; tiene hijos y se forma una familia trashumante, que anda con el soldado donde a éste lo lleva su servicio. Así pues cada corporación tiene un número de hombres determinado por la planilla orgánica y un número indeterminado de soldaderas y niños hijos de soldados. El batallón o regimiento que se desplaza de un lugar a otro, lleva consigo a un pueblo entero de mujeres, criaturas, animales domésticos y muebles y accesorios humildes.[133]

Aquello cambió radicalmente a finales de los años treinta, pero el salto mayor se dio a principios de los años cuarenta. Con la ayuda a las escuelas "Hijos del Ejército" y con los fuertes apoyos y la dignificación de las fuerzas armadas que tuvieron lugar durante el sexenio del general Cárdenas, se dieron los primeros pasos. Pero, con el arribo del nuevo equipo, con la implementación de modernas instalaciones, y echando a andar una instrucción militar mucho más avanzada y técnica, instrumentada a partir de la colaboración con los Estados Unidos, la tropa vivió un cambio radical en sus condiciones materiales y anímicas. La imagen misma de la tropa se transformó cuando los conscriptos empezaron a interaccionar mucho más activamente con la sociedad civil.

Desde la Secretaría de la Defensa se tendieron puentes con la Secretaría de Educación Pública, con la Secretaría de Gobernación y con la Procuraduría General de la República para que la modernización se percibiera con mayor eficiencia en todo el país. Para ello se echó mano de la prensa, de la radio y del cine. Tal vez uno de los programas más efectivos al respecto fue el que, bajo la supervisión del propio Urquizo

---

[133] *Ibid.*, p. 59.

y con la venia del general Cárdenas, solicitó a la población de las principales ciudades que alojaran por algunos días a los conscriptos que visitaban sus localidades durante su entrenamiento. Dicha iniciativa fue recibida con beneplácito por la prensa, la intelectualidad y los medios artísticos nacionales.[134]

Un corto de noticiero cinematográfico de esa época, realizado bajo los auspicios de las secretarías de la Defensa y de Gobernación, que apareció bajo el título de *¡Extra!* en los cines durante los primeros meses de 1943, mostraba a un par de jóvenes uniformados caminando por una calle de la Ciudad de México, que llegaban a la entrada de un hogar de clase media. Un perro callejero les ladraba, mientras una voz en *off* decía: "¡No les ladres! Son los jóvenes conscriptos que vienen a recibir el buen trato de una noble familia mexicana". Un padre con su hijo les abría la puerta y los invitaba a pasar a la sala donde departían con el resto de la familia. La voz del locutor intervenía comentando: "Hoy, hasta los niños se dan cuenta de lo que significa albergar a estos muchachos representativos de una juventud patriota, valiente y decidida, esperanza firme y gloriosa de México". En seguida se sentaban a la mesa para compartir con aquella prole unos panes dulces y una taza de chocolate. La voz en *off* continuaba: "Al compartir el pan de cada día el conscripto se siente cuidado y generosamente atendido en la noble misión de servir a su patria". Al corte se levantaban de la mesa y la anfitriona les mostraba un par de camas pulcramente tendidas donde podían pasar la noche. Haciendo una elipsis, el corto concluía cuando los dos conscriptos se alejaban de la casa despidiéndose con sonrisas de la familia que los había alojado.[135]

Con este tipo de propaganda se intentó convencer al público reacio a la implementación del servicio militar obligatorio a que se dispusiera a cambiar de opinión en torno del ejército mexicano. Aunque todavía

---

[134] Plascencia de la Parra, *op. cit.*, pp. 91-92.

[135] Fragmento del documental *México durante la 2 Guerra Mundial*, realizado por Luis Lupone para la editorial Clío, Libros y Discos, México, 1998.

no se podían eliminar los estigmas de la corrupción y el oportunismo político, ahora se presentaba "más profesional, mejor preparado y más confiable".[136] Y esto sin duda fue un logro de las autoridades militares encabezadas por Urquizo, Cárdenas y Ávila Camacho.

Aun así, todavía no parecía existir, ni entre las mismas autoridades militares y civiles del país, un consenso sobre la participación de tropas mexicanas en algún frente extranjero. El propio general Cárdenas se oponía a ello, incluso contraviniendo las declaraciones del secretario de Relaciones Exteriores, Ezequiel Padilla, quien a finales de 1942 ofrecía la colaboración militar de México en la contienda como si se tratara de un asunto de honor. A dicha balandronada respondió el General a principios de 1943 ironizando: "¿Con qué? ¿Con flechas? ¿Con piedras?" Según el secretario de la Defensa, el ejército y la marina mexicanos tardarían por lo menos cinco años en modernizarse.[137]

Durante los primeros meses de 1943 Cárdenas siguió cuidadosamente los ejercicios que las fuerzas militares mexicanas realizaban con el nuevo armamento y el equipo que enviaban los estadounidenses. Realizó varias visitas al interior de la República para supervisar los avances de la tropa y de paso también aprovechó para recorrer algunos lugares que se estaban transformando como consecuencia de las reformas agrarias y laborales que instrumentó durante su pasado mandato presidencial. En febrero pasó por la región de La Laguna para corroborar que la presa de El Palmito estaba casi concluida. Con satisfacción anotó en sus *Apuntes*: "Esto corona la obra agraria de La Laguna: es decir, lo realizado en 1936. Hasta hoy los campesinos han correspondido. La región irrigada por la presa será en el futuro una de las más florecientes".[138]

Poco tiempo después se asombró, al igual que gran parte de la sociedad mexicana, por el nacimiento y las formidables erupciones del

---

[136] Plascencia de la Parra, *op. cit.*, p. 96.

[137] *Hoy*, 28 de noviembre de 1942 y 24 de abril de 1943, citados en Plascencia de la Parra, *op. cit.*, p. 138.

[138] Cárdenas, *Obras. 1…*, *op. cit.*, p. 102.

pequeño volcán Paricutín, en las cercanías del pueblo michoacano de San Juan Parangaricutiro. El 5 y 6 de marzo aprovechó para visitar el joven volcán y de paso recorrer sus terruños en Tierra Caliente, en la región lacustre de Pátzcuaro y su natal Jiquilpan. El General acudió en diversas ocasiones a visitar a las comunidades afectadas por el nacimiento del Paricutín. La lava y las abundantes cenizas no sólo echaron a perder las cosechas y mataron a numerosos animales, sino que una buena cantidad de pobladores de dicha región tuvo que migrar a otras regiones del estado de Michoacán.

El General con acompañantes visitando las cercanías del volcán Paricutín
(Archivo de la familia Cárdenas)

El pintor Gerardo Murillo, el Dr. Atl, quien entonces no era muy afecto al General por sus declaradas simpatías por el nazifascismo, le solicitaría tanto al presidente como a Cárdenas que "tendieran su mano poderosa" y auxiliaran a los habitantes de San Juan.[139] El 3 de abril de 1943 el secretario de la Defensa envió al comandante de la 21ª Zona Militar en Morelia, general José Tafolla, 4 000 pesos para la compra de cereales y azúcar para los damnificados del Paricutín.[140] Y no tardó en

[139] AGN Presidentes Manuel Ávila Camacho, 561.4/15-13.
[140] AGN Presidentes Manuel Ávila Camacho, 561.4/15-13-2.

formarse el Comité Pro-Damnificados que presidió el expresidente Pascual Ortiz Rubio, quien también entró al quite apoyando la movilización de familias de San Juan al municipio de Ario de Rosales.[141] Aun así la ayuda que prestó el gobierno resultó insuficiente y los estragos del volcán continuaron durante varios años más. En una magistral descripción de la zozobra que vivían los pobladores de aquellos parajes inundados por la lava, José Revueltas escribió:

> He visto los ojos de las gentes de San Juan Parangaricutiro, de Santiago, de Zacán, de Angahuan, de San Pedro y todos ellos tienen un terrible, siniestro y tristísimo color rojo. Parecen como ojos de gente perseguida, o como gente que veló durante noches interminables a un cadáver grande, espeso, material y lleno de extensión. O como gente que ha llorado tanto. Rojos, llenos de una rabia humilde, de una furia sin esperanza y sin enemigo.[142]

Durante la tercera semana de abril de 1943 el General estuvo pendiente de las entrevistas que el presidente Ávila Camacho sostuvo con el primer mandatario estadounidense Franklin D. Roosevelt, en Monterrey, Nuevo León y en Corpus Cristi, Texas, pero no fue sino hasta el 4 de mayo cuando el primero pudo contarle personalmente sus impresiones sobre aquel encuentro. Con cierta suspicacia, el General comentó para sí: "Hablaron de cuestiones generales" y, poniéndola entre comillas, anotó la siguiente frase en sus *Apuntes*: "Ningún compromiso que lesione al país".[143]

Dicha frase parecía indicar que Cárdenas mantenía algunas sospechas sobre la tibieza de su amigo el presidente en materia de intervención estadounidense en la política interna mexicana, y no se diga en la internacional. Si bien estaba claro que los Estados Unidos habían bajado

---

[141] AGN Presidentes Manuel Ávila Camacho, 561.4/15-13-1.
[142] José Revueltas, *Visión del Paricutín*, en *Obras completas*, vol. 24, Era, México, 1983, p. 16.
[143] Cárdenas, *Obras. 1...*, *op. cit.*, p. 109.

LOS AÑOS DE LA SEGUNDA GUERRA MUNDIAL, 1941-1945

la presión al gobierno mexicano en múltiples rubros económicos y particularmente en la renegociación de su deuda externa al firmar una notable reducción de la misma en noviembre de 1941, todavía se mantenían algunas reticencias con respecto a las condiciones que eventualmente se impondrían en su colaboración en un futuro cercano. Un asunto que lógicamente le preocupaba al General era el petróleo, y así lo manifestó en su diario, insistiendo en que era "nuestro petróleo, factor decisivo para industrializar al país". Su perspicacia le indicaba que no sólo había que cuidar que no regresara a manos extranjeras, sino que era necesario mantenerlo alejado de intereses privados, puesto que era un factor imprescindible "para la motorización del país que serviría para elevar las condiciones de vida de la población".[144]

Pero otro punto también le preocupaba al General y ése era el acuerdo de enviar tropas mexicanas al extranjero, que Ávila Camacho al parecer había establecido, satisfaciendo la demanda estadounidense de así mostrar su compromiso con los países aliados. Esto lo corroboró el propio presidente al anunciar durante la clausura del segundo ciclo de conferencias para generales en la Escuela Superior de Guerra, el 16 de noviembre de 1942. Dijo: "Nuestro ejército irá a donde lo reclamen sus deberes".[145]

Si bien el General ya no se oponía tan radicalmente a dicha iniciativa, más bien fueron otras muestras de ambigüedad las que le incomodaron particularmente, al grado de que a finales de ese año parecía estar decidido a presentar su renuncia a la Secretaría de la Defensa. Para nadie era un secreto que la Iglesia católica trataba de regresar por sus fueros después de sus múltiples confrontaciones con los gobiernos posrevolucionarios, pero sobre todo a raíz de que el propio presidente Ávila Camacho se había mostrado bastante tolerante ante las manifestaciones de reaccionarios y católicos, como sucedió en las tomas sinarquistas de

---

[144] Cárdenas, *Obras. 1...*, *op. cit.*, p. 109.
[145] *Ibid.*, p. 112.

León y de Morelia, en el verano de 1941. También había trascendido que poco antes de la declaración de guerra de México a las potencias del Eje, el presidente se había reunido con los dirigentes del Partido Acción Nacional y con altos jerarcas de la Iglesia católica para garantizar su alianza con el gobierno. Pero una gota que derramó el vaso fue la peregrinación anual a la basílica de Guadalupe, organizada por la Confederación Nacional de Obreros Guadalupanos, que se llevó a cabo el 12 de diciembre de 1942. Aunque tal peregrinación se realizó sin incidentes, fue un claro desafío a un decreto presidencial emitido un mes antes en el que se prohibía a los soldados acudir a misa con el uniforme militar. Nuevamente la ambigüedad del presidente quedaba manifiesta, pues al mismo tiempo que lanzaba esos decretos, no parecía tener ningún prurito para reunirse con el arzobispo Luis María Martínez y autorizar peregrinaciones y ceremonias clericales. Y eso era lo que la izquierda, algunos militares jacobinos y el propio general Cárdenas no veían con buenos ojos.

Al iniciarse el año de 1944, los *Apuntes* del General abrieron con cinco párrafos dedicados al sinarquismo, lo cual como ya se mencionó podría corroborar su asistencia a una reunión que al parecer se celebró en casa del general Plutarco Elías Calles en Cuernavaca y a la cual también asistió el expresidente Pascual Ortiz Rubio. Dicha reunión se convocó con el fin de discutir "asuntos políticos y la cuestión religiosa". En ese encuentro, reseñado por el historiador Enrique Plascencia, se habló de la situación que privaba en el país, la cual fue definida por el general Cárdenas diciendo que "México se estaba volviendo reaccionario de nuevo y que estaba muy decepcionado de que el presidente no hubiese mantenido los puntos de vista hacia la Iglesia que existieron durante su sexenio".[146]

Calles parecía estar de acuerdo con el General, pero a pesar de reafirmar dicha postura, el michoacano siguió al mando de la Secretaría

[146] Plascencia de la Parra, *op. cit.*, p. 165.

de la Defensa. Tal parecía que Ávila Camacho no le había aceptado su renuncia, o por lo menos le pidió que continuara al frente de la misma hasta que encontrara alguien que lo pudiera sustituir. Pero ello no sucedería sino hasta un año y medio después.

Por lo pronto empezaba el año de 1944 con cierto optimismo y esperanza. La Italia de Mussolini ya había sido derrotada y el Ejército Rojo había detenido el avance de Alemania hacia el este. Estados Unidos e Inglaterra, junto con la resistencia francesa, asestaban duros golpes al ejército nazi en territorio europeo. El desarrollo de los acontecimientos bélicos internacionales empezaba a dar cierta ventaja a los países aliados. El General había dejado patente su admiración por los avances del pueblo soviético, pues en noviembre del año anterior había escrito en sus *Apuntes* la siguiente frase: "Rusia ha demostrado al mundo su poder militar, que ha podido crear con patriotismo y valor de su pueblo y por su organización social".[147] Sin duda la derrota del ejército nazi en tierras de la Unión Soviética era un factor de satisfacción que permitía iniciar aquel tercer año de guerra mundial con cierto aliento.

Y aunque el mundo no estaba todavía para fiestas, un acontecimiento feliz marcó el inicio de 1944. Después de un breve periodo de noviazgo, Alicia, la primera hija del general Cárdenas, se unió en matrimonio con el joven actor Abel Salazar. Alicia tenía entonces 25 años; era una muchacha guapa y cariñosa, muy querida por su padre, su madrastra y su hermanito. Gran parte de su adolescencia y primera madurez la había pasado con aquella familia, que por razones obvias pertenecía a la élite política del país. Mientras su padre fue presidente de la República, Alicia vivió la mayor parte del tiempo en Los Pinos, y cuando concluyó el sexenio, viajó en múltiples ocasiones con Amalia, Cuauhtémoc y el General por los rumbos michoacanos de aquella familia, y desde luego estuvo con ellos en Ensenada, mientras su padre se encargaba de la Comandancia del Pacífico. Regresó a la Ciudad de México cuando nuevas

---

[147] Cárdenas, *Obras. 1...*, *op. cit.*, p. 112.

responsabilidades trajeron a los Cárdenas a la capital y fue aquí donde conoció a Abel Salazar, de quien pronto se enamoraría.

Por su parte, durante los primeros años treinta el recién egresado de la Escuela Libre de Comercio, Abel Salazar, se incorporó al Archivo de la Secretaría de Hacienda, dándose cuenta de que no servía para el trabajo burocrático. Comenzó entonces una breve carrera como "patiño" en algunas carpas de la Ciudad de México, y no tardó en ingresar a la incipiente industria cinematográfica. Su primer registro como actor de la gran pantalla apareció en la producción *La casa del rencor* del director Gilberto Martínez Solares en 1941, producida por Agustín J. Fink para CLASA Films Mundiales, S. A.[148] Este productor sería una de las figuras más relevantes del cine mexicano de esos años, pues estaría detrás de las carreras de directores como Emilio "el Indio" Fernández y Julio Bracho, y fue él quien le dio su primera oportunidad al joven Salazar. Para enero de 1944 Abel ya había actuado en cinco películas y en una de ellas no sólo había sido actor, sino también argumentista y productor. Se trataba de la película *Tres hermanos*, dirigida por José Benavides Jr. y realizada en 1943, que contaba la historia de un trío de jóvenes que eran enviados a la guerra, al frente del Pacífico, y que ahí vivían su trágico fin. Aun cuando la cinta combinaba escenas documentales de la guerra con "una selva de estudio donde luchan los hermanos y que parece un cabaret de Acapulco",[149] el mensaje respondía a los afanes propagandísticos que entonces comprometían a los migrantes mexicanos luchando en el ejército estadounidense.

Cierto nacionalismo ramplón se destilaba en las referencias a la valentía y heroísmo de los mexicanos tan en boga en el discurso del momento. Aunque, en la crítica de la prensa, todavía se percibía cierta duda sobre el tema de enviar tropas nacionales al frente, asunto que se insinuaba en

---

[148] Emilio García Riera, *Historia documental del cine mexicano*, vol. 2, Era, México, 1970, p. 26.

[149] Emilio García Riera, *Historia documental del cine mexicano*, vol. 3, Universidad de Guadalajara/Conaculta/Imcine/Gobierno de Jalisco, México, 1993, p. 58.

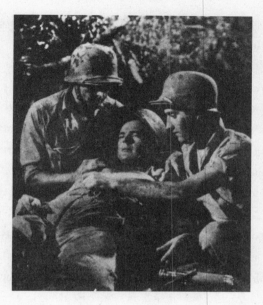

Julián Soler, David Silva y Abel Salazar en una escena de la película *Los Tres Hermanos* (1943) (Foto tomada del libro de Emilio García Riera, *Historia documental del cine mexicano*, vol. 2, Era, México, 1970)

la película. Una revista se preguntaba, por ejemplo, "¿no será contraproducente exponer la tragedia de una familia cuyos vástagos jóvenes se van a la guerra con tan amargos resultados?"[150]

De cualquier manera, aquella película producida, escrita y actuada por Abel Salazar resultaba bastante más afín con los temas que interesaban a su futuro suegro que las otras en las que había participado previamente. Por ejemplo, un año antes, el joven actor había encarnado el papel del príncipe azteca Temoch en la cinta *La virgen morena*, dirigida por Gabriel Soria. En esta película, que narraba obviamente la historia de las apariciones de la virgen de Guadalupe al indio Juan Diego, el jerarca indio Salazar/Temoch terminaba convirtiéndose al

---

[150] *Cinema Reporter*, noviembre de 1943, citado en Emilio García Riera, *Historia documental del cine mexicano*, vol. 2, *op. cit.*, p. 159.

cristianismo como todos los demás aztecas. Su actuación pareció más o menos convincente, pero las palmas, sin embargo, se las llevó el actor principal, José Luis Jiménez, quien interpretó a Juan Diego, y que según el arzobispo Luis María Martínez, convertido en crítico de cine, "está genial". Aquel prelado abundó diciendo: "He visto la interpretación de Juan Diego de *La virgen morena* y puedo asegurar que es la encarnación más fiel, más espiritual y más semejante físicamente a nuestro ideal cristiano de aquel privilegiado indito".[151]

Seguramente el general Cárdenas, de haber visto aquella película y leído las declaraciones del arzobispo, hubiese tenido ciertos resquemores y acaso hasta su completa desaprobación en torno de las producciones en las que participaba tal actor que pronto se casaría con su hija Alicia. Igual opinión le pudo haber surgido al verlo como actor de reparto en la superproducción *El conde de Montecristo* que dirigió el popular Chano Urueta en 1941 y tal vez una actuación previa tampoco lo debió reivindicar cabalmente. En ese mismo año, unos meses antes de la realización de la adaptación mexicana de la novela de Alejandro Dumas, Abel Salazar participó en otra fallida cinta de Urueta plagada de referencias panamericanistas titulada *La liga de las canciones*. En dicha película el joven actor hacía las veces de presidente de una conferencia latinoamericana que debía encargarse de un proyecto musical pacifista que mostrara la hermandad entre los pueblos del continente. Si bien se trató de una pieza que explotó la música popular del momento de manera un tanto excesiva, al presentar 16 números musicales en "un tiempo total de proyección de 41 minutos", el mensaje terminaba glorificando la unidad latinoamericana bajo el patrocinio de los Estados Unidos.[152]

Con esta experiencia a cuestas, Abel Salazar era un joven miembro de la comunidad cinematográfica que estaba a punto de despegar no sólo en su carrera artística, sino también en sus vínculos sociales. Como

[151] *Ibid.*, p. 89.
[152] *Ibid.*, pp. 28-31.

actor, tan sólo entre 1944 y 1945 trabajó en nueve películas, fungiendo no sólo como el actor al cual le acomodaban los fracs o las plumas de manera impecable, sino también como productor y guionista. Después de producir *Tres Hermanos*, logró constituir su propia productora, ABSA, asociándose con Armando Oribe Alva y trabajando para algunos de los zares del cine nacional, como Gregorio Wallerstein, Jesús Grovas y Chano Urueta.

El 31 de enero de 1944 Alicia Cárdenas y Abel Salazar contrajeron matrimonio en casa del novio, acompañados por sus padres y sus familiares más cercanos. En una de las fotografías tomadas para la ocasión, puede atisbarse cierta diferencia entre quienes acompañan a los novios. Ambos se encuentran rodeados por sus seres queridos detrás de una mesa, con flores y un par de libros abiertos. Lo más probable es que esas fueran las actas de matrimonio que se acaban de firmar. A la izquierda de Abel, quien aparece con una mirada socarrona puesta en alguien que se encuentra fuera de cuadro, se colocó su señora madre. Era una

Foto del matrimonio civil de Alicia Cárdenas y Abel Salazar
el 31 enero de 1944
(Archivo de la familia Cárdenas)

461

mujer robusta que portaba un vestido oscuro de manga corta y con un brocado, por demás elegante, bordeándole el escote. Su gesto mostraba cierta severidad y parecía imponerle su brazo derecho al novio. Alicia vestía un atuendo blanco que brilla como satín en su parte superior y una falda larga de dos partes, igualmente de color blanco. Su semblante aparecía serio y su cabello oscuro estaba adornado por una diadema de guirnaldas. Con la manga corta que cubre su brazo derecho en aquella foto apenas toca el hombro izquierdo del general Cárdenas, quien vestido de civil mira de frente con la vista orientada hacia la derecha del cuadro. Es una pose conocida del General, quien inclina levemente la cabeza hacia el lado donde se encuentra su hija. También su gesto acusa cierta seriedad. A su costado derecho está doña Amalia, quien cruzando los brazos al frente y con la mirada hacia abajo esboza una leve sonrisa. Como solía aparecer con frecuencia en público, su atuendo no tiene nada de ostentoso, sólo un moño de la misma tela de su vestido cubre el centro de su discreto escote y luce su cabello corto, ondulado y oscuro. Si bien se pueden contar 12 personas en esa foto, sólo tres más destacan en la misma: un hombre de traje y corbata, con su pañuelo en el bolsillo del saco y con lentes, y dos muchachas con peinados muy brillantes y ondulados que detienen sendos ramos de flores. Sólo la que aparece a la extrema derecha sonríe muy discretamente. Pareciera así que esa ocasión se celebraba con cierta solemnidad, más que con alegría y jolgorio. Los gestos adustos de los concurrentes, por lo menos en el momento mismo de la toma de aquella foto, así lo mostraban.

Esa unión duraría poco, aun cuando no tardarían en nacer, para beneplácito del general Cárdenas, sus dos primeras nietas, Alicia y Leticia.

Pero volviendo a los primeros meses de 1944, el trabajo de la Secretaría de la Defensa Nacional se intensificó, en vista de que a partir de febrero los conscriptos de la "Clase 1925" empezaron a integrarse a las reservas militares del país. Ese año, el General tuvo la oportunidad de supervisarlos en Guanajuato, Nuevo León, Tamaulipas, Sinaloa, Nayarit,

Michoacán, Querétaro, Morelos y la Ciudad de México. Durante sus visitas a aquellos estados aprovechaba, como era su costumbre, para recorrer los campos, las poblaciones, las granjas, los cultivos, los canales, las presas y, en general, para escudriñar el paisaje, con el fin de hacer anotaciones de los distintos problemas, así como de los logros y carencias, que se vivían en la provincia mexicana.

De pronto, dichos recorridos le deparaban algunas aventuras y desasosiegos, como le sucedió en las cercanías de Ciudad Hidalgo, Michoacán, en marzo de ese año. De regreso de Pátzcuaro a la Ciudad de México, el día 14, el General decidió detenerse para tomar un baño en el manantial de aguas termales de San Lorenzo. Aquel lugar tenía un pequeño recinto con dos puertas, y quedando sus acompañantes en las afueras, él mismo narró lo que aconteció en seguida:

> Entré, me desvestí y baje al interior del manantial sin fijarme que una de las puertas se encontraba cerrada. Pocos momentos después sentí algo raro, pesadez y asfixia al grado tal que difícilmente logré salir del baño, arrastrándome sobre el bordo o paredes que encierran el manantial y bien mareado pude llegar a la puerta de entrada y allí respirar el aire: en ese momento gritaba el encargado del baño, un modesto campesino: "Mi General, ¿quiere que le abra? puede asfixiarse por los gases". Abrió y volví al baño. Entró el general Núñez y le platiqué el caso, que estuvo a punto de haberme privado dentro del propio baño.[153]

Al día siguiente regresó con su esposa Amalia a aquel lugar para corroborar si habían sido los gases los que le habían provocado el incidente. Y en efecto lo confirmó, y con un "por poco no lo cuento", dejó constancia en sus *Apuntes* de lo cerca que estuvo de sufrir un percance mayor.

Y otro incidente que por poco le cuesta la vida no a él, sino al presidente Manuel Ávila Camacho, se suscitó varias semanas después en la

---

[153] Cárdenas, *Obras. 1...*, *op. cit.*, p. 120.

Ciudad de México. El 10 de abril el teniente José Antonio de la Lama y Rojas disparó un tiro a bocajarro al primer mandatario cuando se bajaba de su coche en Palacio Nacional. No alcanzó a herirlo, sin embargo inmediatamente fue desarmado por el propio presidente y unos guardias de Palacio lo sometieron. El general Ávila Camacho se entrevistó personalmente con él y sólo logró reconocer que el atentado lo había hecho De la Lama porque estaba desquiciado. Tan pronto supo la noticia, Cárdenas se presentó en Palacio Nacional y conversó con el presidente. Después "quiso hablar a solas con el prisionero". Doña Amalia recordaba que cuando le preguntó al General qué había pasado, éste le contestó: "Estuve platicando con él y lo único que me dijo ese muchacho es que si en esa ocasión no había acertado vería la forma de volverlo a intentar".[154] Aunque la locura de De la Lama fue el motivo que manejó tanto la presidencia como la prensa, el general Cárdenas comentó en su diario: "Sin duda alguna que se trataba de un crimen político organizado por los enemigos del régimen".[155] Durante el interrogatorio que le hicieron posteriormente a De la Lama, en la Hacienda de Echegaray, al parecer intentó escapar. Los custodios le dispararon y terminó muerto en el Hospital Central Militar.

El caso generó una gran cantidad de suspicacias y rumores. Se habló de que habían sido "los nazis", aunque también se culpó a los sinarquistas. Vicente Lombardo Toledano se encargó de hacer una "investigación" que culpaba claramente a los elementos reaccionarios y católicos, que le estaban haciendo el juego al nazi-fascismo infiltrado en las fuerzas armadas mexicanas.[156] Esta idea logró atraer la atención de la izquierda oficialista, la cual pugnó porque se revisaran los antecedentes de la oficialía mayor del ejército, con lo cual estuvo de acuerdo

---

[154] Amalia Solórzano de Cárdenas, *Era otra cosa la vida*, Nueva Imagen, México, 1994, p. 77.

[155] Cárdenas, *Obras. 1...*, *op. cit.*, p. 127.

[156] Taracena, *La vida en México bajo Ávila Camacho*, t. 2, Jus, México, 1977, pp. 194-196, y Plascencia de la Parra, *op. cit.*, p. 171.

el propio general Cárdenas. Aunque al minimizar el atentado, el propio presidente Ávila Camacho dio pie a que la atención de las fuerzas armadas se orientara cada vez más a la participación militar mexicana en la conflagración mundial.

El presidente Roosevelt ya había girado instrucciones, desde el 13 de febrero de 1944, de que un escuadrón mexicano se entrenara en Estados Unidos a partir de julio. Si bien al principio parecía que el gobierno mexicano tenía la intención de que técnicos y militares estadounidenses adiestraran a los seleccionados en territorio nacional, la fuerza aérea de los Estados Unidos rechazó la propuesta y determinó que el escuadrón debía ingresar a una base americana para cumplir con su cometido.[157] Tal parece que esa negociación quedó fuera de las manos del general Cárdenas, y una vez que todo se había acordado entre autoridades mexicanas y estadounidenses no tuvo otra opción que ceder. También es cierto que dicho tema no fue incluido en su diario y durante los meses de marzo, abril y junio en que se llevaron a cabo aquellas negociaciones, la mayor parte del tiempo la pasó fuera de la Ciudad de México. Ello no sólo podría ser una prueba de que había sido excluido del tema, sino que también él quizá no pretendía asumir ninguna responsabilidad al respecto.[158] Finalmente estuvo de acuerdo en que los 300 hombres seleccionados por la Dirección de Aeronáutica Militar, y que fueron llamados el "Escuadrón 201", marcharan "a los Estados Unidos donde seguirían los cursos de capacitación y perfeccionamiento establecidos por dicha nación" con el fin de estar en condiciones de entrar en combate en el

---

[157] Torres Ramírez, *op. cit.*, p. 147.

[158] El historiador Enrique Plascencia incluso sugiere que "evitar inmiscuirse en la organización del escuadrón 201 era una estrategia bien pensada: no quería que lo identificaran como un funcionario cercano a posturas favorables a Estados Unidos", y de paso intentaba distanciarse de Ezequiel Padilla, el secretario de Relaciones Exteriores, cuya fama proestadounidense le generaría la imposibilidad de ser considerado como candidato oficial en las elecciones presidenciales de 1946. Plascencia de la Parra, *op. cit.*, pp. 184-185.

frente de guerra. Se incorporaron al grupo elementos de diversas áreas de la Secretaría de la Defensa, como la Intendencia General del Ejército, la Dirección de Materiales de Guerra, la Comandancia General de Transmisiones, la Dirección de Artillería, la de Sanidad Militar, la de Transportes Militares y la Tercera División de Infantería. Se habían organizado de la siguiente manera: dos jefes, 52 oficiales y 244 hombres de tropa.[159] Salieron el 24 de julio en tren a Laredo, en donde cruzaron la frontera para ingresar dos días después a la base aérea de Randolph Field, cerca de San Antonio, Texas. Finalmente se entrenarían para salir a combatir al frente del Pacífico en Filipinas, arribando ahí en mayo de 1945. Llegaron al frente tres meses antes de que Japón se rindiera el 15 de agosto, después del estallido de dos bombas atómicas lanzadas a su territorio por aviones estadounidenses. Los integrantes del famoso Escuadrón 201, también conocido como la Fuerza Aérea Expedicionaria Mexicana, regresarían a México para ser recibidos como héroes, aunque al poco tiempo de su regreso la agrupación sería disuelta y su participación en la Segunda Guerra Mundial daría pie a infinidad de conjeturas.

El general Cárdenas, por su parte, ocupó su tiempo durante la segunda mitad de 1944 en diversas actividades y recorridos. A lo largo de esos meses, en sus *Apuntes* destacaron sus reflexiones sobre la situación de México frente a los países de Centro y Sudamérica. Le preocupó que la cancillería mexicana no pusiera suficiente atención a la hora de prestigiar a México en otros lugares que no fueran los Estados Unidos. La tradición histórica y la cultura mexicanas, así como sus contenidos sociales, debían formar parte de las acciones que en materia de relaciones exteriores pudiesen transmitir los representantes diplomáticos. Especialmente caras para el General eran las relaciones con Cuba y Guatemala. Representantes de dichas repúblicas lo visitaron, y en septiembre y octubre de ese año tuvo la oportunidad de conocer al presidente cubano,

---

[159] Antonio Cárdenas Rodríguez, *Mis dos misiones. Monografía aérea*, s. e., México, 1949, p. 125.

Ramón Grau San Martín, y al licenciado Guillermo Torriello, quien dirigía entonces el movimiento de oposición al general golpista guatemalteco Jorge Ubico.[160]

Sin embargo, una de sus mayores preocupaciones, además de todas aquellas relacionadas con la Secretaría de la Defensa, fue el problema de la deforestación y la tala inmoderada de los bosques, sobre lo que reflexionó ampliamente en sus *Apuntes*. Los altos precios que alcanzaba la madera en esos días de guerra favorecían la "inmoderada y criminal explotación maderera" que afectaba particularmente a Michoacán.[161] Para nadie era un secreto que Cárdenas insistía constantemente en el cuidado de los bosques, promoviendo la reforestación en forma por demás insistente. Desde sus tiempos como gobernador de su estado natal y a lo largo de su presidencia había promovido una explotación moderada de los recursos forestales de México, y a cualquier lugar a donde iba se preocupaba por que a los cultivadores de árboles se les brindara el mayor apoyo posible. A lo largo de su presidencia y durante el ejercicio de sus responsabilidades como comandante del Pacífico y secretario de la Defensa distribuyó cientos de miles de olivos, manzanos, sarmientos, limoneros, naranjos, pinos, oyameles, etc., no sólo en Michoacán, sino también en Morelos, Tamaulipas, Nuevo León, Querétaro y San Luis Potosí. Se interesó por toda clase de injertos, además de estar pendiente de quiénes y dónde se estaban haciendo trabajos de experimentación sobre frutales, flores y árboles de toda índole. El General se mantuvo también cerca del ingeniero Miguel Ángel de Quevedo desde el inicio de su sexenio hasta su muerte en 1946, y con él echó a andar un ambicioso plan de reservas forestales y viveros, con el fin de recuperar y conservar las cuencas hidrológicas más importantes del país. Su proyecto, que durante el sexenio cardenista había creado, tan sólo durante los años

---

[160] Cárdenas, *Obras. 1…*, *op. cit.*, pp. 130-132.

[161] *Ibid.*, pp. 126-127, y Verónica Oikión Solano, *Michoacán en la vía de la unidad nacional, 1940-1944*, INEHRM, México, 1995, pp. 144-150.

de 1938 y 1939, 26 reservas forestales, no pudo continuar a finales de
ese periodo; pero entre 1941 y 1942 la inercia llevó al régimen avilacamachista a crear otras 8 reservas. Después de ese año se suspendieron
los intentos de seguir protegiendo la riqueza forestal del país y sólo se
retomarían hasta 1946.[162]

El General con Miguel Ángel de Quevedo en Tacámbaro
(Archivo de la familia Cárdenas)

El primer día del año de 1945 encontró al General y a su familia en
Jiquilpan, con la esperanza de que pronto terminara la guerra. Una de
sus reflexiones iniciales la dedicó a su hijo Cuauhtémoc, que acababa
de terminar el quinto año de primaria, a quien le gustaba pasar sus ratos
libres leyendo preferentemente libros de historia. "En juego tiene inclinación a cuestiones de guerra",[163] anotó, y en seguida comentó que
nadie se las fomentaba, pero que eso era probablemente producto del
ambiente que lo rodeaba pues, en efecto, el aire del momento estaba impregnado de referencias a las derrotas y los avances de los ejércitos aliados

---

[162] J. Humberto Urquiza García, *Miguel Ángel de Quevedo. El proyecto conservacionista y la disputa por la nación, 1840-1940*, Heuresis/Facultad de Filosofía y Letras de
la UNAM, México, 2018, pp. 326-329.

[163] Cárdenas, *Obras. 1…, op. cit.*, p. 139.

y del Tercer Reich. Si bien este último había sufrido serias derrotas a finales del año recién concluido, y ya no contaba con el mínimo apoyo que alguna vez tuvo del fascismo italiano, todavía mantenía posiciones importantes en Europa del Este, así como en Francia y en los países escandinavos. Los comandantes en jefe de las fuerzas más relevantes de los países aliados, Winston Churchill, Josef Stalin y Franklin D. Roosevelt se reunieron en Yalta, en febrero, y vaticinaron que Alemania estaría derrotada para mediados del año. En relación con el frente asiático y del Pacífico todavía no podían hacer predicciones precisas, sin embargo plantearon como inminente el sometimiento del imperio nipón una vez que cayera el Tercer Reich. Los países del Eje tenían, pues, el tiempo contado. Y para nadie era un secreto que, a pesar de haber esgrimido una débil neutralidad, la España franquista debía tener un fin semejante a sus aliadas fascistas, una vez que los ejércitos nazis fuesen derrotados. Los regímenes totalitarios que habían llevado al mundo a la guerra tendrían que rendir cuentas o se quedarían aislados hasta que en su seno surgieran regímenes democráticos y amantes de la libertad. Por lo menos ésa era la consigna que los aliados blasonaron después de la cumbre de Yalta.

Y ante aquel panorama, los representantes de la España republicana que se encontraban en México decidieron mantener e intensificar su actividad política y organizativa. El general Cárdenas dio cuenta de tal inquietud, y teniendo una particular simpatía por la posibilidad de restaurar el régimen democrático español se reunió en diversas ocasiones con personalidades como Julio Álvarez del Vayo, Indalecio Prieto o el general José Miaja, con quienes había cultivado cierta amistad. El General era consciente de lo divididos que estaban los republicanos, pero con optimismo, aunque también con cierto juicio sereno, escribió en sus *Apuntes*, a finales de enero, que "en realidad es importante la unidad de los republicanos españoles y una acción inteligente para atraerse la simpatía y ayuda de las naciones aliadas".[164] Sin embargo, lo cierto fue

---

[164] Cárdenas, *Obras. 1...*, *op. cit.*, p. 147.

que costó mucho trabajo que aquellos representantes lograran consolidar mínimamente el gobierno de la España republicana en el exilio. Una infinidad de conflictos, desacuerdos y rencillas impidieron que las principales agrupaciones políticas españolas exiliadas se pusieran de acuerdo y se unieran para restaurar alguna forma de representar a la II República derrotada por Franco. En enero de 1945 los diputados republicanos fueron convocados a una reunión en la Ciudad de México, y a la cual asistieron 72 y 49 se adhirieron por escrito. Se les cuestionó por no tener el cuórum suficiente para sesionar y legitimarse, pero ya se estaba haciendo un esfuerzo importante para que existiera una representación republicana española que pudiese ser reconocida por la comunidad internacional. El General estuvo pendiente de las sesiones, e incluso lo visitaron Negrín y Álvarez del Vayo, antes de la reunión, con el fin de informarle y mantener su apoyo.[165] Si bien no pudo asistir a la inauguración de aquellas cortes, envió al general Cristóbal Guzmán Cárdenas para que en su representación leyera un discurso que preparó para la ocasión, en el que destacó, de una manera por demás solemne y grandilocuente, lo siguiente:

Tenemos fe en la liberación de España, su lucha es el duelo entre la libertad y la violencia, el pueblo y la tiranía; de los trabajadores y de los privilegiados; de la América republicana contra los totalitarismos neofascistas y en fin, de la agresión bélica a la cultura. No es concebible que un país estelar y descubridor de nuevos mundos pueda vivir sojuzgado indefinidamente; ni que los hombres abdiquen de su dignidad y que la colectividades próceres se enajenen; pues aun cuando lo hicieren los usurpadores, la reivindicación de sus derechos es un mandato inalienable e imprescindible.[166]

---

[165] Cárdenas, *Obras. 1…*, *op. cit.*, p. 183.
[166] Cárdenas, *Palabras y documentos…*, *op. cit.*, p. 40.

Las cortes le obsequiaron entonces una insignia de la República Española, misma que guardaría como una más de las muestras de afinidad entre sus ideas y las de los republicanos.

Finalmente, después de muchos ires y venires, pero especialmente con el fin de poder participar en la incipiente Organización de las Naciones Unidas, se fundó la Junta Española de Liberación, que fue la organización impulsora de nuevas reuniones de las Cortes republicanas en el exilio en la Ciudad de México, durante los meses de agosto y noviembre. Al final sí se constituyó un nuevo gobierno bajo el mando de José Giral, que fue conocido como "el gobierno de la esperanza". Lamentablemente no se logró la unidad plena, y aun cuando a finales de 1945 se decidió trasladar el gobierno a París, y tal parecía que los franceses le iban a dar cobijo internacional, no se logró más que impulsar algunas resoluciones de la ONU en contra del régimen de Franco, poco antes de volver a entrar en crisis.[167]

Cabe mencionar que el propio general Cárdenas fue un factor de cierta importancia en tal desunión. A medidos de 1939, poco antes de que el gobierno republicano español fuese derrotado por los militares golpistas encabezados por Franco, había llegado a México, procedente de España, una verdadera fortuna en oro, joyería y arte a bordo de un gran yate que llevaba el nombre de *Vita*. Los encargados de preparar la carga que debía llevar dicha embarcación a México, más tarde conocida como "el tesoro del Vita", fueron el propio ministro de Hacienda del gobierno republicano de Juan Negrín, don Francisco Méndez Aspe, y dos de sus más cercanos colaboradores. El cargamento constaba de alrededor de 110 maletas con depósitos provenientes de la "Caja de reparaciones" del Ministerio de Hacienda español. Esta "caja" incluía bienes entregados al Banco de España y al Monte de Piedad antes y

---

[167] Jorge de Hoyos Puente, *La utopía del regreso, Proyectos de Estado y sueños de nación en el exilio republicano en México*, El Colegio de México/Universidad de Cantabria, México, 2012, pp. 212-241.

durante la Guerra Civil, mismos que fueron trasladados a Francia poco antes de la caída de Barcelona. Aquellos "bultos", que fueron descargados en el puerto de Tampico y puestos en un tren especial enviado por el propio Cárdenas a recogerlos, contenían, al parecer, entre otras muchas joyas, las reliquias del Patrimonio Real, varios objetos preciosos de la Catedral de Toledo, colecciones de relojes y monedas, así como un número indeterminado de lingotes de oro, y hasta una edición del *Quijote* impresa en papel de corcho. Aquella fortuna fue valorada con cifras que iban desde los 200 hasta los 500 millones de dólares.[168]

Dichos fondos debían servir para pagar los gastos de traslado de aproximadamente 40 000 refugiados españoles a costas mexicanas, crear empresas y generar empleos con el fin de "liberar a la economía nacional" del problema de mantener a la "España peregrina" que detendría su éxodo en este país. Pero también parecía que "el tesoro del Vita" era una de las múltiples cartas con las que se pretendía negociar la paz entre el régimen franquista y la derrotada república. Lo que sucedió con él y en qué se utilizó o a dónde fueron a parar sus incalculables valores, es algo sobre lo que todavía existen muchas interrogantes. El caso es que el general Cárdenas autorizó que los fondos fueran administrados por el grupo que comandaba Indalecio Prieto.[169]

Los recrudecimientos en las diferencias que se suscitaron entre el errático régimen de Juan Negrín y el fortalecido grupo de Indalecio Prieto, a partir del ultimo tercio de 1939, contribuyeron a que el caso del yate *Vita* diera mucho de qué pensar y decir a los refugiados republicanos y también a los mexicanos que los recibieron. Desde las más acres recriminaciones de corrupción, hasta las justificaciones más absurdas, lo sucedido con ese tesoro no dejó de mostrar sus zonas turbias, tanto en lo concerniente a la autoridades españolas como a los mexicanos que estuvieron cerca del tesoro hispano.

[168] Amaro Del Rosal, *El oro del Banco de España y la Historia del Vita*, Grijalbo, México, 1976, pp. 114-118.
[169] De Hoyos Puente, *op. cit.*, p. 137.

Si bien gran parte de esos fondos sí fue utilizada para mantener a una buena cantidad de refugiados y crear algunas empresas e instituciones capaces de generar empleos para ellos, fue tanta la especulación, los dimes y diretes, y los conflictos que rodearon dicho asunto que un par de años después, en 1941, el gobierno del general Ávila Camacho intervino en la administración de esos fondos.[170] Pero su manejo había sido tan turbio que el propio gobierno mexicano se vio envuelto en la falta de claridad que permeó todo lo relativo al tesoro del *Vita*. Independientemente de su asignación específica, aquel cargamento fue para los trasterrados españoles una de las múltiples manzanas de la discordia que abundaron en esa comunidad empañada por el abandono de su tierra y los rencores de sus radicalismos. Sin embargo, la mediana responsabilidad del general Cárdenas en aquellas discordias se fue diluyendo y olvidando, al grado que la mayoría de los líderes de los grupos enfrentados y prácticamente todos los refugiados republicanos españoles mantuvieron, y lo hacen hasta hoy, un profundo sentimiento de gratitud hacia su persona y su memoria.[171]

Pero si con los españoles mantenía una relación más o menos tersa y amable, eso no era así con los vecinos del norte. A pesar de que en

---

[170] Las referencias sobre este asunto son bastante copiosas. He aquí sólo algunas referencias: Oriel de Montsant, "El tesoro del *Vita*", *Vanguardia Española*, 10 de diciembre de 1967; Indalecio Prieto, "La historia del Vita", en *Convulsiones de España*, t. III, Losada, México, 1968; Manuel González Mata, "El Yate Vita y la relaciones entre México y España", en *Historia y Vida*, Madrid, 12 de octubre de 1972; Del Rosal, *op. cit.*; José Fuentes Mares, *Historia de un conflicto. El tesoro del "Vita"*, C.V.S. Ediciones, Madrid, 1975. Este mismo libro con algunas correcciones se publicó en México con el título de *Historia de dos orgullos*, Océano, 1984.

[171] Véanse tan sólo tres ejemplos: Agustín Sánchez Andrés y Raúl Figueroa Esquer (coords.), *De Madrid a México. El exilio español y su impacto sobre el pensamiento, la ciencia y el sistema educativo mexicano*, Comunidad Madrid/Universidad Michoacana de San Nicolás de Hidalgo, Madrid/Morelia, 2001; Clara E. Lida, *Caleidoscopio del exilio. Actores, memoria, identidades*, El Colegio de México, México, 2009, y Abdón Mateos, *La batalla de México, final de la guerra civil y ayuda a los refugiados 1939-1945*, Alianza Editorial, Madrid, 2009.

la alianza entre México y Estados Unidos durante la guerra contra las potencias del eje no cabían dudas, el interés de los estadounidenses pareció concentrarse más en Brasil que en nuestro país durante los últimos años de la guerra. Los brasileños se interesaron antes que los mexicanos en enviar tropas al frente y se aprovecharon de la situación recibiendo un apoyo económico y militar cinco veces mayor al que recibiera el ejército de México.[172] Al aumentar los vínculos con Brasil, también fueron disminuyendo las aprehensiones estadounidenses en relación con el ejército mexicano. El frente en el Pacífico y en Asia mostraba una ofensiva mucho mayor de los Estados Unidos, y por lo tanto la amenaza japonesa había disminuido notablemente en las costas occidentales del continente americano. Esto también influyó en que la presión estadounidense cediera un poco, aunque no por eso se dejó de preparar y enviar el contingente mexicano a la guerra en Filipinas.

Por eso, el último año de la conflagración mundial el secretario de la Defensa insistiría en que debían fortalecerse los vínculos con los países latinoamericanos, en vez de atender exclusivamente las exigencias estadounidenses. "Mi opinión particular es que es más conveniente celebrar conferencias de interés continental y no bilaterales con objeto de no hacer arreglos de asuntos que interesan por igual a todas las naciones de América", anotaría el General en sus *Apuntes* el 15 de febrero.[173]

Y una semana después el presidente Ávila Camacho inauguró la Conferencia de Cancilleres Americanos en el Palacio de Bellas Artes. Aquella reunión que se conocería como la Conferencia de Chapultepec, produjo un gran acuerdo entre todos los países del continente americano que años después daría lugar al Tratado Interamericano de Asistencia Recíproca y a la Organización de los Estados Americanos. Todo ello bajo una sombrilla protectora de los Estados Unidos, que no resultó

---

[172] Plascencia de la Parra, *op. cit.*, p. 139.
[173] Cárdenas, *Obras. 1...*, *op. cit.*, pp. 151-152.

El secretario de la Defensa y a su derecha
el subsecretario, general Francisco L. Urquizo
(Archivo de la familia Cárdenas)

especialmente cómoda para algunos de sus concurrentes, a pesar de su defensa a ultranza de la democracia.

El propio General comentó en su diario que mientras no hubiese "una elevación de la vida humana en sus aspectos, moral, político y económico, la democracia será un mito y sólo la gozarán las clases privilegiadas".[174] La injerencia de Estados Unidos en el nuevo orden mundial que se gestaría una vez vencidos los enemigos de los aliados, se perfilaba no sólo a través de sus representantes en América Latina, los cuales frecuentemente menospreciaban las demandas de los países más pequeños y económicamente débiles, sino que también empezaba a instrumentar algunas de las características de su diplomacia conservadora, preconizando lo que posteriormente se identificó como la Guerra Fría. Las autoridades estadounidenses insistirían nuevamente

---

[174] Cárdenas, *Obras. 1...*, *op. cit.*, p. 153.

en la necesidad de ocupar bases militares en territorios ajenos, a lo que el gobierno mexicano, por instancias del general Cárdenas, se siguió oponiendo tercamente.[175]

En abril de 1945 la derrota de Alemania era inminente. El ejército ruso y el estadounidense avanzaron sobre Berlín y el 2 de mayo las noticias internacionales informaron que Hitler había muerto. La guerra en Europa llegaba a su fin. Seis días después se anunció la paz en el Viejo Continente, pero la guerra en el Pacífico continuó hasta agosto. El día 6 de dicho mes, aviones militares estadounidenses arrojaron la primera bomba atómica sobre la población civil japonesa de Hiroshima, y tres días más tarde volvieron a hacerlo sobre la ciudad contigua de Nagasaki. Poco menos de un cuarto de millón de muertos produjeron esos bombardeos, por lo que el 15 de agosto el imperio japonés anunció que se rendiría incondicionalmente a los aliados. Con ello concluyó la conflagración que había confrontado a la mayoría de los países occidentales y asiáticos durante prácticamente seis años.

Por esos días en que se anunciaba el fin de la guerra, el general Cárdenas le entregó al presidente Ávila Camacho un proyecto de reorganización del ejército, que el propio ejecutivo le había encargado. El proyecto se lo había comisionado a los generales Alamillo, Urquizo y Guzmán Cárdenas. Bajo la supervisión del secretario de la Defensa, dicho proyecto constituiría una de las últimas tareas que el General llevaría a cabo como miembro del gabinete presidencial.

El 31 de agosto de 1945 el presidente Ávila Camacho nombró al general Francisco L. Urquizo como nuevo encargado de la Secretaría de la Defensa, relevando al general Cárdenas de aquella responsabilidad. El General ya había intentado renunciar antes por lo menos dos veces: una que no fue del todo pública y que tampoco registró en su diario se suscitó a raíz de sus desacuerdos con la tolerancia hacia la Iglesia

---

[175] Cárdenas, *Obras. 1, op. cit.*, p. 154.

católica y a los grupos reaccionarios que parecía manifestar el titular del ejecutivo a finales de 1943 y principios de 1944; la otra se la presentó al primer magistrado el 23 de octubre de 1944, aduciendo razones que tenían que ver con su posible participación en la sucesión presidencial de 1946.[176] Finalmente el 13 de agosto de 1945 le volvió a solicitar su relevo al presidente Ávila Camacho y ambos acordaron que lo harían efectivo a partir del mes siguiente. Aún así, el General se adelantó y el último día de agosto a las ocho de la noche pudo finalmente regresar a la vida civil, cuando nuevamente el ejecutivo le permitió volver "a la situación de licencia ilimitada en la que me encontraba cuando volví al servicio en 1941".[177]

Pero haciendo un balance del año de 1945 sería necesario consignar varios asuntos más para completar las experiencias que formaron parte de la vida del General mientras estuvo al mando de la Secretaría de la Defensa. Algunas fueron particularmente tristes, como el deceso de su hermana Margarita el 22 de agosto. La pérdida de su hermana le generó un profundo dolor, que lo hizo permanecer apartado durante un par de días "meditando sobre cosas de la vida".[178] Otro personaje cercano que también falleció ese año fue el general Maximino Ávila Camacho, quien a pesar de ser tan atrabiliario y corrupto, tenía una amistad cercana con el General.[179] Maximino murió el 17 de febrero en circunstancias un tanto sospechosas, puesto que ya se iniciaba la carrera de la sucesión presidencial de 1946, y él se había planteado la posibilidad de imponerse como candidato.[180] Si bien se sabía que tenía un corazón

---

[176] Cárdenas, *Obras. 1...*, *op. cit.*, p. 132.

[177] Solicitud de relevo de cargo, 27 de agosto de 1945 en Archivo Sedena, Expediente del General Lázaro Cárdenas del Río, Cancelados XI/III/1-4, t. 4, LCR 48-49.

[178] Cárdenas, *Obras. 1...*, *op. cit.*, p. 185.

[179] *Ibid.*, p. 152.

[180] Alejandro Quintana, *Maximino Ávila Camacho y el Estado unipartidista. La domesticación de caudillos y caciques en el México posrevolucionario*, Educación y Cultura, Asesoría y Promoción, México, 2011, pp. 216-225.

débil, no tardaron en aparecer algunos rumores de que su muerte era deseada por más de uno, sobre todo si se trataba de quienes pretendían contender en la lucha por el poder.

Y era cierto que, durante los primeros meses de 1945, el proceso para escoger a quien sucedería al general Manuel Ávila Camacho en la presidencia ya se había echado a andar. Entre los generales se hablaba de Miguel Henríquez Guzmán y de Xavier Rojo Gómez, y entre los civiles se mencionaba a Ezequiel Padilla y a Miguel Alemán. Varios periodistas y no pocos analistas supusieron que el general Cárdenas estaba detrás de Henríquez Guzmán, quien además de buen operador político se hacía pasar como buen amigo del michoacano.[181] Sin embargo, el 7 de junio el propio General anotó que el presidente le había pedido a Henríquez que no se sumara a la carrera, y él había accedido "ya que ha sido su colaborador y más encontrándose el país en estado de guerra".[182] Rojo Gómez tuvo pocas oportunidades de conseguir apoyo y los que sí entraron decididamente a la carrera final fueron Padilla y Alemán. Este último llevaba un buen tiempo tratando de granjearse al general Cárdenas.

En enero de ese año lo había invitado a su famosa finca Sayula en el estado de Veracruz. Conociendo la afición del General por el cultivo de árboles frutales, el licenciado Alemán le mostró una verdadera "unidad agrícola cubierta de limones y naranjos que se conservan bien cultivados".[183] Antes de recorrer la magnífica plantación, desayunaron en la casa que el veracruzano se había mandado construir en el centro de la finca sobre un cerrito que dominaba toda la propiedad. Según Alemán, aquel plantío de cítricos era el "primer esfuerzo importante" que se había hecho en dicha materia en las inmediaciones del puerto y por eso se había edificado una escuela agrícola dentro del mismo. El

---

[181] Taracena, *La vida en México bajo Ávila Camacho*, t. 2, *op. cit.*, p. 387, y Plascencia de la Parra, *op. cit.*, p. 170.

[182] Cárdenas, *Obras. 1…*, *op. cit.*, p. 175.

[183] *Ibid.*, p. 143.

General quedó particularmente bien impresionado. Cinco meses después Alemán renunciaba a la Secretaría de Gobernación, y ese mismo día le habló al general Cárdenas para participarle que a partir de ese momento se dedicaría a preparar su candidatura para la presidencia.[184]

El 8 de septiembre Ezequiel Padilla haría lo mismo; aunque era bastante conocido que el General tenía serias reservas en torno de quien había ocupado la Secretaría de Relaciones Exteriores durante el sexenio que concluía. Padilla había sido un factor importante en la ruptura entre Cárdenas y Calles en 1935, y recientemente había estado involucrado en una transacción que le molestó de manera particular al general Cárdenas. Resulta que los yacimientos ferríferos ubicados cerca de la costa fronteriza entre los estados de Guerreo y Michoacán se habían concesionado a un grupo de ingenieros mexicanos que pretendían abastecer a una gran planta siderúrgica que el gobierno, durante la presidencia del general Cárdenas, había proyectado construir hacia 1939. La planta no se instaló por la situación de guerra mundial, y dichos ingenieros decidieron traspasar un par de años después esas concesiones a una compañía subsidiaria de la Bethlehem Steel Corporation, con el aval del secretario de Economía, Francisco Javier Gaxiola, y el secretario de Relaciones Exteriores, Ezequiel Padilla. Cuando se enteró de tal circunstancia el general Cárdenas puso el caso en manos del presidente Ávila Camacho y finalmente se cancelaron las concesiones. Sin embargo, tanto Gaxiola como Padilla quedaron, en la conciencia del General, como unos clásicos vendepatrias.[185]

Y desde luego que en cuestiones que tuviesen que ver con su terruño michoacano, Cárdenas terminaba siendo particularmente sensible. No sólo se preocupaba por asuntos de índole económica como la explotación minera, la tala de los bosques, la siembra de frutales, el cuidado del agua para el riego y el apoyo a sus paisanos en desgracia, como sucedió

---

[184] *Ibid.*, p. 174.
[185] *Ibid.*, pp. 155-157 y 188.

después del terremoto que devastó el suroeste del estado de 1941 o con los afectados por el surgimiento del volcán Paricutín en 1943.[186] También hizo lo posible por fomentar, junto con el gobernador Félix Ireta, las vías de comunicación en el estado. Desde los primeros meses de 1941 hasta bien avanzado el año de 1945, una buena cantidad de caminos y carreteras se construyó y conservó en gran parte el territorio michoacano. Al grado de que a finales de ese año ya se habían inaugurado casi 10 carreteras de asfalto y más de 25 caminos de terracería, que unían las zonas boscosas del oriente con las mesetas lacustres y volcánicas del centro, así como éstas con los fértiles valles del pie de la sierra cálido hacia el sur y las llanuras del noroccidente.[187]

El General también estuvo pendiente, como ya se vio, del cuidado y del embellecimiento de los lugares que le eran especialmente caros, como su pueblo natal Jiquilpan o su segunda residencia michoacana, en Pátzcuaro. En las cercanías de aquel pueblo a las orillas del lago del mismo nombre, muy próximo al precioso convento de Tzintzuntzan, Cárdenas visitó frecuentemente el sitio arqueológico de las Yácatas, que entonces se desmontaba y reconstruía bajo la supervisión de Alfonso Caso, con el apoyo del Instituto Nacional de Antropología e Historia.[188] También durante ese tiempo, y junto con el pintor Ramón Alva de la Canal, visitó los murales en el interior del colosal monumento dedicado a José María Morelos, que se había erigido en la cima de la isla de Janitzio. En las paredes interiores del monumento el muralista había pintado múltiples pasajes de la vida de Morelos que, debido a las humedades y a la gran cantidad de visitantes que recibía, necesitaban constantemente que se restauraran y cuidaran. Y eso también ocupó un interés particular del General.[189]

[186] Oikión Solano, *op. cit.*, pp. 248-270.
[187] *Ibid.*, p. 177.
[188] Cárdenas, *Obras. 1...*, *op. cit.*, p. 176.
[189] *Ibid.*, p. 175.

Y no sólo eran las tierras michoacanas las que le generaban entusiasmo y atracción. Así como había sucedido durante los seis años de su presidencia, el General no desaprovechó la oportunidad, durante los cinco años en que sirvió nuevamente a la administración pública y militar, de recorrer el territorio nacional. Tan sólo en el año de 1945 viajó por la Huasteca y por el centro de Veracruz, estuvo en Querétaro, en Puebla, en Guerrero y en Hidalgo; también visitó Jalisco, Morelos y el Estado de México. A la menor provocación tomaba carretera, y sus estancias en la Ciudad de México por lo general respondían a los requerimientos de la Secretaría de la Defensa o a situaciones de emergencia familiar.

Por cierto que en abril de ese año, a doña Amalia se le presentó una complicación en un embarazo, y fue necesaria su hospitalización. El General, quien se encontraba de gira por Michoacán, inmediatamente se trasladó a la capital y acompañó a su esposa durante su estancia en el Hospital Central Militar. Sumida en una severa depresión, Amalia resistió aquel incidente, gracias a "su temperamento y carácter". Después de varios días, fue necesaria una intervención quirúrgica. En sus *Apuntes* el General anotó discretamente: "El mal estaba ya muy avanzado y no fue posible detener el aborto". Y líneas más abajo comentó sobre Amalia: "Yo he aprendido mucho de ella y vivimos en completa armonía idealizando más nuestro cariño". Le reconocía una particular delicadeza y una singular inteligencia.[190] Y ella, en cambio, veía en él a una figura de gran entereza y solidez. Poco tiempo después de dejar la presidencia, Amalia tuvo a bien escribir las siguientes frases sobre su esposo: "El General está muy por encima de la crítica y trabaja tranquilamente en todas partes a donde hemos llegado. Sigue ayudando en las necesidades colectivas y ahora, más desahogado, desea poder ayudar a los pobres y resolver sus problemas de tierras y agua".[191] Ambos reconocían que su hijo

---

[190] Cárdenas, *Obras. 1...*, *op. cit.*, p. 166.
[191] Solórzano de Cárdenas, *op. cit.*, p. 74.

Cuauhtémoc era de singular importancia en sus vidas y, durante aquellos tiempos de fin de la guerra, el núcleo familiar no desaprovechaba la ocasión para reunirse, ya fuese para simplemente ir de día de campo, para acompañar al General en sus viajes por el interior de la República o incluso para llevar a cabo alguna correría que les proporcionara a los tres la satisfacción y el disfrute de estar juntos.

Y fue en ese año de 1945 cuando, en una excursión que el General emprendió con Cuauhtémoc y tres amiguitos, acompañados por el gobernador de Michoacán, Félix Ireta, el general Núñez y su cuñado Salvador Solórzano, se encontraron con una región que pronto se incorporaría a las favoritas de la familia Cárdenas. Se trataba de los bosques, montañas y lagunas de aguas termales que, entre Ciudad Hidalgo y Zinapécuaro, en el estado de Michoacán, se alzan para dar lugar a una zona conocida con el nombre de Los Azufres.

Uno de los picos más altos del rumbo es el Cerro de San Andrés, que el General identificó como "una de las montañas más importantes del país". Pero lo que más llamó la atención a aquellos excursionistas fueron los pequeños cráteres o lagunetas que contenían aguas con temperaturas de hasta 48 grados. Subiendo por los caminos que habían abierto los madereros que explotaban el bosque, llegaron a la laguna principal llamada el Hervidero. El General la describió así: "Es un círculo con un diámetro de unos 60 m y de gran profundidad en el centro. Sus orillas accesibles para penetrar al centro cuando se quiere nadar [...] Numerosas gentes ocurren allí a bañarse buscando alivio a sus enfermedades reumáticas y de la piel".[192]

Más adelante los excursionistas encontraron otras oquedades en la tierra que arrojaban lodo o gas, y múltiples ojos de agua con aguas azufrosas que bien podían ser cristalinas u opacas. A mediodía, los vecinos de Ciudad Hidalgo fueron a homenajearlos con música y con comida regional. Por la tarde nadaron en el Hervidero, impresionados por la

---

[192] Cárdenas, *Obras. 1...*, *op. cit.*, p. 160.

temperatura del agua que después de la primera impresión resultaba agradable, según el General.

"Cuauhtémoc y su amiguito Raúl estuvieron en el agua 15 minutos, mayor tiempo para chicos es peligroso", anotó en sus diario después de la jornada del 30 de marzo. El recorrido continuó durante dos días más por los múltiples vericuetos de esa región montañosa y verde, que lo mismo les mostraba una presa, como la de Pucuato, o unos pequeños manantiales de aguas claras como los de Los Ajolotes. Una tarde subieron a los altísimos picos de Cucha, desde donde pudieron observar en lontananza las cadenas montañosas que rodean la región lacustre de Pátzcuaro y Quinceo, y al fondo "la fumarola del Paricutín, que sigue regando sus arenas sobre los bosques y pueblos inermes".[193]

Aquel viaje impresionó tanto al General que 15 días después volvió con una comisión del Instituto Geológico de la Universidad Nacional y varios amigos militares e ingenieros. Recorrieron la zona durante cuatro días, durante los cuales los técnicos, además de hacer sus diagnósticos y observaciones, les dieron a los demás integrantes de la comitiva varias pláticas sobre las características de aquellas aguas, montañas y cráteres. No desaprovecharon la oportunidad de bañarse varias veces, tanto en las aguas hirvientes como en las más templadas. Por las noches dormían en campamentos o se alojaban en las cabañas que algunos conocedores de la zona les habían construido provisionalmente. El General se fue haciendo de buenos amigos en esa región, entre los que destacaron Aquiles de la Peña, Pedro Espino y Modesto González. Ahí también refrendó su amistad con Enrique Ramos, quien era propietario de la finca de Púcuaro y con quien el General pensó que no estaría mal ver la manera en que el antiguo casco de la hacienda del mismo nombre que se encontraba en la propiedad de Ramos pudiese transformarse en centro turístico. Eso ya había sucedido con varios otros lugares como Agua Caliente, un poco más al norte de esa región, o Ixtlán de los Hervores en las cercanías de

---

[193] Cárdenas, *Obras. 1...*, *op. cit.*, p. 162.

Zamora. Ambos lugares fueron promovidos por el gobernador Félix Ireta para el beneficio del turismo local y foráneo.

Pero aquellos parajes de Los Azufres les robaron el corazón a los Cárdenas durante el año de 1945, al grado que doña Amalia, al escribirle unos apuntes a su hijo Cuauhtémoc, le comentaba que uno de los paseos favoritos del General era "ir a las aguas termales". Para llegar a los Azufres

> El camino era muy malo y buena parte, para subir, íbamos en jeep hasta un pueblito que se llama San Pedro. Cerca de las fuentes había unas cabañas de madera, de un señor De la Peña. Ahí llegábamos. El lugar se llamaba Los Ajolotes. Era un agua preciosa, tibia, pero en la cabañas entraba el aire por donde quiera. Era frío con ganas [...]
>
> Después, con el tiempo, el General se hizo de una propiedad chiquita en Los Azufres, al pie de un cerro que se llama Caríndaro. Tiene dos manantiales chicos, para una alberca chiquita que allí tenemos, de agua tibia muy bonita.[194]

Así entre Jiquilpan, Pátzcuaro, la Tierra Caliente, Cuernavaca, Los Azufres y, aunque tratando de evitarla lo más posible, la Ciudad de México, la vida itinerante de los Cárdenas vivió un pequeño paréntesis en agosto de 1945. La Guerra Mundial había terminado y una gran expectativa se percibía en el ambiente. El último día de ese mes, el General entregó el despacho de la Secretaría de la Defensa Nacional a su sucesor, el general Francisco L. Urquizo. Con ello cerraba un capítulo más en su vida militar. Tocaba ahora empezar una nueva etapa, sin responsabilidades castrenses ni administrativas. Su pretensión parecía ser la de convertirse en un ciudadano más, pero los tiempos lo llevarían por rumbos que él entonces, como cualquier persona sensata, no podía prever. En 1945 concluía una etapa de su vida. Había ocupado los cargos más altos de la

---

[194] Solórzano de Cárdenas, *op. cit.*, p. 77.

administración pública y ahora tocaba iniciar una etapa nueva dedicado a la vida privada. Públicamente enunciaba que no quería involucrarse más en asuntos políticos, pero lo más probable es que en su fuero íntimo supiera que eso era muy difícil, si no es que imposible. Su vida estaba estrechamente ligada a la política. Sus seres más cercanos estaban vinculados a la administración pública de una u otra manera. Por más que tratara de alejarse de dichos asuntos, no había forma de separarse de los quehaceres nacionales. Incluso sus tiempos libres parecía compartirlos con quienes seguían en altos puestos gubernamentales. Por ejemplo, a finales de ese año, el General y Amalia visitaron durante unos días a los esposos Ávila Camacho, en Teziutlán, Puebla. Recorrieron el rancho ganadero La Soledad, propiedad del presidente, y fueron a la playa de Tecolutla a bañarse. La amistad entre los Cárdenas y los Ávila Camacho se había fortalecido. En medio de los paseos, a la hora de las comidas o durante la simple convivencia, ya fuese en Puebla, en la Ciudad de México o en Michoacán, seguramente afloraban los temas políticos. Y eso sucedía naturalmente, pues tanto el General como el presidente

El presidente Ávila Camacho y el general Cárdenas departiendo en La Herradura
(Archivo de la familia Cárdenas)

mantenían muchas afinidades políticas, aunque también se manifestaban caballerosamente sus diferencias.

El General cerró ese año con una reflexión que tocaba uno de los asuntos medulares de aquel tiempo: la Unidad Nacional. Identificándose claramente con una doctrina política anotó el 31 de diciembre: "Puede haber unidad por sectores en defensa de sus propios intereses pero no unidad nacional. Esto sólo será posible cuando llegue a establecerse un sistema político económico de carácter socialista".[195]

---

[195] Cárdenas, *Obras. 1…*, *op. cit.*, p. 195.

Bibliografía

Abaroa Martínez, Gabriel, *El Flaco de oro*, Planeta, México, 1993.

Abascal, Salvador, *La revolución antimexicana*, Tradición, México, 1978.

——, *Mis recuerdos. Sinarquismo y Colonia María Auxiliadora (1935-1944)*, Tradición, México, 1980.

Acevedo de la Llata, Concepción, *Yo, la Madre Conchita… (La monja mártir de la guerra cristera)*, Grijalbo, México, 1976.

Aguilar Camín, Héctor, y Lorenzo Meyer, *A la sombra de la Revolución mexicana, Un ensayo de historia contemporánea de México, 1910-1989*, Cal y Arena, México, 1989.

Aguirre Beltrán, Gonzalo, "El pensamiento indigenista de Lázaro Cárdenas", *América Indígena*, vol. xxxi, núm 4, Instituto Indigenista Interamericano, México, octubre de 1974.

Agustín, José, *Tragicomedia mexicana 1. La vida en México de 1940 a 1970*, Planeta, México, 1990.

Agustín Lara. Rencuentro con lo sentimental, Domés, México, 1980.

Alamillo Flores, Luis, *Memorias. Luchadores ignorados al lado de los grandes jefes de la Revolución mexicana*, Contemporáneos, México, 1976.

Alanís Enciso, Fernando Saúl, *El gobierno del general Lázaro Cárdenas, 1934-1940 (una visión revisionista)*, El Colegio de San Luis Potosí, México, 2000.

——, "Haciendo patria: El regreso de los trabajadores mexicanos de Estados Unidos (1934-1940)", tesis inédita de doctorado, El Colegio de México, 2004.

Alemán Valdés, Miguel, *Remembranzas y testimonios*, Grijalbo, México, 1987.

Almazán, J. Andrew, *Memorias del Gral... Informe y documentos sobre la campaña política de 1940*, Ediciones El Hombre Libre, México, 1941.

Álvarez de la Borda, Joel, *et al.*, *1938. La nacionalización de la industria petrolera en la historia de México*, Quinta Chilla Ediciones/Pemex, México, 2011.

Alvear Acevedo, Carlos, *Lázaro Cárdenas el hombre y el mito*, Jus, México, 1961.

Anguiano, Arturo, *El Estado y la política obrera del cardenismo*, Era, México, 1975.

Anguiano Equihua, Victorino, *Lázaro Cárdenas. Su feudo y la política nacional*, Colección El Libro Oculto, México, 1989.

Ankerson, Dudley, "La memoria viva del general Saturnino Cedillo", en Carlos Martínez Assad (coord.), *El camino a la rebelión del general Saturnino Cedillo*, Océano, México, 2010.

——, *El caudillo agrarista. Saturnino Cedillo y la Revolución mexicana en San Luis Potosí*, Gobierno del Estado de San Luis Potosí/INEHRM, México, 1994.

Astorga, Luis, *El siglo de las drogas. El narcotráfico del porfiriato al nuevo milenio*, Plaza y Janés, México, 2005.

Atlas General del Distrito Federal. Obra formada en 1929 por orden del jefe del Departamento Central José Manuel Puig Casauranc, reedición de la primera edición, 1930, Grupo Condumex, México, 1991.

Avitia Hernández, Antonio, *Corridos de la capital*, Conaculta, México, 2000.

Aziz Nassif, Alberto, *El Estado mexicano y la CTM*, CIESAS, México, 1989.

Azuela, Mariano, *Nueva Burguesía*, en *Obras completas*, vol. 2, FCE, México, 1993.

Bantjes, Adrian A., *As if Jesus walked on Earth. Cardenismo, Sonora and the Mexican Revolution*, SR Books, Wilmington, Delaware, 1988.

Barclay, Glen St. J., *Nacionalismo en el siglo XX*, FCE, México, 1975.

Basuari, Carlos, *La población indígena de México*, vols. 1, 2 y 3, SEP, Comisión Editora Popular, México, 1940.

Beals, Carleton, "Cárdenas Organizas Capitalism", *Current History*, núm. 46, The New York Times Co., Nueva York, mayo de 1937, p. 54.

Benítez, Fernando, *Entrevistas con un solo tema: Lázaro Cárdenas*, UNAM, México, 1979.

Benítez, Fernando, *Lázaro Cárdenas y la Revolución mexicana*, FCE, México, 1977.

Berger, Dina, y Andrew Grant Wood (eds.), *Holiday in Mexico. Critica Reflections on Tourism and Tourist Encounters*, Duke University Press, Durham y Londres, 2010.

Blancarte, Roberto (comp.), *Cultura e identidad nacional*, México, FCE/CNCA, México, 1994.

Blanco, José Joaquín, *Crónica de la poesía mexicana*, Katún, México, 1983.

Boothe, Marc Howard, *Aperture Masters of Photography: Paul Strand*, Aperture Foundation, Nueva York, 1987.

Britton, John A., *Revolution and Ideology. Images of the Mexican Revolution in the United States*, The University Press of Kentucky, Lexington, 1995.

Brown, Jonathan Charles, y Alan Knight, *The Mexican Petroleum Industry in the Twentieth Cenury*, University of Texas Press, Austin, 1992.

Buchenau, Jürgen, *Plutarco Elías Calles and the Mexican Revolution*, Rowman and Littlefield Inc., Maryland, 2007.

Calderón Mólogora, Marco Antonio, *Historias, procesos políticos y cardenismos*, El Colegio de Michoacán, Zamora, Michoacán, 2004.

Calles, Plutarco Elías, *Correspondencia personal 1919-1945*, Instituto Sonorense de Cultura/Fideicomiso Archivos Plutarco Elías Calles–Fernando Torreblanca/FCE, México, 1996.

Campbell, Hugh, *La derecha radical en México 1929-1949*, SepSetentas núm. 276, México, 1976.

Cárdenas, Lázaro, *Epistolario*, Siglo XXI Editores, México, 1974.

——, *Obras. 1. Apuntes 1913-1940*, t. 1, 3ª ed., UNAM, México, 1986 (primera edición, 1972).

——, *Obras. 1. Apuntes 1941-1956*, t. 2, 2ª ed., UNAM, México, 1986 (primera edición, 1973).

——, *Palabras y documentos públicos de... (1928-1940)*, vol. 1, Siglo XXI Editores, México, 1978.

—, *Palabras y documentos públicos de... Mensajes, discursos, declaraciones, entrevistas y otros documentos. 1941/1970*, vol. 3, Siglo XXI Editores, México.

Cárdenaz, Lázaro, *Seis años de gobierno al servicio de México, 1934-1940*, Departamento de Plan Sexenal, 1940.

¡Cárdenas habla! PRM, Imprenta La Impresora, México, 1940.

Cárdenas Rodríguez, Antonio, *Mis dos misiones. Monografía aérea*, s. e., México, 1949.

Cárdenas Solórzano, Cuauhtémoc, *Cárdenas por Cárdenas*, Penguin Random House Grupo Editorial, colección Debate, México, 2016.

Carleton de Millan, Verna, *Mexico Reborn*, Houghton Mifflin, Co. Boston, The Riverside Press, 1939.

Carrasco, Alfredo, *Mis recuerdos*, edición, introducción, notas críticas y catálogos de Lucero Enríquez, UNAM, México, 1996.

Casasola, Gustavo, *Historia gráfica de la Revolución mexicana*, Trillas, México, 1973.

———, *Seis siglos de historia gráfica de México 1325-1976*, ed. Gustavo Casasola, México, 1978.

Chávez, Carlos, "La música", en *México en la Cultura*, Secretaría de Educación, México, 1946.

———, *Epistolario selecto de...*, selección, introducción, notas y bibliografía de Gloria Carmona, FCE, México, 1989.

Chávez, Elías, "Tres decenios de alta política y corridos en el lupanar de La Bandida", *Proceso*, núm. 560, México, 27 de julio de 1987.

Chávez, Ignacio, *México en la cultura médica*, Instituto Nacional de Salud Pública/FCE, México, 1987.

Clark, Marjorie Ruth, *La organización obrera en México*, Era, México, 1979.

Colmenares, Francisco, *Petróleo y lucha de clases en México*, Ediciones El Caballito, México, 1983.

Conde, Teresa del, *Fernando Castro Pacheco: Color e imagen de Yucatán*, Universidad Autónoma de Yucatán, Mérida, Yucatán, 1975.

Contreras, José Ariel, *México 1940, Industrialización y crisis, Estado y sociedad civil en las elecciones presidenciales*, Siglo XXI Editores, México, 1980.

Contreras Pérez, Gabriela, *Rodulfo Brito Foucher, un político al margen del régimen revolucionario*, UNAM/Plaza y Valdés, México, 2008.

Contreras Soto, Eduardo, *Silvestre Revueltas en escena y en pantalla. La música de Silvestre Revueltas para el cine y la escena*, INBA/INAH, México, 2012.

Córdova, Arnaldo, *La formación del poder político en México*, Era, México, 1972.

——, *La política de masas del cardenismo*, Era, México, 1974.

——, *Los maestros rurales como agentes del sistema político del cardenismo*, Avances de Investigación núm. 8, CELA, UNAM, Facultad de Ciencias Políticas y Sociales, México, 1975.

Cruz, Paulo G., y César Aldama (comps.), *Los cimientos del cielo. Antología del cuento de la ciudad de México*, Plaza y Valdés/DDF, México, 1988.

Cruz Porchini, Dafne, *Arte, propaganda y diplomacia cultural a finales del cardenismo, 1937-1940*, Secretaría de Relaciones Exteriores, México, 2016.

Cuéntame tu historia 1, Múgica, La Nueva Italia, Gobierno del Estado de Michoacán/Secretaría de Desarrollo Social, Morelia, Michoacán, 2003.

Delpar, Helen, *The Enormous Vougue of Things Mexican. Cultural Relations between the United States and Mexico 1920-1935*, University of Alabama Press, Tuscaloosa/Londres, 1992.

Despertar Lagunero: libro que relata la lucha y triunfo de la revolución en la Comarca Lagunera, DAPP, México, 1937.

Díaz Arciniega, Víctor, *Historia de la Casa. Fondo de Cultura Económica, 1934-1994*, FCE, México, 1996.

Díaz Negrete, Juan Cristóbal, "Reintegración indígena a la vida nacional (1934-1940)", tesis de licenciatura inédita, Facultad de Filosofía y Letras, UNAM, México, 1989.

Dueñas H., Pablo, *Historia documental del bolero mexicano*, Asociación Mexicana de Estudios Fonográficos, México, 1990.

Dulles, John F., *Ayer en México. Una crónica de la Revolución, 1919-1936*, FCE, México, 1985.

Dummer Scheel, Sylvia, "En defensa de la Revolución: diplomacia pública de México hacia Estados Unidos durante el gobierno de Lázaro Cárdenas (1934-1940)", tesis inédita de doctorado, Lateinamerikanisches Institut, Freie Unversität, Berlín, 2015.

El exilio español en México, 1939-1982, FCE/Salvat, México, 1982.

Estrada, Julio (ed.), *La música de México, I. Historia. 4. El periodo nacionalista (1910-1958)*, UNAM, México, 1984.

Fábregas Roca, Andrés, *Obra reunida*, compilación y edición de José Martínez Torres y Antonio Durán Ruiz, Universidad Autónoma de Chiapas/ Afínita Editorial, Tuxtla Gutiérrez, Chis., 2014.

Falcón, Romana, "Vínculos profundos y afectivos. Saturnino Cedillo y sus bases de apoyo campesino", en Carlos Martínez Assad (coord.), *El camino a la rebelión del general Saturnino Cedillo*, Océano, México, 2010.

——, *La semilla en el surco: Adalberto Tejeda y el radicalismo en Veracruz*, El Colegio de México/Gobierno del Estado de Veracruz, 1986.

——, *Revolución y caciquismo. San Luis Potosí 1910-1938*, El Colegio de México, México, 1983.

Fernández Boyoli, Manuel, y Eustaquio Marrón de Angelis, *Lo que no se sabe de la rebelión cedillista*, Grafi-Art, México, 1938.

Flores y Escalante, Jesús, y Pablo Dueñas Herrera, *Cirilo Marmolejo. Historia del mariachi en la Ciudad de México*, Asociación Mexicana de Estudios Fonográficos, Dirección General de Culturas Populares, México, 1994.

Florescano, Enrique, y Ricardo Pérez Montfort, *Historiadores de México en el siglo XX*, FCE/Conaculta, México, 1995.

Foix, Pere, *Cárdenas, su actuación y su país*, Trillas, México, 1947.

Fowler Salamini, Heather, *Movilización campesina en Veracruz, 1920-1938*, Siglo XXI Editores, México, 1979.

Frank, Waldo, *América hispana. Un retrato y una perspectiva*, Espasa Calpe, Madrid, 1932.

——, *Redescubrimiento de América*, Revista de Occidente, Argentina, 1930.

Fresco, Mauricio, *La emigración republicana española. Una victoria de México*, Editores Asociados, México, 1950.

Fuentes Mares, José, *Historia de dos orgullos*, Océano, México, 1984.

——, *Historia de un conflicto. El tesoro del "Vita"*, C.V.S. Ediciones, Madrid, 1975.

——, *Intravagario*, Grijalbo, México, 1985.

Fujiyaki, Elsa, "Cronología de la radio mexicana", en *Asamblea de Ciudades*, Museo del Palacio de Bellas Artes, INBA, México, 1992.

Gall, Olivia, *Trotsky en México y la vida política en el periodo de Cárdenas, 1937-1940*, Era, México, 1991.

Gallop, Rodney, *Mexican mosaic*, Faber and Faber Ltd. Londres, 1939.

Gamboa, Federico, *Diario, 1892-1939*, Siglo XXI Editores, México, 1977.

Gámiz Rodríguez, Miguel Ángel, *Apuntes para la historia del internado: Instituto Politécnico Nacional, 1936-1956*, IPN, México, 2010.

García de León, Antonio, *Resistencia y utopía. Memorial de agravios y crónica de revueltas y profecías acaecidas en la provincia de Chiapas durante los últimos quinientos años de su historia*, vol. 2, Era, México, 1985.

García Riera, Emilio, *Historia documental del cine mexicano*, Era, México, 1969.

——, *Historia documental del cine mexicano*, Universidad de Guadalajara/Concaculta/Imcine/Gobierno de Jalisco, México, 1993.

——, *México visto por el cine extranjero, 1898-1940*, vol. 1, Era/Universidad de Guadalajara, México, 1987.

Garmabella, José Ramón, *Pedro Vargas. Una vez nada más*, Ediciones Comunicación, México, 1984.

Garrido, Luis Javier, *El Partido de la Revolución Institucionalizada. La formación del nuevo Estado en México (1929-1945)*, Siglo XXI Editores, México, 1982.

Gilly, Adolfo, *El cardenismo: una utopía mexicana*, Cal y Arena, México, 1994.

Gledhill, John, *Casi nada. Capitalismo, Estado y campesinos de Guaracha*, El Colegio de Michoacán, Zamora, Michoacán, 1993.

Gleizer, Daniela, *El exilio incómodo, México y los refugiados judíos, 1933-1945*, El Colegio de México, México, 2011.

Gojman de Backal, Alicia, *Camisas, escudo y desfiles militares: los Dorados y el antisemitismo en México, 1934-1940*, FCE/UNAM, México, 2000.

Gómez Peralta, Héctor, *Las doctrinas conservadoras del Partido Acción Nacional: la transición ideológica del falangismo a la democracia cristiana*, Universidad Autónoma de Morelos/Fontamara, México, 2014.

González Gámez, Magdalena, *La Bandida*, Random House Mondadori, México, 2012.

González Manrique, Luis Esteban, *De la conquista a la globalización. Estados, naciones y nacionalismos en América Latina*, Biblioteca Nueva, Madrid, 2006.

González Mata, Manuel, "El yate Vita y la relaciones entre México y España", en *Historia y vida*, Madrid, 12 de octubre de 1972.

González Mejía, Lorenzo, *En la Esime, Ensenada y la guerra*, IPN, México, 2004.

González Rodríguez, Sergio, "Los áridos treintas", *Nexos* 140, agosto de 1989.

——, "Los bajos fondos", en *Asamblea de Ciudades*, Museo del Palacio de Bellas Artes, INBA, México, 1992.

——, *Los bajos fondos. El antro, la bohemia y el café*, Cal y Arena, México, 1989.

Gottfried, Jessica, y Ricardo Pérez Montfort, "Fandango y son entre campo y ciudad. Veracruz-México, 1930-1990. Apuntes sobre el encuentro entre Gerónimo Baqueiro Foster y Nicolás Sosa", en Ricardo Pérez Montfort, *El fandango y sus cultivadores, Ensayos y testimonios*, Editorial Académica Española, Saarbrücken, Alemania, 2015.

Graham, Greene, "Viejo y vagabundo galeón", en Paulo G. Cruz y César Aldama (comps.), *Los cimientos del cielo. Antología del cuento de la ciudad de México*, Plaza y Valdés/DDF, México, 1988.

Granados, Pável, *XEW 70 años en el aire*, Clío, México, 2000.

Grant Wood, Andrew (ed.), *On the Border. Society and Culture between the United States and Mexico*, SR Books, Lanham, Reino Unido, 2001.

Green, Graham, *The Lawless Roads, A Mexican Journey*, Penguin Books, Reino Unido, 2006 (1ª ed., 1939).

Guisa y Azevedo, Jesús, *Hispanidad y germanismo*, Polis, México, 1946.

Hamilton, Nora, *México: los límites de la autonomía del Estado*, Era, México, 1983.

Hermida Ruiz, Ángel J., *Cárdenas, Comandante del Pacífico*, Ediciones El Caballito, México, 1982.

Hernández Chávez, Alicia, *La mecánica cardenista*, en *Historia de la Revolución Mexicana, 1934-1940*, vol. 16, El Colegio de México, México, 1981.

Hernández Padilla, Julián Abacuc, *El Senado de la República y la desaparición de poderes en el sexenio de Lázaro Cárdenas*, Plaza y Valdés/Senado de la República/LXII Legislatura, México, 2013.

Herner, Irene, *Siqueiros, del paraíso a la utopía*, Conaculta, México, 2004.

Herrejón Pereda, Carlos, *Tlalpujahua*, Monografías Municipales, Gobierno de Michoacán, México, 1980.

Hinojosa, Óscar, "En 1936, Lombardo se enfrentaba al grupo Monterrey y Cárdenas marcaba la línea", *Proceso*, México, 10 de mayo de 1980.

Hoyos, Jorge de, *La utopía del regreso. Proyectos de estado y sueños de nación en el exilio republicano en México*, El Colegio de México/Universidad de Cantabria, México, 2012.

Hoyos Ruiz, Gustavo, *XEW 13 años por los caminos del espacio*, Talleres Tipográficos Modelo, México, s. f. (1943).

Jacobs, Ian, *La Revolución mexicana en Guerrero. Una revuelta de los rancheros*, Era, México, 1982.

Jolly, Jennifer, *Creating Patzcuaro. Creating Mexico. Art, Tourism and Nation Building under Lázaro Cárdenas*, University of Texas Press, Austin, 2018.

Josephus Daniels, *Diplomático en mangas de camisa*, Talleres Gráficos de la Nación, México, 1949.

Kenny, Michael, *et al.*, *Inmigrantes y refugiados españoles en México (siglo XX)*, Ediciones de la Casa Chata, México, 1979.

Kirk, Betty, *Covering the Mexican Front: The Battle of Europe versus America*, University of Oklahoma Press, Oklahoma, 1942.

Kluckhohn, Frank, *The Mexican Challenge*, Doubleday, Doran & Co., Nueva York, 1939.

Knight, Alan, "Cardenismo: Juggernath or Jalopy?", *Journal of Latin American Studies* núm. 26, Cambridge University Press, Reino Unido, 1994.

Krauze, Enrique, *La presidencia imperial. Ascenso y caída del sistema político mexicano, 1940-1996*, Tusquets, México, 1997.

———, *Lázaro Cárdenas. General Misionero*, en *Biografías del Poder* vol. 8, FCE, México, 1987.

Krippner, James, "Traces, Images and Fictions: Paul Strand in Mexico, 1932-34", *The Americas. A Quarterly Review of Inter-American Cultural History*, vol. 63, núm. 3, Cambridge, Inglaterra, enero de 2007, pp. 359-389.

Krippner, James, *Paul Strand in Mexico*, Aperture/Fundación Televisa/Conaculta, Nueva York, 2010.

La expropiación del petróleo, 1936-1938, Álbum fotográfico, FCE, México, 1981.

Lajous, Alejandra, y Susana García Trevesí, *Manuel Pérez Treviño*, Serie Los Senadores, LII Legislatura, Senado de la República, México, 1987.

Lavín, José Domingo, *Petróleo, pasado, presente y futuro de una industria mexicana*, FCE, México, 1976.

León de la Barra, Eduardo, *Los de arriba*, Diana, México, 1979.

León y González, Samuel (coord.), *El cardenismo, 1932-1940*, FCE/INEHRM/Conaculta/FCCM, México, 2010.

Lerner, Victoria, *La educación socialista*, en *Historia de la Revolución Mexicana, 1934-1940*, vol. 17, El Colegio de México, México, 1979.

——, *Génesis de un cacicazgo: antecedentes del cedillismo*. Coordinación general de Estudios de Posgrado/Archivo Histórico del Estado de San Luis Potosí/ UNAM, México, 1989.

Lerner de Sheinbaum, Bertha, y Susana Ralsky de Cimet, *El poder de los presidentes. Alcances y perspectivas (1910-1973)*, IMEP, México, 1976.

Libro de lectura para uso de las escuelas nocturnas para trabajadores, primer grado, Comisión Editora Popular, SEP, México, 1938.

Lida, Clara E., *Caleidoscopio del exilio. Actores, memoria, identidades*, El Colegio de México, México, 2009.

——, *Inmigración y exilio; reflexiones sobre el caso español*, Siglo XXI Editores, México, 1997.

——, *Caleidoscopio del exilio. Actores, memoria, identidades*, El Colegio de México, México, 2009.

Lipset, Seymour Martin, y Earl Raab, *La política de la sinrazón. El extremismo de derecha en los Estados Unidos, 1790-1977*, FCE, México, 1981.

Liuwen, Edwin, *Mexican Militarism. The Political Rise and Fall of the Revolutionary Army (1910-1940)*, University of New Mexico Press, Albuquerque, 1968.

Loaeza, Guadalupe, y Pavel Granados *et al.*, *Acuérdate de Acapulco*, Travesías Editores, México, 2011.

Loaeza, Soledad, *El Partido Acción Nacional: la larga marcha, 1939-1994: oposición leal y partido de protesta*, FCE, México, 1999.

López Argüelles, Jesús Ernesto, *Imágenes e imaginarios frente a frente. La lucha ideológica en Jiquilpan a través de la función social de un espacio público y de sus imágenes, 1919-1941. Santuario de Nuestra Señora de Guadalupe-Biblioteca Pública Lic. Gabino Ortiz*, El Colegio de Michoacán, Zamora, Michoacán, julio de 2007.

Loyo, Martha B., "Las oposiciones al cardenismo", en Samuel León y González (coord.), *El cardenismo, 1932-1940*, FCE/CIDE/Conaculta/INEHRM, México, 2010.

Loyola, Rafael (coord.), *Entre la guerra y la estabilidad política. El México de los 40*, Conaculta/Grijalbo, México, 1986.

Madrigal, Miguel, *Datos históricos de la devota imagen de María Santísima del Carmen que se venera en Tlalpujahua*, 5ª ed., Jus, México, 1959.

Maria y Campos, Armando de, *Carlo Manzini y el Teatro del Aire*, Botas, México, 1939.

——, *El teatro de género chico en la Revolución mexicana*, INEHRM, México, 1956.

——, *La Revolución mexicana a través de los corridos populares*, t. II, INEHRM, México, 1962.

Márquez Muñoz, Jorge, "La política exterior del cardenismo", en Samuel León y González (coord.), *El cardenismo, 1932-1940*, FCE/INEHRM/Conaculta/FCCM, México, 2010.

Martínez Assad, Carlos (coord.), *El camino de la rebelión del general Saturnino Cedillo*, Océano, México, 2010.

——, "El cine como lo vi y como me lo contaron", en Rafael Loyola (coord.), *Entre la guerra y la estabilidad política. El México de los 40*. Conaculta/Grijalbo, México, 1986, pp. 354-355.

——, *El laboratorio de la Revolución. El Tabasco garridista*, Siglo XX Editores, México, 1979.

——, *Los rebeldes vencidos. Cedillo contra el Estado cardenista* UNAM/FCE, México, 1990.

Mateos, Abdón, *La batalla de México, final de la guerra civil y ayuda a los refugiados 1939-1945*, Alianza Editorial, Madrid, 2009.

Matesanz, José Antonio, *Las raíces del exilio: México y la Guerra Civil española 1936-1938*, El Colegio de México, México, 2000.

Mayer-Serra, Otto, *Música y músicos de Latinoamérica*, Atlante, México, 1947.

Medin, Tzvi, *El minimato presidencial. Historia política del maximato 1928-1935*, Era, México, 1983.

——, *Ideología y praxis de Lázaro Cárdenas*, Siglo XXI Editores, México, 1973.

Medina, Luis, "Origen y circunstancia de la idea de la unidad nacional", en *Lecturas de política mexicana*, El Colegio de México, México, 1971.

Medina Peña, Luis, *Del cardenismo al avilacamachismo*, vol. 18 de *Historia de la Revolución Mexicana, periodo 1940-1952*, El Colegio de México, México, 1978.

Meillón García, Manuel Arturo, y Manuel Ibarra León, *Del Hotel Playa Ensenada al Centro Cultural Riviera, 75 años de historia gráfica*, Gobierno del Estado de Baja California/Archivo Histórico del Estado/Museo de Historia de Ensenada, México, 2005.

Mejía Prieto, Jorge, *Historia de la radio y la televisión en México*, Editores Asociados, México, 1972.

Memoria de la 1ª Asamblea de Filólogos y Lingüistas, DAAI, Antigua Imprenta de Munguía, México, 1940.

Mendoza, Vicente T., *El corrido de la Revolución mexicana*, Biblioteca del INEHRM, México, 1956.

Meyer, Eugenia (coord.), *Palabras del exilio*, vols. 1 y 2, INAH/Librería Madero, México, 1980.

Meyer, Jean, *La cristiada*, Siglo XXI Editores, México, 1973.

——, *El sinarquismo, el cardenismo y la Iglesia, 1937-1947*, Tusquets, México, 2003.

Meyer, Lorenzo, *Grupos de presión extranjeros en el México revolucionario, 1910-1940*, Secretaría de Relaciones Exteriores, México, 1973.

——, *México y los Estados Unidos en el conflicto petrolero (1917-1942)*, El Colegio de México, México, 1968.

Meyer, Lorenzo, Rafael Segovia y Alejandra Lajous, *Los inicios de la institucionalización: la política del Maximato*, en *Historia de la Revolución Mexicana*, vol. 12, El Colegio de México, México, 1978.

Moctezuma Barragán, Javier, *Francisco J. Múgica: un romántico rebelde*, presentación, estudio, introducción y selección de Javier Moctezuma Barragán, FCE, México, 2001.

Moisés, José Álvaro, Lisa North y David Raby, *Conflicts within Populists Regimes, Brazil and Mexico*, Latin American Research Unit, Studies, vol. II, núm. 1, Toronto, Ontario, octubre de 1977.

Monroy Nasr, Rebeca, *Historias para ver: Enrique Díaz fotorreportero*, UNAM/INAH, México, 2003.

Monsiváis, Carlos, "Sociedad y cultura", en Rafael Loyola (coord.), *Entre la guerra y la estabilidad política. El México de los 40*, Conaculta/Grijalbo, México, 1986, pp. 263-264.

Monsiváis, Carlos, y Carlos Bonfil, *A través del espejo. El cine mexicano y su público*, Ediciones El Milagro/Imcine, México, 1994.

Montsant, Oriel de, "El tesoro del Vita", *Vanguardia Española*, 10 de diciembre de 1967.

Morales, Miguel Ángel, *Cómicos de México*, Panorama, México, 1987.

Moreno Rivas, Yolanda, *Historia de la música popular mexicana*, SEP/Conaculta, México, 1979.

——, *La composición en México en el siglo XX*, Conaculta, México, 1994.

Moya Palencia, Mario, *1942, ¡Mexicanos, al grito de guerra!*, Miguel Ángel Porrúa, México, 1992.

Mraz, John, *México en sus imágenes*, Artes de México/Conaculta, México, 2014.

Muñoz Lumbier, Manuel, *Una lección sobre el petróleo para las escuelas elementales*, s. e., mimeografía, México, abril de 1938.

Muñuzuri, Eduardo, *Memorias de la Bandida*, Costa-Amic, México, 1967.

Nathan, Paul, "México en la época de Cárdenas", en *Problemas agrícolas e industriales de México*, vol 7, México, 1955.

Nava, Carmen, "Un sexenio de reformas integrales (1934-1940)", en *Asamblea de Ciudades*, Museo del Palacio de Bellas Artes, INBA, México, 1992.

Neruda, Pablo, *Para nacer he nacido*, Seix-Barral, Barcelona, 1978.

Novo, Salvador, *La vida en México en el periodo presidencial de Lázaro Cárdenas*, prólogo de José Emilio Pacheco, Empresas Editoriales, México, 1964.

Nuncio, Abraham, *El PAN, Alternativa de poder o instrumento de la oligarquía empresaria*, Nueva Imagen, México, 1986.

O'Gorman, Juan, *La palabra de... Selección de textos*, UNAM, México, 1983.

Ochoa Sánchez, Arnulfo, *A flor de agua. La pesquería de atún en Ensenada*, Conaculta/Plaza y Valdés, México, 1997.

Ochoa Serrano, Álvaro, *Juiquilpan-Huanimban. Una historia confinada*, Instituto Michoacano de Cultura/Morellevado Editores, Morelia, 1999.

———, *Repertorio michoacano 1889-1926*, El Colegio de Michoacán, Zamora, Michoacán, 1995.

Oikión Solano, Verónica, *Michoacán en la vía de la unidad nacional, 1940-1944*, INEHRM, México, 1995.

Ojeda Revah, Mario, *México y la Guerra Civil española*, Turner, México, 2004.

Oles, James, *South of the Border, Mexico in the American Imagination, 1914-1947*, Smithsonian Institution Press, Washington/Londres, 1993.

Orozco, José Clemente, *Autobiografía*, Era, México, 1970.

Ortiz Garza, José Luis, *Ideas en Tormenta. La opinión pública en México en la segunda guerra mundial*, Ediciones Ruz, México, 2007.

Ortiz Hernán, Gustavo, *La Jira del general Lázaro Cárdenas. Síntesis ideológica*, Secretaría de Prensa y Propaganda del CEN del PNR, México, 1934.

Paxman, Andrew (coord.), *Los gobernadores. Caciques del pasado y del presente*, Grijalbo/Penguin Random House Grupo Editorial, México, 2018.

Paz, María Emilia, *Strategy, Security and Spies. Mexico and the U.S. as Allies in World War II*, Pensilvania University Press, Filadelfia, 1997.

Paz Salinas, María Emilia, "México y la defensa hemisférica, 1939-1942", en Rafael Loyola (coord.), *Entre la guerra y la estabilidad política. El México de los 40*, Conaculta/Grijalbo, México, 1990.

Perea, Héctor, *La rueda del tiempo: mexicanos en España*, Cal y Arena, México, 1996.

Pérez de Sarmiento, Marisa, y Franco Savarino Roggero, *El cultivo de las élites. Grupos económicos y políticos en Yucatán en los siglos XIX y XX*, Conaculta, México, 2001.

Pérez Martínez, Héctor, *Trayectoria del corrido*, s. e., México, 1935.

Pérez Monfort, Ricardo, "*Vea, Sucesos para todos* y el mundo marginal de los años treinta", en *Alquimia. Sistema Nacional de Fototecas*, año 11, núm. 33, INAH, México, mayo–agosto de 2008, pp. 50–59.

———, "Carlos Chávez en los años cuarenta: cacique o caudillo cultural", en Yael Bitran y Ricardo Miranda (eds.), *Diálogo de resplandores: Carlos Chávez y Silvestre Revueltas*, Conaculta/INBA, México, 2002.

———, "Auge y crisis del nacionalismo cultural mexicano, 1930-1960", en *México Contemporáneo, 1808-2014, La Cultura*, colección dirigida por Alicia Hernández Chávez, El Colegio de México/Fundación Mapfre/FCE, México, 2015.

———, "Indigenismo, hispanismo y panamericanismo en la cultura popular mexicana de 1920 a 1940", en Roberto Blancarte (comp.), *Cultura e identidad nacional*, Conaculta/FCE, México, 1994, pp. 343–383.

———, "La quinta columna y el buen vecino", en *Anuario de Historia*, año XI, UNAM, México, 1983, pp. 115-129.

———, "Los camisas doradas", *Secuencia, Revista Americana de Ciencias Sociales*, núm. 4, México, enero–abril de 1986.

———, "Política y corrupción: tres prebostazgos en el México posrevolucionario, Luis N. Morones, Maximino Ávila Camacho y Gonzalo N. Santos", en *Cotidianidades, imaginarios y contextos. Ensayos de historia y cultura en México 1850-1950*, CIESAS, México, 2008.

———, "Zapata y Cárdenas. Notas sobre una relación a destiempo", en *Anuario de Historia de la Facultad de Filosofía y Letras de la UNAM*, vol. 1, México, 2007 (febrero de 2009).

———, *Avatares del nacionalismo cultural. Cinco ensayos*, CIESAS/CIDEHM, México, 2000.

Pérez Montfort, Ricardo, *Cotidianidades, imaginarios y contextos. Ensayos de historia y cultura en México 1850-1950*, CIESAS, México, 2008.

——, *El fandango y sus cultivadores, Ensayos y testimonios*, Editorial Académica Española, Saarbrücken, Alemania, 2015.

——, *Estampas de nacionalismo popular mexicano. Ensayos sobre cultura popular y nacionalismo*, CIESAS, México, 1994, y *Avatares del nacionalismo cultural. Cinco ensayos*, Centro de Investigación y Docencia en Humanidades del Estado de Morelos/CIESAS, México, 2000.

——, *Hispanismo y Falange. Los sueños imperiales de la derecha española y México*, FCE, México, 1992.

——, *Por la patria y por la raza. La derecha secular en el sexenio de Lázaro Cárdenas*, Facultad de Filosofía y Letras, UNAM, Colección Seminarios, México, 1993.

——, *Tolerancia y prohibición. Aproximaciones a la historia social y cultural de las drogas en México, 1840-1940*, Penguin Random House, México, 2016.

Pérez Montfort, Ricardo, y María Rosa Gudiño Cejudo (coords.), *Cien años de salud pública en México. Historia en imágenes*, Secretaría de Salud, México, 2010.

Pierson Kerig, Dorothy, *Yankee encalve: The Colorado River Land Company and the Mexican Agrarian Reform in Baja California*, University of California in Irvine, 1988.

Pike, Frederick, *Hispanismo 1898-1936, Spanish Conservatives and Liberals and their Relation with Spanish America*, University of Notre Dame Press, 1971.

Pilatowsky, Priscila, "Reconstruyendo el nacionalismo: impresos, radio, publicidad y propaganda en México (1934-1942)", tesis de doctorado inédita, El Colegio de México, México, 2015.

Pilcher, Jeffrey, *Cantinflas and the Chaos of Mexican Modernity*, Scholarly Resources Inc., Wilmington, Delaware, México, 2001.

Pla Brugat, Dolores, *El exilio español en la Ciudad de México: legado cultural*, Gobierno de la Ciudad de México, México, 2015.

——, *Los niños de Morelia: un estudio sobre los primeros refugiados españoles en México*, INAH, México, 1985.

Plascencia, Liliana, "Cárdenas, Páez y la desaparición de poderes en Sinaloa", en *Río Doce*, Culiacán, Sinaloa, 25 de diciembre de 2015.

Plascencia de la Parra, Enrique, *El ejército mexicano durante la Segunda Guerra Mundial*, Siglo XXI Editores/UNAM, México, 2017.

Prewet, Virginia, *Reportage on Mexico*, E.P. Dutton & Co. Inc., Nueva York, 1941.

Prida Santacilia, Pablo, *...Y se levanta el telón. Mi vida dentro del teatro*, Botas, México, 1960.

Prieto, Indalecio, "La historia del Vita", en *Convulsiones de España*, t. III, Losada, México, 1968.

Puig Casauranc, Manuel, *Galatea rebelde a varios Pigmaliones. De Obregón a Cárdenas. El fenómeno mexicano actual (1938)*, Impresores Unidos, México, 1938.

Pulido Llano, Gabriela, *El mapa "rojo" del pecado. Miedo y vida nocturna en la ciudad de México, 1940-1950*, INAH, México, 2016.

Quintana, Alejandro, *Maximino Ávila Camacho and the One-State Party. The Taming of Caudillismo and Caciquismo in Post-Revolutionary Mexico*, Rowman and Littlefield Publishers, Nueva York, 2010.

——, *Maximino Ávila Camacho y el Estado unipartidista. La domesticación de caudillos y caciques en el México posrevolucionario*, Educación y Cultura, Asesoría y Promoción, México, 2011.

Quintanilla, Susana, y Mary Kay Vaughan, *Escuela y sociedad en el periodo cardenista*, FCE, México, 1997.

Raby, David L., *Educación y revolución social en México*, SepSetentas, México, 1974.

Ramírez Sánchez, Mauricio César, "Exiliados españoles a través de las imágenes de la derecha mexicana", en Mari Carmen Serra Puche, José Francisco Mejía Flores y Carlos Sola Ayape (eds.), *De la posrevolución mexicana al exilio republicano español*, FCE, México, 2010.

Rathbone, Belinda, *Walker Evans. A Biography*, Houghton Mifflin Co., Boston y Nueva York, 1995.

Revueltas, José, *Visión del Paricutín*, en *Obras completas*, vol. 24, Era, México, 1983.

Ribera Carbó, Anna, *La patria ha podido ser flor. Francisco J. Múgica, una biografía política*, INAH, México, 1999.

Rivas Larrauri, Carlos, *Del arrabal*, Editores Mexicanos Unidos, 5ª ed. México, 1979.

Rodríguez Prampolini, Ida, *Juan O'Gorman. Arquitecto y pintor*, UNAM, México, 1982.

Romero, Javier, "Cárdenas y su circunstancia", prólogo de Lázaro Cárdenas, *Palabras y documentos públicos de... Mensajes, discursos, declaraciones entrevistas y otros documentos, 1928-1940*, Siglo XXI Editores, México, 1978.

Romero, José Miguel, *Breve historia de Colima*, FCE, México, 1994.

Romero Cervantes, Arturo, "Anotaciones para una biografía de Antonio I. Villarreal", *Boletín Bibliográfico de la Secretaría de Hacienda y Crédito Público*, año XX, núm. 491, México, 1º de noviembre de 1973, pp. 18-29.

Romero Flores, Jesús, *Corridos de la Revolución mexicana*, Cost-Amic Editores, México, 1977.

Rosal, Amaro del, *El oro del Banco de España y la Historia del Vita*, Grijalbo, México, 1976.

Ruiz Ojeda, Tania Celina, "El Departamento Autónomo de Prensa y Publicidad", tesis inédita de doctorado, Universidad Michoacana de San Nicolás de Hidalgo, Morelia, Michoacán, 2012.

Ruiz Velasco Barba, Rodrigo, *Salvador Abascal. El mexicano que desafió a la Revolución*, Rosa María Porrúa Ediciones, México, 2014.

Sacket, Andrew, "Fun in Acapulco? The Politics of Development in the Mexican Riviera", en Dina Berger y Andrew Grant Wood (eds.), *Holiday in Mexico. Critic Reflections on Tourism and Tourist Encounters*, Duke University Press, Durham y Lonres, 2010.

Salazar Viniegra, Leopoldo, "El mito de la marihuana", *Criminalia*, núm. 4, México, 1º de diciembre de 1938.

Sánchez Andrés, Agustín, y Raúl Figueroa Esquer (coords.), *De Madrid a México. El exilio español y su impacto sobre el pensamiento, la ciencia y el sistema educativo mexicano*, Comuindad Madrid/Universidad Michoacana de San Nicolás de Hidalgo, Madrid/Morelia, 2001.

Santa María, Francisco J., *Antología folklórica y musical de Tabasco*, arreglo y estudio musical de Gerónimo Baqueiro Foster, Gobierno del Estado de Tabasco, Villahermosa, Tabasco, 1952.

Santos, Gonzalo N., *Memorias*, Grijalbo, México, 1984.

Schantz, Eric Michael, "All Night at the Owl: The Social and Political Relations of Mexicali's Red Light District, 1909-1925", en Andrew Grant Wood (ed.), *On the Border. Society and Culture between the United States and Mexico*, SR Books, Lanham, Reino Unido, 2001.

Schmidt, Henry C., *The Roots of Lo mexicano. Self and Society in Mexican thought, 1900-1934*, Texas University Press, Austin, Texas, 1978.

Secretaría de la Defensa Nacional, *Historia del Heroico Colegio Militar de México*, t. III, Secretaría de la Defensa Nacional, México, 1973.

Serra Puche, Mari Carmen, José Francisco Mejía Flores y Carlos Sola Ayape, *1945: entre la euforia y la esperanza. El México posrevolucionario y el exilio republicano español*, FCE/UNAM, México, 2004.

Serrano Álvarez, Pablo, "La oligarquía colimense y la Revolución, 1910-1940", en *Dimensión Antropológica*, vol. 1, INAH, México, mayo-agosto de 1994.

———, *La batalla del espíritu. El movimiento sinarquista en el Bajío (1932-1951)*, Conaculta, México, 1992.

Serrano Migallón, Fernando, *La inteligencia peregrina. Legado de los intelectuales del exilio republicano español en México*, El Colegio de México, México, 2009.

Sheridan, Guillermo, "Entre la casa y la calle: la polémica de 1932 entre nacionalismo y cosmopolitanismo literario", en Roberto Blancarte (comp.), *Cultura e identidad nacional*, FCE/Conaculta, México, 1994.

Silva Herzog, Jesús, *Historia de la expropiación de las empresas petroleras*, Instituto Mexicano de Investigaciones Económicas, México, 1963.

———, *Trayectoria ideológica de la Revolución mexicana y otros ensayos*, SepSetentas, vol. 68, México, 1972.

Simpson, Eyler N., *The Ejido: Mexico's way out*, University of North Carolina Press, Chapel Hill, 1937.

Simpson, Lesley Byrd, *Many Mexicos*, Silver Aniversary Edition, University of California Press, Berkeley, 1960.

Smith, Benjamin T., "Hacia una cartografía rural del cardenismo", en Tanalis Padilla (coord.), *El campesinado y su persistencia en la actualidad mexicana*, Conaculta/FCE, México, 2013.

——, *Pistoleros and Popular Movements. The Politics of State Formation in Postrevolutionary Oaxaca*, University of Nebraska Press, Lincoln y Londres, 2009.

Solórzano de Cárdenas, Amalia, "Acompáñame, Chula", en *Se llamó Lázaro Cárdenas*, CEHRMLC/Grijalbo, México, 1995.

——, *Era otra cosa la vida,* Nueva Imagen, México, 1994.

Sosa Elízaga, Raquel, *Los códigos ocultos del cardenismo*, UNAM/Plaza y Valdés, México, 1996.

Spenser, Daniela, "La reforma agraria en Soconusco y la contraofensiva de los finqueros cafetaleros", en Brígida Von Mentz, Verena Radkau, Daniela Spenser y Ricardo Pérez Montfort, *Los empresarios alemanes, el Tercer Reich y la oposición de derecha a Cárdenas*, CIESAS, México, 1988.

——, *En combate. La vida de Lombardo Toledano*, Penguin Random House Grupo Editorial, México, 2017.

——, *Unidad a toda costa: La Tercera Internacional en México durante la presidencia de Lázaro Cárdenas*, CIESAS, México, 2007.

Tablada, José Juan, *De Coyoacán a la Quinta Avenida: Una antología general*, UNAM, México, 2007.

Tannebaum, Frank, *Mexico the Struggle for Peace and Bread*, Knopf Inc., Nueva York, 1950.

——, *Within Latin America?*, Columbia University Press, Nueva York, 1934.

——, *Peace by Revolution. Mexico after 1910*, Columbia University Press, Nueva York, 1933.

Taracena, Alfonso, *La revolución desvirtuada*, tomos IV-VII, Costa-Amic, México, 1967-1971.

——, *La vida en México bajo Ávila Camacho*, tomos 1 y 2, Jus, México, 1977.

Tarragona, María, "Gratitud en el recuerdo", en *Nuevas raíces. Testimonios de mujeres españolas en el exilio*, Ateneo Español de México, México, 2011.

Tavares López, Edgar, "Imágenes de la ciudad: colonias Roma y Condesa", Boletín núm. 16, Fideicomiso Archivos Plutarco Elías Calles y Fernando Torreblanca, México, mayo de 1994.

Tello Díaz, Carlos, "La casa de la Bandida", en *Historias del olvido*, Cal y Arena, México, 1998.

Torres Ramírez, Blanca, *México en la segunda guerra mundial*, en *Historia de la Revolución mexicana, periodo 1940-1952*, vol. 19, El Colegio de México, México, 1979.

Townsend, William, *Lázaro Cárdenas; A Mexican Democrat*, George Ward Publishing Co., Ann Arbor, 1952. (Hay edición en español: *Lázaro Cárdenas, demócrata mexicano*, Gandesa, México, 1959.)

Trachtenberg, Alan (ed.), *Memoirs of Waldo Frank*, The University of Massachussetts Press, Boston, 1973.

Urías Horcasitas, Beatriz (selección de textos y estudio introductorio), *Rodulfo Brito Foucher. Escritos sobre la Revolución y la dictadura*, FCE/UNAM, México, 2015.

Uribe Salas, José Alfredo, *Historia de la minería en Michoacán*, Universidad Michoacana de San Nicolás de Hidalgo, Morelia, Michoacán, 2005.

Urquiza García, J. Humberto, *Miguel Ángel de Quevedo. El proyecto conservacionista y la disputa por la nación. 1840-1940*, Heuresis/Facultad de Filosofía y Letras de la UNAM, México, 2018.

Val, José del, y Carlos Zolla, *Documentos fundamentales del indigenismo en México*, UNAM, México, 2014.

Valadés, José C., *Historia general de la Revolución mexicana*, vol. 10, SEP/Ediciones Guernika, México, 1985.

Valdez Silva, María Candelaria, "Educación socialista y reparto agrario en la Laguna", en Susana Quintanilla y Mary Kay Vaughan, *Escuela y sociedad en el periodo cardenista*, FCE, México, 1997.

Vázquez Mantecón, Verónica, "Lázaro Cárdenas en la memoria colectiva", *Política y Cultura*, núm. 31, dedicado a "Memoria y conciencia social", UAM-Xochimilco, México, 2009.

Vázquez Ortega, Nicolás, "Legislación, conflicto y resistencias. Historia social de la dotación de tierras en la región de Atencingo, Puebla, 1937-1947", tesis de licenciatura, Escuela Nacional de Antropología e Historia, México, 2016.

Vázquez Vela, Gonzalo, *1893-1963. Semblanza Biográfica*, IPN, México, 1989.

Volpi, Jorge, "Octavio Paz en Valencia", *Revista de la Universidad de México*, nueva época, núm. 51, México, mayo de 2008, pp. 13-20.

Warman, Arturo, *Los campesinos, hijos predilectos del régimen*, Nuestro Tiempo, México, 1975.

Wasserstrom, Robert, *Clase y sociedad en el centro de Chiapas*, FCE, México, 1989.

Weyl, Nathaniel, y Sylvia Weyl, *The Reconquest of Mexico. The Years of Lázaro Cárdenas*, Oxford University Press, Londres/Nueva York/Toronto, 1939.

Wiskermann, Elizabeth *La Europa de los dictadores 1919-1945*, Siglo XXI Editores, México, 1978.

Wolfe, Bertram D., *Portrait of Mexico*, Covici Friede Inc., Nueva York, 1937.

——, *The Fabulous Life of Diego Rivera*, Stein and Day Inc., Nueva York, 1969.

Yankelevich, Pablo, *México, país de refugio. La experiencia de los exilios en el siglo* XX, INAH/Plaza y Valdés, México, 2002.

Periódicos y revistas

Crisol

Diario de Yucatán

Diario Oficial de la Federación

El Diario Español

El Informador

El Nacional

El Nacional Revolucionario

El Tornillo

El Universal

El Universal Gráfico

Excélsior

Futuro

La Palomilla D.A.P.P.

La Prensa

Life en español

Mexican Art and Life

México en la Cultura

New York Times

Nexos

Omega

Proceso

Revista de la Universidad de México

Revista de Revistas

Sucesos para todos

The Nation, Nueva York

Todo

Vea

Fonogramas

Un siglo de cantantes en el cine mexicano, AMEF T-44-07. RCA Víctor/BMG, Asociación Mexicana de Estudios Fonográficos, México, 2001.

Lorenzo Barcelata, Homenaje, editado por la Asociación de Estudios Fonográficos, núm. de Serie AMEF-17, México, 1988.

¡Viva Cárdenas, muchachos!, recopilación de René Villanueva y Cuauhtémoc Cárdenas Batel, Pentagrama, México, 1998.

Programa *Sones y Canciones*, núm. 103, realizado por Jesús Flores y Escalante y Pablo Dueñas para el Instituto Mexicano de la Radio en marzo de 1986.

Programa *78 Recuerdos por Minuto*, núm. 378, realizado por Cruz Mejía y Enrique Rivas Paniagua para Radio Educación.

Películas y documentales

The March of Time, núm. 7.3, "Mexico: Good Neighbour's Dilemma", realizador Louis de Rochemont, octubre de 1940.

Tabasco entre el agua y el fuego, realizador Carlos Martínez Assad, Filmoteca UNAM, Serie Imágenes de México, 2004.

Michoacán, realizador Ricardo Pérez Montfort (comentarios y curaduría), Filmoteca de la UNAM, Serie Imágenes de México, México, 2006.

México durante la 2 Guerra Mundial, realizado por Luis Lupone para la Editorial Clío, Libros y Discos, México, 1998.

Lázaro Cárdenas de Ricardo Pérez Montfort
se terminó de imprimir en febrero de 2019
en los talleres de
Litográfica Ingramex, S.A. de C.V.
Centeno 162-1, Col. Granjas Esmeralda, C.P. 09810,
Ciudad de México.